Lehren und Lernen mit Methode

Individualisiert, kooperativ auf verschiedenen Lernniveaus

von

Silke Traub

2. überarbeitete Auflage

Schneider Verlag Hohengehren GmbH

Umschlagentwurf:
Verlag

Titelbild: Autorin

Gedruckt auf umweltfreundlichem Papier (chlor- und säurefrei hergestellt).

Bibliografische Information der Deutschen Nationalbibliothek

Die Deutsche Nationalbibliothek verzeichnet diese Publikation in der Deutschen Nationalbibliografie; detaillierte bibliografische Daten sind im Internet über ›http://dnb.d-nb.de‹ abrufbar.

ISBN: 978-3-8340-2128-1

Schneider Verlag Hohengehren GmbH
Wilhelmstrasse 13
D-73666 Baltmannsweiler
Homepage: www.paedagogik.de

Printed in Germany. Format Druck, Stuttgart

Lehren und Lernen mit Methode – individualisiert, kooperativ auf verschiedenen Lernniveaus

„Insbesondere ist es von Übel, dass unter Berufung auf Würde und Freiheit menschenbildenden „Künstlertums" vielfach das „Handwerkliche" in der Pädagogik – welches mit dem Technisch-Mechanischen keineswegs zusammenfällt – und zumal der Unterricht mit seinen methodischen Prinzipien gering geachtet oder völlig abgelehnt wird." (Theodor Litt 1926)

Den Mitarbeiterinnen und Mitarbeitern des LehrLernZentrums (LLZ) der PH Karlsruhe gewidmet, für die Lehren und Lernen mit Methode - theoretisch fundiert - eine pädagogische Selbstverständlichkeit ist

Inhaltsverzeichnis

Vorwort 1

Einleitung 2

Teil I: Theoretische Grundlagen 9

1. Lernen im Kontext der Schule 9
   1.1 Lernen – Begriffliche Klärung 9
   1.2 Direkte Instruktion 12
   1.3 Individualisiertes Lernen 14
   1.4 Selbstgesteuertes Lernen 20
   1.5 Kooperatives Lernen 23
   1.6 Lernansätze im Überblick 28

2. Lernumgebungen zwischen Instruktion und Konstruktion 29
   2.1 Lernumgebungen – begriffliche Klärung 29
   2.2 Lehrerzentrierte Lernumgebungen 31
   2.3 Schülerorientierte Lernumgebung 32
   2.4 Problemorientierte (situierte) Lernumgebung 34
   2.5 Handlungsorientierte Lernumgebung 37
   2.6 Lernumgebungen im Überblick 39

3. Lehr-Lern-Konzepte 39
   3.1 Lehr-Lern-Konzepte – Begriffliche Klärung 39
   3.2 Lehrgang 42
   3.3 Das Sandwich-Prinzip 47
   3.4 Wechselseitiges Lehren und Lernen 51
   3.5 Stationenarbeit (Lernzirkel, Lerntheke) 54
   3.6 Wochenplanarbeit 56
   3.7 Freiarbeit 61
   3.8 Projektarbeit 64
   3.9 Lehr-Lern-Konzepte im Überblick 67

4. Lehr- und Lernstrategien 69
   4.1 Lehr-Lern-Strategien – begriffliche Klärung 69

4.2 Lehrstrategien 72
4.3 Lernstrategien 76
4.4 Externes Ressourcenmanagement und allgemeine Planungsstrategien 83
4.5 Erwerb von Strategien 83
4.6 Lehr-Lernstrategien im Überblick 85

5. Methodische Großformen des Lehrens und Lernens 88
5.1 Lehr-Lernmethoden – begriffliche Klärung 88
5.2 Lehrmethoden 91
5.3. Lernmethoden 97
5.4 Lerntechniken 103
5.5 Lehr-Lernmethoden im Überblick 104

6. Lehren und Lernen mit Methode 105
6.1 Die Vorgehensweise mit SuCcess 105
6.2 Mit SuCcess zur Methodenkompetenz 108
6.3 Für jedes Kind das richtige Lernniveau 110
6.4 Lehren und Lernen mit Methode – Schritt für Schritt 113

Teil II: Exemplarische Darstellung von Einzelmethoden 115

1. Diagnostische Verfahren 115
1.1 Beobachtungsbögen 115
1.2 Fragebogen 117
1.3 Interviews 122

2. Frage- und Impulsmethoden /-techniken 123
2.1 Advance Organizer 123
2.2 Ampelmethode 129
2.3 Fragenstellen 132
2.4 Vergewisserungsphasen/Murmelphasen 134
2.5 Vier-Ecken-Methode 137

3. Kognitive Landkarten 139
3.1 Sortieraufgabe 139
3.2 Mindmap-Methode 146
3.3 Netzwerkmethode 152

3.4 Struktur-Lege-Technik (erweitert: Concept-Map) ... 156

4. Kooperative Lernmethoden ... 163

4.1 Think-Pair-Share und Placemat ... 164

4.2 Partner-, Gruppen- und Multiinterview ... 167

4.3 Lerntempoduett ... 176

4.4 Partner- und Gruppenpuzzle ... 182

4.5 Strukturierte Kontroverse ... 191

4.6 Gruppenturnier und Gruppenrallye ... 194

5. Kommunikationsmethoden ... 201

5.1 Kennenlernspiele (eine kleine Auswahl) ... 202

5.2 Interaktionsspiele (eine kleine Auswahl) ... 204

5.3 Dialogspiele ... 206

5.4 Aquarium ... 211

6. Austausch- und Wiederholungsmethoden ... 212

6.1 Blitzlicht ... 212

6.2 Drei Schritt Interview ... 213

6.3 Glückstopf ... 215

6.4 Ideensalat ... 216

6.5 Impulskarussell ... 217

6.6 Kugellager ... 219

6.7 Methode 66 ... 220

7. Präsentationsmethoden ... 221

7.1 Markt der Möglichkeiten ... 221

7.2 Museumsrundgang ... 222

7.3 Vernissage ... 223

8. Textverarbeitungsmethoden ... 224

8.1 Fünf - Schritt - Lesemethode ... 225

8.2 SQ3R-Methode und PQ4R-Methode ... 226

8.3 MURDER-Skript und Skript-Kooperation ... 228

9. Feedbackmethoden ... 229

9.1 3mal3Feedback ... 230

9.2 Dreischritt-Interview ... 231

9.3 Feedbackzielscheibe ... 232

9.4 Hitparade und Stimmungsbarometer ... 233

9.5 Rot-Gelb-Grün-Methode ... 235

Teil III.: Methodenrucksack zur Unterstützung des selbstgesteuerten Lernens von Schülerinnen und Schülern ... 238

Methodenrucksack für erfolgreiches Lernen ... 239

Unterrichtsbeispiele nach dem Sandwichprinzip ... 252

Literaturverzeichnis ... 257

Abbildungsverzeichnis ... 266

Vorwort

Warum noch ein Methodenbuch?

... weil es Methoden auf dem Hintergrund eines theoretisch fundierten Konzeptes betrachtet,

... weil Methoden auf unterschiedlichen Lernniveaus beschrieben werden,

... weil hinter den Methoden Lernstrategien stehen, die es zu fördern und zu entwickeln gilt.

Dieses Buch ist keine Methodensammlung und kein reines Methodenbuch, sondern eine theoretische Abhandlung über Lehren und Lernen mit Methode.

Das Buch richtet sich an Lehrerinnen und Lehrer sowie an Referendarinnen und Referendare und an Praktikantinnen und Praktikanten, die Lehren und Lernen mit Methode als zentralen Auftrag ansehen und sich sowohl mit der Theorie als auch der praktischen Umsetzung befassen möchten.

Danke sagen möchte ich...

- Prof. Dr. Diethelm Wahl für das Legen des Samens für dieses Buch;
- Udo, Simon und Natalie fürs Korrekturlesen und Überarbeiten;
- Jojo fürs Formatieren und mit Maresa für die unermüdliche Unterstützung;
- Max für seine quantitative Expertise;
- Maren, Vera und Yannick für die im Unterricht erprobten Beispiele
- Steffen, Andrea und Züheyla für Momente der Ruhe;
- Thomas für viele Nackenmassagen und seine Geduld;
- meinen Eltern, die immer an mich glauben und mich immer unterstützten. Ohne sie hätte ich das alles nicht geschafft.

Um den Lesefluss nicht zu beeinträchtigen und beiden Geschlechtern gerecht zu werden, wurde – wenn möglich - die neutrale Form „Lehrende“ und „Lernende“ verwendet. Wo dies nicht möglich war und es das Lesen nicht erschwerte, wurde über Schülerinnen und Schüler sowie von Lehrerinnen und Lehrern geschrieben; nur in Einzelfällen ist von Schülern und Lehrern die Rede.

Einleitung

Im Zentrum der Diskussion über schulisches Lehren und Lernen stehen die folgenden Fragen:

- Wie soll gelernt werden?
- Wie kann Lernen unterstützt werden?
- Auf welche Zielsetzungen hin soll gelernt werden?
- Welches ist die geeignete Lernumgebung dafür?

Zahlreiche Wissenschaftlerinnen und Wissenschaftler befassen sich in ihren Publikationen mit der Suche nach Antworten auf diese Fragen.

Hattie hat den Versuch unternommen, mit Hilfe einer Metaanalyse, Faktoren erfolgreichen Lernens aufzuzeigen und von weniger erfolgreichen abzugrenzen. Dabei hat er 138 Einflussfaktoren im Hinblick auf ihren Lernerfolg untersucht. Er konnte herauskristallisieren, dass das Lehrerhandeln bedeutsam für den Lernerfolg der Schülerinnen und Schüler ist, wenn sowohl die Lehrenden als auch die Lernenden eine aktive Rolle im Lernprozess einnehmen. Damit steht für Hattie die direkte Instruktion in einer Balance zu schülerorientierten Lernumgebungen und Lernprozessen (vgl. Hattie 2013 und 2014).

Bereits vor Bekanntwerden der Studie hat der lehrerzentrierte Unterricht heute durch die direkte Instruktion mit betreuter Schülertätigkeit und Übungsphasen (vgl. Wiechmann 2000) eine neue Gewichtung erhalten und es spielen vor allem Lehr-Lern-Konzepte eine Rolle, die differenziertes, individualisiertes und kooperatives Lernen ermöglichen, ohne deshalb gänzlich auf Instruktion zu verzichten (vgl. u.a. Reinmann-Rothmeier & Mandl 1999; Helmke 2012; Traub 2012; Wahl 2013; Konrad 2014).

Ein wichtiges Motiv für diese Veränderung liegt darin, dass Lehrerinnen und Lehrer, Erziehungswissenschaftlerinnen und Erziehungswissenschaftler heute mehr denn je darauf achten, auf welche Weise Schülerinnen und Schüler lernen, und welchen Gebrauch sie von dem erworbenen Wissen machen. In Forschungen wird immer wieder gezeigt, dass so genanntes „träges Wissen“ (Renkl 1996) nicht den Stellenwert einnimmt, der ihm lange Zeit zugeschrieben wurde. Vielmehr wird daraufgesetzt, Lernende dabei zu unterstützen, das Lernen selbst zu steuern und zu organisieren.

Wiater (2011) unterscheidet drei Formen der Steuerung von Lehr-Lern-Prozessen:

1. Der lehrergesteuerte Unterricht als direkte Instruktion, bei der die Lehrperson den Unterricht plant und Regie führt. Dabei berücksichtigt sie die individuellen Lernausgangslagen, Lernweisen, Lernfähigkeiten und Lernbereitschaften der Schülerinnen und Schüler und nutzt passende Methoden. Sie gilt als didaktische Expertin.
2. Der offene Unterricht als indirekte Instruktion, in der das selbstbestimmte, eigenverantwortliche und individualisierte Lernen im Fokus

steht. Die Lehrperson instruiert hier über die Gestaltung der Lernumgebung, der Auswahl der Materialien und der Arbeitsaufträge.

3. Der von Lehrkräften und Lernenden gemeinsam geplante Unterricht, in der die Kooperation im Blickpunkt des Lerngeschehens steht. Die Lehrperson macht die Vorplanung und stellt die Lernumgebung zur Verfügung, die Lernenden können sich hier gemeinsam Inhalte erschließen und Problemlösungen erarbeiten (vgl. Wiater 2011, S. 89).

Einigkeit herrscht hinsichtlich der Überlegung, dass in allen Schularten das differenzierte, individualisierte und kooperative Lernen Einzug halten soll, damit Lernen erfolgreich gestaltet werden kann, ohne allerdings dabei auf eine mehr oder weniger direkte Instruktion zu verzichten oder die klassische Erklärungsverfahren durch die Lehrperson als „didactic leader" (Reinmann-Rothmeier & Mandl 1999) aufzugeben.

Kinder und Jugendliche sollen über Lehr-Lern-Prozesse Kompetenzen (fachlicher, methodischer, sozialer und personaler Art) aufbauen. Kompetenzen sind „die bei Individuen verfügbaren oder von ihnen erlernbaren kognitiven Fähigkeiten und Fertigkeiten, bestimmte Probleme zu lösen sowie die damit verbundenen motivationalen, volitionalen und sozialen Bereitschaften und Fähigkeiten, die Problemlösungen in variablen Situationen erfolgreich und verantwortungsvoll nutzen zu können." (Bundesministerium für Bildung und Forschung (BMBF) 2003, S. 72 zitiert nach Bohl & Kucharz 2010, S. 40). Dadurch werden sie zu handlungsfähigen, selbstbestimmten und mündigen Menschen, die Bildungsprozesse vollziehen können. Durch die Initiierung von Lernen werden diese Kompetenzen größtenteils in dafür vorgesehenen Bildungseinrichtungen vermittelt. Im unterrichtlichen Kontext haben sich verschiedene Lehr-Lern-Konzepte etabliert, durch die angenommen wird, dass ein solcher Kompetenzaufbau möglich ist.

Anknüpfend an diesen Diskussionsstand und aufbauend auf meinen bisherigen Publikationen stellt das Buch Überlegungen dar, wie Lernende mit Methode individualisiert und kooperativ lernen können. Dazu bedarf es auch des instruierten Lernens, denn in diesem Ansatz fungiert die Lehrperson als Modell. Hier können Lernstrategien geübt und Methoden bewusst angewandt und genutzt werden.

Ausgehend von grundlegenden Ansätzen des Lehrens und Lernens werden Lernumgebungen entwickelt, die sich wiederum in konkreten Lehr-Lern-Konzepten wiederspiegeln und in denen die Lernenden, durch die Nutzung passgenauer Methoden, Lernstrategien aufbauen und zunehmend selbstständig anwenden können.

Dabei setzt das Buch zunächst bei der allgemeinen Darstellung verschiedener Lernansätze an. Bei der direkten Instruktion ist es die Anleitung, beim individualisierten Lernen ist es der Ansatz der individualisierten Förderung, beim selbstgesteuerten Lernen die Frage, in welcher Form Selbststeuerung ermöglicht werden kann und beim kooperativen Lernen steht die Zusammenarbeit der Lernenden im Vordergrund. Diese Ansätze des Lernens spielen im institutionellen Kontext der Schule, bei der Ausgestaltung der Lernumgebung eine Rolle, in der sie auf unterschiedliche Art und mit verschiedenen Schwerpunktsetzungen umgesetzt werden. In der lehrerzentrierten Lernumgebung liegt das Primat auf der Lehrerzentrierung und damit verwirklicht diese Lernumgebung am ehesten den Ansatz der direkten Instruktion. Im schülerorientierten Ansatz liegt das Primat auf der Schülerorientierung und damit wird hier der Ansatz des individualisierten und selbstgesteuerten Lernens besondere Bedeutung zugemessen. In der problemorientierten – und handlungsorientierten Lernumgebung spielt der kooperative Lernansatz ebenso eine Rolle wie die Selbststeuerung. Diese Ansätze und Lernumgebungen werden konkretisiert in verschiedenen Formen des Unterrichtsgeschehens, die ich als Lehr-Lern-Konzepte bezeichne. Ein Lehr-Lern-Konzept nutzt bestimmte Lehr-Lern-Prinzipien, die das Konzept ausmachen wie die Selbständigkeit der Lernenden (Freiarbeit), die Differenzierung (Wochenplanarbeit, Stationenarbeit; Lernzirkel), die Vermittlung (Lehrgang; Lehrgespräch), die Problemlösung (Projektarbeit) und stellt damit eine Konkretisierungsmaßnahme des Unterrichts dar. Dabei ist impliziert, dass es eine Zuordnung von Lernansätzen zu Lernumgebungen und wiederum zu Lehr-Lern-Konzepten so nicht in Reinform geben kann. Es herrschen zwischen den einzelnen Lernumgebungen und den Lehr-Lern-Konzepten meist Mischformen vor, die Grundansätze sind aber trotzdem erkennbar. Innerhalb dieser Lehr-Lern-Konzepte kommen nun verschiedene Methoden zum Einsatz, wie Methoden aus dem Bereich der kognitiven Landkarten, des kooperativen Lernens, der Präsentation und viele weitere mehr. Um diese Methoden nutzen zu können, benötigen die Lernenden Lernstrategien. Diese helfen ihnen, die Ansätze des Lernens für ihren eigenen Lernprozess effektiv einsetzen zu können.

Die Umsetzung im Buch kann mit einer Spirale verglichen werden: die Darstellung von Lehren und Lernen wird zunächst breit angelegt und konkretisiert sich dann aus - über Lernumgebungen und Lehr-Lern-Konzepte hin zu einzelnen Methoden und Lernstrategien. Dabei werden Überlegungen und Gedankengänge aus meinen bisherigen Publikationen aufgegriffen und hier erneut dargestellt. Textpassagen sind teilweise wörtlich übernommen bzw. leicht variiert worden (gekennzeichnet mit einem „vgl. auch“). Dies ist notwendig, um die Gedankengänge zum Lehren und Lernen mit Methode nachvollziehen zu können.

Im Mittelpunkt des Buches steht die Darstellung eines Methodenrepertoires, das zur Entwicklung verschiedener Lernstrategien genutzt werden kann. Es werden unterschiedliche Lern- und Leistungsniveaus beim Einsatz solcher Methoden und der Anwendung der dahinterstehenden Lernstrategien auf Seiten der Lernenden berücksichtigt. Dies ist der zentrale Punkt der Spirale. Die Methoden sind aber jeweils in Lehr-Lern-Konzepten verortet, die wiederum bestimmten Lehr-Lernumgebungen zuzurechnen sind. Die Spirale kreist um diesen Punkt und erweitert sich systematisch. Den größten Kreis bildet die Ebene des Lehrens und Lernens. Dieser Kreis ist am weitesten vom Mittelpunkt entfernt, ohne ihn wären die anderen Kreise aber theorielos und ohne Verbindung zueinander. Die Spirale verdeutlicht gleichsam den Zusammenhang und das sich gegenseitige Ergänzen und Bedingen der einzelnen Kreise, die ineinander fließen und zueinander gehören.

Folgende Fragen werden beantwortet:

Was brauchen Schülerinnen und Schüler an Methoden, um die jeweiligen angebotenen Lehr-Lern-Konzepte erfolgreich nutzen zu können?

Welche Lernstrategien können hierbei entwickelt und genutzt werden?

Wie können diese Methoden differenziert auf verschiedenen Lernniveaus gestaltet werden?

Dabei wird die Differenzierung als ein unerlässliches Prinzip angesehen, das notwendig ist, um sich am einzelnen Lernenden zu orientieren und ihm zu ermöglichen, einen für ihn positiven Lernprozess zu gestalten. Die Differenzierung spiegelt sich in den Lernansätzen, den Lernumgebungen und den Lehr-Lern-Konzepten wieder. Besondere Berücksichtigung soll sie dann in der Ausgestaltung der Methoden auf unterschiedlichen Lernniveaus finden.

Ziel der Differenzierung ist die individuelle Förderung des einzelnen Schülers und der einzelnen Schülerin. Differenzierende Lehr-Lern-Konzepte sind dabei nicht nur wichtig, um die Masse „trägen Wissen" zu reduzieren; sie werden derzeit stark in Kombination mit der hohen Heterogenität der Schülerschaft diskutiert. „Die Heterogenität beim Lernen resultiert häufig aus generalisierten metakognitiven, kognitiven und emotional-motivationalen Überzeugungen und sozialen Prozessen. Da die daraus resultierenden Lernvoraussetzungen so unterschiedlich sind, muss darauf auch mit den zur Herkunft passenden, selbstgesteuerten und selbst verantworteten Formen des Lernens agiert und diese kontinuierlich eingeübt werden." (Konrad 2014, S. 259)

Santangelo und Tomlinson (2009) gehen davon aus, dass bei der Differenzierung auf drei Faktoren besonders geachtet werden muss, durch die sich Lernende unterscheiden:

Kompetenzen: Lernende haben unterschiedliches Hintergrundwissen; sie haben unterschiedliche fach- oder themengebundene Erfahrungen und sie weisen unterschiedliche Fähigkeiten und Fertigkeiten auf. Dieser Gedanke muss besonders beim Methodeneinsatz berücksichtigt werden.

Interessen: Diese beeinflussen die Lernmotivation und legen fest, mit welchen Inhalten sich jemand beschäftigt. Dabei spielen die individuellen Zielsetzungen der einzelnen ebenso eine Rolle wie die verschiedenen Präferenzen bezüglich der Fachinhalte und Aufgaben. Diesem Umstand kann man vor allem durch bestimmte Lehr-Lern-Konzepte Rechnung tragen, z.B. bei der Freiarbeit oder im Projektunterricht.

Lernprofile oder -präferenzen: Lernende unterscheiden sich bezüglich der von ihnen favorisierten Modalitäten des Lernens (instruiert, selbstgesteuert usw.). Außerdem bringen sich Lernende unterschiedlich ins soziale Gefüge der Schule ein. Manche Lernende wollen eher angeleitet, andere eher eigenständig lernen. Auch die Art der Ergebnisdarstellung ist unterschiedlich: Die einen stellen ihre Ergebnisse gerne vor, andere behalten sie eher für sich.

Hierfür ist es wichtig, dass geeignete Lernumgebungen angeboten werden (vgl. Konrad 2014, S. 259-260).

Im Fokus der bisherigen Überlegungen steht die Frage, welche direkte oder indirekte Unterstützung die Lernenden benötigen, um die angesprochenen Lernformen praktizieren und in den angebotenen Unterrichtsszenarien sinnvoll lernen zu können. Dazu kommt, dass die Lernenden selbst Strategien entwickeln, die ihnen beim Lernen in bestimmten Lernsituationen helfen, die sie nutzen können, um zu einem individuellen Lernerfolg zu kommen. Die einen werden dabei mehr und tiefergehende Strategien anwenden und nutzen können, die anderen werden mehr Anleitung und Begleitung benötigen, um sich Inhalte erschließen zu können. Dabei sollen insbesondere die verschiedenen Lernniveaus berücksichtigt werden, auf denen sich Lernende befinden. Schulischer Lernerfolg kann gerade in dieser Hinsicht nicht verallgemeinert werden, sondern muss für jeden Lernenden individuell definiert werden. Allerdings entwickeln sich Lernstrategien nicht im luftleeren Raum, sondern sind an die Kenntnis und Nutzung bestimmter Methoden gebunden, die die Selbstorganisation des Lernens begünstigen.

Im schulischen Kontext konnte ich häufig beobachten, dass Lehrpersonen selbstgesteuerte Lernszenarien schätzen und akzeptieren. Da sie im Unterrichtsalltag bei der Umsetzung aber auf Schwierigkeiten stoßen, weichen sie schnell auf instruierte Lernumgebungen aus. Dadurch können die Schülerinnen und Schüler, die noch nicht in der Lage sind, ihren Lernprozess selbst zu steuern, dies auch nicht erlernen und ebenso wichtig: Lernende, die dazu in der Lage wären, verlieren mit der Zeit ihre Fähigkeiten. Deshalb muss im Unterricht mit Methode gelernt werden: Lernende werden in bestimmten Lernumgebungen mit Strategien und Methoden vertraut gemacht, die es ihnen ermöglichen, sich zunehmend selbstgesteuert auf einen Lernprozess einzulassen. Die Entwicklung von Lernstrategien und die dazugehörigen Methoden werden auf unterschiedlichen Lernniveaus im Rahmen des üblichen Unterrichts gefördert. Dieser – lohnenswerten – Aufgabe sollten sich Lehrende unbedingt stellen, und sie in ihren verschiedenen Aspekten und Zusammenhängen immer wieder neu bedenken. Ein dafür inszeniertes Methodentraining zu Beginn eines Schuljahres reicht hierzu sicher nicht aus.

Lehren und Lernen mit Methode – hierzu möchte das Buch Hilfestellung bieten. Es gliedert sich in folgende Teile und Kapitel:

In einen theoretischen Grundlagenteil:

Im ersten theoretischen Teil wird das Basiswissen gelegt. Dabei werden Inhalte aus früheren Publikationen (vgl. Traub 2000; 2004; 2012; 2013) aufgegriffen und auf den Bereich der Methoden fokussiert sowie durch neue Erkenntnisse erweitert.

Zunächst wird auf das Lernen in verschiedenen Ansätzen eingegangen wie „direkte Instruktion“, „selbstgesteuertes Lernen“, „individualisiertes Lernen“ und „kooperatives Lernen“ (Kapitel 1). Lernen wird dabei als ein Prozess aufgefasst, den es im schulischen Kontext zu ermöglichen gilt. Die Beschreibung der einzelnen Ansätze ist deswegen wichtig, weil sich auf diesen Grundannahmen zum Lernen und zur Umsetzung für den schulischen Kontext verschiedene Lernumgebungen ableiten lassen, die anschließend diskutiert werden (Kapitel 2). Diesen Lernumgebungen wird jeweils ein Grundprinzip der Lehr-Lernprozessgestaltung zugrunde gelegt, das wiederum mit bestimmten Lehr-Lern-Konzepten korrespondiert (Kapitel 3). Auch bei diesen fokussiert sich das Lernen, jetzt in konkreten

Konzepten, die so im Unterricht verwirklicht werden können. Die Darstellung verdichtet sich also vom abstrakten zum konkreten Lernen in der unterrichtlichen Wirklichkeit. Bis zu diesem Punkt geht die Gestaltung sehr stark von der Lehrperson aus: sie entscheidet sich für einen Lernansatz, wählt unter den Lernumgebungen die jeweiligen passenden Grundprinzipien aus und gestaltet diese in einem entsprechenden Lehr-Lern-Konzept um. Zum effektiven Lernen in diesen Konzepten benötigen die Lernenden Lernstrategien, die vorgestellt und näher erläutert werden (Kapitel 4). Lernstrategien können über Methoden an die Lernenden transferiert und deren Entwicklung gefördert werden. Deshalb müssen im nächsten Kapitel der Begriff der Methode, die verschiedenen Methodensettings und der Zusammenhang zu den Lernstrategien geklärt werden (Kapitel 5). Lehrende und Lernende müssen auf diese eher selbstgesteuerten Lernumgebungen vorbereitet werden. Die neu entwickelte SuCcess-Methode mit ihren zwei Stufen und vier Wegen wird vorgestellt und als Lösungsansatz empfohlen (Kapitel 6). Jedes Kapitel endet mit einer überblicksartigen Grafik.

In einen theoretisch begründeten Praxisteil:

Im Praxisteil werden exemplarisch Methoden und Techniken vorgestellt, die sich in die Lehr-Lern-Konzepte einbinden lassen. Die Lernstrategien, die durch die jeweiligen Methoden zur Anwendung kommen, werden herausgearbeitet, der didaktische Ort der Methode analysiert sowie ihre pädagogische Funktion erläutert. Danach werden die Methoden in unterschiedliche Lernniveaus differenziert. Praktische Beispiele zeigen Umsetzungsmöglichkeiten auf.

In einen Teil, der die Selbststeuerung der Lernenden gezielt unterstützt:
Dieser Teil ist als „Methodenrucksack" angelegt, auf den sowohl Lehrende als auch Lernende zurückgreifen können.

Unterrichtsbeispiele, die nach dem Sandwichprinzip aufgebaut sind, vervollständigen das Buch. In allen Teilen wurde eine exemplarische Auswahl getroffen: eine Auswahl an Ansätzen schulischen Lernens, an verschiedenen Lernumgebungen und Lehr-Lern-Konzepten sowie Lernstrategien und eine Auswahl an Methoden, die auf unterschiedlichen Lernniveaus vorgestellt werden. Vollständigkeit wird nicht beansprucht. Wer sich mit einzelnen Lernansätzen, Lernumgebungen oder Lehr-Lern-Konzepten näher befassen will, findet gezielte Anregungen im Literaturverzeichnis.

Meine Logik in der Kapiteleinteilung und Erklärung versuche ich in der folgenden Abbildung zu verdeutlichen:

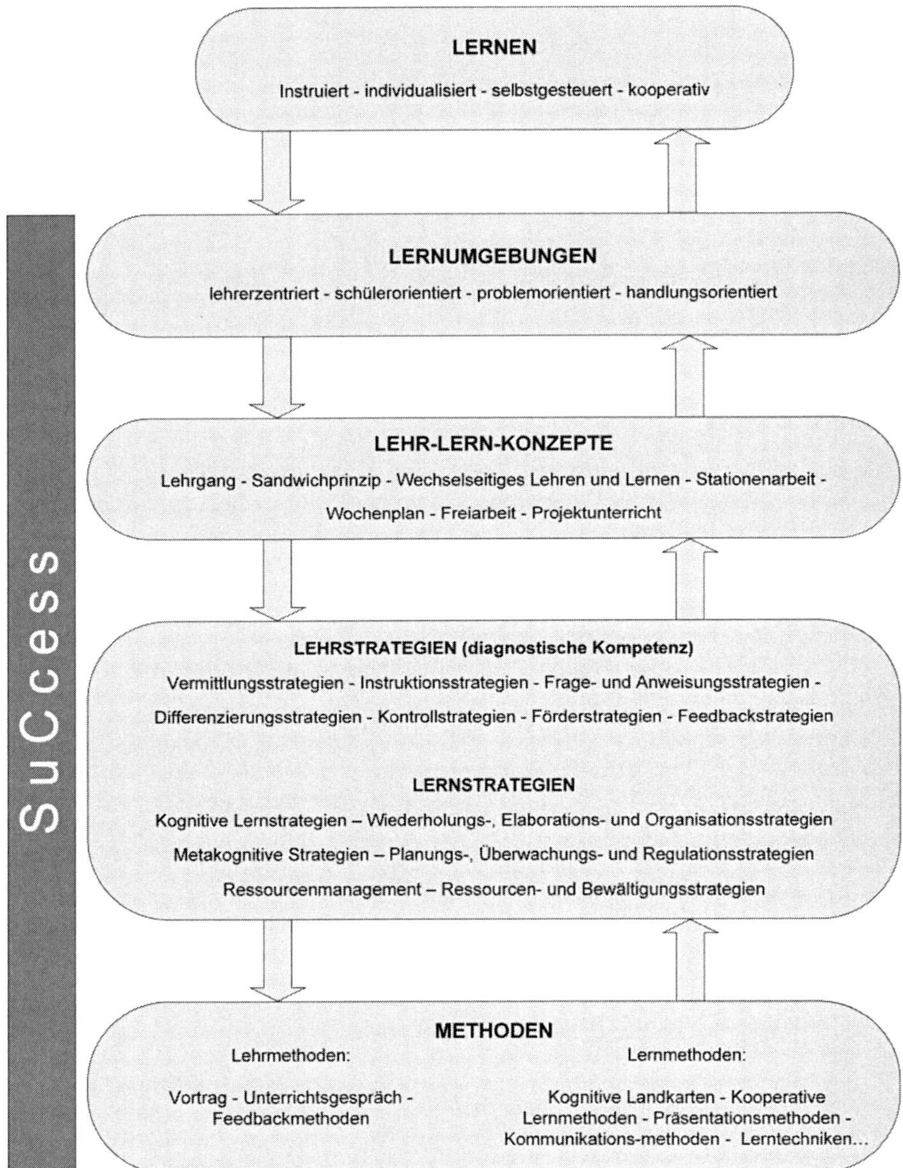

Abbildung 1: Kapiteleinteilung

Teil I: Theoretische Grundlagen

1. Lernen im Kontext der Schule

1.1 Lernen – Begriffliche Klärung

Konrad (2011) definiert Lernen folgendermaßen: „Unter Lernen versteht man den absichtlichen (intentionales Lernen) und den beiläufigen (inzidentelles und implizites Lernen), individuellen oder kollektiven Erwerb von geistigen, körperlichen, sozialen Kenntnissen und Fertigkeiten.“ (Konrad 2011, S. 15)

Er unterscheidet dabei zwei Sichtweisen:

Kognitivistische Sicht: Lernen wird als Prozess der relativ stabilen Veränderung des Verhaltens, Denkens oder Fühlens verstanden, das sich aufgrund von Erfahrung oder neu gewonnenen Einsichten entwickelt.

Konstruktivistische Sicht: Lernen wird als aktives, konstruktives, zielgerichtetes, selbstreguliertes und (weitgehend) soziales Geschehen wahrgenommen (vgl. Konrad 2011, S. 15).

„In jedem Fall geschieht die Aneignung von Kenntnissen, Fähigkeiten, Fertigkeiten, Einstellungen und Verhaltensweisen durch die Verknüpfung von vorhandenem Wissen mit neuen Informationen; sie basiert auf Gedächtnisleistungen und ist nicht beobachtbar, sondern lässt sich nur aus Verhaltensänderungen von Individuen oder durch Kommunikation zwischen Lernpartnern erschließen.“ (Konrad 2011, S. 15)

Konrad begreift dabei den Lernprozess als Kontinuum. Auf der einen Seite steht das Lernen „als Aneignung von…“ und auf der anderen Seite „der kreative Umgang mit…“. Dazwischen liegen der Lerntransfer und das Problemlösen. Beim Lernen geht es im einfachsten Falle darum, sich Lerninhalte anzueignen, die auf eine bekannte Ausgangslage bezogen sind. Hierbei werden Wissen erworben und einfache Lernstrategien entwickelt. Das Gelernte kann wiedergegeben und gefestigt werden. Beim Lerntransfer geht es dann darum, dass das Gelernte in Situationen angewandt wird, die sich unabhängiger von der Ausgangslage darstellen können. Das Problemlösen greift dann, wenn der Lernende auf Schwierigkeiten oder Hindernisse stößt, die es notwendig machen, das Gelernte flexibel einsetzen zu können. Hier werden intellektuelle Fähigkeiten entwickelt, Strategien verstanden und angewandt, Probleme gelöst und das Wissen vernetzt. Kreativität ist gefragt, wenn der Lernende sich neuen Situationen zu stellen hat, bei denen sowohl unklar ist, was im Einzelnen gelernt werden muss, als auch, wie es angewandt werden kann. Hierzu muss absichtsvoll gehandelt werden unter Rückgriff auf erweiterte Strategien. Dabei spielt das analytische Denken ebenso eine Rolle wie das Selbstentdecken. Zum Vernetzen kommt jetzt das Reflektieren und Regulieren des eigenen Lernprozesses hinzu (vgl. Konrad 2014, S. 21-22).

Das von Konrad beschriebene Kontinuum des Lernens ist überall im Alltag anzutreffen; allerdings lässt sich eine kreative und zugleich strategisch fundierte Lernpraxis dort eher selten finden.

Wellenreuther bezieht sich in seinen Überlegungen bereits stärker auf schulisches Lernen und dabei zunächst „auf die Frage, wie Informationen aufgenommen, mit vorhandenem Wissen vernetzt, strukturiert und integriert werden, bis sie als Wissensstruktur im Langzeitgedächtnis fest verankert sind.“ (Wellenreuther 2009, S. 9)

Wellenreuther unterscheidet dabei zwei Phasen:

- Die Phase der ersten Aneignung von Wissen im Arbeitsgedächtnis: Wenn wir etwas lernen, dann legen wir eine erste Gedächtnisspur in unserem Langzeitgedächtnis. Informationen im Arbeitsgedächtnis gehen schnell verloren, wenn sie nicht in bestimmter Weise strukturiert und wiederholt werden. Dies liegt daran, dass unser Gedächtnis wie ein Flaschenhals aufgebaut ist, durch den nicht mehr als sieben Informationseinheiten durchkommen und verarbeitet werden können.
- Die Phase der Verfestigung und Konsolidierung bis hin zur Phase der Verflüssigung und Automatisierung von Wissen: Wissen wird dann länger verfügbar sein, wenn es immer wieder wiederholt und mit bereits vorhandenem Wissen strukturiert wird. Wenn das neue Wissen dann im Langzeitgedächtnis verankert ist, belastet es das Arbeitsgedächtnis nicht mehr und man kann von nachhaltigem Lernen sprechen (vgl. Wellenreuther 2009, S. 10).

Das Arbeitsgedächtnis nimmt Informationen auf und verarbeitet diese dadurch, dass Bezüge zum Vorwissen hergestellt werden. Die Speicherkapazität ist aber auf eben diese sieben Informationseinheiten – so genannte Chunks - begrenzt, dies bedeutet, wenn zu viele Informationen auf einmal einströmen, kann das Arbeitsgedächtnis diese nicht aufnehmen und verarbeiten. Je intensiver die Verarbeitung stattfindet, desto mehr reduziert die Anzahl der Chunks. Diese Chunks sind unterschiedlich groß, je nachdem, ob in einem Bereich schon viele Vorkenntnisse oder Fertigkeiten vorhanden sind oder nicht.

Lernen erfordert Platz im Arbeitsgedächtnis, so dass die Inhalte strukturiert und aktiv verarbeitet werden können. Dies gelingt dadurch, dass Lösungswege aufgezeigt und vorgeführt werden. Damit Lernen erfolgreich ist, darf das Arbeitsgedächtnis nicht überlastet werden, da eine Überlastung zur Verlangsamung des Lernfortschritts führt. Wenn die Wissensinhalte im Langzeitgedächtnis angekommen und dort zu Schemata verarbeitet sind, dann belasten sie das Arbeitsgedächtnis nicht mehr. Die Speicherkapazität im Langzeitgedächtnis ist ungleich größer, eigentlich unbegrenzt. Durch das Langzeitgedächtnis und die dort vorhandenen kognitiven Schemata ist der Mensch zu geistigen Leistungen fähig. Dieser Prozess der Entwicklung von Schemata ist aktiv und konstruktiv. Wissen muss miteinander verknüpft und strukturiert werden, Neues mit bereits Vorhandenem vernetzt werden, damit Schemata entstehen können, auf die dann zurückgegriffen werden kann. Für den schulischen Kontext bedeutet dies, dass der Aufbau solcher Schemata unterstützt werden muss. Dies kann durch Üben erreicht werden, wobei das verteilte Üben erfolgreicher scheint als das massierte Üben (vgl. Wellenreuther 2009, S. 10-17; Wahl 2013; Konrad 2014).

Auch Terhart weist dem Üben eine wichtige Funktion für den Erwerb und die nachhaltige Speicherung von Wissen zu. Es ist entscheidend für den Wissenszuwachs, „dass geschickt und in Portionen geübt wird, indem etwa in zahlreichen Übungseinheiten dosierte Ziele gesetzt und motivierendes Feedback gegeben werden kann. Verschiedene Studien zeigen, „dass Schülerinnen und Schüler viele Inhalte erst tiefer zu verstehen beginnen, wenn die Inhalte mindestens 3 bis 4 Mal in abwechslungsreichen Settings präsentiert und inhaltsbezogene Gedanken aktiviert werden." (Terhart 2014, S. 34)

Außerdem wird das Lernen stark von Emotionen begleitet. Positive Emotionen fördern das Lernen, negative verlangsamen oder behindern es (vgl. Wahl 2013; Konrad 2014).

Lernen kann als konstruktiver, aktiver, selbstgesteuerter sowie als situativer und sozialer Prozess angesehen werden. Konstruktiv ist der Prozess deswegen, weil das neue Wissen nur dann erworben, vernetzt und genutzt werden kann, wenn es in die bereits vorhandenen Wissens- und Erfahrungsstrukturen eingebettet wird. Aktiv ist der Lernprozess, weil die Lernenden am Lerngeschehen direkt beteiligt sein müssen, damit sie sich tatsächlich mit den Inhalten auseinandersetzen können. Und schließlich ist Lernen ein selbstgesteuerter Prozess, weil Lernprozesse nur von jedem Lernenden selbst vollzogen und nicht fremdgesteuert bearbeitet werden können. Lernprozesse sind an bestimmte Kontexte und Situationen gebunden, zu denen die Lernenden Erfahrungen und Beziehungen aufbauen, eine rein abstrakte Wissensaneignung ist nur schwer möglich. Außerdem wird die Erarbeitung und Verarbeitung von Wissen durch die Auseinandersetzung unter sozialen Rahmenbedingungen unterstützt und angeregt (vgl. Konrad 2014; Weinert 1996a; Helmke 2012; Traub 2012b).

Bezugnehmend auf eine kognitionspsychologisch sowie gemäßigt konstruktivistisch fundierte didaktische Tradition, die von den Gedanken Piagets und Ausubels bis zu handlungsorientierten Ansätzen reicht, kann Lernen als Strukturbildung beschrieben werden. Wissen wird durch Differenzierung und Integration erworben. „Um dies zu erreichen, verlangt wirksamer Unterricht die Planung und Strukturierung curricularer Tätigkeiten, die aktive Gestaltung alltäglicher Unterrichtskontexte, die Bereitstellung qualitativ hochwertiger Unterrichtsmaterialien, das Schaffen und Aufrechterhalten eines motivierenden Lernumfeldes und die Evaluation der lehrergesteuerten Instruktion (z.B. der Qualität der Lernimpulse) sowie der Lernleistung." (Konrad 2011, S. 84)

Die im Folgenden dargestellten Ansätze zum Lernen (direkte Instruktion, selbstgesteuert, individualisiert, kooperativ) lassen sich sicher nicht einfach gegeneinander aufrechnen; sie betrachten das Lerngeschehen aus unterschiedlichen Perspektiven. Dennoch zeigt sich, dass in der unterrichtlichen Praxis die Ansätze nebeneinander und ineinander verwoben umgesetzt werden. Es geht daher um die Frage, wie die Lehrperson die unterschiedlichen Aspekte und Ansätze zum Lernen aufnimmt, sie gewichtet, und dafür sorgen will, dass Schülerinnen und Schüler möglichst erfolgreich lernen können. Die Ansätze der direkten Instruktion, des selbstgesteuerten, des individualisierten sowie des kooperativen Lernens werden als ein „Gemenge" verschiedener Perspektiven auf das Lernen vorgestellt. Dieser Aspekt wird dann im 3. Kapitel bei der Darstellung der Lehr-Lern-Konzepte wieder aufgegriffen.

LERNEN

Instruiert - individualisiert - selbstgesteuert - kooperativ

Abbildung 2: Überblick über die ausgewählten Lernansätze

1.2 Direkte Instruktion

Direkte Instruktion intendiert eine absichtsvolle Aneignung von Wissen und Fertigkeiten, die über eine Lehrperson an Lernende vermittelt werden. Dabei bereitet die Lehrperson die zu vermittelnden Inhalte so auf, dass sie von den Lernenden möglichst gut aufgenommen und verarbeitet werden können. Die Lehrperson übernimmt das Unterrichtsgeschehen und lenkt die kognitiven Prozesse. Allerdings sind hier auch die Lernenden aktiv, sie nehmen Inhalte auf und verarbeiten diese.

Nach Hattie (2013) bedeutet direkte Instruktion einen von der Lehrkraft gesteuerten Unterricht. Diese legt die Lernziele fest und begründet sie. Die Lehrkraft ist die eher aktive Person im Unterricht, da sie Inhalte erläutert, den Lernfortschritt überwacht und als Modell für gelungene Problemlösungen fungiert. Sie fasst am Ende der Stunde die zentralen Ergebnisse zusammen. Allerdings sind hier auch die Lernenden aktiv, sie nehmen Inhalte auf und verarbeiten diese. Das gelingt nur, wenn sie sich aktiv mit dem Lernstoff, den Lernzielen und dem Lerngeschehen auseinandersetzen (vgl. Hattie 2013 S. 242-245).

Somit wäre es falsch, einen solchen Unterricht schlicht als „lehrerzentriert" abzutun:

„Direkte Instruktion wird zwar vom Lehrer gesteuert, ist aber schülerzentriert! Der Lehrer legt unter Berücksichtigung der in seiner Klasse verfügbaren Vorkenntnisse die Lernziele fest. Er (oder sie) stellt Fragen unterschiedlicher Schwierigkeit, organisiert, strukturiert, kontrolliert, korrigiert und evaluiert die Lernfortschritte der Schüler beständig und sorgt dafür, dass Fehlinformationen vermieden oder schnell beseitigt werden. Klarheit, Strukturiertheit und Adaptivität des Unterrichts sind die wichtigsten Merkmale einer lernwirksamen direkten Instruktion, die für jeden Lehrer eine enorme Herausforderung und Beanspruchung darstellt." (Weinert 1999, S. 33-34)

Die Lehrperson muss hierfür genau wissen, was sie wann und wie den Lernenden zumuten kann. Nur so gelingt die direkte Instruktion passgenau für eine Lerngruppe. Dabei hat sie auch immer die individuelle Entwicklung des einzelnen Lernenden im Blick. Sie führt die Lernenden durch die Lerninhalte, die sie entsprechend aufbereitet und den Lernenden in Teilmengen zur Verfügung stellt. Außerdem macht sie vor, wie die Inhalte zu nutzen und zu verarbeiten sind. Sie wählt dafür geeignete Methoden aus und bietet diese den Lernenden entsprechend deren Lernniveaus an. So können die Lernenden durch die Instruktion eigene Strategien ausbilden und für die Verarbeitung der Lerninhalte auch nutzen.

Direkte Instruktion kann sich dabei auf alle Phasen des Lernprozesses beziehen, also sowohl zur Aktivierung des Vorwissens, zur Gestaltung von Übungen und auch zur Konsolidierung und Festigung von Wissenselementen. „Ziel dabei ist eine flüssige und verständnisorientierte Beherrschung dieses Wissens und der zugehörigen grundlegenden Fertigkeiten." (Wellenreuther 2009, S. 176)

Die Lehrperson plant und kontrolliert den Aufbau der Wissensstrukturen, den Ablauf des Unterrichtsgeschehens und revidiert gegebenenfalls unter Anpassung an neue Voraussetzungen. Dabei spielen ein gutes Klassenmanagement sowie eine klare Strukturierung des Unterrichts und das sinnvolle Üben sowie das Geben von Feedback eine zentrale Rolle (vgl. Wellenreuther 2009, S. 177).

„Das Wichtigste ist, dass sich der Lehrer für den Lernerfolg seiner Schüler verantwortlich fühlt. Deshalb strukturiert er den Unterricht so, dass möglichst viele Schüler zu einem inneren Nachvollzug der Inhalte angeregt werden. Er vermittelt die zentralen Inhalte, verdeutlicht Zusammenhänge, und provoziert Schüler durch offene Fragen zum Nachdenken. Im Mittelpunkt stehen zentrale, abstrakte Ideen, die Schüler in die Lage versetzen, die Vielzahl von Einzelinformationen zusammenzufassen, zu gliedern und dafür eine ökonomische Gedächtnisstruktur aufzubauen. Erst der Aufbau einer solchen gut gegliederten Wissensstruktur ermöglicht dem Schüler, über diese Strukturen Wissen abzuleiten und Probleme zu lösen." (Wellenreuther 2009, S. 177)

Die Belastbarkeit des Arbeitsgedächtnisses spielt dabei eine große Rolle: bei Vorhandensein von Vorkenntnissen wird mehr Wissen aufgenommen und verarbeitet als bei geringen Vorkenntnissen. Im letzteren Fall müssen zuerst Kenntnislücken geschlossen werden.

Folgende zwei Aspekte sind zu beachten:

Adaptive Wissensstrukturierung: Neu zu vermittelnde Kenntnisse sollten so aufbereitet werden, dass sie mit dem Vorwissen und den vorhandenen Wissensstrukturen verknüpft werden können. Das kann dadurch gelingen, dass die Sprache der Lernenden verwendet wird, dem Lernniveau also angepasst wird. Außerdem brauchen diese Unterstützung und Hilfe bei der Aneignung der neuen Wissenselemente.

Begrenzung der Informationsmenge pro mündlicher Erklärsequenz: Die Lernenden können nur eine bestimmte Anzahl von Informationen auf einmal aufnehmen und verarbeiten. Deshalb müssen Pausen eingeführt werden und ihnen Gelegenheit gegeben werden, die Wissenselemente in das eigene Vorwissen zu integrieren (vgl. Wellenreuther 2009, S. 76-79).

In empirischen Untersuchungen zeigt sich deutlich, dass vor allem schwächere Schülerinnen und Schüler von der direkten Instruktion profitieren. Die klare Strukturierung, die ausführliche Erklärung durch die Lehrperson unterstützt mit Medien, entlasten das Arbeitsgedächtnis und helfen, das Wissen zu strukturieren.

Das Vorhandensein einer breiten Wissensbasis ist Voraussetzung für die Entwicklung einer Problemlösekompetenz (vgl. Wellenreuther 2009, S. 178).

„Eine solche Erweiterung erfolgt am besten durch klar strukturierte Erklärungen, in deren Erarbeitung die Schüler aktiv eingebunden sind, durch Lösungsbeispiele, kurz: durch zahlreiche explizite didaktische Hilfen. Nach allem, was wir jetzt wissen, ist es verantwortungslos, Schüler denen dieses Wissen fehlt, vor allem entdeckend und ohne strukturierte Anleitung arbeiten zu lassen." (Wellenreuther 2009, S. 178)

Diese Orientierung in einer instruierten Lernumgebung ist für Lernende wichtig, allerdings muss einschränkend darauf hingewiesen werden, dass durch die direkte Instruktion die Lernenden keine eigenen Problemlösestrategien entwickeln und anwenden können. Sie erhalten einen Weg vorgemacht und werden auf diesem ständig an die Hand genommen und begleitet. Für lernschwächere Schülerinnen und Schüler ist dies zunächst wichtig, wenn allerdings nur direkt instruiert wird, dann haben diese Lernenden keine Chance, auch mal Lernwege eigenständig anzugehen, in dem zumindest immer wieder kleine Schritte ohne Hilfen gegangen werden. Stärkere Lernende, die schon eigeninitiativ lernen könnten, erhalten hierfür keine Möglichkeit. Sie könnten die Lernwege selbst begehen, werden aber nicht von der Hand gelassen und können so irgendwann einmal in eine Abhängigkeit verfallen, die eigenständiges Lernen verhindert.

Deshalb kann letztendlich festgehalten werden, dass die direkte Instruktion durchaus Vorteile mit sich bringt, gerade wenn es um die Aneignung neuer Wissensinhalte oder komplexer Inhalte geht oder aber auch für lernschwache Schülerinnen und Schüler– denn niemand kann so gut wie eine dafür ausgebildete Lehrperson Lerninhalte für die entsprechenden Adressaten aufbereiten und weiß, was, wann und wie gelernt werden soll -, aber sie alleine reicht für die Entwicklung individueller Lernprozesse nicht aus und wird deshalb nur im gemeinsamen Einsatz mit anderen Lernansätzen auf Dauer erfolgreiches Lernen ermöglichen.

1.3 Individualisiertes Lernen

Lernende unterscheiden sich in ihren Lernaktivitäten, in ihren Vorkenntnissen und Erfahrungen, ihrer Intelligenz, ihrer Motivation und dergleichen mehr, weshalb Lernprozesse zu individualisieren und damit an den einzelnen Lernenden anzupassen sind. Individualisiertes Lernen versucht der hohen Heterogenität in einer Lerngruppe gerecht zu werden und jeden einzelnen Schüler bzw. jede Schülerin in den Fokus der Weiterentwicklung zu stellen. Dabei können die Lernunterschiede sowohl durch unterschiedliche Leistungsvoraussetzungen als auch durch kulturelle Verschiedenheit entstehen (vgl. Paradies, Wester & Greving 2010, S. 12-14).

Hasselhorn und Gold unterscheiden fünf Bereiche der individuellen Voraussetzungen des Lernens:

1. Aufmerksamkeits- und Arbeitsgedächtnisfunktion: Jede Person filtert und selektiert Informationen bzw. Wissensinhalte unterschiedlich, abhängig vom eigenen Informationsverarbeitungssystem. Dabei spielt die

Funktion des Arbeitsgedächtnisses eine große Rolle sowie die Steuerung der Aufmerksamkeit. Es entstehen interindividuelle und intraindividuelle Differenzen, was deshalb besonders bedeutsam ist, weil wir Menschen nur wenige Informationen weiterverarbeiten können. Die Gedächtnisspanne (die maximale Anzahl von Items, die im Anschluss an eine einmalige Darbietung in der vorgegebenen Reihenfolge wiedergegeben werden kann) und die Geschwindigkeit der Verarbeitung sind dabei ebenfalls relevante Faktoren.

2. Umfang und Qualität des Vorwissens: Wissen ist kumulativ, baut also aufeinander auf. Je mehr inhaltsbezogenes Vorwissen wir haben, umso erfolgreicher sind wir beim Lernen. Da das Vorwissen ebenfalls von Person zu Person stark variiert, ist es größtenteils für interindividuelle Unterschiede beim Lernerfolg verantwortlich. Dabei muss das Vorwissen aktiviert werden, damit sich Lernerfolge einstellen können. Idealerweise ist das Vorwissen mit den neu zu lernenden Wissensinhalten kompatibel.
3. Nutzung und metakognitive Regulation von Lernstrategien: Die Qualität verfügbarer Strategien gehört zu den entscheidenden individuellen Bedingungen erfolgreichen Lernens. Es werden kognitive, metakognitive und Stützstrategien unterschieden. Strategien müssen erworben und eingeübt werden, bevor sie angewandt werden können. Auch dieser Erwerb ist von Person zu Person unterschiedlich bezogen auf die Qualität und die Quantität der Strategien.
4. Motivationale Dispositionen und Selbstkonzepte: Obwohl die Motivation nur geringfügig mit dem Lernerfolg korreliert, spielt sie für das Lernen eine wesentliche Rolle. Die Qualität des eigenen Lern- und Leistungsmotivationssystems (misserfolgsorientiert oder erfolgsorientiert) und das Selbstwertkonzept haben einen großen Einfluss auf das schulische Lernen, ebenso die intrinsische Motivation, die wiederum hochgradig interindividuell ist.
5. Außerdem spielen die Willensbildung (Volition) und der Bereich der Emotion eine wesentliche Rolle: Neben Interesse und Motivation braucht es die Initiierung und Ausführung geeigneter Handlungen, durch die Lernen gewissenhaft und diszipliniert ausgeführt werden kann. Auch hier bestehen interindividuelle Differenzen zwischen Lernenden. Lernen insgesamt wird dabei von Emotionen begleitet, die das Lernen gefährden oder begünstigen können und die wiederum bei Lernenden unterschiedlich ausgeprägt sind (vgl. Hasselhorn & Gold 2009², S. 66-113; vgl. auch Traub 2012a, S. 23-24).

Guldimann rechnet zu den individuellen Eingangsvoraussetzungen für schulischen Lernerfolg folgende Faktoren:

1. Bereichsspezifisches Vorwissen: Das Vorwissen eines Lernenden hat den besten Vorhersagewert für die Lernleistung. Lernende haben unterschiedliches Vorwissen, sowohl in der Quantität als auch in der Qualität.

2. Lernstrategien: Lernende verfügen über unterschiedliche allgemeine und bereichsspezifische Strategien und auch die Entwicklung des Strategiewissens variiert. Manche Lernende haben nur gering ausgebildete Strategien, andere verfügen zwar über gewisse Strategien, können sie aber nur durch Vormachen anwenden, und manchen gelingt es, Strategien sinnvoll und passgenau anzuwenden und sie verfügen auch über ganze Strategiebündel.
3. Lernzeit: Zwischen Lernenden gibt es große Unterschiede im Lerntempo, die sich in der Bearbeitungszeit verschiedener Aufgaben zeigen.
4. Mediale Repräsentation des Lerninhalts: Je nach Entwicklungsstand und der kognitiven Anforderung der Aufgabenstellung brauchen die Lernenden unterschiedliche Repräsentationen der Lerninhalte.
5. Motivation, Interesse, Selbstkonzept: Das Zustandekommen einer Lernleistung wird stark von Faktoren wie Ängstlichkeit, Motivation, Interesse und dem jeweiligen Selbstkonzept beeinflusst. Lernende mit hohem Interesse und hoher Erfolgsorientierung entwickeln ein positives Selbstkonzept, während Lernende, die eher Misserfolgserlebnisse haben, eher negative Selbstkonzepte entwickeln.
6. Metakognitives Wissen: Das Lernen wird stark von der eigenen Einstellung zu sich selbst beeinflusst; dazu gehört wie man sich selbst beim Lernen wahrnimmt, wie man eigene Strategien einschätzt und wie man mit eigenen Stärken und Schwächen umgeht.
7. Intelligenz: Studien zeigen, dass Intelligenz höchstens 25% der Schulleistung erklärt. Je weniger die Lernvoraussetzungen berücksichtigt werden, umso größer wird die Bedeutsamkeit der Intelligenz (vgl. Guldimann 2010, S. 109 ff, vgl. auch Traub 2012a, S. 24).

Bei Wahl (2006; 2013) lässt sich noch deutlicher sehen, welchen Einfluss die verschiedenen Faktoren haben. Wie Guldimann sieht auch Wahl die bereichsspezifischen Vorkenntnisse als bedeutsamsten Faktor für schulische Lernerfolge an. Die Motivation korreliert mit dem Lernerfolg $r = .30$, was einer gemeinsamen Varianz von weniger als 10% entspricht. Zu Beginn der Beschäftigung mit einer Thematik ist vor allem die Intelligenz wichtig, weil sie hilft, Informationen zu entschlüsseln. Die Korrelationen liegen hier bei $r = .50$, was einer gemeinsamen Varianz von etwa 25% mit dem Lernerfolg entspricht. Fachspezifische Kenntnisse treten an die Stelle der Intelligenz, je weiter der Lernprozess voranschreitet. Je nach Untersuchung gehen die Korrelationen zurück auf Werte zwischen $r = .30$ und kleiner. Wichtigster Faktor im Lernprozess scheinen die bereichsspezifischen Vorkenntnisse zu sein. Sie hängen mit dem Lernerfolg meist zwischen $r = .50$ und $r = .70$ zusammen, was einer gemeinsamen Varianz von etwa 25% bis 50% entspricht (vgl. Wahl 2011, S.186). Wahl und andere sprechen hier vom „Matthäus-Effekt" nach Matthäus 13:12, „Denn wer da hat, dem wird gegeben, daß er die Fülle habe." Gemeint ist damit, wer Vorwissen besitzt, erwirbt leichter neues Wissen. Und weiter: „...wer aber nicht hat, von dem wird auch genommen, was er hat". Die Fortführung des Bibelzitats verdeutlich die Problematik: wer wenige oder keine Vorkenntnisse auf einem bestimmten Wissensfeld hat, der kann neues Wissen nicht verknüpfen und dadurch kann dieses Wissen auch nicht nachhaltig gespeichert oder genutzt werden (vgl. Wahl 2006, S. 100). Auch die Motivation wird davon stark beeinflusst. Auf dem Hintergrund der Wahrnehmung einer Situation und der subjektiven Einschätzung der Bewältigung dieser Situation wird der Kräfteeinsatz abgewogen. Bei Erfolgsaussicht wird dieser eher erbracht, bei Gefahr eines Misserfolgs weniger. Auch hier tritt eine individuelle Entscheidung zutage (vgl. auch Traub 2012a, S. 25).

Konrad (2011) sieht Lernen als komplexes Ereignis an, bei dem die interne Lernsteuerung im Zentrum steht. Auf diese wirken Lernprozesse, die Charakteristika der lernenden Person und der Lernkontext bzw. die Lernumgebung ein.

- Lernprozesse: Lernen ist ein kognitiver Prozess, bei dem die Innensicht der lernenden Person und ihre Kontrolle des Lernprozesses eine bedeutsame Rolle spielen. Es existieren bestimmte Zielsetzungen, an denen sich die Lernenden orientieren können. „Im Lernverlauf überwacht und reguliert das Individuum kognitive, motivationale, verhaltensbezogene oder kontextbezogene Aktivitäten, um diese Ziele zu erreichen.“ (Konrad 2011, S. 16). Die Lernaktivitäten werden durch Prozesse der Selbstregulation moderiert. „Die Strategien der Selbstregulation vermitteln zwischen Eigenschaften der Person, Merkmalen des Kontextes und der resultierenden Lernleistung.“ (Konrad 2011, S. 16).
- Charakteristika der Person: Lernen wird auch durch Persönlichkeitsmerkmale des Lernenden bestimmt, hierbei handelt es sich um überdauernde Merkmale des Individuums. Dazu gehören Faktoren wie Intelligenz, Motive für das Lernen, emotionale Dispositionen, Selbstkonzepte und dergleichen mehr.
- Lernkontext bzw. Lernumgebung: Diese Einflussgröße meint externe Bedingungen, die den gesamten Lernkontext ausmachen. Dazu zählen Aufgaben und Anforderungen und die Möglichkeit der Bewältigung derselben (vgl. Konrad 2011; vgl. auch Traub 2012a, S. 25-26).

Argumente für die Auffassung von Lernen als hochgradig individuellem Prozess liefert auch die Metanalyse John Hatties. Für ihn sind die Vorkenntnisse eine entscheidende Voraussetzung für schulischen Lernerfolg. Diese gilt es zu nutzen und bei Bedarf zu entwickeln. In seiner Interpretation der Metaanalysen zeigt sich die Bedeutsamkeit des individuellen Lernens und als Konsequenz die Gestaltung eines individualisierten Lernprozesses (vgl. Hattie 2013, S. 49-51).

Fasst man die wesentlichen Aussagen zusammen, so kommt man insgesamt zum Schluss, dass Lernen ein hochgradig individueller Prozess ist, weshalb ein Lernen im „Gleichschritt“ nicht möglich ist, sondern individuell gestaltet werden muss. Dies lässt sich mit der Einzigartigkeit subjektiver Begriffe, subjektiver Theorien, bereichsspezifischer Vorkenntnisse und Lernstrategien sowie Lernmotivationen begründen. All diese Faktoren wirken sich unter anderen auf das Lerntempo des einzelnen Lernenden aus. Nach Häcker und Stapf (2004) misst das Lerntempo die Zahl der Durchgänge zur Erreichung eines bestimmten Lernerfolgs und die dafür benötigte Lernzeit.

In ähnlichem Sinn beschreibt Benjamin S. Bloom Lerntempounterschiede zwischen Individuen mit „der Menge der Zeit oder der Zahl der Versuche, die nötig sind, um das Leistungskriterium zu erreichen“ (Bloom 1973, S. 254).

Das Modell schulischen Lernens von Carroll (1963) verdeutlicht den Zusammenhang zwischen dem Lernerfolg und der Lernzeit (vgl. Hasselhorn & Gold, 2017, S. 362ff). Carroll unterscheidet zwischen der benötigten Lernzeit und der aufgewandten Lernzeit. Die benötigte Lernzeit wird von drei Faktoren beeinflusst: Bei der aufgabenspezifischen Begabung benötigt ein Teil der Lernenden mehr Zeit, um eine Aufgabe bearbeiten zu können (bereichsspezifisches Vorwissen), beim Instruktionsverständnis braucht ein Teil der Lernenden mehr Zeit, um Anweisungen zu verstehen und auszuführen (strategisches Wissen). Bei der dritten Determinante handelt es sich um die Qualität des Unterrichts. Ist dieser nicht gut strukturiert oder genügt die Erklärfähigkeit der Lehrperson nicht dem Verständnis der Lernenden, dann brauchen diese mehr Zeit, um einen Themeninhalt erfolgreich zu verstehen und zu bearbeiten. Die Unterrichtsqualität steht auch in Beziehung zum Instruktionsverständnis und zur Ausdauer, also der Lernmotivation der Lernenden. Ein Unterricht mit guter Qualität wirkt sich positiv auf die Lernbereitschaft aus und durch spannende und herausfordernde Aufgaben bleibt die Motivation erhalten. Die aufgewandte Lernzeit wird von zwei Faktoren beeinflusst: von der Ausdauer, die zugleich auch die Lernmotivation einschließt und damit sehr individuell geprägt ist und der zugestandenen Lernzeit, also der Zeit, die dem Lernenden zur Bearbeitung der Aufgabe zugestanden wird. Das Verhältnis zwischen der benötigten Lernzeit und der aufgewandten Lernzeit führt zum Ausmaß des Lernerfolgs. Das Lerntempo besteht also aus den Versuchen und der benötigten Zeit eine Aufgabe erfolgreich zu bearbeiten. Durch die individuell benötigte und aufgewandte Lernzeit entstehen unterschiedliche Zeiten beim Lernen, was Lerntempounterschiede hervorruft.

Im Gegensatz zu Caroll stellt Bloom (1976) nicht so sehr die Lernzeit in den Mittelpunkt seiner Betrachtung, obwohl sein Modell stark von Caroll beeinflusst ist, sondern kognitive Eingangsvoraussetzungen (Vorwissen, Intelligenz), affektive Eingangsmerkmale (Interesse, Motivation, Selbstbild) und die Qualität des Unterrichts. Die Lernergebnisse zeigen sich dabei für Bloom in den drei Aspekten Leistungshöhe/-art, der Lernrate und den affektiven Lernergebnissen. Unter der Lernrate versteht Bloom die Leistungsmenge bzw. den Lernerfolg innerhalb einer bestimmten Zeit. Daraus kann gefolgert werden, dass die genannten Faktoren im Modell nicht nur entscheidenden Einfluss auf die Leistungshöhe, sondern auch auf die Lerngeschwindigkeit haben, wenn das Erreichen eines einheitlichen Lernziels bzw. einer gleichen Leistungsmenge gefordert ist.

Zudem geht Bloom von einem kumulativen Charakter der Lernprozesse aus: Jede Zunahme von Lernen durch das Lösen einer Aufgabe und die damit einhergehenden affektiven Lernergebnisse sind zugleich kognitive und affektive Eingangsvoraussetzungen für die nächste Aufgabe, wodurch diesen eine besondere Bedeutung für das Lernen zukommt (vgl. Gruehn 2000, S. 7).

Bloom analysiert die Auswirkungen verschiedener Aspekte auf den Lernerfolg. Außerdem beschreibt er die individuelle Leistungshöhe und das individuelle Lerntempo (Bloom spricht von der Lerngeschwindigkeit), welche zum zielerreichenden Lernen berücksichtigt werden müssen. Sollen alle das gleiche Leistungsziel erreichen, wird es immer zu Unterschieden in der Leistungshöhe und im Lerntempo kommen. Bloom sieht diese Unterschiede unter anderem als Resultat verschiedener Eingangsvoraussetzungen, wie dem Vorwissen. So hat sich der Lernerfolg der Schüler bei einer Untersuchung gesteigert, nachdem sie in der ersten Einheit die Eingangsvoraussetzungen für die zweite Einheit erworben haben. In der zweiten Einheit wurde auf diese Vorkenntnisse aufgebaut und die Eingangsvoraussetzungen für die dritte Einheit erworben usw.

Bloom unterscheidet auch zwischen affektiven und kognitiven Eingangsvoraussetzungen. Die affektiven Eingangsvoraussetzungen setzen sich aus Interessen, der Einstellung zur Schule und dem Schulfach und auch aus dem eigenen Selbstbild zusammen. Die kognitiven Eingangsvoraussetzungen beziehen sich auf die Vorkenntnisse und Lernstrategien. Die affektiven und kognitiven Eingangsmerkmale zusammen sind Ursache für bis zu zwei Drittel der Unterschiede in den Leistungen und Lerntempi der Lernenden. Somit ist die Berücksichtigung der Eingangsvoraussetzungen von großer Wichtigkeit für den Lernerfolg. Auswirkungen von schulischem Misserfolg können mangelndes Selbstvertrauen und ein negatives Selbstbild sein, was das Bewältigen von Krisen, Belastungen und Herausforderungen sehr schwer macht (vgl. Bloom 1973: 251-270).

Ein Lernen im „Gleichschritt“ nötigt Lernende mit guten Vorkenntnissen, guten Lernstrategien dazu, auf die anderen zu warten, was ihre Lernmotivation einschränkt und den Lernprozess wenig effektiv gestaltet. Für Lernende mit geringen Vorkenntnissen bzw. ungünstigen Lernstrategien wird das Lerntempo zu hoch sein, sie fühlen sich überfordert, was ebenfalls zu geringer Motivation führt (vgl. auch Traub 2012a, S. 26).

Ein Lernprozess muss demnach so gestaltet werden, dass er sich an das Lerntempo jedes einzelnen Schülers und jeder einzelnen Schülerin anpasst und sich deshalb individuell ausgestaltet. Nur so haben alle Lernenden die Chance zu einem größtmöglichen Lernerfolg zu kommen.

Lerntempounterschiede variieren dabei stark: in der Primarschule hat Bloom in den 70-er Jahren Lerntempounterschiede von ca. 1:5, in der Sekundarstufe von ca. 1:3 festgestellt, Wahl ergänzt diese Forschung um den Bereich der Erwachsenenbildung und misst dort noch höhere Lerntempounterschiede (Bloom in Wahl 2006, 2013).

In einer von mir selbst durchgeführten Studie (insgesamt knapp 1000 beobachtete Unterrichtssituationen in Baden-Württemberg) in den Jahren 2018 und 2019 finden sich folgende Lerntempounterschiede:

Es werden Lerntempounterschiede im Umfang von 1:2,5 (Mittelwert:2,7; Median: 2,5) gemessen. Dies bedeutet, dass der langsamste Lernende etwa 2,5-mal so lange benötigt, um zu einem vorher festgelegten Lernergebnis zu kommen als der schnellste. Das Maximum liegt bei 1:17, was eine hohe Streuung unterstreicht.

Berücksichtigt werden muss dabei, dass es viele Beobachtungssituationen gab, in denen die Langsamsten in der vorgegebenen Zeit die Aufgabe gar nicht bewältigen konnten, diese also ihren Lernprozess abbrechen mussten (ca. 100 Lernsituationen).

Interessant in diesem Zusammenhang ist auch das Ergebnis, dass sich die Lerntempounterschiede zwischen den Schularten unterscheiden. In der Grundschule liegt der Quotient bei 1:3, in der Werkrealschule bei 1:1,7, in der Gemeinschaftsschule bei 1:2,3 und in der Realschule bei 1:1,7. Es zeigt sich, dass die Lerntempounterschiede in Schulformen mit stärkerer äußerer Differenzierung (Aufgliederung nach der Grundschule in verschiedene Schultypen) geringer sind als in Schulformen mit stark heterogenen Klassenverbänden (Grundschule). Der Lerntempoquotient nimmt mit höherer Klassenstufe kontinuierlich ab. Im Anfangsunterricht der Grundschule sind die Unterschiede also am höchsten und gegen Ende der Schulzeit am geringsten. Das mag einmal mit der äußeren Differenzierung zusammenhängen, zum anderen vielleicht aber auch damit, dass Lernende –je älter sie werden – individuelle Lernstrategien entwickeln, durch die sie sich dem vorgegebenen Lerntempo am ehesten anpassen können. Außerdem weist das Ergebnis darauf hin, dass verglichen mit den Ergebnissen von Bloom, der Lerntempoquotient in allen Schularten (Grundschule und Sekundarstufe) kleiner geworden ist. Daraus kann eventuell geschlossen werden, dass in allen Schularten eine stärkere innere Differenzierung bereits stattfindet und die Lernprozesse stärker individualisiert werden. Dies würde bedeuten, dass ein richtiger Weg eingeschlagen wird, dass dieser aber noch wesentlich stärker fokussiert und Lernen noch stärker als individualisierter Prozess verstanden werden muss. Auch diese neuen Forschungsergebnisse zu Lerntempounterschieden machen die Bedeutsamkeit individualisierten Lernens deutlich. Vielleicht kann neben der inneren Differenzierung und der Lernangebote auf unterschiedlichen Niveaustufen auch die Arbeit in kooperativen Lernsettings einen Beitrag hierzu leisten.

In Unterrichtssituationen, in denen kooperativ gearbeitet wird, gleicht sich das Lerntempo nämlich eher an. Für die Einzelarbeit gilt ein Mittelwert von 2,7, bei der Partnerarbeit von 1,9 und bei der Gruppenarbeit liegt er bei 1,6.

Da in allen Altersklassen und in den unterschiedlichsten Bildungseinrichtungen, wie Schulen, Hochschulen und Erwachsenenbildung, Lerntempounterschiede vorzufinden sind, wird es nochmals deutlich, dass es nicht sinnvoll ist, „im Gleichschritt, also in einem gemeinsamen Lerntempo zu unterrichten" (Wahl, 2013, S. 105).

1.4 Selbstgesteuertes Lernen

Selbstgesteuertes Lernen wird als ein Lernkonzept angesehen, durch das „träges Wissen" vermieden werden kann. Unter „trägem Wissen" (Renkl 1996) wird verstanden, dass erworbenes Wissen zwar gespeichert und reduzierbar wird, den Lernenden aber nicht so flexibel zur Verfügung steht wie es müsste, damit sie eigenständig handeln könnten. Selbstgesteuertes Lernen ist ein zielorientierter Prozess des aktiven und konstruktiven Wissenserwerbs, der auf dem reflektierten und gesteuerten Zusammenspiel kognitiver und motivational-emotionaler Ressourcen einer Person beruht (vgl. auch Traub 2012a, S. 42).

Selbstgesteuertes Lernen kommt mit vielen anderen Begriffen wie selbständiges, selbstreguliertes, autonomes, eigenständiges, selbstbestimmtes Lernen usw. einher. Nach Konrad hängt dies einmal damit zusammen, dass hinter den verschiedenen Ansätzen unterschiedliche theoretische Entwürfe stehen und es hier vor allem eine Trennung zwischen pädagogischen und psychologischen Positionen gibt, die sich wiederum in verschiedene Richtungen aufspalten und die alle mehr oder weniger auf ihrer Begriffsverwendung beharren (vgl. Konrad 2014 S. 37-38).

Selbstgesteuertes Lernen setzt voraus, dass Entscheidungen über Lernziele (woraufhin?), über Inhalte (was?), über Lernressourcen (Medien, Lernmittel, womit?), über zeitliche Aspekte (wann?) und über methodische Aspekte (mentale Verarbeitung des Lerninhalts, wie?), über die Art und Weise der Feststellung der Lernzielerreichung (Evaluation, Was bringt es?) und über weitere Aspekte des Lernens getroffen werden (vgl. Weinert 1982; Siebert 2006, S. 24).

„Selbstgesteuertes Lernen ist eine Form des Lernens, bei der die Person in Abhängigkeit von der Art ihrer Lernmotivation sowie den Anforderungen der aktuellen Lernsituation selbstbestimmt eine oder mehrere Selbststeuerungsmaßnahmen (kognitiver, volitionaler oder verhaltensmäßiger Art) ergreift und den Fortgang des Lernprozesses selbst (metakognitiv) überwacht, reguliert und bewertet." (Konrad & Traub 2013, S. 8)

Selbstgesteuertes Lernen zeichnet sich durch ein dynamisches Zusammenwirken von Wollen, Wissen und Können unter bestimmten Lernvoraussetzungen aus. „Es impliziert, dass der Lernende über gut organisierte Wissensbestände verfügt und bereit und fähig ist, sein Lernen eigenständig und eigenverantwortlich zu planen, zu organisieren, umzusetzen, zu kontrollieren und zu bewerten, sei es in Lerngruppen, in Lernpartnerschaften oder als Einzellerner." (Straka 2005, S. 18)

Konrad (2011; 2014) weist dem selbstgesteuerten Lernen drei tragende Konzepte zu:

1. Selbstregulation: Hier liegt der Fokus auf der Handlungsregulation, es geht um die innere Lernprozessstrukturierung durch die Lernenden selbst, dabei spielen kognitive (Vorwissen), metakognitive (Lern- und Kontrollstrategien) sowie motivationale Aspekte (volitionale Handlungssteuerung) eine Rolle. Auch bei eher instruierten Lernvorgaben, müssen sich die Lernenden selbst aktiv mit den neuen Lernstoffen auseinandersetzen und diese in ihren Wissenskontext aufnehmen.
2. Erlebte Selbststeuerung: Hier spielt das Konzept der Kontrollüberzeugung eine gewichtige Rolle; ein Ereignis wird dabei als Konsequenz des eigenen Verhaltens wahrgenommen.
3. Tätigkeitsspielräume: Hier geht es darum, inwiefern die Lernenden selbst Gestaltungsspielräume (Grad der Autonomie bezüglich vorliegender

Entscheidungen, Variabilität von Teiltätigkeiten oder Teilhandlungen) und Handlungsspielräume (Ausmaß von Flexibilität im Umgang mit der anstehenden Aufgabe) haben (vgl. Konrad 2014, S. 40-47).

Im unterrichtlichen Kontext findet Selbststeuerung nicht im vollen Ausmaß statt, sondern immer im Rahmen auch der Anleitung und Steuerung durch die Lehrpersonen, die Lernszenarien für selbstgesteuertes Lernen schaffen. Insofern bewegt sich selbstgesteuertes Lernen auf einem Kontinuum zwischen vollkommener Fremdsteuerung und absoluter Selbststeuerung. Die Zielgerichtetheit steht dabei aber immer im Zentrum. Eine reine Fremdsteuerung ist nicht denkbar, da externe Einflüsse vom lernenden Individuum stets kognitiv verarbeitet werden und seine Lernaktivität deshalb nicht vollständig determinieren kann (vgl. Reinmann-Rothmeier & Mandl 2001; vgl. auch Konrad & Traub 2013). Aus konstruktivistischer Sichtweise findet bei jedem Lernen ein Mindestbeitrag an selbstregulativen Tätigkeiten statt (vgl. Weinert 1982). Selbst im Frontalunterricht, der sich durch ein Minimum an Eigenaktivität der Lernenden auszeichnet, lassen sich selbstregulative Aktivitäten nachweisen: Wenn sich die lernende Person beispielsweise selbst fragt, ob die von der Lehrperson vorgetragenen Inhalte für sie verständlich sind oder wenn sie sich Inhalte des Vortrags notiert. In diesen und anderen Lernaktivitäten gleicht Lernen einem Ensemble zahlreicher unterschiedlicher, aber eben aktiver Prozesse, das von einem Subjekt realisiert wird, das sich Ziele setzt, denen Bedürfnisse und Motive zugrunde liegen (vgl. Weinert 1982).

Andererseits ist auch selbstgesteuertes Lernen nur ausnahmsweise in Reinform realisierbar. Selbst wenn durchaus Lernsituationen vorstellbar sind, die weitgehend frei von externen Einflüssen sind, die Charakteristik des Lerngegenstandes, die als externer Faktor mitbestimmt, welche Lernaktivitäten durchgeführt werden, bleibt erhalten. Ganz gleich, ob es sich um ein Fachbuch, ein Bild oder ein Lernspiel handelt, immer sind nur ganz bestimmte Aktivitäten günstig und andere werden ausgeschlossen (vgl. auch Konrad & Traub 2013).

Neben diesen allgemeinen Überlegungen, lassen sich konkrete Aspekte des selbstgesteuerten Lernens festmachen. In Anlehnung an die Arbeiten von Zimmerman (1989; Schunk & Zimmerman, 1994) und Corno (1989) lassen sich zentrale Merkmale des selbstgesteuerten Lernens identifizieren. Selbststeuerung des Lernens bedeutet, dass

- die Lernenden in kognitiver bzw. metakognitiver, motivationaler und verhaltensbezogener Hinsicht den Lernprozess selbst aktiv beeinflussen;
- eine selbstbezogene Feedbackschleife während des Lernprozesses wirksam ist. Die Lernenden überwachen im Lernprozess ständig ihre Lernaktivitäten und reagieren auf verschiedene Weise auf dieses Feedback;
- Lernende sich selbst motivieren. Dieses motivationale Element betrifft die Frage, warum und mit welcher Intensität eine Person eine bestimmte selbststeuernde Maßnahme ergreift;
- die Lernenden ihr Verhalten volitional steuern. Dazu gehört insbesondere die Fähigkeit des Individuums, über Mechanismen der Motivations-

und/oder Emotionskontrolle, seine Lernabsichten vor konkurrierenden Einflüssen zu schützen (vgl. Kuhl 1987; Schiefele & Pekrun1996; Konrad 2005; vgl. auch Konrad & Traub 2013, S.8).

Dabei sollen die Lernenden ihr Lernen in folgenden Bereichen selbst steuern:

1. Lernaufgaben und Lernschritte,
2. Regeln der Aufgabenbearbeitung (Individuum und Gruppe),
3. Lernmittel, Lernmedien, Lernmethoden und Lernwerkzeuge,
4. Zeitliche Investitionen und Wiederholungen bei der Bearbeitung der Aufgaben,
5. Form des Feedbacks und der Expertenhilfe,
6. Soziale Unterstützung durch Kollegen und Lernpartner.

(zitiert nach Konrad 2014, S. 38 in Anlehnung an Konrad & Traub 2013)

Auch in diesem Zusammenhang sind die Ergebnisse der Hattie-Studie interessant. Hattie nennt folgende Belege als besonders bemerkenswert: „Die größten Effekte auf das Lernen treten dann auf, wenn die Lehrpersonen in Bezug auf das Lehren selbst zu Lernenden werden und wenn Lernende zu ihren eigenen Lehrpersonen werden. Wenn Lernende ihre eigenen Lehrpersonen werden, dann zeigen sich bei ihnen diejenigen selbstregulierenden Merkmale, die bei Lernenden besonders erwünscht sind (Selbstbeobachtung, Selbstbewertung, Selbsteinschätzung, Selbstunterrichtung).“ (Hattie 2013, S. 27).

1.5 Kooperatives Lernen

Kooperatives Lernen bezeichnet eine Interaktionsform, bei der zwei bis sechs Personen gemeinsam und in wechselseitigem Austausch Kenntnisse und Fertigkeiten erwerben und auf ein gemeinsames Ziel hin arbeiten. Im Idealfall sind alle Gruppenmitglieder gleichberechtigt am Lerngeschehen beteiligt und tragen gemeinsam Verantwortung. Während dieses Lernprozesses findet keine Supervision durch die Lehrkraft statt (vgl. auch Traub 2004, S. 32, vgl. auch Konrad & Traub 2012, S. 5).

Die Strukturen des kooperativen Lernens bieten vielfältige Lernmöglichkeiten: Es wird in Großgruppen (ca. 6 Personen) in Kleingruppen (3-4), in Lerntandems (2) sowohl heterogen als auch homogen zusammengesetzt gearbeitet und auch die Zeiträume sind flexibel, sie können über mehrere Stunden, aber auch nur Teile einzelner Stunden in Anspruch nehmen. In all diesen Formen konstruieren die Lernenden ihr Wissen individuell und vertiefen dieses dann im Austausch mit anderen (vgl. Konrad 2014, S. 156). Individualisiertes Lernen wird gefördert, weil auf die einzelnen Lernenden individuell eingegangen wird und die Aufgabenstellungen umfangreicher und komplexer oder gering umfänglich und einfacher gestaltet werden können.

Bei den üblichen Partner- und Gruppenarbeitsformen werden die Lernenden meist aufgefordert, ein gemeinsames Gruppenprodukt zu erstellen, etwa ein Arbeitsblatt auszufüllen oder aus einem Text gemeinsam Ergebnisse zu erarbeiten. Stellt man solche Aufgaben, so steht das Gruppenprodukt im Mittelpunkt, nicht aber das Lernen der einzelnen Gruppenmitglieder. Es kann passieren, dass sich einzelne Gruppenmitglieder gar nicht an der gemeinsamen Aufgabe beteiligen, die Arbeit also nur von wenigen gemacht wird. Dieses Phänomen wird als „Trittbrettfahren“' oder als „soziales Faulenzen“ bezeichnet (vgl. Renkl 1996). Ein solches Verhaltensmuster ist bereits durch die Aufgabenstellung impliziert. Für die Qualität des Gruppenproduktes und die Schnelligkeit seiner Erstellung kann es von großem Vorteil sein, auf die Mitarbeit schwacher und unmotivierter Gruppenmitglieder zu verzichten (vgl. auch Traub 2012a, S. 32).

Kooperative Lernformen legen dagegen darauf Wert, die Lernsituation so zu gestalten, dass das Lernen der Gruppenmitglieder im Mittelpunkt steht und angeregt wird und nicht etwa das Erstellen des Gruppenprodukts. Dadurch können interindividuelle Differenzen einzelner Gruppenmitglieder optimal in den gemeinsamen Lernprozess einbezogen werden. Dabei wird auch das individuelle Lerntempo berücksichtigt (vgl. auch Traub 2010).

Neueren Formen kooperativen Lernens werden meist motivationale (z.B. STAD-Programm nach Slavin 1995) und soziale Überlegungen (z.B. Gruppenpuzzle nach Johnson 1992) zugrunde gelegt. In der pädagogisch-psychologischen Lernforschung wird Kooperation dann unter dem Aspekt diskutiert, inwieweit gegenüber individuellem Lernen eine höhere bzw. bessere Leistung zu erzielen sei. Zur Erklärung unterscheidet man in der Regel zwei Perspektiven, aus denen sich Leistungseffekte kooperativen Lernens erschließen lassen: die inhaltliche (Erwerb neuen Wissens bzw. Vertiefung bereits vorhandenen Wissens) und die soziale (Erwerb von Handlungskompetenzen wie Teamfähigkeit und Kommunikationsfähigkeit).

In diesem Zusammenhang wird ein bedeutsamer, aber häufig noch nicht richtig gesehener Sachverhalt mit voller Klarheit deutlich: Die Güte eines Unterrichtsprojekts hängt nicht in erster Linie von der Ansehnlichkeit des Produkts ab, sondern vor allem davon, in welchem Maß den beteiligten Schülerinnen und Schülern durch Aktivierung der entsprechenden Gruppenfunktionen effektive Lerngelegenheiten in Bezug auf die über den Kenntniserwerb hinausgehenden Lernzielbereiche geboten werden. Auch in Projekten, in denen die Produkterstellung scheitert, können sie Wesentliches lernen (vgl. auch Traub 2012a, S. 32-33)

Folgende Aspekte bereichern die Arbeit in Gruppen:

- Produktion von Ideen: Jede Gruppe kann zu einer den Kenntnishorizont der Mitglieder nicht wesentlich überschreitenden Fragestellung bedeutend mehr Ideen produzieren als ihr erfolgreichstes Mitglied. Insbesondere diese enorme Überlegenheit von Gruppen im divergenten Denken gegenüber dem Individuum befähigt Schülergruppen dazu, ansehnliche Produkte hervorzubringen.
- Nutzung von Ressourcen: Andere Menschen verfügen über andere Ressourcen und Informationen. Beim gemeinsamen Arbeiten erhöht sich die Wahrscheinlichkeit, auf Personen zu treffen, die für das eigene Lernen

hilfreiche Informationen geben können. Außerdem können so Fehler besser entdeckt und über Problemlösungen aus vielfältiger Perspektive diskutiert werden. Allerdings darf eine Gruppe auch nicht zu groß werden, da sonst die Perspektivenvielfalt nicht mehr zu nutzen wäre.

- Einfälle sammeln: z.B. Gewinnung von Ideen zur Zielbestimmung, Produktgestaltung, Arbeitsorganisation durch Brainstorming, in Diskussionen usw.
- Kritik, Beurteilung, Verbesserung von Arbeitsergebnissen: Es kommt hier nicht nur auf logische Konsequenz, sondern in hohem Maß auch auf passende Einfälle an, die sich aus den unterschiedlichen Perspektiven mehrerer Gruppenmitglieder viel wahrscheinlicher ergeben als aus der Sicht eines Einzelnen.
- Problemlösen: z.B. im Zusammenhang mit der Planung von Arbeitsschritten, der Organisation arbeitsteiligen Vorgehens, der Bewältigung von unerwarteten Schwierigkeiten oder der Behandlung eines Problems als zentraler Arbeitsaufgabe.
- Kontroversen austragen: Behandlung einer innerhalb der Arbeitsgruppe oder zwischen Gruppen umstrittenen Frage mit dem Ziel, den Dingen so weit wie möglich auf den Grund zu gehen.
- Entscheidungsbildung: z.B. hinsichtlich Arbeitsziel, Arbeitsaufteilung auf Gruppenmitgliedern, Wahl zwischen verschiedenen Vorgehensmöglichkeiten.
- Das Gruppenverhalten reflektieren: Diese Gruppenfunktion kann sowohl in speziellen, von der übrigen Gruppentätigkeit deutlich abgesetzten Reflexionsphasen als auch die laufende Gruppenarbeit begleitend und unterstützend erfüllt werden.
- Beziehungen aufbauen: Auf der Beziehungsebene geht es darum, das Interaktionsverhalten innerhalb der Gruppe zu betrachten und vor allem beobachtbares und wünschenswertes Verhalten zu würdigen, über anzustrebende Verhaltensänderungen zu beraten und sich auf besonders wichtige Verhaltensnormen und Methoden der Sicherung ihrer Einhaltung zu einigen.
- Sachlich korrekt arbeiten: Auf der Sachebene wird das Vorgehen der Gruppe hinsichtlich arbeitstechnischer Zweckmäßigkeit und sachlicher Richtigkeit geprüft. Aus festgestellten Mängeln können Konsequenzen für die Gestaltung künftiger Arbeit gezogen werden.
- Lernende aktivieren: Im Gruppenunterricht können sich mehr Lernende aktiv am Unterrichtsprozess beteiligen als im Frontalunterricht.
- Freie Meinungsäußerung: Die Lernenden können sich, falls sie nicht durch ein ungünstiges soziales Klima daran gehindert werden, ohne Scheu äußern und erst einmal „ins Unreine" reden.

- Zusammengehörigkeit entwickeln: Sie entwickeln und festigen ein Zusammengehörigkeitsgefühl in der Gruppe.
- Selbstständiges Arbeiten: Sie arbeiten, falls die Arbeitsaufträge entsprechend gestaltet und die Lernvoraussetzungen gegeben sind, relativ selbständig.
- Umwege gehen: Sie können Lernumwege und Seitenpfade betreten, die im Frontalunterricht aus Zeit- und Kompetenzgründen zumeist blockiert werden.
- Neugierde ausleben: Die Lernenden leben ihre Neugierde aus; sie können neue, von der Lehrkraft nicht vorhergesehene Aspekte des Themas einbringen und bearbeiten.
- Beobachtung: Gruppenunterricht erlaubt es der Lehrkraft, ihre Schülerinnen und Schüler genauer, mit mehr Muße und in anderen Rollen als im Frontalunterricht zu beobachten.
- Mehraufwand positiv nutzen: Die Lernenden brauchen länger, um einen Sach-, Sinn- oder Problemzusammenhang in eigener Regie zu erarbeiten. Langfristig zahlt sich dieser Mehraufwand jedoch durch wachsende Methodenkompetenz aus.
- Nachhaltiges Wissen: Erworbenes Wissen wird nachhaltiger behalten, wenn es in Kleingruppen erarbeitet wurde.
- Erweiterte Wahrnehmung, erweiterte Gedächtniskapazität in Gruppen: Durch die anderen Gruppenteilnehmer wird die eigene Gedächtnisleistung angesprochen und erweitert. Dank Anstößen kommt man auf Dinge, auf die man alleine nicht kommen würde.
- Modelllernen und Anstöße von anderen in Gruppen: Das Vorbild anderer Personen steigert die Lernleistung. Man kann von deren Wissen profitieren, aber auch sein Lernverhalten nachahmen. Somit profitiert man vor allem von kompetenten anderen Personen.
- Bewertung durch andere Gruppen: Gruppenmitglieder können zu mehr Leistung anstacheln, da man in der Gruppe sein Bestes geben will.
- Soziale Kohäsion und positives Gefühlsklima in der Gruppe: Wenn die Gruppenmitglieder sich gut verstehen, dann nimmt meist auch die Leistungsfähigkeit zu. Deshalb sollte versucht werden, ein positives Klima in der Gruppe zu schaffen.
- Externalisierung von Wissen innerhalb von Gruppen: Lernende, die anderen Informationen erklären oder ihre Meinung mitteilen müssen, verarbeiten diese damit besser und haben größere Chancen, sie sinnvoll zu reflektieren. Damit wird das eigene Wissen besser verfügbar. (vgl. Huber 1999; Huber, Konrad & Wahl 2002; Traub 2004; Konrad & Traub 2012 und vgl. auch Traub 2012a, S. 34-35)

Allerdings muss die Zusammenarbeit der Lernenden unbedingt mit einer oder mehreren der folgenden Maßnahmen unterstützt werden:

- Unterstützung der aufgabenspezifischen Interaktionen: Den Lernenden werden Lern- und Lehrstrategien beigebracht oder nahe gelegt, die für das Lernen als effektiv erachtet werden, wie z.B. Präsentationstechniken, wechselseitiges Fragenstellen oder Vermittlungsmethoden.
- Unterstützung der Gruppenprozesse: Den Lernenden wird vermittelt, wie sie in der Gruppe effektiv miteinander umgehen können, z.B. durch das Aufstellen von Gruppenregeln, die Verteilung von Gruppenrollen oder die Evaluation der Gruppenprozesse.
- Feedback bzw. Anerkennung der Lernleistung der Gruppe: Die Lernenden erhalten den Lernfortschritt ihrer Gruppenmitglieder zurückgemeldet. Dadurch sind alle Gruppenmitglieder motiviert, sich gegenseitig beim Lernen zu unterstützen und zum Lernen anzuspornen.
- Aufgabenspezialisierung: Die Gruppenmitglieder verfügen nur über einen Teil der Ressourcen (Informationen, Materialien) und erwerben somit einen Expertenstatus, den sie dann den anderen Gruppen oder ihren Mitgliedern weitergeben müssen (vgl. auch Traub 2004, S 33; vgl. auch Konrad & Traub 2012, S. 6)

Forschungsarbeiten bestätigen die Effektivität kooperativer Lernformen für die unterschiedlichsten Bildungsanliegen (vgl. Johnson et al. 1992).

Huber (1999) variiert in ihrer Forschungsarbeit verschiedene Bedingungen kooperativen Lernens und kommt dabei zum Ergebnis, dass kooperatives Lernen in den untersuchten Bereichen dem Lernen in Einzelarbeit überlegen ist. Dabei spielt es nur eine geringe Rolle, ob in der Gruppe mit oder ohne Lernskripte gearbeitet wurde. Allerdings konnte sie nachweisen, dass Lernende über Lernstrategien verfügen müssen, um effizient in Gruppen arbeiten zu können.

Haag, Fürst und Dann (2000) untersuchen die Lehrervariablen erfolgreichen Gruppenunterrichts. Sie stellten fest, dass präzise und verständliche Arbeitsaufträge entscheidend zur Orientierung der Lernenden beitragen und dass dadurch Lehrerinterventionen vermeidbar sind und gute Arbeitsergebnisse zustande kommen.

Huber, Konrad und Wahl (2002) erproben die Methoden des wechselseitigen Lehrens und Lernens in verschiedenen Schulklassen und konnten dabei feststellen, dass Lernende der Versuchsgruppen deutlich bessere Ergebnisse in der Leistung, in sozialen Verhaltensweisen zeigen und deutlich motivierter waren als ihre „Kolleginnen und Kollegen" der Kontrollgruppen. Allerdings kommt dieses Ergebnis ebenfalls nur dann zustande, wenn die Methoden schrittweise eingeführt und mit den Lernenden eingeübt werden. Dabei spielt die Anwendung verschiedener Unterstützungsstrategien eine wichtige Rolle. Über die kognitiven Kompetenzen hinaus gewinnen soziale Fähigkeiten an Bedeutung. Wenn die Lernenden ihre Rolle im kooperativen Geschehen erkennen und dies zu einer angemessenen Aufgaben- bzw. Rollenverteilung führt, können sie besser kooperativ lernen. Solche

Fähigkeiten sind aber nicht nur Voraussetzungen, sie sind auch Konsequenzen der Kooperation. Durch das kooperative Lernen können Offenheit, Hilfsbereitschaft und gemeinsame Verantwortlichkeit entwickelt und gefördert werden. Zugleich kann Konkurrenz mit den Mitlernenden, die bei der individualistischen Anreizstruktur des konventionellen Unterrichts häufig hervorgerufen wird, durch das kooperative Lernen gemildert werden. In der Regel wird in Gruppensequenzen Egoismus gegenüber anderen überwunden und Solidarität sowie Zusammengehörigkeit gefördert (vgl. auch Traub 2012a, S. 35-36).

Auch nach Hattie sind kooperative Lernformen geeignet, „sowohl das Interesse an Unterrichtsinhalten als auch sachbezogene Argumentationen zu fördern. Sie fördern den Wissens- und Kompetenzzuwachs stärker bei älteren als bei jüngeren Kindern und scheinen dann besonders erfolgreich zu sein, wenn sie durch klare Strukturen vorbereitet sind wie etwa beim Reciprocal Teaching (d = 0,74), bei dem Schülerinnen und Schüler abwechselnd in die Lehrkraft- und die Schülerrolle schlüpfen und dabei, wie Hattie schreibt, insbesondere dann profitieren, wenn die Lehrkräfte den Schülerinnen und Schülern zeitnah kognitive Lernstrategien vermitteln wie Fragen zu stellen oder Zusammenfassungen komplexer Gegenstände zu erstellen." (Hattie 2013, S. 250ff. zusammengefasst bei Terhart 2014, S. 33)

In kooperativen Lernumgebungen werden die Lernenden in die Lage versetzt, ihr eigenes Lernen durch den Austausch mit anderen zu regulieren und über eingesetzte Lernstrategien mit anderen gemeinsam zu diskutieren. Dies hat Auswirkungen auf den eigenen individuellen Lernprozess und rückwirkend auch auf die weitere Entwicklung von Lernstrategien und die Selbststeuerung.

1.6 Lernansätze im Überblick

Die Lernansätze werden im Schaubild nochmals unter der Prämisse des Lehrerhandelns (links) und des Tätigkeitsfeldes der Lernenden (rechts) dargestellt.

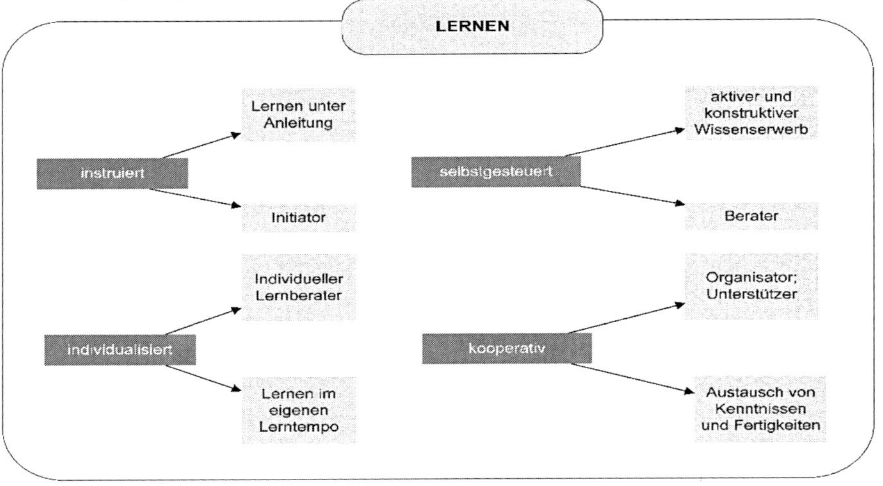

Abbildung 3: Lernansätze aus der Perspektive der Lehrenden und Lernenden

2. Lernumgebungen zwischen Instruktion und Konstruktion

2.1 Lernumgebungen – begriffliche Klärung

„Der Begriff Lernumgebung beschreibt das Arrangement von Methoden und Techniken, Medien und Lernmaterial einschließlich des sozio-kulturellen Kontextes und der aktuellen Lernsituation, die sich an unterschiedlichen didaktischen Grundorientierungen ausrichten kann.“ (Reinmann-Rothmeier & Mandl 2001, S. 603 f). Dabei wird der zeitliche, räumliche, soziale sowie der kulturelle Kontext berücksichtigt.

Nach Haag bringt der Begriff der Lernumgebung zum Ausdruck, „dass das Lernen von ganz verschiedenen Kontextfaktoren abhängig ist, die in unterschiedlichem Ausmaß planvoll gestaltet werden können. Eine durch Unterricht hergestellte Lernbedingung besteht aus einem Arrangement von Unterrichtsmethoden, Unterrichtstechniken, Lernmaterialien und Medien.“ (Haag 2011, S. 33)

Lernumgebungen sind entweder stärker auf reproduzierendes Lernen oder auf produktives Lernen ausgerichtet. Beim reproduzierenden Lernen liegt der Fokus beim vom Lehrenden gestalteten Vermittlungsgegenstand. Der Lehrende leitet durch Fragen, Impulse oder auch durch einen Vortrag die Art der Vermittlung an. Auch wenn die Inhalte für die Lernenden neu sind, werden sie doch eher von der Lehrperson festgelegt und didaktisch aufbereitet. Die Lehrpersonen legen den Weg und die Art und Weise wie Wissen aufgenommen und verarbeitet werden soll fest und zeigen auch die Strategien auf, die zur Zielerreichung angewandt werden können. Beim produktiven Lernen haben die Lernenden größere Spielräume. Sie können Wissen in neuen Situationen anwenden und eigenständige Problemlösungen entwickeln. Damit wird der Vermittlungsgegenstand eher von den Lernenden selbst gewählt. Sie legen selbst die Ziele fest und nutzen eigenständig ihnen passgenau erscheinende Strategien.

Nach Konrad zielen Lernumgebungen vor allem auf den Erwerb von Kompetenzen, die zur erfolgreichen Bewältigung komplexer Aufgaben und Problemstellungen genutzt werden können. Konstruktive Lernaktivitäten sollen über Denk- und Handlungsspielräume eröffnet werden (vgl. Konrad 2011, S. 148).

Auf dem Weg zwischen Reproduktion und Produktion gibt es allerdings verschiedene „Freiheitsgrade“.

Konrad (2014) unterscheidet vier:

- Aufgaben zur Wisseneinübung; hier sind die Themen und Ergebnisse festgelegt. Trainingseinheiten und Übungen gehören hierzu.
- Aufgaben zur Wissenserschließung; auch hier sind die Inhalte und die Wege zu den vorgesehenen Resultaten eher festgelegt. Hierunter fallen Gespräche, Modelle, Fragen und dergleichen mehr.

- Aufgaben zur Wissenstransformation greifen sowohl auf vorher festgelegte Gegenstände als auch auf neue Inhalte zurück. Die Wege der Zielerreichung sind offen und auch das Ergebnis ist noch nicht endgültig festgelegt.
- Aufgaben zur Wissensschaffung setzen eher auf neue Inhalte, die sich die Lernenden selbst erschließen und deren Zielsetzung und Ergebnisorientierung noch offen ist. Hierzu gehören Projekte, Werkstattarbeiten und dergleichen mehr (vgl. Konrad 2014, S. 47-48).

Bei der Gestaltung von Lernumgebungen spielen die vier folgenden zentralen Prinzipien eine Rolle:

- Wissenszentrierung: Hier geht es vor allem um die Vermittlung und Aneignung von Wissen.
- Lernerzentrierung: Hier stehen das Vorwissen, die Fähigkeiten und Eigenschaften der lernenden Person im Vordergrund.
- Evaluationszentrierung: hier wird das Lerngeschehen laufend evaluiert durch Feedback, Korrektur und Reflexion. Der Lernprozess kann dabei immer wieder angepasst werden.
- Gemeinschaftszentrierung: Lernen findet meist in einer Gemeinschaft statt, die sich auf das jeweilige Lernen auswirkt (vgl. Konrad 2011, S. 151).

Neben diesen für alle Lernumgebungen gleichermaßen geltenden Überlegungen lassen sich diese auch ausdifferenzieren, je nachdem, welches Prinzip in der jeweiligen Lernumgebung in den Fokus gestellt wird. Als Grundlage dient hierfür das didaktische Dreieck, also die Lehrer-, Schüler- und Sachperspektive. Diese können jeweils als Primat einer Lernumgebung angesehen werden. Außerdem spielt die Handlungsorientierung eine zentrale Rolle.

Bei der lehrerzentrierten Lernumgebung liegt das Prinzip des Lehrens zu Grunde, also handelt es sich dabei um eine Lernumgebung, die als durchgehendes Prinzip die Organisation und Durchführung sowie die Verantwortung des Lerngeschehens auf der Seite der Lehrperson ansiedelt, bei der aber natürlich trotzdem selbstgesteuerte oder individualisierende Elemente in Form von Problemstellungen oder Differenzierung enthalten sein können.

Die schülerorientierte Lernumgebung wird auf die Interessen, Fähigkeiten und Fertigkeiten der Lernenden ausgerichtet, sie selbst sollen und können sich aktiv in das Lerngeschehen einbringen und mitbestimmen, in welcher Form ein Inhalt erlernt werden soll. Auch bei den Inhalten sowie den Zielen werden die Lernenden einbezogen. Aber auch hier sind lehrerzentrierte Elemente beteiligt, da die Lehrperson Hilfestellung und Anregungen gibt.

Bei der problemorientierten oder situierten Lernumgebung stammt die im Unterricht behandelte Problemstellung bzw. Sachlage aus dem Erfahrungs- und Lebenshorizont der Lernenden. Sie rückt in den Mittelpunkt des Lerngeschehens und soll durch die Schülerinnen und Schüler bearbeitet werden. Dabei müssen diese bestimmte Methoden und Strategien anwenden, die ihnen in der Lernumgebung zur Verfügung gestellt werden. Auch für diese Lernumgebung ist es notwendig, dass lehrerzentrierte und schülerorientierte Elemente mit vorhanden sind, das Primat liegt aber hier auf der Problembearbeitung.

Eine weitere Gestaltungsmöglichkeit eröffnet die handlungsorientierte Lernumgebung. Durch sie wird ausgedrückt, dass sich die Lernenden „handelnd" mit einer Sachlage bzw. Problemstellung auseinandersetzen und so Erfahrungen sammeln, die sie durch Reflexion nachhaltig speichern und auf andere Sachinhalte transferieren können. Damit die Lernenden sich handelnd mit Inhalten auseinandersetzen können, benötigen sie mehr oder weniger Anleitung und Hilfestellung von Lehrpersonen. Handlungen finden dabei selbstverständlich in allen Lernumgebungen statt. Dennoch hat sich die Handlungsorientierung als ein eigener didaktischer Zugang etabliert, der Merkmale der zuvor genannten Lernumgebungen in spezifischer Weise aufnimmt und verknüpft. Dies ist das Verdienst Herbert Gudjons, der sich in seiner Publikation „Handlungsorientiert lehren und lernen" (1986 Erstauflage, 2014 in der 8. Auflage) mit der theoretischen Begründung eines handlungsorientierten Unterrichts befasst.

Im Folgenden werden ausgewählte Lernumgebungen vorgestellt: die lehrerzentrierte Lernumgebung, die schülerorientierte Lernumgebung und die problemorientierte sowie handlungsorientierte Lernumgebung.

LERNUMGEBUNGEN

lehrerzentriert - schülerorientiert - problemorientiert - handlungsorientiert

Abbildung 4: Lernumgebungen

2.2 Lehrerzentrierte Lernumgebungen

Lehrerzentrierte oder instruierte Lernumgebungen können auf eine lange Tradition zurückblicken. Das Vormachen, das Zeigen oder Vortragen spielten im schulischen Kontext immer eine große Rolle und gingen dann in den klassischen Frontalunterricht ein. Dieser geht heute wiederum in eine instruierte Lernumgebung über, in der neben der Wissensvermittlung durch die Lehrperson auch die Wissenserarbeitung durch das Stellen von Problemen, durch aufgabengesteuerte Instruktion und dergleichen mehr steht (vgl. Reich 2011, S. 231).

Dies ist deshalb der Fall, weil deutlich geworden ist, dass in einer solchen Lernumgebung zwar die Anleitung durch die Lehrperson und das Vermitteln von Wissensinhalten auf eine didaktisch sinnvolle Art und Weise über die Lehrperson erfolgt, dass die Lernenden sich mit den Inhalten dennoch aktiv auseinandersetzen müssen. Mit einer lehrerzentrierten Lernumgebung ist also nicht das ausschließlich rezeptive Verhalten der Lernenden gemeint, sondern es wird darunter eher ein Lernen unter Anleitung verstanden. Dadurch sollen die für den Unterricht vorgesehenen und im Lehrplan festgehaltenen Inhalte möglichst systematisch und organisiert dargeboten werden. Das Lehr-Lern-Geschehen ist prozesshaft, die Lehrkraft versucht die Inhalte so zu vermitteln, dass die Lernenden sie verstehen, nachvollziehen und zum eigenen Lerninhalt machen können. Alle Anstrengungen fallen im Rahmen dieser Position also auf die Instruktion und die Frage, wie Unterricht geplant, organisiert und gesteuert werden muss, damit Lernende die präsentierten Wissensinhalte in ihrer Systematik verstehen, sich diese Inhalte entsprechend zu eigen machen und somit Lernerfolg im Sinne vorher definierter Lehr-Lernziele erlangen. Entsprechend dieser Konzentration auf die instruktionalen Aktivitäten übernimmt die Lehrkraft die Rolle des didaktic leader (Leinhardt 1993): Sie hat die Funktion, Wissensinhalte zu präsentieren und zu erklären sowie die Lernenden anzuleiten und ihre Lernfortschritte sicher zu stellen Die Lernenden bekommen die Lerninhalte quasi passgenau vorgegeben (vgl. Reinmann-Rothmeier & Mandl 1999; 2001).

Nach Reinmann-Rothmeier & Mandl ist eine solche lehrerzentrierte Lernumgebung dann angebracht, wenn die Lernenden bereits umfangreiches Vorwissen besitzen, um beispielsweise Informationen über ein neues Spezialgebiet des Faches zu vermitteln, in dem sich die Lernenden bereits auskennen oder wenn die Lernenden bereits Erfahrungen, Fähigkeiten und Fertigkeiten zum Anwenden neuen Wissens besitzen. Auch Lernende mit geringen Vorkenntnissen können in diesen Lernumgebungen profitieren, da sie einen ersten Überblick über das Wissensgebiet erhalten, ihnen die Inhalte systematisch dargelegt und quasi häppchenweise vermittelt werden und ihnen aufgezeigt wird, wie sie diese Inhalte verarbeiten können (vgl. Reinmann-Rothmeier & Mandl 1999; 2001). Diese Form der lehrerzentrierten Lernumgebung unterstützt den Erwerb von Grundlagenwissen.

Bei ausschließlich lehrerzentrierten Lernumgebungen bleiben die Lernenden überwiegend in einer passiven und rezeptiven Grundhaltung. Außerdem entstehen kaum Problemsituationen, in denen sich die Lernenden selbst ausprobieren können, es sei denn, dass die Lehrperson durch geschickte und offene Fragen auch dazu anregt.

Vorausgesetzt wird in dieser Lernumgebung, dass Lernen ein individueller Prozess ist, der sich bei allen Lernenden gleichermaßen und zur gleichen Zeit vollzieht. Das ist nicht immer der Fall. Somit kann eine ausschließlich (lehrerzentrierte) Lernumgebung dem einzelnen Lernenden nicht gerecht werden. Sie muss durch weitere Lernumgebungen ergänzt werden.

2.3 Schülerorientierte Lernumgebung

Die Forderung nach schülerorientiertem Unterricht gibt es schon seit der Zeit der reformpädagogischen Bewegungen; sie wird bis heute immer wieder erhoben. Dahinter steht die Annahme, dass Inhalte, die gelernt werden sollen, adressatenorientiert aufbereitet sein müssen, damit Lernende sie behalten und verarbeiten können. Außerdem entnehmen wir der Entwicklungspsychologie, dass jeder Mensch die Dinge der Welt entsprechend seinem Entwicklungsstand, seinen Vorkenntnissen und Interessen wahrnimmt und verarbeitet. Auf der Grundlage seiner Erfahrungen konstruiert die lernende Person ihr Wissen selbst, und dieses Wissen muss keineswegs mit der „Wirklichkeit“ der Lehrperson oder anderer Lernender übereinstimmen. In einer entsprechend aktiven Position befindet sich die lernende Person, während der Lehrperson die Aufgabe zukommt, Problemsituationen und

„Werkzeuge“ zur Problembearbeitung zur Verfügung zu stellen und bei Bedarf auf Bedürfnisse der Lernenden zu reagieren (vgl. Reinmann-Rothmeier & Mandl 1999; 2001).

Wiater (2011) hat die Herausforderung einer schülerorientierten Lernumgebung folgendermaßen beschrieben: „Schülerorientiert zu unterrichten bedeutet, die Dominanz des Lehrers bei der Entscheidung über Ziele, Inhalte, Methoden und Medien im Unterricht aufzugeben, konsequent die Perspektive zu wechseln und vom Schüler her, mit dem Schüler zusammen und auf den Schüler hin Unterricht zu planen und zu gestalten. Dazu ist die Lern- und Bedürfnis-, Interessens- und Lebenslage der Schüler planerisch zu berücksichtigen, ihrem Entwicklungsstand und ihren Entwicklungsbesonderheiten (vom lernschwachen Schüler zum Hochbegabten) ist Rechnung zu tragen. Sie sollten so viel, wie eben möglich, sich in das Unterrichtsgeschehen als Person einbringen, ihre Sicht der Dinge artikulieren und Lerninhalte weitestgehend selbsttätig, eigenverantwortlich und selbstkontrollierend erarbeiten können.“ (Wiater 2011, S. 92)

Bei einer schülerorientierten Lernumgebung ist es wichtig, Interessen und Neigungen der Lernenden zu wecken bzw. in den Mittelpunkt des Lernens zu stellen. Wissenskonstruktionen basieren immer auf bereits vorhandenem Wissen. Deshalb müssen Vorerfahrungen, Vorwissen und Interessen der Lernenden zum Ausgangspunkt der Unterrichtsgestaltung genommen werden. Die Lernenden setzen sich mit für sie momentan bedeutsamen Alltagsthemen auseinander. Wissen gilt hier als untrennbar mit dem Kontext seiner Anwendung verbunden und prinzipiell kaum transferierbar. In Alltagssituationen brauchbares Wissen kann deshalb nur in authentischen Kontexten erworben werden. Vorkenntnisse und Vorerfahrungen müssen aktiviert und genutzt werden. Unterricht muss neue Erfahrungen ermöglichen, die es dem Lernenden erlauben, auf der Grundlage seines Vorwissens ein eigenes, individuelles Verstehen und Interpretieren zu entwickeln und eventuell am Schließen eigener Lücken zu arbeiten. Die Überlegungen zum Lernen als hochgradig individuellem Prozess verlangen das Aufbrechen des Prinzips der Gleichzeitigkeit (Alle tun zur gleichen Zeit dasselbe). Hierfür kann arbeitsteiliges Handeln hilfreich sein: Die Lernenden organisieren sich für eine gewisse Zeit in Gruppen, die unterschiedliche Themen anhand unterschiedlicher Lernressourcen in unterschiedlichem Tempo bearbeiten.

Lernende sollen mittels Unterricht zu verantwortungsbewusstem Denken und Handeln in der Gesellschaft und für sich selbst befähigt werden. Wer als lehrende Person dies erreichen will, muss dafür sorgen, dass die Lernenden das, womit sie sich beschäftigen, auch verstehen und sinnvoll in ihr Vorwissen einfügen, dass sie Zusammenhänge zwischen verschiedenen Wissensinhalten herstellen, dass sie das Gelernte in realen Situationen anwenden und dass sie sich letztlich zu Personen entwickeln, die selbständig sowohl allein als auch zusammen mit anderen anstehende Probleme lösen können. Hierzu bedarf es einer starken Orientierung an den Interessen der Lernenden (vgl. Reinmann-Rothmeier & Mandl 1999; 2001).

Damit eine schülerorientierte Lernumgebung den angedachten Erfolg bringen kann, ist es auch wichtig, dass die Lernenden dafür die Voraussetzungen mitbringen. Sie benötigen teilweise Unterstützung durch die Vermittlung von Techniken, Methoden und Strategien, was eher wieder in einem lehrerzentrierten Unterricht geleistet werden kann.

Schülerorientierte Lernumgebungen bergen die Gefahr des sogenannten „Schereneffektes": leistungsstarke Lernende profitieren, leistungsschwächere Lernende gehen unter, weil sie überfordert sind.

Eine schülerorientierte Lernumgebung beinhaltet meist nicht nur ein alltägliches „Thema", sondern auch eine konkrete Problemstellung, die aus dem Lebensbereich der Lernenden stammt und ist deshalb eng mit der problemorientierten oder situierten Lernumgebung verbunden.

2.4 Problemorientierte (situierte) Lernumgebung

Lernen in situierten Lernumgebungen bedeutet, dass eine Problemstellung vorhanden ist, die Lernende mehr oder weniger unter Anleitung der Lehrperson zu bearbeiten versuchen. Dabei stammt das Problem aus dem Erfahrungs- und Lebensbereich der Lernenden oder lässt vermuten, dass es für diese in naher oder ferner Zukunft bedeutsam werden wird.

„Problemorientierung im Unterricht macht Probleme als Lernausgang virulent, um nach der Problemidentifikation (Relevanz und Inhalt) Problemlöseaktivitäten mit dem Ziel der Problemlösung zu erreichen. Ein Problem ist erst dann gegeben, wenn ein Mensch zwar eine Aufgabe, aber keine Möglichkeiten der Bewältigung sieht. In platonischer Tradition ist ein Problem etwas, über das man staunt, aber dessen Staunen man nicht sofort auflösen kann. Persönliche Betroffenheit ist Voraussetzung, um über Lösungsansätze nachzudenken. Ein Problem an sich gibt es also nicht, es ist ein intrasubjektives Phänomen." (Bönsch 1994 zitiert in: Haag 2011, S. 31)

„Situiertes Lernen bezeichnet eine lernpsychologische Theorie, nach der Materialien aus dem Alltag der Schüler in den Unterricht einbezogen werden, um die Lernfähigkeit und Motivation der Schüler zu fördern. In Anlehnung an sozialkonstruktivistische Ansätze gehen situierte Ansätze davon aus, dass Wissen nicht nur als abstrakte Einheit in den Köpfen, sondern (auch) in der Beziehung zwischen Individuum und sozio-kultureller Umwelt verortet sein kann und sich in Produkten, Werkzeugen oder Ressourcen widerspiegelt." (Konrad 2014, S. 66)

Zentraler Gedanke des situierten Lernens ist der, dass Lernende sich mit Wissensinhalten auseinandersetzen, die aus ihrem Lebens- und Erfahrungsraum stammen und die es ihnen ermöglichen, das neu erworbene Wissen auch in realen Situationen anzuwenden. Dadurch können die Lernenden an der Gesellschaft partizipieren und sich und ihre Gedanken einbringen. Außerdem ist angewandtes Wissen auch das nachhaltigere.

Eine situierte/problemorientierte Lernumgebung wird häufig mit verschiedenen Instruktionsansätzen verknüpft, zu nennen hier vor allem der Anchored Instruction Ansatz (Cognition and Technology Group at Vernderbilt 1997). Hier werden mathematische Aufgaben in Geschichten verpackt, die aus der Lebens- und Interessenswelt der Kinder und Jugendlichen stammen und mit denen sie sich identifizieren können. Es wird eine Problemsituation beschrieben, die als „Anker" dient und anhand derer die Problemlösung angegangen werden kann. Die Problemsituation kann per Video eingespielt werden oder sie wird erzählt. Die Lernenden sollen durch die narrative Struktur eigenständig eine Lösung des Problems finden können. Dabei sind die zur Lösung notwendigen Informationen in der Problemstellung, dem Anker, enthalten. Die Problemsituation stammt aus dem Erfahrungsbereich der Lernenden und soll gemeinsam gelöst werden.

In der Cognitive-Flexibility-Theorie (Spiro & Jehng 1990) wird eine Aufgabe unter verschiedenen Blickwinkeln betrachtet. Dabei werden die Lernenden mit der Komplexität der Aufgabe konfrontiert, so dass sie mit dem realen Geschehen vertraut gemacht werden. Im schulischen Kontext wird dieser Ansatz eher weniger verwendet.

Im Cognitive Apprenticeship-Ansatz (Collins, Brown & Newman 1989) sollen Schülerinnen und Schüler möglichst eigenständig und aktiv komplexe Aufgaben lösen. Die Lehrperson dient dabei als Modell und gibt zunächst auch eng geführte Anleitungen (Modelling). Diese werden aber immer weiter zurückgenommen, so dass die Selbständigkeit der Lernenden weiter zunimmt. Die lernende Person befasst sich dann selbst mit einem Problem, bei dem sie zunächst noch unterstützt wird (Coaching). Die Lehrperson hilft bei Fragen (Scaffolding). Nach und nach wird dies zurückgenommen (Fading). Die lernende Person soll immer wieder laut denkend, sein Vorgehen darlegen (Articulation) und den Prozess reflektieren (Reflection). Am Ende des Verfahrens soll sie selbst in der Lage sein, sich Inhalte zu erschließen und Problemstellungen selbständig zu lösen (Exploration) (vgl. Haag 2011; Konrad 2014; vgl. auch Konrad & Traub 2012, S. 31-36).

Die Schaffung einer situierten Lernumgebung geht auf die Grundüberlegung zurück, dass beim Lernen in schulischen Lernsituationen „träges Wissen" (Renkl 1996) entsteht. Um dies zu vermeiden, sollen in situierten Lernumgebungen Authentizität und das Anknüpfen an eigene Erfahrungen ermöglicht werden. Dies wird so begründet, dass Wissen dann nicht anwendbar wird, wenn sich die Lern- und Anwendungssituation zu sehr voneinander unterscheiden. Wenn die Lernsituation authentisch ist und sich innerhalb der Erfahrungssituation der Lernenden befindet, dann kann Wissen auch eher aktiviert und in diese Situationen transferiert werden.

Reinmann-Rothmeier & Mandl (1999; 2001) gehen davon aus, dass die lernende Person ihr Wissen aktiv konstruieren kann und sie dabei durch Problemsituationen und Lösungshilfen von der Lehrperson unterstützt wird. Die fünf konstruktivistisch geprägten Prozessmerkmale bilden dabei das konzeptuelle Rückgrat: Lernen als aktiver, konstruktiver, selbstgesteuerter, sozialer und situativer Prozess. Die lernende Person selbst muss Interesse und Motivation aufbringen, um effektiv lernen zu können. Dabei muss sie neue Inhalte mit bereits vorhandenen Wissensstrukturen verbinden können, den eigenen Lernprozess überwachen und regulieren und kognitive sowie emotionale Verhaltensweisen berücksichtigen. Idealerweise kann sie die Inhalte an bestimmte Situationen anknüpfen und sich in der Interaktion mit anderen darüber austauschen. (vgl. Reinmann-Rothmann und Mandl 2001).

Forschungsergebnisse zum situierten Lernen haben gezeigt, „dass diese Konzeption nicht im Widerspruch zu eher instruktionalen Lehrkonzepten stehen muss – im Gegenteil: Instruktionale Phasen in situierten Lernumgebungen unterstützen in der Regel die Lernprozesse und befördern den Lernerfolg." (Hartinger u.a. 2011, S. 82)

Für situierte Lernumgebungen können bestimmte Merkmale herauskristallisiert werden, die die Lernprozesse besonders unterstützen:

- Authentizität: Die Relevanz der Aufgabe wird hervorgehoben und eine günstige Lernmotivation angeregt.
- Berücksichtigung verschiedener Perspektiven: sowohl verschiedene Perspektiven der Lernenden auf den Gegenstand als auch ausgehend vom Gegenstand können betrachtet werden.
- Bewusstmachung der Gedanken: diese werden untereinander ausgetauscht und diskutiert.
- Evozierung von Elaboration: Verknüpfungen zwischen bereits Bekanntem und dem neuen Lerngegenstand werden hergestellt. (vgl. Hartinger 2011, S. 83)

Problemorientierte Lernumgebungen können Einsichten fördern und im Sinne John Deweys „Erfahrung" ermöglichen. Der Mensch gewinnt Erkenntnis, indem er sich tätig mit der Welt auseinandersetzt. Er wirkt auf die Welt ein und diese auf ihn zurück. Durch Reflexion dieses Zusammenhangs entsteht Erfahrung. Die lernende Person hat eine wirkliche, für den Erwerb von Erfahrung geeignete Sachlage vor sich und interessiert sich für die damit zusammenhängende Tätigkeit. Aus dieser Sachlage erwächst ein echtes Problem und regt zum Nachdenken an. Sie verfügt über Wissen und Strategien, um das Problem zu behandeln, oder erarbeitet sich diese Voraussetzungen, kann Lösungen entwickeln und darstellen und sich so mit der Welt auseinandersetzen.

Nach Jonassen (1993) eignen sich solche Lernumgebungen, welche die Komplexität der realen Welt widerspiegeln, vor allem für Lernende auf einem fortgeschrittenen Niveau. Denn bei fortgeschrittenen Lernenden (oder auch bei Experten auf einem Gebiet), kann man davon ausgehen, dass sie neben einem umfangreichen inhaltlichen Wissen, das viele Anknüpfungspunkte für neue Auskünfte bietet, auch Lernerfahrungen und entsprechende Problemlöse- und Selbststeuerungsfertigkeiten mitbringen, die eine Anleitung von außen weitgehend überflüssig machen. Andererseits kann eine problemorientierte Lernumgebung aber auch Lernenden einen optimalen Einstieg gewähren, die sich mit einem Gebiet das erste Mal beschäftigen und noch keine Vorstellung davon haben, wie etwa die zu lernenden Inhalte mit realen Erfordernissen zusammenhängen. In solchen Fällen ist eine problemorientierte Lernumgebung dazu geeignet, Interesse aber auch

Neugier und damit Motivation zu wecken und Einblick in die Anwendungsmöglichkeiten des neuen Wissens zu bieten (vgl. Reinmann-Rothmeier & Mandl 1999; 2001).

Problemorientierte Lernumgebungen ermöglichen den Lernenden einen aktiven Zugang zum Lerninhalt. Problemlösefähigkeiten wie logisches Denken, Flexibilität und Kreativität sowie die Entwicklung von Lernstrategien können gefördert werden. Ähnliche Überlegungen gelten auch für die handlungsorientierte Lernumgebung.

2.5 Handlungsorientierte Lernumgebung

„Mit Handlungsorientierung wird eine Unterrichtskonzeption bezeichnet, die es Schülern ermöglicht, sich mit Sachen, Menschen und Problemen eigenstätig und selbständig unter Einbeziehung möglichst vieler Sinne lernend auseinanderzusetzen. Schüler sind dabei nicht Objekte von Belehrung, sondern aktive Subjekte.“ (vgl. Gudjons 1994, zitiert in: Haag 2011, S. 35)

Sowohl der problemorientierten als auch der handlungsorientierten Lernumgebung liegt der Begriff der Erfahrung zu Grunde. Durch das Schaffen von Situationen, sollen die Schülerinnen und Schüler handelnd Erfahrungen an bestimmten Problemstellungen machen können, diese verarbeiten und sie dann auch allgemein zugänglich machen.

Handeln und Denken ist miteinander verbunden, wenn der Mensch mit dem Denken nicht mehr weiterkommt, probiert er aus und erschließt sich so Zusammenhänge. Dies gilt auch für den Unterricht: durch das Handeln kann das Denken in Gang gebracht und Problemlösungen erarbeitet werden.

„Handlungsorientierung bedenkt, dass erfolgreiches Lernen immer eine aktive, selbstgesteuerte, bedeutungsgebende Tätigkeit des individuellen Schüler / der individuellen Schülerin ist.“ (Wiater 2011, S.93)

Gudjons nennt folgende Kriterien einer handlungsorientierten Lernumgebung:

- Der Handelnde bestimmt selbst über das Vorhaben, er ist an der Planung beteiligt, identifiziert sich damit. Das Thema wird zu seinem Thema.
- Am Anfang jeder Handlung steht eine Dissonanz, d.h. eine echte Fragestellung, ein Problem oder dergleichen.
- Genetisches und entdeckendes Lernen werden angestrebt.
- Offenheit der Ziele; diese werden von den Lernenden selbst festgelegt.
- Individualisierung und Differenzierung finden statt.
- Selbständigkeit und Selbststeuerung: Lernende übernehmen selbst Verantwortung für ihr Handeln und für das zu entstehende Ergebnis.
- Die Fachgrenzen sind aufgehoben.
- Die Lernenden arbeiten im Projekt längerfristig und sind nicht so sehr an Zeitvorgaben gebunden (kein 45-Minuten-Takt) (vgl. Gudjons, 2014, S. 66-70).

In einer handlungsorientierten Lernumgebung entwickeln die Lernenden einen – zumeist längerfristigen – Plan, der die Zielsetzung, die Lernschritte enthält und die Lernabläufe koordiniert. Dabei werden Teilziele festgelegt, deren Erreichbarkeit überprüft und eventuell die Planung angepasst wird.

Ebenso wie in problemorientierten Lernumgebungen wird in handlungsorientierten das Denken in komplexen Zusammenhängen gefördert, da die Planung, Durchführung und Problemlösung in der Hand der Lernenden liegen. Hierin steckt auch ein gewisser Grad an Freiheit, da die Lernenden selbst entscheiden, wie sie handelnd an eine Sachlage herangehen, allerdings benötigen sie hierfür mehr oder weniger die Unterstützung durch die Lehrperson. Mehr, wenn sie selbst noch zu wenig über Strategien und Methoden zum eigenen Handeln verfügen, weniger, wenn sie selbst in der Lage sind die Handlungen ohne Hilfestellung auszuführen.

Handeln ist mehr als nur eigenaktiv zu werden. „Mit der denkenden Erfahrung (Dewey) sucht der handlungsorientierte Unterricht aber gerade dem Zusammenhang von Problemen auf die Spur zu kommen: der Lebensweltbezug (und freilich auch die Aufklärung von Ideologien in dieser Lebenswelt und im Alltagswissen!) rückt die Erfahrung und Wissen wieder näher zusammen und wirkt als Herausforderung bei der Bewältigung eines Problems." (Gudjons 2014, S. 57).

Dieser Gedanke macht nochmals zweierlei deutlich:

1. Handlungsorientierung schließt die Problemorientierung und die Schülerorientierung ein und
2. Handlungsorientierung erfordert den Aufbau von Denkprozessen und die Verknüpfung mit Erfahrungen und dieser Zusammenhang muss unterstützt werden, damit Lernende in der Handlungsorientierung nicht ins Leere laufen.

2.6 Lernumgebungen im Überblick

Die Lernumgebungen werden in der Grafik unter der Prämisse des Aufgabenfeldes von Lehrenden (1. Kasten) und Lernenden (2. Kasten) ausdifferenziert:

Abbildung 5: Lernumgebungen aus Lehrer- und Lernendenperspektive

3. Lehr-Lern-Konzepte

3.1 Lehr-Lern-Konzepte – Begriffliche Klärung

Die in Kapitel 1 angestellten Überlegungen zum Lernen führten auf die in Kapitel 2 beschriebenen Lernumgebungen. Diese wiederum werden in Lehr-Lern-Konzepten realisiert und im unterrichtlichen Alltag verwirklicht. Die Lehr-Lern-Konzepte konkretisieren die Lernumgebungen und stellen ein Angebot dar, aus dem für die eigene Unterrichtsgestaltung gewählt werden kann.

Es wird grundgelegt, dass in all diesen Konzeptionen sowohl das Lehren als auch das Lernen zentrale Faktoren sind, die aber unterschiedlich gewichtet werden, und die sich auf vielfältige Weise zueinander verhalten. Außerdem schließen Konzepte ein, dass verschiedene Methoden und Sozialformen angewandt werden, und dass diese an die jeweils vorhandene Lerngruppe angepasst werden. Damit wird ein Lehr-Lern-Konzept in seiner Ausgestaltung konkreter als eine Lernumgebung und richtet sich in seiner Ausprägung nach einer bestimmten Adressatengruppe. In der Regel können bestimmte Lehr-Lern-Konzepte auch einzelnen Lernumgebungstypen zugeordnet werden. So lässt sich der Lehrgang zumeist dem Lernansatz der direkten Instruktion und damit einer lehrerzentrierten Lernumgebung zuordnen, das Sandwich-Prinzip verbindet die direkte Instruktion mit der subjektiven Verarbeitung, stellt damit eine Kombination der lehrerzentrierten, schülerorientierten und problemorientierten Lernumgebung dar. Das wechselseitige Lehren und Lernen ist ein konkretes Umsetzungskonzept des kooperativen Lernens und damit überwiegend einer schüler- und problemorientierten Lernumgebung zuzuordnen. Dies gilt auch für den wahldifferenzierten Unterricht mit der Stationenarbeit und dem Wochenplan sowie der Freiarbeit, die ebenfalls stark schülerorientiert ausgerichtet sind und damit dem individualisierten und selbstgesteuerten Lernen Rechnung tragen. Die Projektarbeit gehört in den Bereich der schülerorientierten, problem- und handlungsorientierten Lernumgebung und zielt vor allem auf selbstgesteuertes Lernen.

Gerade vor dem Hintergrund von Lehr-Lern-Grundsätzen und Lernumgebungen zeigt sich, wie wichtig dabei die Balance eines solchen Lehr-Lern-Konzeptes ist. Unabhängig von seinem Schwerpunkt muss sichergestellt sein, dass Lernen immer mit Lehren und Anleiten verknüpft ist, und dass umgekehrt Lehren nur dann erfolgreich sein kann, wenn es auf Seiten der Schülerinnen und Schüler durch Lernen beantwortet wird.

„Ein ausschließlich belehrender Unterricht ist in der Schulrealität ebenso wenig denkbar wie ein rein entdeckender; ein völlig gelenkter Unterricht ebenso unrealistisch wie das vollkommen autonome Lernen. Die Realität eines effektiven Unterrichts liegt zwischen den Eckpunkten des Methodenrepertoires. Die didaktisch begründete Wahl der jeweils besten Unterrichtsmethode erfordert eine Kenntnis der spezifischen Leistungsfähigkeit der verschiedenen Unterrichtsmethoden." (Wiechmann 2000, S. 17)

Hilbert Meyer (2004) sieht durch Forschungsergebnisse gut bestätigt, dass mit Hilfe einer Kombination von Methoden der direkten Instruktion und Lehrmethoden, die das Lernen als konstruktive Leistung unterstützen, gute Ergebnisse entstehen können, wobei die direkte Instruktion ein wenig erfolgreicher ist auf die Wissensaneignung bezogen und „offene" Unterrichtsformen erfolgreicher sind bezogen auf die Vermittlung von Methoden- und Sozialkompetenz. Gudjons (2006) betont sogar für das selbstgesteuerte Lernen die Verbindung mit der Instruktion; für ihn kann es Selbststeuerung ohne Fremdsteuerung nicht geben, wie Fremdsteuerung ohne selbstgesteuerte Anteile nicht möglich ist.

Auch Hattie (2013; 2014) betont die Bedeutsamkeit der direkten Instruktion. Sie gilt als Voraussetzung für selbstgesteuertes Lernen. Offene Lernformen sind für „intelligentes Wissen" nur dann relevant, wenn sie klar strukturiert sind und sich mit herausfordernden, kognitiven und aktivierenden Lerninhalten befassen. Die Lernwirksamkeit von individualisiertem Lernen ist nach der Hattie-Studie als gering einzustufen, sie liefert starke Belege für strukturierte Lernformen. In Konsequenz bedeutet dies, dass individuelle und offene Lernformen einer strukturgebenden Einbettung und Ausbalancierung mit anderen Lehr-Lernstrategien bedürfen.

Eine Kombination aus instruiertem Lernen und „offeneren" Formen scheint für erfolgreiches Lernen zentral zu sein und dies kann in den verschiedenen Lehr-Lern-Konzepten verwirklicht werden. Diese beinhalten alle Anteile des instruierten, individualisierten, kooperativen und des selbstgesteuerten Lernens, aber in unterschiedlicher Ausprägung und Gewichtung.

Die Konzepte werden nicht gegeneinander ausgespielt, es wird vielmehr die Auffassung vertreten, dass sich die Konzepte im Unterrichtsalltag ergänzen. Konkret bedeutet dies, dass alle Lehr-Lern-Konzepte nebeneinandergestellt und genutzt werden können, jedes mit seinen Chancen und Grenzen und dass die Lehrpersonen dabei jeweils zu entscheiden haben, welche Voraussetzungen für das erfolgreiche Lernen im jeweiligen Konzept geschaffen werden müssen.

Die Konzepte werden mit einer gleich bleibenden Systematik vorgestellt: Die jedes Kapitel einleitenden Abbildungen zeigen das Lehr-Lern-Konzept in seiner jeweiligen Ausprägung der Lehrenden- und Lernendenaktivität. Zunächst wird das Konzept allgemein in seinen Grundsätzen vorgestellt, die Zielsetzung benannt und jeweils die Rolle der Lehrenden und der Lernenden herausgearbeitet. Anschließend wird das Konzept in seinem Verhältnis zu den Lernansätzen und Lernumgebungen spezifiziert und die Voraussetzungen zur Umsetzung erörtert. Da die Konzepte hier nicht so umfassend und konkret dargestellt werden, bedarf es einer weiteren Lektüre, um sie im Unterrichtsalltag umsetzen zu können. Hierzu wird eine Literaturempfehlung vorgenommen.

LEHR-LERN-KONZEPTE

Lehrgang - Sandwichprinzip - Wechselseitiges Lehren und Lernen - Stationenarbeit - Wochenplan - Freiarbeit - Projektunterricht

Abbildung 6: Lehr-Lern-Konzepte im Überblick

3.2 Lehrgang

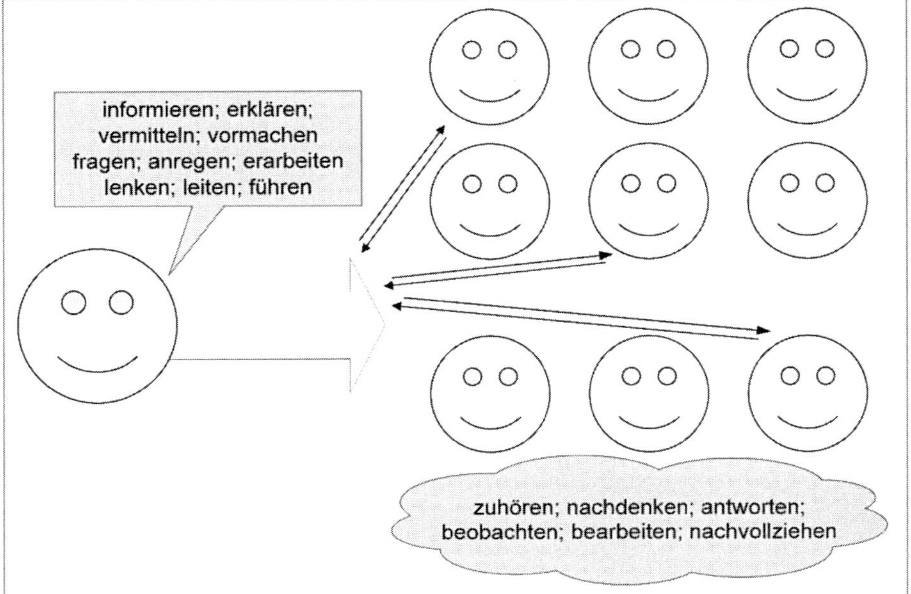

Abbildung 7: Lehrgang mit Lehrgespräch

Vorstellung des Konzepts:

Der Lehrgang knüpft an die Tradition des Vormachens, Vorzeigens, Vortragens und Vermittelns an. Er findet meist im Rahmen des traditionellen Frontalunterrichts statt und nutzt die Methode des erarbeitenden bzw. fragend-entwickelnden Unterrichtsgesprächs. Seit der Zeit von Comenius erhält die didaktische Aufbereitung der Sachverhalte und Informationen eine größere Bedeutung. Mit dessen Orbis sensualium pictus (die sichtbare Welt, 1653) wird zugleich deutlich, wie sehr der Lehrgang auf eine gemeinsame „Anschauung" der Beteiligten angewiesen ist. Dabei spielt das Beobachten und Nachempfinden historisch gesehen eine immer größere Rolle. Aus dem klassischen Vortrag wird allmählich auch im Unterricht ein Gespräch zwischen Lehrenden und Lernenden.

Nach Reich (2011) liegen dem Lehrgang (frontale Phasen wie Vortrag, fragend-entwickelnde Verfahren, erarbeitender Unterricht) folgende Strukturmerkmale zugrunde:

- Die Lehrkraft lenkt die Interaktion direkt;
- Lehrerfragen und Schülerantworten wechseln sich ab, es finden wenige Redeketten der Lernenden untereinander statt;
- Die Lehraktivitäten sind dabei recht unterschiedlich: es können sehr enge Fragen mit wenig Antwortmöglichkeiten gestellt werden, aber auch offene Impulse oder Problemstellungen gegeben werden;

- Interaktionen zwischen den Lernenden gibt es kaum und wenn, dann nur unter Anleitung und „Aufsicht" der Lehrkraft;
- die Lernenden sollen in erster Linie, das was die Lehrkraft vermittelt, nachvollziehen und zum eigenen Wissen machen. (vgl. Reich 2011, S. 234)

Zielsetzung:

Ziel des Lehrgangs ist es, einen komplexen Sachverhalt zu vermitteln oder gemeinsam zu erarbeiten und die Lernenden zum Mitdenken zu animieren. Dadurch können Gedankengänge richtig aufgenommen und weitergedacht werden – und, wo es sinnvoll erscheint - durch einzelne Fragen die Lernenden wieder auf den Gegenstand aufmerksam gemacht werden. Allerdings muss man wissen, dass die Lernenden die Inhalte trotzdem unterschiedlich aufnehmen und verarbeiten und deshalb die Wissensinhalte in der Breite, Tiefe und Nachhaltigkeit auf unterschiedliche Art und Weise präsent sein werden.

Rolle der Lehrperson/ Rolle der Lernenden:

Dabei spielt die Lehrperson die zentrale Rolle. Sie verfolgt eine bestimmte Zielrichtung und möchte diese mit ihrer Klasse gemeinsam erreichen. Sie vermittelt das Wissen, indem sie einen Sachverhalt vorträgt bzw. erläutert und sie übernimmt in den Gesprächen die Gesprächsführung und bringt diese immer wieder durch neue Impulse in Gang. Sie behält den Überblick über den Unterrichtsgegenstand und greift die verschiedenen Wege der Lernenden auf, zum Lehrziel vorzudringen. Gespräche mit der Klasse sind in der Regel vorstrukturiert, indem Gesprächsergebnis und Lernweg weitgehend festgelegt sind. Es besteht eine Wechselrede von Lehrerfrage und Antwort jeweils eines Schülers bzw. einer Schülerin. Die Lehrperson gibt zwar die Inhalte genau vor, erläutert diese und macht deutlich, was richtig ist und wie ein Sachverhalt zu verstehen ist, sie gibt den Lernenden aber auch die Möglichkeit, die Grundgedanken nachzuvollziehen, Fragen zu stellen und Antworten zu diskutieren. Dabei wird davon ausgegangen, dass die Lehrperson weiß, wie das Lernen am besten zu initiieren ist, und wo die Lernenden direkte Unterstützung benötigen (vgl. auch Traub 2011, S. 79-81).

Einschätzung des Konzepts im Hinblick auf die Realisierungsmöglichkeiten:

Für Lernende ist ein solches Lehr-Lern-Konzept dann erfolgversprechend, wenn sie dem Vortrag der Lehrenden folgen und die vermittelten Wissensinhalte tatsächlich in ihre eigene Strukturen zu integrieren vermögen. Dies kann dann gelingen, wenn die Lehrperson bei der Vermittlung von Wissensinhalten oder bei deren Erarbeitung eine klare Struktur vorgibt, die von den Lernenden nachvollzogen werden kann. Außerdem muss das Vorgehen transparent sein. Die Lehrperson muss authentisch sein, die Lernenden müssen ihr vertrauen können und sie müssen von ihr ein konstruktives Feedback zum eigenen Lernprozess erhalten. Entgegen der relativ zahlreichen pauschalisierenden kritischen Beurteilungen und abwertenden Diffamierungen dieser Methode handelt es sich bei dem wissenschaftlich konzeptualisierten Verfahren der direkten Instruktion keineswegs um Frontalunterricht im klassischen Sinne, der den Lehrenden zum alleinigen Akteur und die Lernenden zu passiven und mechanisch sich verhaltenden Rezipienten macht. Im Gegenteil: es kann sich um eine sehr anspruchsvolle Instruktionsform handeln, unter deren psychologischen Ein- und Auswirkungen sowohl Lehrer wie Schüler aktiv und konstruktiv arbeiten sollen, wobei die Expertise des einen genutzt wird, um möglichst maximale Lern- und Leistungsfortschritte bei den anderen zu gewährleisten (Weinert 1996).

Grumbine und Alden (2006) machen den Erfolg der direkten Unterweisung von der Einlösung der folgenden Prinzipien abhängig:

1. Lernen wird unterstützt, wenn die Lehrperson verschiedenen Lernstilen sowie den unterschiedlichen Stärken und Schwächen der Lernenden gerecht wird (z. B. durch vielfältige Darstellungs- und Instruktionsformen: Rollenspiel, Mindmapping, Partnerarbeit).
2. Lernen wird gefördert, wenn der Unterricht gut organisiert ist (z. B. durch Advance- und Post-Organizer; Handouts mit klarer und gleichbleibender Struktur).
3. Lernen wird optimiert, wenn der Unterricht sich an nachvollziehbaren Zielen und Bewertungskriterien orientiert (z. B. durch die Betonung der Beziehungen zwischen Unterrichtsinhalten, durch den Nachweis, wie eine Aufgabe zum Lernziel beiträgt, und inwiefern sie für Test- und Prüfungsanforderungen wichtig ist).
4. Lernen wird unterstützt, wenn die Lehrperson ihren Schülerinnen und Schülern konsistente Rückmeldungen vermittelt (z. B. durch regelmäßige schriftliche und mündliche Hinweise oder Einschätzungen, die in Beziehung zum generellen Leistungsvermögen gebracht werden).
5. Lernen wird optimiert, indem das metakognitive Wissen der Schüler angeregt wird (z. B. indem immer wieder auf die Bedeutung des Wissens für die eigene Person hingewiesen wird).

Ein Lehrgang beinhaltet in der Regel Vortrags- und eng geführte Gesprächsformen. Damit entspricht er einem instruierten Lernansatz und verkörpert eine lehrerzentrierte Lernumgebung. Er nimmt immer noch den größten Raum im Lehr-Lern-Prozess von Schülerinnen und Schülern ein (vgl. Hage 1985; Bohl 2000), aber er wird zunehmend zeitlich begrenzt und immer wieder unterbrochen. Regelmäßig werden zwischen der Vermittlung von Wissensinhalten durch eine Lehrperson auch andere Sozialformen wie die Einzelarbeit oder die Gruppenarbeit genutzt. Im Allgemeinen kann hier eher von einem integrierten Frontalunterricht gesprochen werden (vgl. Gudjons 2003). Damit stellt der Lehrgang ein Lehr-Lern-Konzept dar, das im Unterrichtsalltag vor allem in Kombination mit anderen Konzepten wie dem Wechselseitigen Lehren und Lernen zur Anwendung kommt und in Reinform immer weniger alleine genutzt wird.

Nach Reich (2011) wird das Lehr-Lern-Konzept des Lehrgangs aus organisatorischen sowie zeitlichen Gründen und im Hinblick auf Lernschwierigkeiten gerne eingesetzt:

- ein Vortrag mit einigen wenigen Fragen kann wiederholt eingesetzt werden;
- die Lehrenden gehen davon aus, dass sie mit dem Lehrgang die meisten Lernenden erreichen. Deshalb bietet sich dieses Konzept auch für größere Lerngruppen an;
- für Inhalte, die nicht verstanden, sondern auswendig gelernt werden müssen, wie Daten und Fakten, kann die frontale Phase leichter organisiert werden;
- eine Abprüfbarkeit durch Klassenarbeiten und mündliche Prüfungen scheint gewährleistet;
- Klassenführung und Disziplin erscheinen gewährleistet;
- die Stofffülle scheint damit bewältigbar, im Sinne von: „Ich habe es vermittelt, jetzt liegt es an den Lernenden, es auch wiedergeben zu können.";
- komplexere Inhalte werden aufgearbeitet und für die Schülerinnen und Schüler entsprechend vorbereitet und vermittelt; dadurch können sowohl schwierige Inhalte auch von schwächeren Lernenden verstanden und komplexe Inhalte schnell vermittelt werden;
- Lernende sind überfordert, wenn sie immer alles selbst erarbeiten müssen. Im Lehrgang zuzuhören und bereits etwas vorgedacht zu bekommen ist einfacher;
- ein guter Vortrag weckt Interesse und erzeugt Spannung; bei einer guten Präsentation können sich die Lernenden auf das Wesentliche konzentrieren;
- Lernen am Modell ist möglich: die Lehrenden zeigen den Lernenden wie man sich einem Sachverhalt annähert und ihn sich zu eigen macht, und mit welchen Strategien man hierbei vorgehen kann (vgl. Reich 2011, S. 234-242).

Über die Notwendigkeit eines „gebundenen Unterrichts" (Meyer 1983) zur Vermittlung grundlegender Kompetenzen sind sich mittlerweile Theoretiker und Praktiker weitgehend einig (vgl. Simons, 1992; Krieger, 1994; Hattie 2013). Damit untrennbar verbunden ist die Forderung nach methodischer Kompetenz der Lernenden. Auch im Lehrgang muss die Methodenkompetenz der Lernenden erweitert werden. Dies geschieht einmal dadurch, dass Lernende die Lehrkraft als Modell nehmen. Diese zeigt ihnen, wie Unterricht inszeniert wird. Man kann diese Inszenierungstechniken, die die Lehrperson anwendet, selbst zum Thema machen (vgl. Meyer 1997). Wie Simons (1992) es formuliert: Schüler können lernen, ihr eigener Lehrer zu sein.

Gerade hier aber erscheint es wünschenswert, wenn das Modell der Lehrerin und des Lehrers sich nicht alleine auf den „Lehrgang“ als Lehr-Lern-Konzept beschränkt. Zum anderen müssen im Lehrgang immer wieder Methoden thematisiert und mit den Lernenden geübt werden.

Weiterführende Literatur:

Berner, H., Fraefel, U. & Zumsteg, B. (Hrsg) (2011). Didaktisch handeln und denken 1: Fokus angeleitetes Lernen. Hohengehren: Schneider.

3.3 Das Sandwich-Prinzip

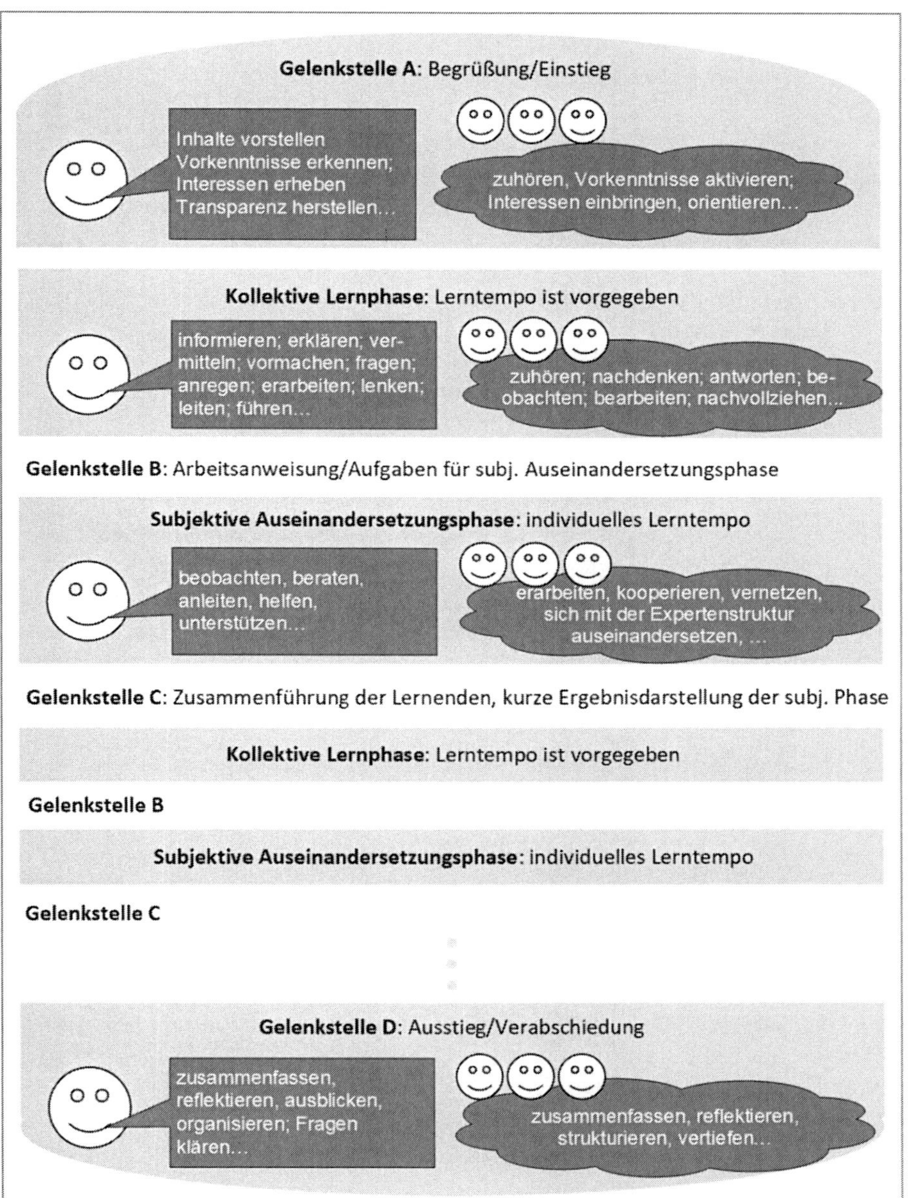

Abbildung 8: Das Sandwich-Prinzip

Vorstellung des Konzepts:

Das von Wahl (2006; 2013) vorgestellte und seither für Schule, Hochschule und Erwachsenenbildung weiterentwickelte „Sandwich-Prinzip“ (vgl. Traub 2012 a und b) korrespondiert mit einer Lernumgebung, bei der ein systematischer Wechsel von Vermittlungs- und Transferphasen stattfindet. Es steht in der Tradition einer pragmatischen Lernumgebung, wie sie von Mandl u.a. (vgl. Reinmann-Rothmeier & Mandl 2000) gefordert wird und konkretisiert diese als Lehr-Lern-Konzept aus.

Im Sandwich-Prinzip werden verschiedene Phasen und Gelenkstellen unterschieden, die den systematischen Wechsel zwischen Orientierung gebenden Phasen und selbsttätiger Auseinandersetzung mit Inhalten kennzeichnen. Die Gelenkstellen leiten dabei von einer Phase in die nächste über und schaffen so fließende Übergänge. Gelenkstelle A markiert den Beginn eines Sandwichs und stellt den ersten Abschnitt des Einstiegs dar. Hier werden die Lernenden begrüßt und es wird ihnen mitgeteilt, worum es im Unterricht geht (vgl. Wahl 2013, S. 110). Hierdurch wird Transparenz geschaffen, die Lernenden werden in den Lernprozess einbezogen (durch das Erheben von Interessen usw.), die Kommunikation wird erleichtert und die Redeschwelle kann überwunden werden.

Nach dem Einstieg kann auf verschiedene Weise weiter verfahren werden: Es kann eine Phase der Vermittlung folgen oder eine subjektive Verarbeitungsphase.

In der kollektiven Lernphase werden, was die Form und den zeitlichen Ablauf angeht, alle Lernenden in gleicher Weise behandelt. Den Lernenden wird von der vortragenden Person ein einheitliches Lerntempo vorgegeben. Weil die Teilnehmenden diesem Gleichschritt i.d.R. nur eine kurze Zeit folgen können, ist es wichtig, in dieser Zeit den Sachverhalt auf den Punkt zu bringen. Wenn die Aufmerksamkeit der Lernenden nachlässt (nach ca. 15 Minuten), schließt eine subjektive Arbeitsphase an.

Die Gelenkstelle B stellt die Überleitung dar. Hier geht es darum, präzise und verständlich festzulegen, in welcher Form nun weitergearbeitet werden soll.

In der subjektiven Arbeitsphase sollte sich die Lehrkraft nicht einmischen: „Jetzt arbeiten die Teilnehmenden vollständig im eigenen Lerntempo (bei Einzelarbeit) oder nahe am eigenen Lerntempo (bei Partner- oder Kleingruppenarbeit) bzw. haben die Möglichkeit, in den kleinen Sozialformen das Lerntempo mitzubestimmen. Sie denken, analysieren und bewerten in ihrer eigenen gedanklichen Struktur und müssen sich nicht mühen, einer fremden kognitiven Struktur zu folgen. Das sind Faktoren, die den Problemlöse-Prozess begünstigen und die mit dazu beitragen, dass die Teilnehmenden die Phasen der subjektiven Aneignung im Sandwich-Prinzip als positiv erleben." (Wahl 2013, S. 116)

In der Gelenkstelle C müssen die Lernenden wieder im Plenum zusammengebracht werden. Dies ist schwierig, da sie sich subjektiv mit den vermittelten Informationen auseinandergesetzt haben und dabei unterschiedlich weit gekommen sind. Die Lernenden haben einen individuellen Lernweg beschritten und es wäre unsinnig, jetzt wieder alle auf das gleiche Niveau bringen zu wollen (vgl. Wahl 2013, S. 117-119). Außerdem muss die Phase der subjektiven Auseinandersetzung mit der folgenden Weiterarbeit verbunden werden. Eine kollektive Ergebnissicherung bietet sich hierfür nicht an, da sich die Teilnehmenden ja in ihrem Lerntempo mit den vorab vermittelten Inhalten auseinandergesetzt haben und diese individuell vernetzt haben. In der Gelenkstelle C werden solche Aspekte besprochen, die für alle interessant sein können.

Das Sandwich-Prinzip sieht immer auch einen Ausstieg vor. Dieser Ausstieg ist mit der Gelenkstelle D verknüpft. Der Lernprozess wird ausdrücklich abgeschlossen. Hier kann man auf das Gelernte zurückschauen oder „reflektieren", und das Gesagte emotional verarbeiten (vgl. Wahl 2013, S. 119-120).

Zielsetzung:

Das Sandwich-Prinzip ist ein „planvoll hergestelltes Arrangement", „in dem den Lernenden einerseits eine aktive Auseinandersetzung mit den vermittelten Inhalten ermöglicht wird, in dem ihnen jedoch andererseits thematische und lernstrategische Orientierung angeboten wird." (Wahl 2013, S. 110). Zwischen Phasen der Vermittlung von Wissen werden Phasen der subjektiven Aneignung bzw. Phasen der kooperativen Auseinandersetzung, Analyse und Bewertung geschoben. Damit soll insbesondere ein „träges Wissen" verhindert werden, das nach der Ansicht der Autorinnen und Autoren zu häufig entsteht, wenn sich - wie im Lehrgang– Lernen überwiegend kollektiv vollziehen und später durch individuelle Nacharbeitung festigen soll.

Rolle der Lehrperson/Rolle der Lernenden:

Die Lehrperson übernimmt in diesem Konzept sowohl die Rolle des „didaktic leader" als auch die des Beraters. Insgesamt ist sie für die Gesamtstruktur und deren Umsetzung verantwortlich. Sie sorgt für ein angenehmes Lernklima, durch das die Lernenden motiviert lernen können. Sie organisiert die Gelenkstellen und die beiden großen Arbeitsphasen. In der kollektiven Lernphase vermittelt sie Wissen, erläutert Sachverhalte oder setzt zu diesem Zweck entsprechende Medien ein. Dabei hat sie das Leistungsniveau der Lernenden und ihre Aufmerksamkeitsfähigkeit im Blick. In der subjektiven Verarbeitungsphase organisiert sie zunächst den Ablauf derselben: sie wählt die Methoden aus und bereitet deren Umsetzung vor. Außerdem achtet sie darauf, dass die Lernenden mit diesen Methoden arbeitsfähig sind.

Die Lernenden selbst versuchen zunächst in der kollektiven Lernphase der Vermittlung zu folgen, das Wissen aufzunehmen und zurückzumelden, wenn sie nicht mehr mitkommen oder noch Fragen haben. Sie geben also entsprechendes Feedback zur Art und Weise der Vermittlung. In der subjektiven Auseinandersetzungsphase verarbeiten und vernetzen sie das Wissen, indem sie sich nochmals individuell mit der vermittelten Expertenstruktur auseinandersetzen, dieses in ihr Vorwissen einbinden und eventuell auch mit anderen austauschen und so das Wissen vertiefen.

Einschätzung des Konzepts im Hinblick auf die Realisierungsmöglichkeiten:

Das Sandwich-Prinzip ist für Schule und Unterricht in verschiedenen Studien erforscht und evaluiert worden. Dabei konnte über viele positive Auswirkungen berichtet werden:

- Aufmerksamkeit: Die Konzentration der Lernenden wird länger aufrechterhalten. Somit wird die zur Verfügung stehende Lernzeit in hohem Maße genutzt.
- Lernerfolg: Der Prozess des Vergessens wird verringert. Dadurch, dass neues Wissen stets mit Vorwissen verknüpft wird, kann es zu einer tiefen und nachhaltigen Verarbeitung kommen.
- Lernklima: Störungen im Lernprozess lassen nach. Die höhere Beteiligung und selbstverständliche Zusammenarbeit der Schülerinnen und Schüler fördert eine Integration von schwierigen Schülerinnen und Schülern.
- Lehrende: Zunächst ist der Vorbereitungsaufwand hoch (Erstellen der Arbeitsmaterialien für die subjektive Auseinandersetzungsphase), im Laufe der Zeit relativiert er sich. Allerdings ist insgesamt ein geringerer Kräfteverschleiß und eine größere Freude am Unterrichten zu beobachten.
- Verändertes Handeln (Lerneffekt): Das Wissen kann offenbar leichter in Handlung umgesetzt werden und Wissen wird nachhaltig gespeichert (vgl. Wahl 2013, S. 128-129).

Das Sandwich-Prinzip verbindet Ansätze instruierten Lernens mit selbstgesteuerten und kooperativen Ansätzen durch einen systematischen Wechsel derselben. Dadurch entsteht eine Lernumgebung, die sowohl lehrerzentrierte als auch schülerorientierte Phasen enthält. Problem- und Handlungsorientierung werden durch die Vernetzung der Wissensinhalte und der damit einhergehenden nachhaltigen Speicherung vorbereitet und können dann in den Lehr-Lern-Konzepten der Freiarbeit und des Projektunterrichts angewandt werden. Durch das Sandwich-Prinzip kann das Lehr-Lern-Konzept des Lehrgangs abgelöst werden, vereint es doch die Chancen dieses Konzepts und öffnet es die Grenzen dahingehend, dass die Lernenden immer wieder Gelegenheit erhalten, sich individuell mit den Lerninhalten auseinanderzusetzen und somit das vermittelte Wissen zu verarbeiten und nutzbar zu machen. Elemente des Lehrgangs finden sich in den „kollektiven“ Lernphasen wieder. Damit wird das Sandwich-Prinzip zu einem Lehr-Lern-Konzept, das sich relativ leicht organisieren und in den Unterrichtsalltag integrieren lässt. Es vereint viele Vorteile der verschiedenen Lernansätze und verbindet die Lernumgebungen in vorbildlicher Weise miteinander. Somit wird es zu einem praktikablen Lehr-Lern-Konzept, welches in der Unterrichtslandschaft nicht fehlen darf. Voraussetzung für die positive Wirkung des Konzepts ist, dass die Lernenden Schritt für Schritt darauf vorbereitet werden, sich Lernstrategien anzueignen und diese in der subjektiven Auseinandersetzungsphase anzuwenden.

Im Anhang finden Sie Beispiele für eine Unterrichtsstunde nach dem Sandwichprinzip als Verlaufsplan.

Weiterführende Literatur:

Wahl, D. (2013). Lernumgebungen erfolgreich gestalten. Vom trägen Wissen zum kompetenten Handeln. 3. Auflage mit Methodensammlung. Bad Heilbrunn: Klinkhardt.

3.4 Wechselseitiges Lehren und Lernen

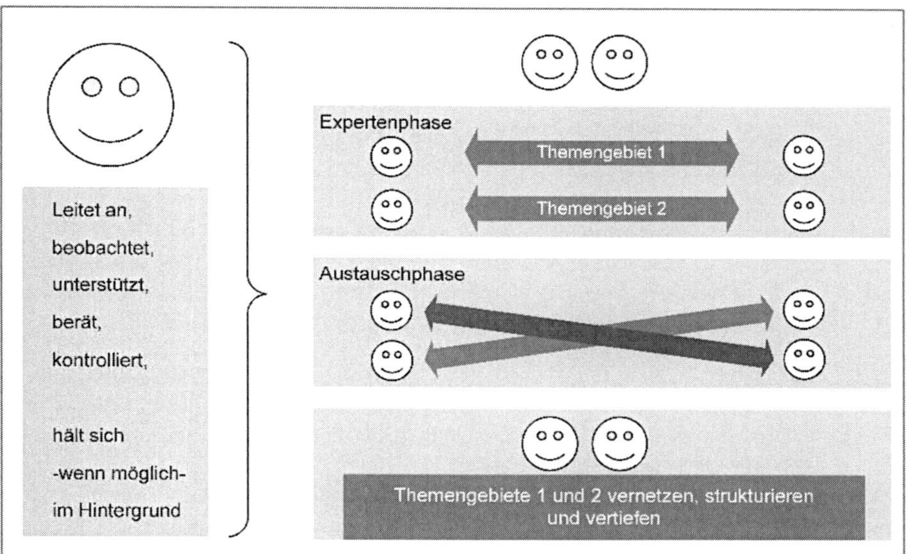

Abbildung 9: Wechselseitiges Lehren und Lernen

Vorstellung des Konzepts:

Das Konzept des wechselseitigen Lehrens und Lernens wurde durch Huber, Rotering-Steinberg und Wahl (1984) im deutschsprachigen Raum bekannt gemacht und hat sich aus der Tradition des kooperativen Lernens entwickelt. Dieses wurde in den 90er Jahren von Johnson und Johnson geprägt und von Kagan, Sharan und Slavin weiterentwickelt. Allen Ansätzen gemeinsam ist die Wertschätzung der Zusammenarbeit von Lernenden (vgl. auch Traub 2004, S. 20-24).

Grundgelegt ist dabei das Experten-Novizen-Paradigma: während die einen Schülerinnen und Schüler bereits über einen Sachverhalt Bescheid wissen, also Experten sind, sind die anderen über diesen Sachverhalt noch in der Novizenrolle und sollen durch die Experten ebenfalls zu Experten werden.

Entscheidend ist dabei eine Gleichverteilung der Experten- und Novizen-Rollen in drei Lernphasen:

1. In einer Aneignungsphase wird das Expertenwissen erworben. Alle Lernenden ohne jede Ausnahme eignen sich einen Teil der Inhalte an. Es gibt so viele Expertinnen und Experten wie es Lernende gibt.

2. In einer Vermittlungsphase werden die Inhalte wechselseitig vermittelt. Dabei werden im Wechsel die jeweils komplementären Rollen von Experte und Novize bzw. Novize und Experte eingenommen. Dadurch ergibt sich eine insgesamt symmetrische Kooperation.
3. In einer Verarbeitungsphase wird die subjektive Auseinandersetzung mit den angeeigneten und vermittelten Inhalten noch einmal besonders akzentuiert, um nachhaltige Effekte zu erreichen.

Zielsetzung:

Neben dem Umgang mit anderen, sollen die Lernenden ihre Selbstregulation und ihre Lernkompetenzen (Lernen zu lernen) verbessern. Außerdem soll das Lernen durch wechselseitiges Lehren positive Auswirkungen auf die Lernmotivation, das Erleben von Selbstwirksamkeit, das Selbstwertgefühl, die sozialen Beziehungen zwischen den Lernenden und auf das soziale Klima zeitigen. Lehr-Lern-Konzepte, die sich daran orientieren, scheinen sich sowohl auf den Lernerfolg als auch auf die sozialen und personalen Kompetenzen der Lernenden positiv auszuwirken (vgl. Huber, Konrad & Wahl 2002; Traub 2004; Konrad & Traub 2019).

Rolle der Lehrperson/Rolle der Lernenden:

In allen drei Phasen werden die Lernenden durch die Lehrperson unterstützt. In der ersten Phase ist es besonders bedeutsam, dass die Lernenden Strategien entwickeln, wie sie sich das Expertenwissen aneignen. Hierbei können Methoden wie Mindmaps, Struktur-Lege-Techniken oder dergleichen hilfreich sein. Ebenso können die Lehrenden in dieser Phase genaue Arbeitsaufgaben stellen, die Texte entsprechend didaktisch aufbereiten, so dass das Entwickeln eines Expertenstatus durch die Lernenden selbst diesen leichter fällt. Es ist eine komplexe und schwierige Aufgabe, wenn Lernende einen Inhalt so aufarbeiten sollen, dass sie ihn als Experten an andere vermitteln können. Auch die Vermittlung selbst, die die zweite Phase bildet, verlangt der didaktischen Kompetenz der Lernenden viel ab. Auch hier ist die Unterstützung durch die Lehrperson gefragt. Die Lehrkraft kann dabei eventuell Lernende zu Tandems zusammenbringen, die innerhalb dieser Vermittlung eine gegenseitige Stützrolle im Sinne eines Helfersystems einnehmen können. Aus diesem Grund wird die dritte Phase ebenfalls bedeutsam. Hier können die Lernenden die Inhalte und Themengebiete nochmals gemeinsam betrachten und reflektieren. Durch entsprechende Methoden kann es ihnen gelingen, die Themengebiete zu verinnerlichen, zu strukturieren und sich diese entsprechend einzuprägen. Diese Phase kann ebenfalls in Kooperation mit anderen stattfinden, bleibt am Ende aber ein individueller Lernprozess. Auch dieser muss entsprechend unterstützt werden.

Beim wechselseitigen Lehren und Lernen steht die Kooperation im Vordergrund des Lerngeschehens. In der Regel findet es in einer problemorientierten und schülerorientierten Lernumgebung statt (vgl. auch Traub 2004; Konrad & Traub 2019).

Einschätzung des Konzepts im Hinblick auf die Realisierungsmöglichkeiten:

Das Konzept „WELL“ (wechselseitiges Lehren und Lernen) stellt eine ausgewogene und strukturierte Form des Kooperativen Lernens dar, das besonderen Wert auf den systematischen Wechsel von Experten-Novizen-Rollen legt. In empirischen Untersuchungen (Slavin 1995) zeigte sich, dass bei 78% der Experimentalgruppen (mit WELL-Methoden) bessere Lernfortschritte zu verzeichnen waren, als in den Kontrollgruppen. Bei 22% zeigten sich keine Unterschiede. Auch in einer Studie von Huber (2007) konnte nachgewiesen werden, dass WELL-Methoden bei Lernergebnissen, der intrinsischen Motivation und dem Kompetenzerleben dem traditionellen lehrerzentrierten Unterricht überlegen sind. Dabei ist die Unterstützung durch Lernstrategien besonders bedeutsam (vgl. Wahl 2013, S. 178-179).

Das Konzept ist einer schülerorientierten Lernumgebung verpflichtet und wirkt ebenfalls in Richtung Problem- und Handlungsorientierung. Es nutzt sowohl individualisierte als auch selbstgesteuerte und kooperative Lernansätze.

WELL ist auch ein zentraler Bestandteil im Sandwich-Prinzip. Man kann sogar sagen, dass das wechselseitige Lehren und Lernen selbst wieder ein Sandwich darstellt, nur, dass in diesem Fall die kollektiven Lernphasen durch die Lernenden gestaltet und diese zu Lehrenden werden (Austauschphase). Die Aneignung des Themengebietes in der ersten Phase und die Verarbeitung in der dritten Phase sind eher dem individualisierten Lernen zuzurechnen und gehören somit zur subjektiven Verarbeitungsphase. Auch in der Stationenarbeit, in der Freiarbeit und im Projektunterricht spielt das wechselseitige Lehren und Lernen eine Rolle, weil die Methoden aus diesem Konzept auch Bestandteile einzelner Stationen oder Freiarbeitsmaterialien sein können. In der Projektarbeit wird das Lehr-Lern-Konzept des wechselseitigen Lehrens und Lernens ebenso integrierend verwendet wie im Sandwich-Prinzip.

Weiterführende Literatur:

Traub, S. (2004). Unterricht kooperativ gestalten. Hinweise und Anregungen zum kooperativen Lernen in Schule, Hochschule und Lehrerbildung. Bad Heilbrunn: Klinkhardt.

Konrad, K. & Traub, S. (2019). Kooperatives Lernen. Theorie und Praxis in Schule, Hochschule und Lehrerbildung. Baltmannsweiler: Schneider-Verlag Hohengehren. 7. unveränderte Auflage.

3.5 Stationenarbeit (Lernzirkel, Lerntheke)

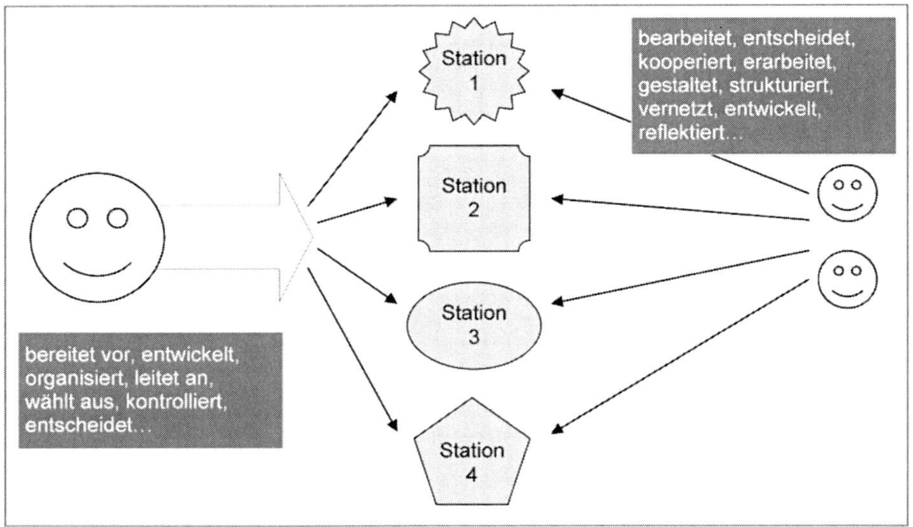

Abbildung 10: Stationenarbeit

Vorstellung des Konzepts:

Die Stationenarbeit in ihrer heute üblichen Form ist in Anlehnung an das Zirkeltraining im Sportunterricht (England in den 50-er Jahren) entstanden, bei dem die Trainierenden einzelne Teilübungen in einigen Minuten absolvieren und sich dann wieder einer neuen Station mit einer anderen Übung zuwenden. Dadurch werden verschiedene Muskeln trainiert und die Ausdauer gefördert.

„Lernen an Stationen (oder auch Lernzirkel, Stationenlernen, Übungszirkel usw.) beschreibt jeweils das zusammengesetzte Angebot mehrerer Lernstationen, das die Lernenden im Rahmen einer übergeordneten Thematik (Unterrichtseinheit oder fächerverbindenden Thematik) bearbeiten…“ (Bauer 1997, S. 59).

Bei der Stationenarbeit ist die Anzahl der Stationen begrenzt. Zur Organisation der Stationenarbeit stellt Hegele fest, dass „die Zahl der Stationen und ihre Differenzierung in Pflichtstationen und frei wählbaren Stationen sowohl von der Komplexität des Themas bzw. der angestrebten Lernziele als auch von der Größe der Klasse und den unterschiedlichen Lerninteressen und Lernniveaus der Schüler/innen abhängt. Auf jeden Fall müssen so viele Arbeitsaufgaben und Arbeitsmaterialien zur Verfügung stehen, dass alle Schüler/innen allein oder zusammen mit anderen über die ganze jeweils vorgegebene Lernzeit hinweg beschäftigt sind.“ (Hegele 2000, S. 62)

Die Lernenden erhalten für die Arbeit an Stationen in der Regel einen Laufzettel, auf dem die einzelnen Stationen und das Themengebiet verzeichnet sind. Außerdem ist darauf gekennzeichnet, ob es sich bei einer Station um ein Pflicht-oder Wahlthema handelt, wie schwierig die Station eingestuft wird, in welcher Sozialform sie absolviert werden kann und welche Materialien und Fähigkeiten man dazu braucht. Auf diesem Laufzettel können die Lernenden auch vermerken, dass sie die Station erledigt haben und manchmal auch, ob ihnen das leicht oder schwergefallen ist bzw. welche Anregungen sie für die Station zukünftig haben. In der Regel entscheiden die Lernenden selbst, welchen Schwierigkeitsgrad sie wählen und mit welchen Materialien bzw. an welcher Station sie beginnen wollen. Manche Lernzirkel sind allerdings so gestaltet, dass es eine sinnvolle Abfolge gibt.

Zielsetzung:

Eine Stationenarbeit kann zum Üben von zuvor im Unterricht erarbeiteten Inhalten als Übungszirkel genutzt werden, aber auch im Bereich des experimentellen oder des entdeckenden Lernens lässt sich gut ein Lernzirkel aufbauen. Die Stationenarbeit kann sowohl im Fachunterricht eingesetzt als auch fächerübergreifend angelegt werden (vgl. Hegele 2000).

Stationenarbeit bietet die Möglichkeit, „durch eine große Variabilität und Vielseitigkeit der Materialien und Aufgabenstellung sowohl solche Schüler/innen anzusprechen, die eher einer systematisch gestuften Folge von Lernschritten folgen wollen und können als auch solche, deren Stärke im ganzheitlichen Erfassen von Sachverhalten und Beziehungen liegt." (Hegele 2000, S. 60)

Rolle der Lehrperson/Rolle der Lernenden:

Die einzelnen Stationen werden von der Lehrkraft vorbereitet, wodurch auch im Rahmen einer Stationenarbeit die Materialien und Arbeitsanweisungen aus der Hand der Lehrperson kommen und damit instruiert sind. In der Stationenarbeit wird ein Thema in verschiedene Teilaspekte ausdifferenziert und die Schülerinnen und Schüler bearbeiten diese Teilgebiete überwiegend selbständig an den verschiedenen Stationen. Dabei gibt es übergreifende Lernziele, deren Teilziele durch die Bearbeitung an den Einzelstationen erreicht werden können. Der gesamte Unterrichtsinhalt wird gleichzeitig angeboten, die Lernenden bestimmen, in welcher Reihenfolge sie die Themengebiete erarbeiten, und auch in welcher Intensität. In der Stationenarbeit können differenzierende Schwierigkeitsstufen angeboten werden und auch unterschiedliche Interessen werden berücksichtigt (vgl. Hegele 2000).

Einschätzung des Konzepts im Hinblick auf die Realisierungsmöglichkeiten:

Empirische Befunde zur Stationenarbeit liegen bisher kaum vor. Hinrichs (2003) hat in einem Quasi-Experiment vier Klassen mit Stationenarbeit und drei Klassen mit Methoden der direkten Instruktion verglichen und dabei festgestellt, dass die direkte Instruktion deutlich besser abschneidet. Sie begründet dies damit, dass vor allem schwächere Schülerinnen und Schüler keine Unterstützung beim Lernen erhalten und deswegen nicht erfolgreich sind. Ihnen fehlen Lernstrategien, um sich Inhalte selbst erschließen zu können, sie benötigen eine didaktische Orientierung und Hilfe durch die Lehrperson. Hinrichs kommt zum Schluss, dass die Stationenarbeit dann eingesetzt werden kann, wenn es sich nur um wenige, ausgewählte Stationen handelt und die Lehrperson sowohl in die einzelnen Stationen einführt und am Ende der Stationenarbeit den Gegenstand nochmals verdeutlicht (vgl. Hinrichs 2003 nach Wellenreuther 2009, S. 58-62).

Die Stationenarbeit stellt ein Lehr-Lern-Konzept dar, das besonders dem individualisierten und kooperativen Lernen verpflichtet ist und sehr schülerorientiert ausgerichtet sein sollte. Durch die Vorgaben der Materialien wird eine Orientierung und Hilfestellung angeboten, durch die eine Stationenarbeit auch große Elemente der Anleitung beinhaltet.

Stationen können jeweils binnendifferenziert gestaltet sein und stärker instruiert oder auch schülerorientiert ausgerichtet sein. Problemstellungen mit Handlungsorientierungen sind ebenfalls Bestandteile der Stationenarbeit.

Die Stationenarbeit stellt eine Abwechslung im Bereich des Übens und Vertiefens von Lerninhalten dar. Die Lernenden können die Reihenfolge selbst bestimmen und zwischen einzelnen Stationen wählen und so ihren Interessen innerhalb von Rahmenvorgaben nachgehen, was durchaus einer schülerorientierten Lernumgebung nahekommt. Sie arbeiten in Teams zusammen, wodurch soziales Lernen ermöglicht wird.

Da in der Stationenarbeit die Lernenden sehr auf sich alleine gestellt sind, benötigen sie für die Arbeit an Stationen geeignete Lernstrategien, die zunächst erworben werden müssen, bevor sie angewandt werden können.

Als Abwechslung im Unterricht gut einsetzbar neben dem Lehr-Lern-Konzept des Sandwich-Prinzips und in Vorbereitung auf komplexere (selbstgesteuerte) Konzepte wie Freiarbeit und Projektunterricht.

Weiterführende Literatur:

Hegele, I. (2000). Stationenarbeit. Ein Einstieg in den offenen Unterricht. In: J. Wiechmann (2000[2]). Zwölf Unterrichtsmethoden. Vielfalt für die Praxis. Weinheim und Basel: Beltz.

3.6 Wochenplanarbeit

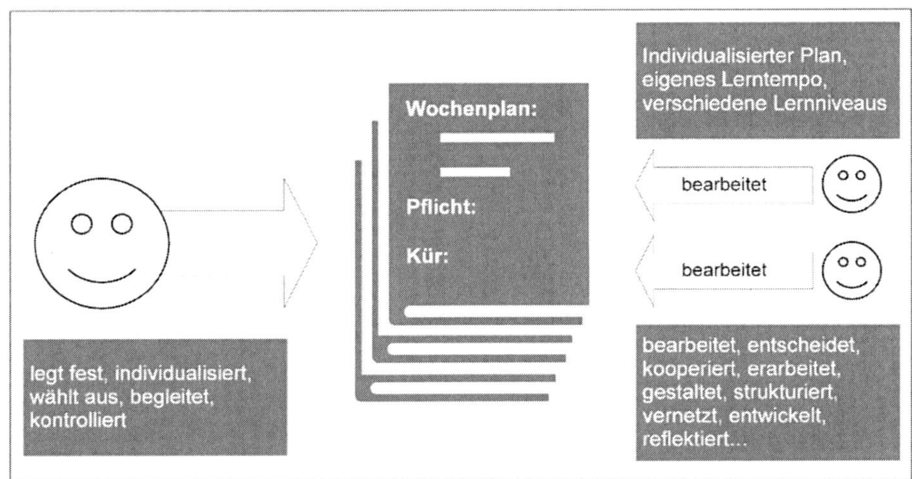

Abbildung 11: Wochenplanarbeit

Vorstellung des Konzepts:

Die Wochenplanarbeit (vgl. Vaupel 2000) ist in der Reformpädagogik verankert. Man kennt sie historisch vor allem von Celestin Freinet und von Peter Petersen sowie von Helen Parkhurst, die sich wiederum auf die Ansätze von Hugo Gaudig oder Georg Kerschensteiner beziehen.

In der Wochenplanarbeit bearbeiten die Lernenden innerhalb eines bestimmten Zeitraums (meist eine Woche, seltener zwei oder vier Wochen) bestimmte Arbeitsaufträge, die in einem individuellen Plan von der Lehrperson zusammengestellt wurden. Dieser Plan kann sich auf ein Fach beziehen oder aber mehrere Fächer umfassen. Im Wochenplan lassen sich drei Aufgabentypen unterscheiden:

1. Pflichtaufgaben: Es handelt sich hier um Aufgaben, die von allen Lernenden innerhalb einer bestimmten Zeit bearbeitet werden müssen. Die Inhalte dieser Aufgaben stellen in Anlehnung an den Stoffverteilungsplan der Woche den Grundstock an Kenntnissen und Fertigkeiten dar. Sie genügen in der Regel den Ansprüchen der Lehrpläne und der allgemeinverbindlichen Richtlinien.
2. Wahlaufgaben: Hier haben die Lernenden die Möglichkeit, aus verschiedenen Aufgaben auszuwählen. Es gibt immer mehrere Alternativen, wobei eine bestimmte Anzahl an Alternativen bearbeitet werden muss. Die Wahl besteht nur zwischen einzelnen Aufgabentypen, nicht darin, ob überhaupt eine Aufgabe dieser Art gelöst werden soll. Durch diesen Bereich sollen die Lernenden zusätzliche Qualifikationen erwerben und ihren Neigungen nachgehen können. Hier kann auch die Binnendifferenzierung ansetzen. Schnellere und schwächere Lernende können hier bereits nach Schwierigkeit und Umfang differenzierende Aufgaben erhalten.
3. Zusatzaufgaben: Diese Aufgaben sind freiwillig. Sie werden meist eigenständig, in Absprache mit der Lehrperson, festgelegt. Es werden vor allem zusätzliche Interessen berücksichtigt. Hier greift auch die innere Differenzierung, da schnellere Schülerinnen und Schüler in diesem Bereich weiter gefördert werden können. Aber auch schwächere Lernende können hier individuell gefördert werden, da ihnen - ihrem Lernvermögen entsprechend – Zusatzaufgaben angeboten werden können (vgl. auch Konrad & Traub 2013, S. 101-104).

In der Regel sollten die Lernenden ihre Ergebnisse mit Hilfe von Lösungsblättern selbst überprüfen. Im Anfangsstadium kann die Lehrperson die Resultate kontrollieren. Wenn in einer Klasse fächerübergreifend unterrichtet wird, kann der Wochenplan auch fächerübergreifende Aufgaben als vierten Schwerpunkt enthalten (vgl. auch Konrad & Traub 2013, S. 101-104).

Wochenpläne werden häufig mit sogenannten Lernjobs (vgl. Dalton Plan Helen Parkhursts) verbunden. Diese werden zum Beispiel in einigen Gemeinschaftsschulen in Baden-Württemberg eingeführt. Lernjobs sind Aufgaben, die eine Lehrperson einer lernenden Person überträgt und diese muss die Aufgabe dann in einem bestimmten Zeitfenster erledigen oder aber die Person sucht sich selbst eine sie interessierende Aufgabe und bearbeitet diese: sie stellt sich also selbst eine Lernaufgabe und übernimmt den Job, diese Aufgabe zu erfüllen. Ähnlich wie beim Wochenplan gibt es auch bei den Lernjobs eine zeitliche Vorgabe und die Aufteilung in Pflicht- und Wahlaufgaben. Lernjobs sind aber meist mit komplexeren Aufgabenstellungen verbunden.

Zielsetzung:

Ziel des Wochenplans ist die selbstständige Arbeit der Lernenden in einer schülerorientierten Lernumgebung, in der die Lernmaterialien von den Lehrpersonen erstellt und damit die Arbeitsweisen vorgegeben und angeleitet sind. Schülerinnen und Schüler erlernen im Wochenplan Fähigkeiten, Probleme und Aufgaben selbstständig, zielorientiert und sachgerecht zu bearbeiten. Außerdem werden soziale Beziehungen aufgebaut. In manchen Ansätzen (vgl. Peschel 2002 und 2003) erstellen die Lernenden selbst ihren Wochenplan, wodurch die Instruktion deutlich zurückgenommen wird. Dies überfordert aber viele Lernende, weshalb zunächst Wochenpläne eng strukturiert werden, diese dann aber immer weiter geöffnet und zunehmend gemeinsam mit den Lernenden entwickelt werden.

Die Wochenplanarbeit impliziert vor allem die Möglichkeit der Binnendifferenzierung. Ihr liegt die Erkenntnis zugrunde, dass nicht alle Kinder zur gleichen Zeit die gleichen Aufgaben bewältigen, also gleiche Lernschritte durchführen können. Die innere Differenzierung ermöglicht es, eine individuelle Anpassung an jeden Lernenden zu vollziehen. Dies kann bezogen auf Inhaltsfragen, Schwierigkeitsstufen und Umfang der Aufgaben geschehen (vgl. auch Konrad & Traub 2013, S. 101-104).

Rolle der Lehrperson/Rolle der Lernenden:

Die Aufgaben der Lehrpersonen im Wochenplan lassen sich drei Phasen zuordnen:

Im Vorfeld müssen sie sich Themen überlegen und Aufgaben formulieren, d.h. die Wochenpläne erstellen, die Zeiten dafür festlegen und die Organisation der Wochenplanarbeit durchführen. Dazu gehört auch eine Integration der Wochenplanarbeit in den normalen Unterricht.

Zu Beginn der Wochenplanarbeit führt die Lehrkraft in den Wochenplan ein (z.B. in einem Morgenkreis), während der Arbeit mit den Wochenplänen beobachtet und berät sie die Lernenden, gibt Hilfestellung und kontrolliert die Wochenpläne.

In der Nachbereitung reflektiert die Lehrperson über den Ablauf der Wochenplanarbeit und darüber, was für einzelne Lernende in der nächsten Woche wichtig ist. Die Nachbereitung fließt also bereits wieder in die Vorbereitung des nächsten Wochenplans ein.

Die Lehrperson dient als Lernbegleiterin, hilft bei Problemen und bespricht die Arbeitsweise mit den Lernenden. Damit werden konkrete Lernzeiten für die selbständige Arbeit geschaffen.

Wesentlich ist, dass die Lehrerinnen und Lehrer die Durchführung der Wochenplanarbeit gut vorbereiten. Dazu gehört einmal das Besorgen und Herstellen bestimmter Materialien für die Aufgaben, so dass diese abwechslungsreich und motivierend sind. Außerdem muss im Klassenzimmer eine Möglichkeit geschaffen werden, in der den Lernenden das Material frei zugänglich ist, in der sich die Lernenden in entsprechende Ecken zurückziehen können (Lese-, Spielecke usw.). Lern- und Arbeitstechniken müssen mit den Kindern eingeübt werden. Das Konzept bietet sich dort an, wo auf bestimmte individuelle Lernpraktiken/Arbeitstechniken besonders Wert gelegt wird. Dies reicht von Organisations- und Kommunikationsregeln bis zum Erlernen bestimmter Techniken, die die Kinder zur Bewältigung der Aufgaben benötigen (vgl. auch Konrad & Traub 2013, S. 101-104).

Die Aufgabe der Lernenden besteht in der Organisation und Ausführung ihrer Arbeitsaufgaben. Lernende müssen genau wissen, was sie wann und wie zu erledigen haben, damit sich im Rahmen der Wochenplanarbeit eigenständig arbeiten können und nicht ständig nachfragen müssen. Die Lernenden können dann selbst über die Reihenfolge der Aufgabenbearbeitung entscheiden, ihr Lerntempo und ihre Mitlernenden bestimmen. Um die Aufgaben sachgerecht bearbeiten zu können, benötigen sie Lernstrategien (vgl. auch Konrad & Traub 2013, S. 101-104).

Einschätzung des Konzepts im Hinblick auf die Realisierungsmöglichkeiten:

Gasser (1992) sieht folgende Möglichkeiten der Wochenplanarbeit:

- Das Lernen wird in die Hände der Lernenden gelegt.
- Jeder kann in seinem Lerntempo lernen.
- Der Plan ermöglicht die Binnendifferenzierung.
- Die Lernenden entscheiden selbst, was sie wann und wie lange bearbeiten.
- Es gibt ein Angebot, aus dem die Lernenden auswählen können.
- Lernende können selbst Schwerpunkte setzen.
- Die Lernenden bestimmen ihren Lernrhythmus selbst.
- Lernen wird individualisiert und fördert jeden Lernenden entsprechend seiner Fähigkeiten.
- Lernfortschritte können ermittelt werden.
- Auf die verschiedenen Interessen kann besser eingegangen werden (vgl. Vaupel 2000, S. 77-78).

Ähnlich wie bei der Stationenarbeit liegen auch zum Wochenplan noch wenige empirische Befunde vor. Die Problematik der Stationenarbeit kann in diesem Lehr-Lern-Konzept allerdings besser aufgefangen werden, da ein großer Teil der Lernarbeit individualisiert ist und die Lehrperson sich hier schwächeren Lernenden zuwenden und mit ihnen Arbeitsmaterialien durchsprechen kann.

Selbstgesteuertes Lernen kommt im Wochenplan immer dann zum Tragen, wenn die Lernenden aus einem Übungsangebot Themen auswählen können, die Reihenfolge der zu bearbeitenden Aufgaben selbst bestimmen, sich ihre Zeit selbst einteilen, sich selbst einen Arbeitsplatz und einen Partner suchen können und selbst entscheiden, ob und wann sie die Hilfe der Lehrperson oder anderer Lernender in Anspruch nehmen möchten. Dadurch ist die frontale Lernsituation teilweise aufgehoben und es wird in diesem Konzept einer schülerorientierten Lernumgebung entsprochen, in der die Anteile der Instruktion dennoch deutlich überwiegen. Diese können einzelne Kinder stark unter Druck und Zeitnot setzen. Ferner ist daran zu denken, dass Konkurrenzdenken entstehen kann, wenn einzelne Kinder schneller fertig sind als andere. Diese Schwierigkeiten können aber meist durch Reflexions- und Metagespräche mit den Lernenden gelöst werden (vgl. auch Konrad & Traub 2013, S. 101-104).

Das Problem des großen Arbeitsaufwandes relativiert sich, wenn man bedenkt, dass die Lehrenden während der Wochenplanarbeit wesentlich mehr Freiräume und Handlungsspielräume zur Verfügung haben und sich auch über gewisse Zeit aus dem Unterrichtsgeschehen zurücknehmen können.

Von einer weiterführenden Variation kann die Rede sein, wenn Wahlaufgaben und Zusatzaufgaben zunehmend im Wochenplan erscheinen und das Pflichtprogramm zurückgenommen wird. In der Sekundarstufe wird in der Regel eher mit Monatsplänen nach dem Vorbild Helen Parkhursts (Dalton-Plan) gearbeitet.

Sowohl in der Stationenarbeit als auch beim Wochenplan bzw. Monatsplan ist eine Öffnung in organisatorischer und methodischer sowie inhaltlicher Hinsicht erkennbar. Es handelt sich um die Umsetzung individualisierten Lernens, wobei dieses durchaus auch fremdbestimmt sein kann, je nachdem, wie stark die Lehrkraft an der Gestaltung der Pläne beteiligt war. Im Unterschied zur Stationenarbeit verteilen sich die Arbeitsphasen in der Wochenplanarbeit auf die ganze Woche und dadurch kann diese immer wieder in den unterrichtlichen Tagesablauf eingebettet werden.

Weiterführende Literatur:

Vaupel, D. (2000). Wochenplanarbeit. In: J. Wiechmann (2000, 2. Auflage). Zwölf Unterrichtsmethoden. Vielfalt für die Praxis. Weinheim und Basel: Beltz, S. 72-82.

3.7 Freiarbeit

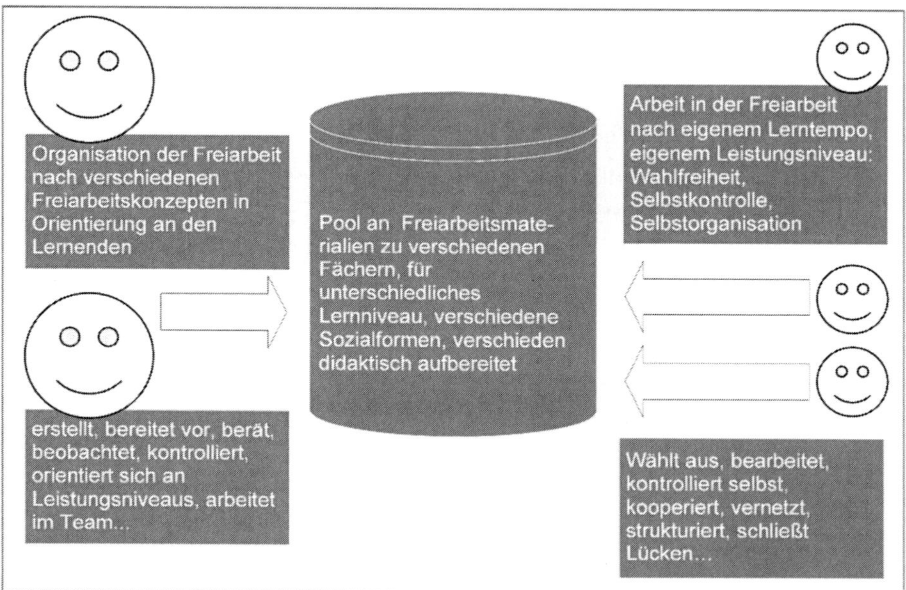

Abbildung 12: Freiarbeit

Vorstellung des Konzepts:

Freiarbeit lässt sich historisch in der Reformpädagogik verorten. Vor allem die Überlegungen Maria Montessoris („Hilf mir, es selbst zu tun"), Celestin Freinets (Lernwerkstätten) und Peter Petersens (freie Arbeit in Wochenplänen) gelten als Grundlagen eines heutigen Freiarbeitsverständnisses. Aber ebenso wenig wie damals sind auch heute einheitliche Konzeptionen auszumachen.

Dennoch lassen sich kennzeichnende, häufig wiederkehrende Merkmale der Freiarbeit angeben, mit denen man zurecht von einem Lehr-Lern-Konzept sprechen kann: Freiarbeit beinhaltet eine bestimmte Unterrichtszeit selbstgesteuerten Lernens, in der die Schülerinnen und Schüler ihre Lernarbeit selbst planen, einteilen und eigenverantwortlich durchführen. In dieser Zeit stehen ihnen Materialien zur Verfügung, die vom Lehrer mehr oder weniger stark didaktisch aufbereitet wurden. Die Fachgrenzen sind in der Regel aufgehoben. (vgl. auch Traub 2000, S. 30)

Folgende Prinzipien kehren regelmäßig wieder:

1. Prinzip der Wahlfreiheit:
   - bezüglich der Inhalte: Es handelt sich um Inhalte, die in einem Bezug zum Unterricht stehen, aber auch zusätzliche Interessengebiete betreffen können. Die Lernenden wählen ein Material mit einem bestimmten Inhalt aus, bearbeiten es und kontrollieren die Ergebnisse.

Dabei stehen alle Inhalte offen, die sich in der vorbereiteten Lernumgebung befinden. Hier lassen sich mehrere inhaltliche Dimensionen unterscheiden:

- Materialien mit Inhalten auf dem Gebiet der Festigung, Vertiefung und Einübung von Themen auf verschiedenen Schwierigkeitsstufen;
- Materialien im Sinne der Bearbeitung, Vertiefung und Weiterführung von aktuellen Unterrichtsinhalten;
- Inhalte, die über schulische Themen hinausreichen;
- verschiedene Arten von Lernspielen;
- Materialien mit eher experimentellem oder kreativem Inhalt.

- bezüglich der Interessen: Die Lernenden treffen ihre Entscheidungen nach eigenen Interessen oder Schwerpunktsetzungen.
- bezüglich der Fächer, d.h. sie können Materialien aus verschiedenen Fächern bearbeiten und sind nicht an einzelne Fachinhalte gebunden.
- bezüglich der Sozialform: Die Lernenden entscheiden selbst, ob und mit wem sie ein Material bearbeiten wollen.
- bezüglich der Zeit: Die Lernenden arbeiten im eigenen Lerntempo und Rhythmus.
- bezüglich der Methode: Die Lernenden entscheiden, mit welcher Methode an ein Material herangegangen wird und wie der Arbeitsvorgang gestaltet wird.

2. Prinzip der Selbsttätigkeit: Die Lernenden müssen ihren Arbeitsprozess selbst organisieren und sich auf das entsprechende Material konzentrieren.

3. Prinzip der Selbstkontrolle: Die meisten Materialien weisen Möglichkeiten der Selbstkontrolle auf, so dass die Lernenden ihren Arbeitsprozess selbst überprüfen können. Somit lernen sie sich selbst besser einzuschätzen und können daraus Konsequenzen für ihre weitere Arbeit ziehen.

Dies sind die Rahmenvorgaben einer Freiarbeit, wie sie für die Grundschule ab Klasse 2 und für die Sekundarstufe einsetzbar erscheinen. Allerdings gibt es innerhalb dieser Rahmenvorgaben Möglichkeiten, diese Prinzipien auszudehnen oder einzuschränken, je nach den Bedürfnissen der einzelnen Klassen oder Lehrkräfte (vgl. auch Traub 2000, S. 30-36).

Zielsetzung:

Freiarbeit dient sowohl dem Üben, Festigen und Wiederholen als auch dem selbständigen Weiterführen von Inhalten. Beim Üben, Festigen und Wiederholen lernen die Schülerinnen und Schüler anhand vorstrukturierter, methodisch-didaktisch aufbereiteter Materialien auf individuellem Wege. Sie können z.B. Themengebiete, die sie noch nicht ganz verstanden haben, wiederholen und üben, sie sich nochmals erklären lassen oder ergänzende Übungen dazu anfertigen, wenn sie den Eindruck gewonnen haben, noch nicht ganz sicher in diesem Bereich zu sein.

Beim selbständigen Weiterführen von Inhalten können sie in Büchern nachschlagen, sich besonders in Themengebiete einarbeiten, diese aufarbeiten und sie anschließend präsentieren. Hier wird besonders auf das Interesse der einzelnen Lernenden eingegangen, was die Lernmotivation steigert (vgl. auch Traub 2000, S. 33-34).

Rolle der Lehrperson/Rolle der Lernenden

Die Art der Aufbereitung der Materialien spielt eine wichtige Rolle für die Anwendung der einzelnen Prinzipien und obliegt der Lehrperson. Beim Prinzip der Wahlfreiheit gibt es Einschränkungen dahingehend, dass von den Lernenden nur solche Inhalte gewählt werden können, zu denen es Angebote unter den vorbereiteten Materialien gibt. Die in den Materialien beinhalteten Arbeitsanweisungen schränken die Wahlfreiheit meist ein. So gibt es Materialien, die die Sozialform bereits bindend vorgeben (z.B. Partnerdiktat) oder solche, die bereits die Methode und Arbeitstechniken vorschreiben (z.B. Puzzle, Regelspiele usw.). Um frei über den Einsatz von Arbeitstechniken verfügen zu können, benötigen die Schülerinnen und Schüler ein entsprechendes Repertoire. Je größer dieses ist, umso eher können die Lernenden auch selbst entscheiden, welche Lernmethode bzw. Arbeitstechnik für sie die geeignetste ist. Auch mit der Zeit kann nicht gänzlich frei umgegangen werden; die Lernenden haben nur freie Entscheidungsmöglichkeiten innerhalb der Freiarbeitszeit, die ja auch in irgendeiner Form begrenzt sein muss. Auch das Prinzip der Selbstkontrolle kann nicht unbeschränkt eingehalten werden, da manche Materialien keine Selbstkontrolle möglich machen (z.B. Aufsätze). Hier muss die Lehrkraft die Korrektur oder Besprechung übernehmen. Außerdem stellt die Chance zur Selbstkontrolle ebenfalls einen Prozess dar, denn damit verbunden sind eine hohe Konzentrationsfähigkeit und die Bereitschaft, sich selbst gegenüber ehrlich zu sein (vgl. auch Traub, 30-36 und 118ff.).

Einschätzung des Konzepts im Hinblick auf die Realisierungsmöglichkeiten:

Freiarbeit ist ein Lehr-Lern-Konzept, das neben Merkmalen selbstgesteuerten Lernens auch Merkmale sozialen und kooperativen Lernens aufweist, stark differenziert und individualisiert. Die Lernenden können diesen Freiraum bewusst nutzen. Für Freiarbeit spielen vor allem Kompetenzen im Methoden-, Sozial- und Gesprächsbereich eine Rolle. Diese werden erweitert und verfeinert. Zu diesem Entwicklungsprozess der Freiarbeit gehört auch, dass die Lernenden Schritt für Schritt von eher geschlossenen Unterrichtsformen zu eher offenen geführt werden müssen. Die Spannungspole der unterschiedlichen Konzepte müssen von den Lernenden langsam überwunden werden.

Gerade die Anwendung des Lehr-Lern-Konzepts der Freiarbeit macht deutlich, dass das Prinzip der Selbsttätigkeit nicht sofort in die Hand der Lernenden gelegt werden kann. Lernende, die bis dahin überwiegend fremdbestimmt gelernt haben, müssen langsam zur Selbsttätigkeit hingeführt werden. Dies bedeutet, dass zunächst einmal nur Teile selbsttätig bearbeitet werden können, ansonsten aber eine gewisse Begleitung notwendig ist.

Das Konzept für Freiarbeit muss individuell auf die einzelne Situation abgestimmt werden. Freiarbeit ist ein sehr komplexes Lehr-Lern-Konzept, das bei den

Lernenden bereits eine hohe Kompetenz in der Nutzung von Lernstrategien voraussetzt und schrittweise vorbereitet werden muss.

Freiarbeit stellt ein Konzept neben anderen dar, es ist nicht als Unterrichtsprinzip grundständig einsetzbar, sondern ergänzt Konzepte wie Lehrgang oder Sandwich.

Weiterführende Literatur:

Traub, S. (2000). Schrittweise zur erfolgreichen Freiarbeit. Ein Arbeitsbuch für Lehrende und Studierende. Bad Heilbrunn: Klinkhardt.

3.8 Projektarbeit

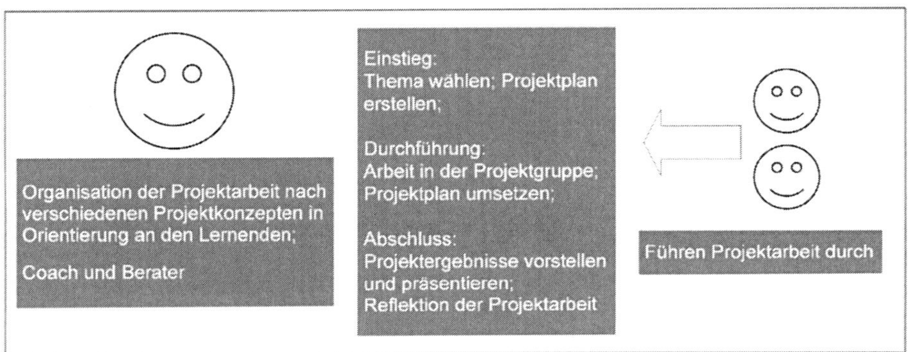

Abbildung 13: Projektarbeit

Vorstellung des Konzepts:

Ob der Projektgedanke nun ursprünglich aus Amerika oder aus der italienischen Architekturausbildung kommt, spielt für die heutige Diskussion der Projektarbeit eine eher untergeordnete Rolle. Zusammenhänge lassen sich zum linearen Modell Woodwards, zum integrativen Modell Richards sowie zum universellen Modell Kilpatricks herstellen. In Deutschland gilt sicher John Dewey als der eigentlich große Vertreter des Projektunterrichts. Aktuelle Konzeptionen für Projektunterricht liefern Frey (1998), Hänsel (2001), Apel & Knoll (2001) Emer & Lenzen (2002) sowie Gudjons (2014). In meinem Buch „Projektarbeit erfolgreich gestalten“ (Traub 2012a) habe ich eine Projektkonzeption entwickelt, die auf diesen Konzeptionen aufbaut (nähere Ausführungen zum historischen Abriss finden sich ebenfalls dort).

Die Projektarbeit stellt ein Unterrichtskonzept neben anderen dar, das in immer wiederkehrenden Abständen einen längeren Zeitraum des Lernens ausmacht. Dabei sind die Fachgrenzen aufgehoben und es kann auch klassen- und jahrgangsübergreifend gearbeitet werden. In dieser Zeit setzen sich die Lernenden aktiv mit einem sie interessierenden Thema auseinander, das situiertes und selbstgesteuertes Lernen ermöglicht und aus der gegenwärtigen oder zukünftigen Lebenswelt der Lernenden entnommen ist. Das Thema weist über sich hinaus und zeigt weitergehende Probleme auf, mit dem Ziel, Lernprozesse zu initiieren. Dabei greifen die Lernenden auf Vorkenntnisse zurück und wenden geeignete Lernstrategien an. Sie überwachen die Lernaktivitäten selbst und organisieren ihren Lernprozess eigenständig, sie legen Ziele fest und koordinieren Lösungswege (vgl. auch Traub 2012a, S. 73).

Maßgeblich für die Projektarbeit ist einerseits, dass sie aus einem Ablauf von Phasen besteht, die miteinander zusammenhängen und die fließende Übergänge und damit wichtige Stationen der Projektarbeit aufgreifen. Außerdem wird dem kooperativen Lernen Rechnung getragen, in dem dieses als grundlegende Methode der Projektarbeit fungiert.

In Orientierung am Sandwich-Prinzip werden bei der Projektarbeit die folgenden Phasen unterschieden: eine Einstiegsphase, systematischer Wechsel von kollektiven und individuellen Phasen und eine Ausstiegsphase. Damit eine Überleitung stattfinden kann, werden zwischen diese Phasen Gelenkstellen eingebaut.

Einstieg in die Projektarbeit:

Thematische Vernetzungen von bereichsspezifischem Vorwissen mit den zentralen Inhalten, das In-Gang-Bringen der Kommunikation sowie das Erfassen von Interessen sind hier sehr wichtig.

Durchführung der Projektarbeit mit kollektiven und individuellen Phasen:

Es kann hier zwischen dicken individuellen und dünnen kollektiven Lagen unterschieden werden. In den individuellen Phasen findet die selbstgesteuerte Planung und Durchführung des Projektes statt. Die Lernenden wählen ein Thema nach eigener Interessenlage aus, erstellen einen Projektplan und arbeiten in Kleingruppen an dessen Umsetzung und Erfüllung. Sie vermitteln sich gegenseitig das erworbene Wissen und erarbeiten eine sinnvolle Lösung der gestellten Aufgabe. Bei den kollektiven Phasen handelt es sich um Austauschphasen und Orientierung bietende Phasen. Hier tauschen die Lernenden ihre Standpunkte aus und erläutern, wo sie im Projektprozess stehen und was sie bisher erreicht haben. Die kollektiven Phasen sind notwendig, um die einzelnen Teilgruppen in den individuellen Phasen am Laufen zu halten und mit neuen Informationen zu versehen. In kollektiven Phasen können auch für alle Gruppen wichtige Hinweise gegeben und allgemein notwendiges Wissen vermittelt werden.

Abschluss:

Hier muss das Ergebnis der Projektarbeit zusammengebracht und ausgetauscht werden. Es steht vor allem ein inhaltlicher Abschluss im Mittelpunkt, aber auch die Reflexion über die Zusammenarbeit.

Berücksichtigung von Gelenkstellen:

Diese werden eingesetzt vor dem Einstieg in die Projektarbeit, bei den Übergängen und vor dem Ausstieg. Der Lehrperson obliegt die Organisation der Gelenkstellen. Dadurch werden die Gruppenergebnisse zusammengeführt und Informationen können besser ausgetauscht werden (vgl. auch Traub 2012a, S. 74).

Zielsetzung:

Projektarbeit fördert neben den stofflichen Lernzielen, also der Fachkompetenz, auch die soziale, methodische und personale Kompetenz. Lernende erarbeiten sich eigenständig ein Thema oder lösen ein gemeinsam interessierendes Problem.

Sie erarbeiten sich hierfür das notwendige Wissen, verarbeiten dieses und setzen es zur Problembearbeitung bzw. Themenerschließung ein. Dadurch transferieren sie Wissen in Handlung und bauen Handlungskompetenz auf. Sie machen bestimmte Erfahrungen und können diese reflektieren, so dass ein eigener Denkprozess in Gang gesetzt werden kann.

Rolle der Lehrperson/Rolle der Lernenden:

Die Lehrperson fungiert als Berater und falls notwendig als Coach. Sie übernimmt dabei die Aufgabe, das Projekt inhaltlich zu strukturieren. Zunächst informiert sie über verschiedene mögliche Zugänge zum Thema und bespricht mit den Schülerinnen und Schülern die eventuell einzusetzenden Quellen und deren Nutzung. Außerdem hilft sie dabei, den Projektplan zu entwickeln und unterstützt die Lernenden bei der Erstellung realisierbarer Zielsetzungen. Während des Projektverlaufs koordiniert die Lehrperson die Gelenkstellen und sorgt so dafür, dass alle Lernenden über alle Prozessabläufe informiert sind und die Zusammenhänge verstehen.

Die Lernenden informieren sich zunächst über mögliche Themen und überprüfen ihre Interessenslage. Sie erstellen in einer Kleingruppe einen Projektplan und führen diesen aus. Anschließend reflektieren sie, was sie gemacht und erreicht haben und geben einander konstruktives Feedback.

Dabei nutzen die Lernenden die ihnen zur Verfügung stehenden Informationen zur Aufgabe und zu den damit einhergehenden Bedingungen. Außerdem werden die eigenen Erwartungen, das vorhandene Wissen und die zur Lösung eventuell verwendbaren Strategien aktiviert. Anforderungsniveau, Strategieeinsatzmöglichkeiten und Erwartungen sollten in etwa deckungsgleich sein, damit die Lernenden die Aufgabe erfolgreich bewältigen können. Sie erleben sich selbst als Initiator der Handlung und agieren selbstbestimmend (vgl. auch Traub 2012a, S. 79-105).

Einschätzung des Konzepts im Hinblick auf die Realisierungsmöglichkeiten:

Ähnlich wie in der Freiarbeit werden auch im Projektunterricht Ansätze selbstgesteuerten Lernens verwirklicht, hinzu kommt in sehr starker Ausprägung das kooperative Lernen. Die Projektarbeit greift auf eine schülerorientierte Lernumgebung zurück und beinhaltet in sehr starkem Ausmaß die Problem- und Handlungsorientierung. Die Lernenden sind im unterrichtlichen Handeln selbst tätig, was eine hohe Kompetenz in der Aneignung und Nutzung von Lernstrategien voraussetzt. Die Entwicklung von Lernstrategien im Hinblick auf selbstgesteuertes Lernen ist zentrale Voraussetzung für das Gelingen einer Projektarbeit. Herkömmlicher Projektunterricht, der die schrittweise Anbahnung von Lernstrategien unterlässt, ist bezüglich der Erfüllung von Merkmalen selbstgesteuerten Lernens sehr schwach ausgeprägt und erfüllt damit nicht die Anforderungen, die an dieses Lehr-Lern-Konzept gestellt wird (vgl. Traub 2012b).

Weiterführende Literatur:

Traub, S. (2012a). Projektarbeit erfolgreich gestalten. Über individualisiertes, kooperatives Lernen zum selbstgesteuerten Kleingruppenprojekt. Bad Heilbrunn: Klinkhardt.

3.9 Lehr-Lern-Konzepte im Überblick

Bei der Darstellung der Konzepte geht es um die Frage, welche jeweiligen Aufgaben die Lehrenden und die Lernenden erfüllen müssen, damit die vorgestellten Lehr-Lern-Konzepte erfolgreich genutzt werden können.

Lehrgang

Lehrleistung (beispielhaft)	Lernleistung (beispielhaft)
Vormachen, vorzeigen vortragen, vermitteln Fragen stellen, Ziele festlegen Gesprächsführung lenken, leiten klare Strukturierung Transparenz schaffen	genaues Zuhören Grundgedanken nachdenken beobachten, nachempfinden Fragen beantworten mitdenken verinnerlichen, konzentrieren mit Vorwissen verknüpfen kommunizieren

Das Sandwich-Prinzip

Lehrleistung (beispielhaft)	Lernleistung (beispielhaft)
Kollektiven Lernphasen: Wissen vermitteln, vortragen Klare Strukturierung, Transparenz schaffen Ziele festlegen *Subjektive Verarbeitungsphasen:* Orientierung bieten, organisieren beraten und unterstützen Gelenkstellen organisieren	*Kollektive Lernphasen:* genaues Zuhören, mitdenken Grundgedanken nachdenken Kommunizieren, beobachten *Subjektive Verarbeitungsphasen:* mit der Expertenstruktur auseinandersetzen; mit eigenem Vorwissen verknüpfen im eigenen Lerntempo arbeiten mit anderen kooperieren

Wechselseitiges Lehren und Lernen

Lehrleistung (beispielhaft)	Lernleistung (beispielhaft)
Methoden auswählen und vorbereiten Inhalte auswählen und Themengebiete Gruppen einteilen Anleiten, Beobachten unterstützen, auswerten, reflektieren	kooperieren und kommunizieren sich zum Experten machen: Themengebiet verstehen und aufbereiten Sich austauschen Themengebiet verständlich vermitteln Zuhören und Fragen stellen mit Vorwissen verknüpfen vertiefen und vernetzen, reflektieren

Stationenarbeit	
Lehrleistung (beispielhaft)	**Lernleistung (beispielhaft)**
Thema auswählen Stationen vorbereiten Pflicht- und Küraufgaben erstellen Lernniveau berücksichtigen beobachten unterstützen auswerten reflektieren	Station auswählen Aufgaben bearbeiten Schwierigkeitsgrad wählen Lerntempo bestimmen Ergebnisse notieren kooperieren und kommunizieren mit Vorwissen vernetzen strukturieren und reflektieren

Wochenplanarbeit	
Lehrleistung (beispielhaft)	**Lernleistung (beispielhaft)**
Inhalte und Aufgaben auswählen Kür- und Pflichtprogramm festlegen Wochenplan schreiben (eventuell als individuellen Förderplan) beobachten unterstützen auswerten reflektieren	Pflichtaufgaben bearbeiten Küraufgaben auswählen Zeit einteilen Schwierigkeitsstufe kennen Ergebnisse notieren kommunizieren mit Vorwissen vernetzen strukturieren und reflektieren

Freiarbeit	
Lehrleistung (beispielhaft)	**Lernleistung (beispielhaft)**
Materialien erstellen (Übung; Erarbeitung; Vertiefung…) mit Kontrollmöglichkeiten Schwierigkeitsgrade berücksichtigen; Im Team arbeiten Pflicht- und Kürteile Lernende anleiten beraten, unterstützen, kontrollieren, auswerten, reflektieren	Materialien auswählen Eigenes Lernniveau einschätzen Lernplan entwickeln Ergebnisse formulieren und kontrollieren kommunizieren und kooperieren Selbsteinschätzung der Stärken und Schwächen vornehmen strukturieren und reflektieren

Projektarbeit	
Lehrleistung (beispielhaft)	**Lernleistung (beispielhaft)**
Moderieren Modelllernen ermöglichen Fixpunkte schaffen Unterstützen Reflektieren Hintergrundarbeit	Thema finden Projektgruppen festlegen Großen und kleinen Projektplan ausarbeiten Plan umsetzen und durchführen austauschen kommunizieren und kooperieren reflektieren Inhalte an andere vermitteln präsentieren Produkt oder Lernergebnis erstellen Fragen stellen Fragen beantworten Argumentieren strukturieren

Abbildung 14: Lehr-Lern-Konzepte mit entsprechender Lehr-Lernleistung

4. Lehr- und Lernstrategien

4.1 Lehr-Lern-Strategien – begriffliche Klärung

Lernende benötigen für das eigenständige Lernen Arbeitstechniken und Strategien. Diese versetzen sie in die Lage, die mit einem Lernkonzept angestrebte Lernleistung zu erbringen. Lehrende benötigen entsprechende Methoden und Lehrstrategien, um die instruierten Lernphasen durchführen zu können und Lernenden entsprechende Lernstrategien zu vermitteln. Nur so kann auch sichergestellt sein, dass Lernende, die von eher selbstgesteuerten Lernumgebungen bisher wenig profitieren (Schereneffekt), dies im Laufe der Zeit egalisieren können.

„Eine Strategie besteht aus einer kognitiven Operation oder einer Sequenz unabhängiger kognitiver Operationen, die den zwangsläufig beim Bearbeiten einer Aufgabe stattfindenden Prozessen übergeordnet sind und auf diese zurückgreifen. Strategien dienen kognitiven Zielen (z.B. dem Verstehen oder Behalten) und sind potentiell bewusste und kontrollierbare Aktivitäten" (Pressley, Forrest-Pressley, Elliott-Faust & Miller, 1985, S.4 zitiert in: Hasselhorn & Gold 2009, S. 89).

Lernende verfügen über ein mehr oder weniger umfangreiches Repertoire an Strategien, dieses ist ihnen aber oft nicht gegenwärtig und sie können es nicht nutzen. Da Strategien für das Lernen unabdingbar sind, muss der Bewusstmachung und dem Erwerb große Bedeutung beigemessen werden. Lehr-Lern-Konzepte, die angeboten werden, in denen aber die Lehrenden nicht die entsprechenden Lehrleistungen und die Lernenden nicht die entsprechenden Lernleistungen erbringen können, sind wie eine leere Hülle; in ihnen kann nicht gelernt werden. Lernprozesse werden in erster Linie über die Anwendung und Nutzung von passgenauen Strategien ermöglicht, die so ausgewählt werden, dass mit ihrer Hilfe die geforderte Lernleistung erbracht wird. Ziel muss es sein, den Lernenden Strategien für die jeweils gewählten Lehr-Lern-Konzepte anzubieten. Dabei müssen sich Lernende bewusst sein, dass sie für ihren Lernprozess verantwortlich sind und sich aktiv in denselben einbringen können. Sie müssen sich als wirksam erleben, also über ein entsprechendes Selbstwirksamkeitskonzept verfügen und auch Strategien zur Beobachtung, Beurteilung und Reflexion des eigenen Handelns heranziehen können.

Auf der Grundlage kognitionspsychologischer Überlegungen sind für dieses selbstgesteuerte Lernen fünf Funktionsbereiche entscheidend (vgl. Reinmann-Rothmeier & Mandl, 1999):

1. Das eigene Lernen vorbereiten können. Die selbstgesteuerte Vorbereitung auf das Lernen umfasst eine angemessene Zielorientierung (Was will ich erreichen?) und Planung des Vorgehens (Wie kann ich mein Ziel erreichen?) sowie die Selbstmotivierung (Was interessiert mich persönlich?). Idealerweise sind Ziele nicht durch äußere Vorgaben oder Anreize fremdbestimmt, sondern entsprechend individueller Interessen und Bedürfnisse vom Lernenden selbstbestimmt. Selbstgesteuertes Lernen zeichnet sich daher durch intrinsische Motivation oder durch eine Zielsetzung aus, die von

den Lernenden als interessant und motivierend eingeschätzt wird (Deci & Ryan, 1993).

2. Die notwendigen Lernschritte ausführen. Hier kommt es vor allem auf den Einsatz angemessener Lernaktivitäten und -strategien an. Ein selbstgesteuert Lernender ist in der Lage - in Abhängigkeit von Zielen und Aufgabenanforderungen - schnell zwischen verschiedenen Lernaktivitäten (z.B. wiederholen, analysieren, strukturieren, auswählen und kritisieren) zu wechseln. Wichtig ist, dass solche Aktivitäten nicht starr, sondern bewusst und kontrolliert (strategisch) ausgewählt, verwirklicht und angepasst werden.
3. Lernen selbst regulieren. Der Lernvollzug umfasst Prozesse des Überwachens, Testens, Hinterfragens, Revidierens und Bewertens. Überwachung bezieht sich auf die kontinuierliche Beobachtung und Interpretation des Lerngeschehens im Lichte der anvisierten Ziele. Testen hat damit zu tun, dass die lernende Person überprüft, ob sie noch auf dem Weg der Zielerreichung ist. Mechanismen der Revision und Regulation werden vor allem unserem Bewusstsein zugänglich, wenn Probleme oder Blockaden auftauchen. Dann ist es an der Zeit, über andere Strategien nachzudenken oder mögliche Ursachen zu analysieren. Eine weitere Aufgabe der Lernregulation besteht darin, das Lernvorhaben mit anderen Aufgaben und Verpflichtungen in Einklang zu bringen und das Lernen gegen Störungen abzugrenzen (Friedrich & Mandl, 1992).
4. Sich selbst Feedback geben. Die lernende Person ist in der Lage, ihre Leistungen selbst zu beurteilen. Bei der Evaluation überprüft und bewertet sie den erreichten Zustand (Ergebnis) und sie verschafft sich Klarheit darüber, was noch verändert werden muss. Die Fähigkeit zur Selbstbewertung schließt ergänzende Rückmeldungen seitens äußerer Instanzen aber nicht aus. Im Gegenteil: Für jeden Lernenden ist es anzustreben, Gelegenheiten der Rückmeldung (z.B. Gespräche mit der Lehrperson) optimal zu nutzen.
5. Konzentration und Motivation aufrechterhalten. Die lernende Person kann sich selbst motivieren, indem sie auf Lernziele und ihre Bedeutung zurückblickt oder indem sie an zukünftige Belohnungen denkt. Konzentrations-Management bezieht sich auf die Einhaltung und Gestaltung von Pausen sowie auf die Vermeidung interner oder externer Störungen (z. B. Konflikte oder Lärm) (vgl. auch Traub 2012b, S. 22f.)

Für alle diese Fähigkeiten sind Lernstrategien notwendig. Lehrende müssen den Lernenden vorhandene Strategien bewusstmachen und weitere Strategien sollen vermittelt werden, so dass diese im jeweiligen Lehr-Lern-Konzept angewandt werden können.

Darüber hinaus kann auch von einer entwicklungsbedingten Zunahme an Differenzierung gesprochen werden. Mit zunehmender (Lern-) Erfahrung entfaltet sich allmählich das individuelle Strategiewissen (differenziert nach spezifischem, relationalem und generellem Strategiewissen), was – besonders durch die Zunahme an Wissen über die Nützlichkeit des Strategiegebrauchs – zu einer flexiblen Verwendung von Lernstrategien führt.

Parallel hierzu verändern sich auch die motivationalen Komponenten, wie Attributionsstil, Selbstkonzept und Selbstwirksamkeitserwartungen. Es ist also davon auszugehen, dass mit zunehmendem Alter ein differenziertes Strategierepertoire zur Verfügung steht, welches situationsadäquat angewendet werden kann. Das Lernen eines „expert learners“ ist gerade durch ein differenziertes und flexibel einsetzbares Repertoire an Lernstrategien gekennzeichnet.

Aber nicht allein die Erfahrung ist für die Übernahme der Rolle eines „expert learners“ ausschlaggebend, sondern vor allem die Möglichkeit, mehrere Strategien passgenau anwenden zu können. Wenn Lernende im Laufe des Lernprozesses keine oder nur eingeschränkt Strategien erworben haben, dann haben sie keine Möglichkeit, für bestimmte geforderte Lernleistungen aus einem entsprechenden Repertoire von Strategien die passgenauen auszuwählen. Die Gefahr des Scheiterns ist groß. Lernende, die zum Beispiel nur Strategien zum Auswendiglernen kennen, werden Probleme bekommen, Inhalte auf andere Bereiche zu transferieren und Handlungskompetenz aufzubauen. Sie werden sich im Laufe der Zeit wundern, warum sich Inhalte, die sie sich einmal angeeignet haben, so schnell verflüchtigen, und kennen dann keine weiteren Strategien, um diese einmal erworbenen Inhalte zu festigen und nachhaltig zu speichern. Damit wird im Laufe des Lernprozesses das eigene Wissen immer lückenhafter, es kann immer weniger auf Vorwissen zurückgegriffen werden und dadurch wird der Lernprozess weniger erfolgreich.

Die Eigenverantwortung und individuelle Handlungsfähigkeit der Schülerinnen und Schüler zu stärken und die dazu notwendigen Strategien zu entwickeln und zu vermitteln, sind wichtige Aufgaben von Schule und Unterricht. Sollen diese Ziele erreicht werden, muss die Lehrperson ihr (traditionelles) Rollenverständnis überprüfen und ggf. ändern; sie fungiert primär als unterstützender Berater, der den Lernenden erweiterte Handlungsspielräume eröffnet und deren Eigeninitiative fördert (vgl. Konrad, 2005a und b; Konrad, 2008; Konrad & Traub, 2013).

Den erwünschten Lernstrategien bei den Schülerinnen und Schülern entsprechen geeignete Lehrstrategien bei den Lehrenden. Sie geben auf der einen Seite Hilfe bei der Entwicklung von Strategien. Auf der anderen Seite unterstützen sie die Strategieentwicklung durch genaue Arbeitsanweisungen. Lehr- und Lernstrategien hängen also eng miteinander zusammen und sind meist miteinander verzahnt. Eine Lehrstrategie wird unter anderem angewandt, um bestimmte Lernstrategien entwickeln zu können.

Zuletzt hat Hattie auf die große Bedeutung von Lernstrategien hingewiesen: Lehrkräfte vermitteln den Schülerinnen und Schülern vielfältige Lernstrategien und bieten unterschiedliche Lernwege auf verschiedenen Lernniveaus an. Dabei spielen diagnostische Kenntnisse und das Feedback auf Lehrerseite eine zentrale Rolle (vgl. Hattie 2013, S. 47ff und 193ff, nach von Olberg 2014, S. 54).

Erfolgreiches Lernen setzt also Strategien voraus: Strategien, um neue Informationen aufzunehmen, das vorhandene Wissen zu strukturieren und zu vernetzen und es dann zu automatisieren, um es letztlich in Handlung zu transferieren. Nur so gestalten Lernende ihren Lernprozess schließlich selbstständig. Um die Entwicklung von Lernstrategien zu unterstützen, kann ein systematisches Lernstrategietraining hilfreich sein. Um Lernstrategien fördern und entwickeln zu können, muss dabei zunächst das Lehr-Lerngeschehen diagnostiziert werden. Danach wird überlegt, welche Strategien vermittelt werden müssen. Dies kann in Einzeltrainings, Kleingruppen oder mit der ganzen Klasse geschehen, je nachdem, ob Strategien nur bei einzelnen Lernenden der Klasse fehlen oder sich doch eine generelle Lücke ausmachen lässt (vgl. Konrad 2011, S. 62-66).

Um entscheiden zu können, welche Maßnahmen bei der Vermittlung und dem Erwerb von Lernstrategien sinnvoll und angemessen sind, muss die Lehrkraft selbst über entsprechende Kompetenzen im Bereich des Lehrens und Diagnostizierens verfügen.

LEHRSTRATEGIEN (diagnostische Kompetenz)

Vermittlungsstrategien - Instruktionsstrategien - Frage- und Anweisungsstrategien - Differenzierungsstrategien - Kontrollstrategien - Förderstrategien - Feedbackstrategien

LERNSTRATEGIEN

Kognitive Lernstrategien – Wiederholungs-, Elaborations- und Organisationsstrategien

Metakognitive Strategien – Planungs-, Überwachungs- und Regulationsstrategien

Ressourcenmanagement – Ressourcen- und Bewältigungsstrategien

Abbildung 15: Lehr-Lernstrategien im Überblick

4.2 Lehrstrategien

Lehrpersonen müssen entscheiden, welche Lernstrategien ihre Lernenden im jeweiligen Lehr-Lern-Konzept benötigen, auf welchem Niveau diese vermittelt werden und wie diese von den Lernenden am besten erlernt werden können. Dazu müssen die Lehrenden Voraussetzungen mitbringen, die als Lehrstrategien bezeichnet werden, und die eine hohe diagnostische Kompetenz seitens der Lehrkräfte erfordern. Lernen müssen die Schülerinnen und Schüler natürlich selbst. Das kann von niemandem übernommen werden und liegt letztlich in der Verantwortung jedes Einzelnen. Doch unter welchen Bedingungen die Schülerinnen und Schüler lernen, liegt auch in der Hand der Lehrkräfte. Sie benötigen neben einem breiten Fachwissen und einem entsprechenden Verständnis für die Lernenden eine hohe didaktische und methodische Kompetenz, denn sie arrangieren die Lernumgebung, in denen Lernprozesse initiiert und vollzogen werden können.

Teil der didaktischen Kompetenz ist es, das für die Lernenden geeignetem Lehr-Lern-Konzept anzubieten und dieses so aufzubereiten, dass Lernende auf unterschiedlichen Lernniveaus lernen können (siehe Teil II).

Um sich ein Bild über die Leistung der Lernenden zu machen, wird meist eine normorientierte Testdiagnostik eingesetzt, wie man sie aus Vergleichsarbeiten,

Leistungstests usw. kennt. Neben dieser normorientierten Diagnostik ist für unseren Zusammenhang vor allem die primär an der Förderung interessierte Diagnostik entscheidend. Dabei steht das Individuum im Zentrum. Fähigkeiten des Kindes werden untersucht, um eine optimale Förderung entwickeln zu können (vgl. Konrad 2011, S. 50). Konrad spricht von einer Situations- und Lernprozessdiagnostik, „die von Entwicklungsaspekten sowie von einer generellen Lernfähigkeit bei Schülerinnen und Schülern ausgeht. Ihre herausragende Aufgabe ist es, das Verstehen zu erleichtern. Sie richtet den Blick auf individuelle Lernverläufe, die sich überwiegend in subjektiv bedeutsamen Situationen entwickeln können." (Konrad 2011, S. 50)

Das diagnostische Erfassen der individuellen Lernsituation und des bisher entwickelten Lernverhaltens erscheint dabei besonders bedeutsam, nachdem im unterrichtlichen Kontext andere, lebensweltliche Bedingungshintergründe für die Lernleistung in der Regel kaum beeinflusst werden können. Die Lehrmethode und die entsprechende Vermittlung von Lernstrategien orientieren sich primär am Lernverhalten des einzelnen Lernenden.

Folgende diagnostische Verfahren können eingesetzt werden, um geeignete Lehr-Lern-Konzepte und Lernstrategien für Schülerinnen und Schüler auszuwählen:

Schriftliche Arbeiten analysieren:

Um herauszufinden, welcher Förderbedarf besteht, können schriftliche Arbeiten analysiert werden. Hiermit kann der Stand des Lerngeschehens erfasst werden, außerdem ergeben sich Hinweise auf das Vorwissen bzw. aktuelle Wissen der Lernenden, auf Probleme, die bei der Bearbeitung ausgewählter Aufgaben entstehen, und auf die Fähigkeiten und Fertigkeiten, durch die diese Probleme gelöst werden (vgl. Konrad 2011, S. 52).

Lautes Denken anregen:

Lehrende ermutigen Lernende dazu, ihre Gedanken, ihre Überlegungen, ihr Vorwissen usw. laut auszusprechen, so dass die Lehrperson einen Eindruck davon erhält, von welchen kognitiven Prozessen eine Aufgabenbearbeitung begleitet wird. Dies wird individuell mit einzelnen Lernenden oder aber auch in Form einer Gruppendiskussion durchgeführt. Das laute Denken findet während der Bearbeitung einer Aufgabe statt oder unmittelbar danach, so dass bereits eine Reflexion erfolgt (vgl. Konrad 2011, S. 53). Lautes Denken kann auch verschriftlicht werden.

Beobachten:

Beobachtet werden können individuelle oder soziale Ereignisse vor, während und nach der Aufgabenbearbeitung.

Dabei wird nicht zufällig, sondern gezielt beobachtet, d.h. dass die Ergebnisse der Beobachtung zumeist aufgezeichnet und protokolliert werden, und die Beobachtung gewissen Gütekriterien folgt. Da es außerdem für die Lehrperson schwierig ist, während des Unterrichtens gleichzeitig auch zu beobachten, bietet sich die Fremdbeobachtung durch eine Kollegin oder einen Kollegen an. Außerdem ist es wichtig, dass die Beobachtung durch Raster, Protokollbögen und anderes unterstützt und verstetigt wird (vgl. Konrad 2011, S. 55-56).

Schriftliches und mündliches Befragen:

Das schriftliche Befragen erfolgt meist mit Hilfe eines Fragebogens. Dadurch erhält die Lehrperson über bestimmte Sachverhalte Rückmeldungen von allen Schülerinnen und Schülern und kann daraus insgesamt Schlussfolgerungen ziehen.

Beim mündlichen Befragen werden Interviewtechniken eingesetzt, wie das Leitfadeninterview oder das freie Interview. Hier können zum Beispiel Fragen zur Verwendung von Lernstrategien der Lehrperson helfen, das entsprechende Lehr-Lern-Konzept für ihre Schülerinnen und Schüler auszuwählen (vgl. Konrad 2011, S. 57-59).

Durch die Nutzung diagnostischer Instrumente gelangt die Lehrperson zu mehr didaktischer Freiheit, da sie die Möglichkeit hat, je nach den Befunden auf spezifische Lehr-Lern-Konzepte zurückzugreifen. Gerade im Bereich der individualisierten Lernzeit können hier genaue Differenzierungen vorgenommen werden.

Aufgrund der durch die Diagnostik erworbenen Erkenntnisse, kann die Lehrperson nun konkret überlegen, welche Lernstrategien den Lernenden fehlen bzw. noch zu wenig genutzt werden und wie diese entwickelt werden können. Dies hängt zunächst vom erwünschten Lernprozess im jeweiligen Lehr-Lern-Konzept ab, der Ausbau und die Vertiefung der Lernstrategien sollte dann aber auch darüber hinaus angebahnt werden.

„Das konkrete Vorgehen bei der Vermittlung von Lernstrategien lässt sich entlang handlungsleitender Fragen skizzieren. Sie lauten:

- Welche Handlungsschritte müssen beim Lösen einer Aufgabe ausgeführt werden (Anforderungsstruktur der Aufgabe)?
- Was tut der Lernende tatsächlich während der Aufgabenbearbeitung (realisiertes Verhalten)?
- Treten Diskrepanzen zwischen den Anforderungen der Aufgabe und dem gezeigten Verhalten des Lernenden auf?
- Wie kann die Förderung von Lernstrategien dem entgegenwirken?“ (Konrad 2014, S. 107)

Konrad bezieht sich dabei auf Bos und Vaughn (1987), die zehn Schritte zur Vermittlung von Lernstrategien empfehlen:

1. Analysiere die Anforderungen der anstehenden Aufgabe!

   Was verlangt diese Aufgabe?

   Welche Handlungsschritte müssen erledigt werden?

   Welche Lernvoraussetzungen sind dazu notwendig?

2. Finde heraus, ob der/die Lernende über diese Lernvoraussetzungen und Strategien verfügt!

3. Kläre und übe zunächst die erforderlichen Lernvoraussetzungen!
4. Entwickle die jeweiligen Strategien möglichst zusammen mit dem Lernenden!
5. Vermittle solche Strategien, die gute Lernende von alleine einsetzen!
6. Setze in den Trainingssequenzen Modellierungen und Selbstinstruktionen ein!
7. Sorge für explizites, sachbezogenes und sofortiges Feedback!
8. Motiviere die Lernenden bei auftretenden Schwierigkeiten!
9. Fördere die Generalisierung der Strategien!
10. Biete den Lernenden Hilfen an, die es ihnen ermöglichen, die Lernstrategien beizubehalten und anzuwenden!

(vgl. Konrad 2011, S. 64 und 2014, S. 108)

Das Trainieren und Erlernen von Lernstrategien kann durch die Lehrperson noch auf andere Weise unterstützt werden:

- Durch Ermutigung und Motivation: Lernenden muss transparent gemacht werden, welchen Vorteil sie beim Lernen durch die Anwendung einer Strategie haben und sie müssen darin bekräftigt werden, eine Strategie erwerben und erlernen zu können.
- Lernen am Modell: Lehrende können Strategien demonstrieren und erläutern, wann sie selbst auf diese Strategie zurückgreifen, mit welchem Erfolg und mit welcher Einstellung sie diese nutzen.
- Übung von Strategien: Strategien müssen trainiert werden; sie müssen zunächst in der Theorie verstanden und dann auf bestimmte Inhalte bezogen angewandt werden. Dabei ist zu beachten, dass Strategien sich nicht direkt auf Inhalte beziehen; nur durch die Anwendung bestimmter Methoden werden auch bestimmte Strategien angewandt und geübt.
- Strategien müssen bewertet werden: Bei der Anwendung von Strategien ist es wichtig, dass immer wieder reflektiert wird, ob und wie Strategien wirken. Für die Lehrkraft bedeutet dies zugleich, sich zu fragen, wie die einzelnen Lernenden mit diesen Strategien zurechtkommen.

Zusammenfassend kann festgehalten werden, dass eine Lehrperson selbst bestimmte Strategien nutzen muss, um Defizite bei den Lernenden zu erkennen und auch entscheiden zu können, welche Strategien für welche Lernprozesse und für welche Lernenden notwendig und geeignet sind.

Um Lernende adäquat beim Aufbau von Lernstrategien zu helfen, muss die Lehrperson die folgenden Phasen durchlaufen:

1. Sie übt sich im genauen Beobachten der Lernenden. Dadurch findet sie die Stufe des Kompetenz- und Anforderungsbereiches der Lernenden am ehesten (Diagnose).

2. Sie entwickelt eine kognitiv und sozial aktivierende Aufgabenkultur, in der die Schülerinnen und Schüler auf unterschiedlichen Lernniveaus arbeiten können (Instruktionsstrategien).
3. Sie sorgt für einen systematischen Wissensaufbau, der am Bildungsplan ausgerichtet ist. Dabei wird das vernetzte Denken gefördert und auf das Vorwissen der Lernenden eingegangen (Frage- und Anweisungsstrategien).
4. Sie entwickelt unterrichtliche Differenzierungsstrategien, die den Lernenden helfen, sich in die Zone der nächsten Entwicklung zu begeben (Differenzierungsstrategien).
5. Sie fördert die verschiedenen Facetten der personalen, methodischen, fachlichen und sozialen Kompetenzbereiche der Lernenden (Förderstrategien).
6. Sie fördert die Metakognition der Lernenden, so dass diese über ihr Lernen reflektieren und dabei das Lernen lernen können (Feedbackstrategien).
7. Sie kontrolliert die Lernergebnisse kompetenzstufenbezogen (Kontrollstrategien).

(vgl. Meyer 2007 zitiert nach Paradies & Linser 2013, S. 20. Die Zuordnung der Strategien wurde von der Autorin hinzugefügt)

4.3 Lernstrategien

Neben den inhaltlichen Aspekten, den Überlegungen zur Arbeitsgedächtniskapazität und dem Vorwissen sind auch die Lernstrategien und –techniken bedeutsam für die Qualität und Intensität, mit der Informationen im Lernprozess verarbeitet werden. Die Bedeutung strategischer Aktivitäten für die Lernleistung konnte man bereits in den Sechziger Jahren nachweisen (vgl. Hasselhorn & Gold 2009, S. 89).

„Unter dem Konzept der Lernstrategie werden Lerntechniken und -fertigkeiten (skills) zusammengefasst, die eine selbstständige Informationssuche, -verarbeitung und -speicherung in Gang setzen sowie diese Prozesse lenken und überwachen." (Konrad 2014, S. 103)

„Lernstrategien sind (zielgerichtete) Handlungspläne zur Steuerung des eigenen Lernens. Sie werden sowohl bewusst als auch unbewusst angewandt. Lernstrategien unterscheiden sich je nach den Erfordernissen des Lerngegenstandes, der allgemeinen Situation, die das Lernen erforderlich macht und den individuellen Lernpräferenzen." (Konrad 2014, S. 62)

Lernstrategien ermöglichen es also den Lernenden Informationen auszuwählen, zu erwerben, zu organisieren und mit vorhandenen Kenntnissen zu vernetzen und somit ein bestimmtes Lernziel zu erreichen. Dabei geschieht die Auswahl individuell und ermöglicht somit erfolgreiches Lernen.

Lompschers Unterscheidung ist hilfreich beim Verständnis von Lernstrategien:

- Lernstrategien sind nicht identisch mit Lernhandlungen, sondern betreffen die individuelle Art und Weise der Handlungsausführung.
- Lernstrategien unterscheiden sich von Taktiken, die vollzugsnahe, bewusstseinsferne Regulationsprozesse darstellen dadurch, dass sie diese kognitiven Prozesse in einer problemadäquaten Sequenz organisieren.
- Lernstrategien sind einerseits Ergebnis der individuellen Lerngeschichte (also bisheriger Lernaktivitäten unter den unterschiedlichsten Lernbedingungen), andererseits eine wesentliche Voraussetzung effektiven Lernens. Als eine qualitative Charakteristik von Lernhandlungen existieren Lernstrategien nicht als solche; sie stellen vielmehr eine Komponente der psychischen Regulation dar, die mit anderen interagiert.
- Die Nutzung von Lernstrategien ist eng an spezifisches Gegenstands- und Strategiewissen gekoppelt. Erfolgreiche Lernende können auf ein hoch entwickeltes spezifisches Strategiewissen zugreifen; sie sind sich über die Besonderheiten gegebener Aufgaben im Klaren und können erfolgversprechende Strategien flexibel und reflexiv einsetzen.“ (Borkowski, Carr, Rellinger & Pressley, 1990; Pressley, Borkowski & Schneider, 1987, zitiert nach: Konrad 2008, S. 49)

Nach der Klärung des Begriffs ist es nun wichtig zu sehen, wie sich Lernstrategien in der Praxis verhalten, da beim Lernen immer auf mehrere Strategien zurückgegriffen wird. Es werden Strategien benötigt, durch die Informationen entnommen und verarbeitet werden können, so dass Bedeutungsverknüpfungen gebildet werden und auf Vorerfahrungen zurückgegriffen werden kann. Außerdem bedarf es Strategien, um die wichtigen Informationen von weniger wichtigen zu separieren. Zentral sind auch Strategien, die Lernhandlungen organisieren. Dadurch können die einzelnen Etappen des Lernverlaufs, die Zeiteinteilung und die Problembearbeitung strukturiert werden. Dabei muss auch in metakognitiver Perspektive vorgegangen werden: Lernhandlungen müssen durch Selbstanweisungen vollzogen und diskutiert werden können, Fortschritte müssen überwacht werden, und mit Emotionen muss entsprechend umgegangen werden (vgl. Konrad 2011, S. 66).

„In Anlehnung an den „Good-Strategy-User“-Ansatz müssen die beteiligten kognitiven, metakognitiven und motivationalen Prozesse in ihrem Zusammenspiel und ihrer Entwicklung betrachtet werden (Rolus-Borgwand 2002).“ (zitiert nach: Konrad 2011, S. 67).

Die sinnvolle Nutzung von Lernstrategien erzeugt ein positives Selbstwirksamkeitskonzept, was wiederum die Motivation und das Interesse an einer Sache fördern kann.

Der Erwerb einer Strategie geschieht in unterschiedlichen Phasen:

Zunächst lernt das Kind eine spezielle Lernstrategie kennen (durch eine Lehrperson oder andere Personen, die das Kind anleiten) und sie anzuwenden. Diese Strategie wird wiederholt genutzt und das Kind lernt die Eigenschaften und das Vorgehen genauer kennen. Es erfährt die Wirksamkeit, ihre Anwendungsmöglichkeiten bei verschiedenen Aufgaben und auch die Grenzen der jeweiligen Strategie. Das Kind erwirbt ein spezifisches Strategiewissen.

In einer zweiten Phase lernt es weitere Strategien kennen und diese anzuwenden. Somit wird das Strategiewissen ausgebaut. Damit erwirbt es ein Repertoire, aus dem es sich dann die für sich und für die Sachlage geeignete Strategie auswählen und nutzen kann. Außerdem überprüft das Kind die jeweilige Wirksamkeit und Passung der Strategie. Somit lernt es passende von unpassenden Strategien für bestimmte Aufgaben zu unterscheiden.

Die Lernenden entwickeln in einer dritten Phase zunehmend weitere Strategien, die es ihnen ermöglichen ein selbstreguliertes Lernverhalten zu entfalten. Eine selbstregulierte lernende Person analysiert zunächst die Aufgabe, dann wählt sie zur Bearbeitung passende Strategien aus, überwacht mit weiteren geeigneten Strategien das Vorgehen, verändert dieses eventuell und gibt sich am Ende ein entsprechendes Feedback (vgl. Konrad 2011, S. 67-70).

Selbstverständlich reicht ein Strategiewissen nicht aus, um erfolgreich zu lernen, hierzu braucht es auch ein bereichsspezifisches Sachwissen. Vorwissen und Strategiewissen sind wichtige Voraussetzungen für erfolgreiches schulisches Lernen. Sind beide vorhanden und auch dem Lernenden gegenwärtig und verfügbar, dann nimmt sich die lernende Person selbst als erfolgreiche Lernende war, was wiederum das Selbstwirksamkeitskonzept stärkt. Es gibt hier also ein Zusammenspiel zwischen metakognitiven und motivationalen Faktoren und strategischen Kompetenzen (vgl. Konrad 2011, S. 67-70).

In diese Vorgehensweise muss das Kind im unterrichtlichen Geschehen eingeführt werden. Hier spielt auch das Lernen am Modell eine bedeutsame Rolle. Die Lehrperson macht eine Strategie vor und erläutert die Chancen und Grenzen dieser Strategie. So können die Lernenden zum Beispiel die Wirksamkeit einer Strategie nachvollziehen. Lernende müssen sich selbst Ziele setzen und überprüfen, ob diese Ziele mit den gewählten Strategien umgesetzt werden können.

Lernstrategien lassen sich in verschiedene Bereiche untergliedern:

- Kognitive Strategien: Wiederholungsstrategien; Elaborationsstrategien, Organisationsstrategien. Sie regeln in erster Linie den Umgang mit Informationen. Sie dienen dem Aufbau von Wissen durch Verbesserung der Aufnahme, Verarbeitung und Speicherung von Informationen: Lerninhalte wiederholen, Notizen machen, Fragen stellen usw.
- Metakognitive Strategien: Planungsstrategien, Überwachungsstrategien; Regulationsstrategien. Das eigene Lernverhalten wird überwacht, gesteuert und reflektiert sowie gegebenenfalls reguliert. Lernziele formulieren, Lernschritte planen usw. Damit steuern sie das Lerngeschehen.
- Strategien des Ressourcenmanagements: Zeitmanagement, Lernmanagement; Anstrengungsmanagement; Hilfe durch andere. Ressourcen, die den Lernprozess stützen werden bewusst genutzt und aufgesucht. Zeit

und Medien als externe Ressourcen sowie Motivation als interne Ressource. Motivationale Strategien dienen der Motivierung (vgl. Konrad 2014, S. 105-106; Bohl & Kucharz 2010, S. 33).

Während sich diese Klassifikation an Lernvoraussetzungen bzw. Lerngegenständen orientiert, sind es im folgenden Ansatz die Lernpraktiken bzw. Lernziele.

Ebbens & Ettekoven (2009) unterscheiden beim Lernen drei Lernformen und vier dazugehörige Lernaktivitäten. Diese Lernaktivitäten lassen sich wiederum strategisch nutzen:

1. Lernen, gezielt auf Einprägen: Hier geht es darum, Informationen zu behalten und zu erinnern sowie Handlungen zu beherrschen und Fakten und Begriffe zu verstehen. Die Lernaktivitäten sind hier Behalten und Verstehen.
2. Lernen, gezielt auf Verknüpfen: Hier geht es darum, dass Lernende neue Kenntnisse mit bereits vorhandenen Vorkenntnissen kombinieren können, so dass eine dauerhafte Verbindung entsteht. Dazu müssen die Lernenden die Vorkenntnisse aktivieren. Integration ist hierbei die Lernaktivität.
3. Lernen, gezielt auf flexible Konstruktion: Hier geht es um die Handhabung des Gelernten. Es reicht nicht aus, dass die Lernenden etwas wissen, sie müssen es auch in einer neuen Situation anwenden können. Unbekannte Probleme und Aufgaben sollen dadurch gelöst werden können. Die kreative Anwendung stellt hierbei die Lernaktivität dar (vgl. Ebbens, S. & Ettekoven 2009, S. 2-3).

Die letztere Klassifikationsmöglichkeit kann bei der im folgenden Kapitel durchgeführten Beschreibung und Ausdifferenzierung der ersteren hilfreich sein. Deshalb ist sie hier bereits dargestellt.

4.3.1 Kognitive Lernstrategien

Lernende benötigen strategische Kompetenzen, wollen sie ihre Aufgaben erfolgreich bewältigen. Hierzu zählen vor allem kognitive Strategien, mit deren Hilfe neue Informationen verarbeitet, mit Vorwissen verknüpft und behalten werden können. Bei der Systematisierung von Informationsverarbeitungsstrategien wird der Klassifikation von Weinstein gefolgt (vgl. Weinstein & Mayer, 1986; Reinmann-Rothmeier & Mandl, 2001; Pintrich, 2002), der Wiederholungs-, Elaborations- und Organisationsstrategien voneinander unterscheidet.

Mit kognitiven Strategien sind solche gemeint, die sich auf das Lernen, die Informationskodierung und die Reproduktion von Gedächtnisinhalten beziehen.

Drei Varianten werden unterschieden:

Wiederholungs- und Einprägungsstrategien:

Wiederholungs- und Einprägungsstrategien heben auf die Aufmerksamkeit und das genaue Einprägen des Lerninhalts im Kurzzeitgedächtnis ab. Durch Wiederholen und Üben wird verhindert, dass bereits Gelerntes im Gedächtnis „verblasst“

oder gar „zerfällt". Neue Informationen werden wieder schnell aus dem Arbeitsspeicher verdrängt, wenn sie nicht aktiv memoriert werden. Deshalb müssen Informationen immer wiederholt werden, damit sie ins Langzeitgedächtnis übernommen werden (z.B. mehrfache Wiederholung des Lernstoffes, schriftliches Zusammenfassen der wichtigsten Informationen, Textauszüge markieren) (vgl. auch Konrad & Traub 2013, S. 29; Traub 2012b, S. 33).

Beim Lernen, gezielt auf Einprägen (Lernniveau 1) geht es „um das Behalten und Erinnern von Informationen, das Beherrschen von Handlungen und das Verstehen von Fakten und Begriffen. Die beiden Lernaktivitäten der Schüler sind hier „Behalten" und „Verstehen" (Ebbens & Ettekoven 2009, S. 2).

Enkodier- und Elaborationsstrategien:

Enkodier-/Elaborationsstrategien dienen dazu, Informationen im Langzeitgedächtnis zu verankern, indem neue Informationen mit vorhandenem Wissen und vorhandenen Erfahrungen in Beziehung gesetzt werden. Sie tragen dazu bei, neue Informationen dauerhaft zu speichern. Eine der besten Enkodierstrategien ist, etwas zu verstehen versuchen. Dies erfordert einen aktiven Umgang mit dem neuen Wissen, beispielsweise es mit vorhandenem Wissen zu verknüpfen, seine Struktur zu analysieren (etwa durch Mapping-Techniken), es auf das Wesentliche zu reduzieren, Schlussfolgerungen aus dem neuen Wissen zu ziehen, es anzuwenden, Fragen zu stellen, Analogien herzustellen usw. (vgl. auch Konrad & Traub 2013, S. 29; Traub 2012b, S. 33).

Beim Lernen, gezielt auf Verknüpfen (Lernniveau 2) geht es darum, dass die Schülerinnen und Schüler „neue Kenntnisse mit bereits vorhandenen Vorkenntnissen so kombinieren, dass eine passende und dauerhafte Verbindung entsteht. Die lernende Person muss dazu erst die Vorkenntnisse aktivieren. Die auf Verknüpfen des Gelernten zielende Lernaktivität ist „integrieren". "(Ebbens & Ettekoven 2009, S. 2).

Organisations- und Abrufstrategien:

Organisations-/Abrufstrategien, die den gezielten Abruf von Gelerntem aus dem Gedächtnis unterstützen, z.B. durch die Nutzung von Gliederungen, Stichwortlisten, Schemata, Maps und anderen Abrufhilfen. Sie helfen den Lernenden bei der Auswahl relevanter Wissensinhalte und beim Aufbau eines Netzwerkes von Beziehungen zwischen den gelernten Informationen (auch Metaplan- und Netzwerktechnik). Ziel- bzw. aufgabenadäquates Wissen wird in einer zum Lernen geeigneter Weise verdichtet und geordnet. (vgl. auch Konrad & Traub 2013, S. 29; Traub 2012b, S. 33).

Lernen, gezielt auf flexible Konstruktion geht davon aus, dass kreativ mit dem Gelernten umgegangen werden kann. „Es geht nicht nur darum, dass der Schüler etwas weiß, sondern dass er das Gelernte in einer neuen Situation anwenden kann. Er soll in der Lage sein, unter Anwendung seines erworbenen Wissens ein unbekanntes Problem (eine Aufgabe) auch ohne Unterstützung des Lehrers zu lösen und neues Wissen zu konstruieren. Die Lernaktivität für die flexible Anwendung ist „kreatives Anwenden." (Ebbens & Ettekoven 2009, S. 2f.)

4.3.2 Metakognitive Strategien

Während kognitive Strategien unmittelbar auf den kognitiven Fortschritt abheben, wird dieser hier reguliert und überwacht. „Metakognitive Strategien umfassen die Steuerung der eigenen Denk- oder Lernvorgänge, um deren Planung, Initiierung, Bewertung und Optimierung.“ (Terhart 2014, S. 34)

Es können Strategien zur Planung („Wie packe ich dieses Problem an?“), Überwachung („Das habe ich nicht verstanden!“) und Regulation („Das muss ich nochmals versuchen“) kognitiver Prozesse unterschieden werden, ebenso wie Kontrollstrategien, welche die situationsangemessene Planung, Überwachung und Regulation der oben skizzierten Prozesse unterstützen.

Bei diesen Aspekten des Lernens und Problemlösens handelt es sich um Funktionen zur Selbststeuerung exekutiver Prozesse, welche als höchst bedeutsam eingestuft werden (vgl. Konrad 2008, S. 50).

Zu jedem eigeninitiierten Lernprozess gehören kontinuierliche Anpassungen und Feinabstimmungen der Lernhandlungen durch Prozesse der Selbstregulation (vgl. Brown 1984; vgl. Konrad 2005). Im Handlungsvollzug muss der Lernende unter anderem

- den Ausgangspunkt der Handlung bestimmen
- Ziele definieren
- Handlungswege ableiten
- Handlungsschwierigkeiten erkennen
- die erforderlichen Lernschritte ausführen
- das eigene Vorgehen bzw. die bisherigen Ziele im Handlungsvollzug modifizieren (vgl. auch Konrad & Traub 2013, S. 30).

Diese Sichtweise fokussiert vor allem auf die Prozessebene der Metakognition. In der psychologischen Literatur wird der Begriff der „Metakognition" zur Bezeichnung zweier unterschiedlicher Forschungsfragestellungen verwendet: (1) Das Wissen über Kognitionen und (2) die Kontrolle und Steuerung von Kognitionen (vgl. Brown 1984). Diese beiden Formen der Metakognition sind eng miteinander verknüpft, da sie sich gegenseitig verstärken. Beide wurzeln in der reflexiven Tätigkeit des Individuums. Sie sind konstitutiv für ein Lernen, das in hohem Maße seine eigenen Schritte, Zustände, Zwischen- und Endergebnisse reflektiert (vgl. auch Konrad & Traub 2013, S. 30).

Metakognitive Kontrolle

Für die Mehrzahl der Modelle zu metakognitiven Kontrollstrategien sind Strategien zur Planung, Überwachung und Regulation kognitiver Prozesse essentiell.

- Planen: Planungsaktivitäten implizieren das Setzen von Zielen, das Generieren von Fragen und die Durchführung einer Problemanalyse. Alle diese Aktivitäten unterstützen den Lernenden darin, den Gebrauch von Strategien vorzubereiten und die damit verbundenen Informationen zu nutzen. Darüber hinaus werden Querverbindungen zu vorhandenen Wissensbereichen hergestellt und die Organisation des Lernmaterials unterstützt.

- Überwachen: Überwachungs-Tätigkeiten werden vom Lernenden zur Diagnose des Lerngeschehens herangezogen. Ziel ist es, die angebotenen oder selbst erarbeiteten Informationen zu verstehen und in bereits vorhandene Wissensbestände zu integrieren.
- Regulation: Selbstregulations-Prozesse sind eng mit den beschriebenen Überwachungs-Aktivitäten verknüpft. Die Regulation von Kognitionen wird dann relevant, wenn es um die aktuelle Bearbeitung von Problemlöseaufgaben geht. Sie betrifft eine Reihe von Entscheidungen bzw. strategischen Aktivitäten, die dabei notwendig werden können (vgl. auch Konrad & Traub 2013, S. 31).

Lernbegleitende Kontrollstrategien laufen beim Lernen vielfach vor- oder unbewusst ab und sind von Informationsverarbeitungsstrategien theoretisch nicht immer leicht abzugrenzen (vgl. Reinmann-Rothmeier & Mandl 2001). Handlungsbegleitende und -steuernde Kontroll- und Korrekturprozeduren erfüllen nach dem aktuellen Wissensstand vor allem zwei Funktionen: (1) Sie tragen dazu bei, das spezifische Strategiewissen zu optimieren, indem z. B. unzureichende Strategieinformationen entdeckt wird. (2) Sie sorgen für die Initiierung, Kontrolle und Regulation laufender kognitiver Prozesse und für eine abschließende Bewertung ihres Erfolges (vgl. Weinert 1994).

Ohne sie ist eine Steuerung der eigenen Aktivitäten so wenig denkbar, wie eine angemessene Beurteilung der entsprechenden Resultate. Exekutive Kontrollstrategien verbessern vor allem dann die Lernleistung, wenn die Aufgaben von mittlerer subjektiver Schwierigkeit sind, bei günstigen erfolgs- und handlungsorientierten Motivkonstellationen und wenn die Lerninhalte neu und unvertraut sind (vgl. auch Konrad & Traub 2013, S. 31).

Metakognitives Wissen

Deklaratives sowie epistemisches Wissen und Bewusstsein - die zweite Komponente der Metakognition - ist für jeden Lernvorgang essentiell (vgl. Weinert 1991). Es handelt sich hier um Wissen über das eigene kognitive System, deshalb wird es auch als metakognitives Wissen bezeichnet (vgl. Pintrich 2002).

- Wissen über Kognitionen richtet sich auf Kenntnisse des Lernenden über Person-, Aufgaben- und Strategievariablen.
- Als Wissen über Personvariablen bezeichnet man jenes Wissen, das sich auf Merkmale von Personen als denkende, affektive und motivierte Organismen bezieht (Wie gut ist mein Gedächtnis für diese oder jene Art von Lernstoff?) (metamemoriales Wissen und Metagedächtnis nach Flavell 1979).
- Mit Wissen über Aufgabenvariablen ist gemeint, dass Menschen etwas über die Aufgaben lernen, mit denen sie zu tun haben (Um welchen Aufgabentyp handelt es sich hier?).

- Kenntnisse über Strategievariablen richten sich schließlich auf kognitive Leistungen oder Prozeduren, mit deren Hilfe gegebene Zustände verändert und Ziele angestrebt werden können (Welche Lernstrategie ist für diese Aufgabe angemessen?).

Trainingsmaßnahmen in Schule und Erwachsenenbildung rücken das Metawissen in den Mittelpunkt der Betrachtung. Die Betonung verlagert sich damit vom Faktenwissen stärker auf den Erwerb von kognitiven Fähigkeiten und von kognitiven Strategien, die als Voraussetzungen für erfolgreiches Lernen angesehen werden können (vgl. auch Konrad & Traub 2013, S. 32).

4.4. Externes Ressourcenmanagement und allgemeine Planungsstrategien

Neben den kognitiven und metakognitiven Lernstrategien werden in der Literatur weitere Strategieformen/-typen unterschieden:

- *Ressourcenstrategien*: Mit Hilfe von Ressourcenstrategien erschließen und nutzen Lernende beim selbstgesteuerten Lernen externe Ressourcen. Hierzu gehören Medien und Materialien, aber auch Personen bzw. Personengruppen sowie die Lernzeit.
- *Selbstbilderhaltende Bewältigungsstrategien:* Für den Verlauf und das Ergebnis des selbstgesteuerten Lernens kann es von Bedeutung sein, wie Lernende mit selbstwertbedrohenden Ereignissen umgehen. Um ein positives Selbstbild aufrechtzuerhalten, kann es beispielsweise sinnvoll sein, Misserfolge auf äußere Faktoren zurückzuführen, bei wahrgenommenen Anforderungen die Anstrengung zu erhöhen, oder sich bedrohlichen Entwicklungen einfach zu entziehen.
- *Volitionale Bewältigungsstrategien:* Selbststeuerung verweist immer auf den „Willen“, ein Vorhaben zum Abschluss zu bringen. Volitionale Strategien können die Kontrolle von Aufmerksamkeit, Motivation und Emotion ebenso einbeziehen wie die Gestaltung der Lernumwelt (vgl. auch Konrad & Traub 2013, S. 29).

4.5 Erwerb von Strategien

Der Erwerb von komplexen Strategien findet selten beiläufig und zufällig statt. Dies trifft vor allem auf metakognitive Strategien zu. Einzelne einfachere Behaltens- und Verstehensstrategien können aber bereits von Kindern im Grundschulalter erworben und angewandt werden. Meist hängt der Erwerb von den institutionellen Rahmenbedingungen einer Lernsituation sowie von der Art und Komplexität der Strategie ab. Im ersten Stadium eines Strategieerwerbs benötigen die Kinder Hilfestellung. Es gelingt ihnen noch nicht von alleine, eine Strategie spontan anzuwenden. Auch wenn ihnen eine Strategie gezeigt wird, können sie diese nicht gleich nutzen. Man spricht hier auch von einem Mediationsdefizit. Dem zweiten Stadium des Strategieerwerbs entspricht demnach das sogenannte Produktionsdefizit. Die Kinder verfügen zwar über die zur Umsetzung der Strategien notwendigen Prozeduren bzw. Mediatoren, sie praktizieren eine Strategie aber nicht von alleine. Nur wenn sie explizit dazu aufgefordert werden, können sie die Strategie anwenden. Der Nutzen über diese Strategie ist noch nicht bewusst im Gedächtnis verankert. Die Kinder sind also noch nicht überzeugt, dass sich der Strategieaufwand lohnt. Im dritten Stadium spricht man vom Nutzungsdefizit. Die Kinder können die Strategie zwar spontan hervorbringen, die Nutzung der Strategie wirkt sich aber noch nicht auf die Lernleistung aus. Dies hängt wahrscheinlich damit zusammen, dass die Strategie noch nicht ausreichend automatisiert ist und damit noch viel Kapazität im Arbeitsgedächtnis benötigt. Wenn Lernstrategien im Unterricht vermittelt werden sollen, muss man damit rechnen, dass beim Erwerb der Strategien mögliche Motivationsprobleme auftreten können, weil die Lernenden keinen Erfolg bei der Anwendung sehen. Erst wenn sich die Strategien automatisiert haben und passgenau eingesetzt werden können, zeigen sich auch Erfolge im Sinne effektiven Lernens (vgl. Hasselhorn & Gold 2009, S. 97-98).

Der Erwerb von Lernstrategien darf nicht losgelöst von Inhalten vorgenommen werden, es bedarf einer Balance zwischen inhaltlicher Vermittlung und Vermittlung bestimmter Lernstrategien. Um schulisches Lernen erfolgreich zu machen, braucht es auf der einen Seite die für die Lösung von Problemen notwendigen bereichsspezifischen Kenntnisse und Fertigkeiten wie auch der kognitiven, motivationalen und volitionalen Strategien (vgl. Hasselhorn & Gold 2009, S. 139). Aber eben in einer entsprechenden Dosierung: werden Strategien erstmals erworben, dann muss das Arbeitsgedächtnis für die Aufnahme und Reflexion sowie der Vernetzung der Strategie frei sein. Ist eine Strategie erst einmal erworben, dann kann sie zur Wissensaufnahme- und verknüpfung herangezogen werden.

Es bleibt festzuhalten, dass es auf dem Weg zur Selbststeuerung unter den Bedingungen der Lehre (z.B. in der Schule) vielfach sinnvoll und praktikabel ist, die Arbeit anfangs klar zu strukturieren und den Lernenden konkrete Ziele zu setzen (vgl. auch Konrad & Traub 2013, S. 63 ff).

Diese Überlegungen sind besonders wichtig, wenn man eine überdurchschnittlich heterogene Lerngruppe unterrichtet. Gerade bei solchen Lerngruppen dürfen keine zu anspruchsvollen Inhalte gewählt werden, wenn der Erwerb einer Strategie allen Kindern möglich bleiben soll.

Die Frage stellt sich nun, wie Lernstrategien erworben, also erlernt werden. Der Erwerb von Lernstrategien lässt sich in den Zusammenhang des „Lernen lernens" einordnen.

Mayer (1989) stellt drei Empfehlungen auf, wie das „Lernen lernen" gefördert werden kann:

1. Vermittle vielfältige Strategien des Denkens und Lernens.
2. Konzentriere dich dabei stärker auf die Lernprozesse als auf die Lernergebnisse.
3. Vermittle die vielfältigen Denk- und Lernstrategien stets im Kontext des Erwerbs von subjektiv wie objektiv wichtigem inhaltlichem Wissen. (zitiert in Hasselhorn & Gold 2009, S. 138)

Dadurch kann sich der Lernende seiner subjektiven Lernerfahrungen bewusstwerden, die erworbenen Lernstrategien auf ihre Zweckmäßigkeit hin überprüfen und sie bei Bedarf auch korrigieren (vgl. Hasselhorn & Gold 2007, S. 138).

4.6 Lehr-Lernstrategien im Überblick

In diesem Kapitel wurden die folgenden Fragen beantwortet:

Welche Lehrstrategien benötigen Lehrende, um die Lehrleistung im jeweiligen Lehr-Lern-Konzept erbringen zu können, und welche diagnostischen Fähigkeiten sind hierzu erforderlich?

Welche Lernstrategien benötigen Lernende und wie können diese erworben werden?

Nun geht es um eine Zuordnung dieser Lehr- und Lernstrategien zu den in Kap. 3 dargestellten Lehr-Lern-Konzepten. In der folgenden Tabelle werden die Strategien benannt, mit denen sich die jeweils geforderte Lehr- bzw. Lernleistung innerhalb einer bestimmten Konzeption erbringen lässt.

Selbstverständlich kann kein Lehr-Lern-Konzept eine Strategie ausschließlich in Anspruch nehmen; jede Strategie erscheint mehrfach. Abhängig vom Lehr-Lern-Konzept wird die Strategie aber in unterschiedlicher Ausprägung benötigt und an verschiedenen Stellen des Lehr-Lern-Prozesses eingesetzt. Auf diese Weise entsteht ein Tableau von „typischen" oder „exemplarischen" Verwendungsweisen von Lehr-/Lern-Strategien, das für die Unterrichtsvorbereitung und Unterrichtsreflexion hilfreich ist.
Deshalb ist es wichtig, im nächsten Kapitel zu überlegen, anhand welcher Methoden die genannten Strategien wirksam werden können, und – im Teil II des Buchs – wie die Anwendung dieser Methoden im jeweiligen Lehr-Lern-Konzept vonstattengeht.

Lehrgang

Lehrstrategien (beispielhaft)	**Lernstrategien (beispielhaft)**
Instruktionsstrategien: vormachen; vorzeigen; klare Strukturierung; lenken; leiten; Vermittlungsstrategien; Frage- und Anweisungsstrategien: vortragen; vermitteln; Fragen stellen;	*Wiederholungs- und Einprägungsstrategien:* genaues Zuhören; Grundgedanken nachdenken; beobachten; nachempfinden; mitdenken;
Kontrollstrategien: Sind die Ziele erreicht? Wissen die Lernenden, um was es geht?	*Organisations- und Abrufstrategien:* Fragen beantworten; kommunizieren
Kommunikationsstrategien: Gesprächsführung	*Enkodier- und Elaborationsstrategien:* verinnerlichen; mit Vorwissen verknüpfen

Das Sandwich-Prinzip

Lehrstrategien (beispielhaft)

Kollektiven Lernphasen:
Instruktionsstrategien:
Wissen vermitteln, vortragen
Klare Strukturierung
Kontrollstrategien:
Sind die Ziele erreicht? Wissen die Lernenden, worum es geht?

Subjektive Verarbeitungsphasen:
Diagnostische Kompetenz;
Anweisungsstrategien:
Orientierung bieten; organisieren;
Arbeitsaufgaben formulieren;

Ressourcenmanagement:
Nutzung geeigneter Methoden
Beratungsstrategien:
beraten und unterstützen

Lernstrategien (beispielhaft)

Kollektive Lernphasen:
Wiederholungs- und Einprägungsstrategien:
genaues Zuhören, mitdenken;
Grundgedanken nachdenken; beobachten

Subjektive Verarbeitungsphasen:
Enkodier- und Elaborationsstrategien:
mit der Expertenstruktur auseinandersetzen; mit eigenem Vorwissen verknüpfen; im eigenen Lerntempo arbeiten;

Organisations- und Abrufstrategien:
mit anderen kooperieren; Fragen beantworten

Wechselseitiges Lehren und Lernen

Lehrstrategien (beispielhaft)

Ressourcenmanagement und Organisationsstrategien:
Methoden auswählen und vorbereiten
Inhalte auswählen und Themengebiete
Gruppen einteilen

Anweisungsstrategien:
Anleiten

Beratungsstrategien:
Beobachten; unterstützen;
auswerten; reflektieren

Lernstrategien (beispielhaft)

Kooperationsstrategien:

kooperieren und kommunizieren

sich zum Experten machen:

Wiederholungs- und Einprägungsstrategien;
Enkodier- und Elaborationsstrategien:
Themengebiet verstehen; Themengebiet aufbereiten; mit Vorwissen verknüpfen; vertiefen und vernetzen

Sich austauschen:

Organisations- und Abrufstrategien:

Themengebiet verständlich vermitteln
Zuhören und Fragen stellen

Metakognitive Strategien:
reflektieren

Stationenarbeit

Lehrstrategien (beispielhaft)

Diagnostische Kompetenz:

Ressourcenmanagement;

Organisationsstrategien:

Thema auswählen; Stationen vorbereiten;
Pflicht- und Küraufgaben erstellen
Lernniveau berücksichtigen

Beratungsstrategien:

Beobachten; unterstützen;
auswerten; reflektieren

Lernstrategien (beispielhaft)

Metakognitive Strategien:

Station auswählen; Schwierigkeitsgrad wählen; Lerntempo bestimmen

Wiederholungs- und Einprägungsstrategien:

Aufgaben bearbeiten; Ergebnisse notieren

Enkodier- und Elaborationsstrategien:

mit Vorwissen vernetzen; strukturieren und reflektieren
Ressourcenmanagement

Wochenplanarbeit

Lehrstrategien (beispielhaft)
Diagnostische Kompetenz

Organisationsstrategien:
Inhalte und Aufgaben auswählen;
Kür- und Pflichtprogramm festlegen;
Wochenplan schreiben (eventuell als individuellen Förderplan)

Beratungsstrategien:
Beobachten; unterstützen; auswerten reflektieren

Lernstrategien (beispielhaft)
Metakognitive Strategien:

Pflichtaufgaben bearbeiten; Küraufgaben auswählen; Zeit einteilen; Schwierigkeitsstufe kennen

Wiederholungs- und Einprägungsstrategien:
Ergebnisse notieren; üben; Wissen einprägen

Enkodier- und Elaborationsstrategien:
mit Vorwissen vernetzen; strukturieren und reflektieren; Ressourcenmanagement

Freiarbeit

Lehrstrategien (beispielhaft)

Diagnostische Kompetenz

Organisationsstrategien;
Instruktionsstrategien:
Materialien erstellen (Übung; Erarbeitung; Vertiefung…) mit Kontrollmöglichkeiten;
Schwierigkeitsgrade berücksichtigen;
Pflicht- und Kürteile

Beratungsstrategien:
Lernende anleiten; beraten, unterstützen, kontrollieren, auswerten, reflektieren

Ressourcenmanagement

Lernstrategien (beispielhaft)

Metakognitive Strategien:

Materialien auswählen; Eigenes Lernniveau einschätzen; Lernplan entwickeln;
Ergebnisse formulieren und kontrollieren;
Selbsteinschätzung der Stärken und Schwächen vornehmen; strukturieren und reflektieren

Wiederholungs- und Einprägungsstrategien;
Enkodier- und Elaborationsstrategien;
Organisations- und Abrufstrategien;
Ressourcenmanagement

Projektarbeit

Lehrstrategien (beispielhaft)

Diagnostische Kompetenz

Ressourcenmanagement

Hintergrundarbeit

Beratungsstrategien

Kontrollstrategien

Lernstrategien (beispielhaft)
Metakognitive Strategien:

Thema finden; Projektgruppen festlegen;
Großen und kleinen Projektplan ausarbeiten; Plan umsetzen und durchführen;
Austauschen; kommunizieren und kooperieren; reflektieren

Wiederholungs- und Einprägungsstrategien:

Wissen erarbeiten und wiederholen

Elaborations- und Enkodierstrategien:

Wissen vernetzen, strukturieren

Organisations- und Abrufstrategien:

Inhalte an andere vermitteln
Präsentieren; Produkt oder Lernergebnis erstellen; Fragen stellen und beantworten;
Argumentieren; Ressourcenmanagement

Abbildung 16: Lehr-Lernstrategien

5. Methodische Großformen des Lehrens und Lernens

5.1 Lehr-Lernmethoden – begriffliche Klärung

In diesem Kapitel wird diskutiert, welche Lehrmethoden notwendig sind, um die beschriebenen Komponenten des Instruierens in den jeweiligen Lehr-Lern-Konzepten zu verwirklichen, und welche Lernmethoden dabei helfen, Lernstrategien zu entwickeln, die zur Nutzung der vorgestellten Lernkonzepte dienen können.

Die Klärung des Begriffs Methode ist ein schwieriges Unterfangen. Die Definitionen, die vor allem in den 80-ern und 90-ern Jahren entwickelt und intensiv diskutiert wurden, sind vielfältig. In jedem Fall aber bezeichnet „Methode" den Weg, bestimmte Ziele zu erreichen. Und anders als früher sind die Akteure methodischen Handelns nicht nur die Lehrkräfte, die z.B. einen kurzen Vortrag halten, sondern ebenso die Schülerinnen und Schüler, die beispielsweise eine kognitive Landkarte erstellen und sich damit selbsttätig eine erste Orientierung zum Thema verschaffen. Es geht also einerseits um die Frage, wie Lerninhalte am besten vermittelt werden können, und andererseits darum, wie Lerninhalte sich über Methoden durch Lernende am besten erschließen lassen. Dabei ist nicht nur die Zielerreichung Gegenstand methodischer Reflexion, auch Lehr- und Lernwege lassen sich methodisch klären (vgl. Meyer 1987; Bohl 2000).

Bei den Lehrmethoden erfolgt die Organisation und Umsetzung der Methode durch die Lehrperson. Bei den Lernmethoden geht es darum, dass die Lernenden die Methode ausführen, um möglichst effektiv lernen zu können.

Auch Meyer äußert sich auf ähnliche Weise: „Unterrichtsmethoden sind die Formen und Verfahren, in und mit denen sich Lehrer und Schüler die sie umgebende natürliche und gesellschaftliche Wirklichkeit unter institutionellen Rahmenbedingungen aneignen." (Meyer 1987, S. 45)

Lehr- und Lernstrategien sind an Lehr- und Lernmethoden gebunden oder, anders ausgedrückt: beim Gebrauch von Methoden können Strategien erlernt, angewandt und eingesetzt werden. Deshalb ist es bedeutsam zu klären, welche Methoden welche Strategien fördern und wie dadurch ein effektives, erfolgreiches Lernen in den dargestellten Lehr-Lern-Konzepten unterstützt werden kann.

Dabei müssen die Methoden passgenau ausgewählt und eingesetzt werden. Lehrende müssen sich bei der Unterrichtsvorbereitung die Frage stellen: Mit welchen Methoden kann ich als Lehrperson optimal in diesem Lehr-Lern-Konzept instruieren, d.h. Wissen vermitteln, Sachverhalte klären, Fähigkeiten entwickeln usw. Methoden sind kein Selbstzweck, werden also nicht eingesetzt, weil Lehrende oder Lernende diese Methode gerade kennen oder gerne haben, sondern sie haben dienende Funktion. Sie müssen auf die Lernziele, die Lerninhalte, die personellen wie institutionellen Gegebenheiten abgestimmt werden. Dabei ist eine Individualisierung im Methodeneinsatz besonders bedeutsam. Kinder sind unterschiedlich; man kann ihnen durch unterschiedliche Methoden auf verschiedenen Lernniveaus gerecht werden.

Bohl (2000) unterscheidet acht Dimensionen des Methodenaspekts und gibt damit gute Kriterien für den Einsatz unterschiedlicher Methoden:

1. Dimension Ziel: Über Methoden soll ein bestimmtes Ziel erreicht werden, dieses kann inhaltlicher, unterrichtlicher oder erzieherischer Art sein. Methoden werden nicht beliebig ausgewählt, es liegen der Auswahl normative Entscheidungen zu Grunde. Ziel und Methode müssen sich ergänzen, zueinander passen.
2. Dimension Inhalt/Sache: Methoden vermitteln zwischen den Inhalten als Objekten (Wissensstoff, Kulturgüter) und den Lernenden als Subjekten. Lehrende können mit Hilfe der Methoden eine Balance zwischen Objekten und Subjekten herstellen.
3. Dimension Rahmenbedingungen/ Schule als Institution: Die Rahmenbedingungen in der Schule wie Klassengröße, Räumlichkeiten usw. sind vorgegeben und dies beeinflusst auch die Methodengestaltung.
4. Dimension Schüler/innen – Lernende: Sie sind die Adressaten der unterrichtsmethodischen Überlegungen. Die persönlichen Lernbedingungen beeinflussen die Entscheidungen für bestimmte Methoden und umgekehrt.
5. Dimension Lehrer/ innen – Lehrende: Die Lehrenden richten ihren Unterricht an den Bedürfnissen der Lernenden aus. Dabei ist die Anwendung von Methoden auch an die Persönlichkeit der jeweiligen Lehrenden und auch der Lernenden geknüpft.
6. Dimension Handlung: Die Interaktion zwischen den Lehrenden und Lernenden gestaltet den Handlungsprozess, aus dem heraus ein Handlungsprodukt entsteht. Voraussetzungen hierfür sind Handlungskompetenzen.
7. Dimension Entwicklung: Unterrichtsmethoden werden bewusst eingesetzt und reflektiert. Dabei entwickeln sich die Methoden immer weiter, sie verändern sich, werden ausgetauscht und angepasst.
8. Dimension Zeit: Die Institution Schule macht genaue zeitliche Vorgaben, in die die Methoden eingepasst werden müssen und die mit fortschreitendem Älterwerden auch einen Reifungsprozess verspricht (vgl. Bohl 2000, S. 26-27).

Grundsätzlich ist davon auszugehen, dass die Lehrperson die Verantwortung für die Gestaltung der Lehr-Lern-Konzepte hat, in denen sich Lernprozesse vollziehen können. Auf Lehrmethoden muss daher zuerst geachtet werden:

„Lehren ist ein methodisches Vorgehen, das explizit und bewusst, absichtlich und geplant eingesetzt wird, um Lernvorgänge unterschiedlicher Art auszulösen oder zu beeinflussen. Der planvolle Einsatz von Lehrmethoden und -techniken setzt ein hohes Ausmaß an Professionalisierung des Lehrenden voraus, und explizit ist das methodische Vorgehen deshalb zu nennen, weil eine Lehrsituation ausdrücklich zum Zwecke des Lernens gestaltet oder genutzt wird." (Hasselhorn & Gold 2009, S. 217)

Dabei muss die Lehrperson auch gezielt Methoden einsetzen, die das Lernen der Schülerinnen und Schüler erleichtert, die ihnen helfen, bestimmte Lernstrategien auszubilden und sie dabei unterstützen, in den vorgegebenen Lernkonzepten optimale Lernbedingungen nutzen zu können.

Das Methodenangebot und die Wahl angemessener Methoden bestimmen zu einem großen Teil die Qualität des Unterrichts. So gehört beispielsweise die Methodenvielfalt zu den bekannten zehn Merkmalen guten Unterrichts nach Meyer (Meyer 2004). Er begründet die Forderung nach Methodenvielfalt zum einen damit, „der Vielfalt der unterrichtlichen Aufgabenstellungen gerecht zu werden", und will zum anderen, „...die Heterogenität der Lernvoraussetzungen und der Interessen der Schülerinnen und Schüler [zu]... beachten" (vgl. Meyer 2004, S. 74).

Meyer versteht unter Methodenvielfalt,

- wenn der Reichtum der verfügbaren Inszenierungstechniken genutzt wird,
- wenn eine Vielfalt von Handlungsmustern eingesetzt wird,
- wenn die Verlaufsformen des Unterrichts variabel gestaltet werden,
- und das Gewicht der Grundformen des Unterrichts ausbalanciert ist (vgl. Meyer 2004, S. 74).

Bei diesen methodischen Überlegungen darf aber nicht vergessen werden, dass der Einsatz von Methoden nicht nur der Vielfalt und Abwechslung des Unterrichts geschuldet ist, sondern mit den Methoden ein bestimmter Zweck, eine Zielsetzung verbunden ist. Deshalb muss sehr genau überlegt werden, wann welche Methoden in welchem Lernszenario eingesetzt werden. Der systematische Wechsel zwischen Lehrmethoden und Lernmethoden hilft dabei, dass auf der einen Seite Wissen strukturiert vermittelt wird, und dass auf der anderen Seite die Lernenden in ihrem eigenen Lerntempo auf ihrem Lernniveau sich mit diesem Wissen auseinandersetzen können, um es zu ihrem eigenen Wissen zu machen. Hierfür sind spezielle Methoden notwendig. Die Methoden haben in den entsprechenden Lehr-Lern-Konzepten eine bestimmte Bedeutung und dienen zur Entwicklung bestimmter Lernstrategien. Der Einsatz von bewusst gewählten Methoden geht also weit über die Idee einer Abwechslung des Unterrichts durch Methodenvielfalt hinaus und setzt eine Passung von Methode und Ziel voraus:

„Nicht jede Methode ist für jede pädagogische Situation gleichermaßen geeignet: Unterschiedliche Lehrerinnen und Lehrer können die verschiedenen didaktischen Intentionen in unterschiedlichen Klassen nur dann optimal umsetzen, wenn sie die jeweils angemessene Methode auswählen." (Wiechmann 2000, S. 10)

METHODEN	
Lehrmethoden:	**Lernmethoden:**
Vortrag; Unterrichtsgespräch; Feedbackmethoden...	Kognitive Landkarten; Kooperative Lernmethoden; Präsentationsmethoden; Kommunikationsmethoden; Lerntechniken...

Abbildung 17: Lehr-Lernmethoden im Überblick

5.2 Lehrmethoden

5.2.1 Vortrag

Lernende haben Anspruch auf eine gute Erklärung, auf die Vermittlung von Fachinhalten, die didaktisch so reduziert und aufbereitet sind, dass sie verstanden werden können.

„Das Anliegen von Vermittlungsphasen ist die Weitergabe einer jeweils zu bestimmenden Menge von Informationen, die für die Kenntnis einer Sache oder die Beherrschung einer Fertigkeit unerlässlich ist." (Bönsch 2000, S. 27).

Nach Bönsch kann die Aufmerksamkeit der Lernenden dadurch erhöht werden, dass eine Vermittlungsstruktur vorgegeben, also deutlich gemacht wird, wie vorzugehen ist, wann Fragen gestellt werden können, mit welchen Medien die Vermittlung unterstützt werden soll und dergleichen mehr. Der „Lehrplan" wird transparent gemacht mit Hilfe einer Agenda oder auch eines Advance Organizers (s.u.). Unterstützt werden können Vermittlungsformen auch durch Basistexte, die das zu Vermittelnde kurz und prägnant zusammenfassen und den Lernenden zur Verfügung gestellt werden. Weitere Unterstützungsmaßnahmen sind Merkstrukturen und Ankerbegriffe, die den Lernenden explizit erläutert und an die Hand gegeben werden (vgl. Bönsch 2000, S. 28).

Bönsch nennt einige Vermittlungstechniken, die bedeutsam für das Lehren sind:

1. Das Veranschaulichen, das Zeigen: Die Lernenden müssen eine klare Vorstellung von einer Sache bekommen. Wenn über Sprache vermittelt wird, dann bedeutet Veranschaulichen das Zeigen anhand von realen oder bildlich vermittelten Beispielen, Phänomenen usw. Ist der Lerngegenstand Ausgangspunkt der Vermittlung, dann kann und soll das Zeigen im „Vorführen" bestehen. Anschließend wird das Vorgeführte erklärt. (Beispiel: Fahrradfahren vormachen, erläutern, schließlich dazu anleiten.)
2. Nicht jeder Sachverhalt kann durch Vorführen gezeigt werden, wenn der Gegenstand der Wissensvermittlung „abstrakt" ist und es keine direkten Zugänge zum Lebens- und Erfahrungshintergrund der Lernenden gibt (z.B. historische Sachverhalte; mathematische Gesetze).
3. Das Problematisieren: Damit eine lernende Person einen Zugang zu einem ihr eher noch unbekannten Sachverhalt bekommt, kann das Problematisieren hilfreich sein. Es wird ein Problem aufgezeigt, die Lernenden können Vermutungen äußern, und am Ende wird eine Lösung angeboten.
4. Das Anregen (und Fragen): Impulse und Fragen können dazu anregen, sich auf einen Inhalt einzulassen und dabei mitzudenken.
5. Das Informieren: Beim Informieren werden Wissensinhalte im Rahmen eines Vortrages dargestellt und erläutert.

6. Das Strukturieren: Jede Form der Vermittlung sollte eine Struktur, einen logischen Ablauf aufweisen, damit Lernende einen roten Faden bei der Vermittlung erkennen und die Inhalte besser nachvollziehen können.
7. Das Vormachen: Exemplarisch können anhand von Beispielen bestimmte Hinweise und Vorgehensweisen gegeben werden.
8. Engagement und Identifikation: Die Lehrperson spielt bei einer guten Vermittlung eine wesentliche Rolle. Ihre Interaktion mit den Lernenden wird zentral für die Aufnahme der Wissensinhalte (vgl. Bönsch, S. 29-30).

Die Überlegungen Bönschs lassen sich weiter ergänzen und ausführen. Ein Vortrag kann z.B. „mehrfachcodiert" angeboten werden, d.h. er kann etwa Anekdoten beinhalten. Allerdings dürfen diese nicht den Sachinhalt überdecken oder an den Rand drängen. Wo immer möglich, sollte am Erfahrungs- und Wissenshintergrund der Lernenden angeknüpft, also situiertes und problemorientiertes Lernen ermöglicht werden. Nur dadurch vernetzen und strukturieren die Lernenden die Sachinhalte. Hierbei helfen bestimmte Strukturierungselemente wie Agenda, Advance Organizer, Interessenabfrage, Vorwissenserhebungen usw. Ein wichtiger Aspekt in diesem Zusammenhang ist auch das Lernen am Modell. Wenn Lehrende bestimmte Vorgehensweisen oder Problemlösestrategien aufzeigen und vormachen, machen es Lernende nach und reflektieren es. Bönsch nennt weiterhin einige „infrastrukturelle Solls", die eingehalten werden müssen, damit Vermittlung stattfindet. Hierzu gehören die Verständlichkeit, die Nachvollziehbarkeit, der Sinn und die Repräsentativität.

Verständlichkeit: Einfachheit der Sprache (einfache Sätze, klare Aussagen, bekannte Begriffe…), Gliederung der Darstellung (klare Struktur; logischer Aufbau; Abschnitte…); Prägnanz (Wahl der Worte, Deutlichkeit, Klarheit der Äußerung…), Stimulanz (Beispiele, Anekdoten, Anregendes…).

Nachvollziehbarkeit: Die Lernenden müssen den Sachverhalt verstehen und der Darstellung folgen können.

Sinn: Den Lernenden muss verdeutlicht werden, weshalb ein Sachverhalt gelernt wird.

Repräsentativität: Ein Sachverhalt muss auf andere Dinge übertragen werden können (vgl. Bönsch, S. 31-32).

Beim Lehrvortrag lenkt die Lehrkraft das Geschehen nahezu vollständig. Sie bestimmt das Lerntempo, das Vorgehen, übernimmt die Strukturierung und entscheidet, wann Beiträge der Lernenden zugelassen und in welchem Umfang diese eingebracht werden können. Die Beiträge der Lernenden gehen dabei immer nur in eine Richtung: hin zur Lehrperson. Damit ist die Interaktion ausschließlich ein- bzw. zweidimensional: Eindimensional, wenn die Lehrperson tatsächlich vorträgt, und zweidimensional, wenn ein Schüler oder eine Schülerin einen Einwand oder Beitrag oder eine Frage einbringen kann, wobei sich dieser ausschließlich an die Lehrperson richtet, und nur aus dieser Richtung auch eine Antwort zu erwarten ist. Durch die hohe Lehreraktivität werden die Lernenden in stark reaktives

Verhalten gedrängt. Sie sind gezwungen, die Denkschritte der Lehrperson nachzuvollziehen. Spontane Äußerungen, Eigenitiative und gedankliche oder sprachliche Entfaltungsmöglichkeiten der Lernenden sind weitgehend eingeschränkt. Dadurch werden die Lernenden in eine Denkrichtung geleitet, die die Lehrperson vorgibt. Durch die didaktische Reduktion im Rahmen des Vortrages, kommen die Lernenden dem Sachverhalt leichter auf die Spur und können diesen nachvollziehen. Dies gelingt allerdings nur, wenn sie die Impulse der Lehrperson aufnehmen können.

Insgesamt ist festzuhalten, dass der Lehrvortrag dort seinen Platz hat, wo es wichtig ist, einen Gedankengang richtig aufzunehmen und weiter zu denken, und wo es sinnvoll erscheint, durch einzelne Fragen die Lernenden auf ein bestimmtes Ergebnis hin zu lenken. Berücksichtigt werden muss, dass der Lehrervortrag die Aufmerksamkeitskapazität der Lernenden nicht übersteigt und dass den Lernenden im Anschluss an den Vortrag die Möglichkeit gegeben wird, sich selbst im eigenen Lerntempo nochmals mit dem Sachverhalt und der vorgegebenen Expertenstruktur auseinanderzusetzen. Dann bietet der Lehrvortrag eine sinnvolle Orientierung und hilft, neue Lerninhalte als Basiswissen aufzunehmen. Somit kann komplexes Wissen leichter fassbar und verständlich werden.

Um einen Lehrvortrag didaktisch gut auf- und vorbereiten zu können, benötigt die Lehrperson Instruktions- und Vermittlungsstrategien. Verschiedene Methoden, die den Vortrag unterstützen können, werden in Teil II des Buches vorgestellt.

5.2.2 Unterrichtsgespräch

Das Unterrichtsgespräch stellt eine der klassischen Lehrmethoden dar, da es von der Lehrperson ausgeht, moderiert und gelenkt wird. Die Art der Lenkung kann dabei variieren und das Unterrichtsgespräch kann deshalb enger oder offener gestaltet werden. In jedem Fall stellt es eine fragend-entwickelnde Form dar. Die Lehrperson gibt Ziel und Inhalt des Gesprächs vor und lenkt in die von ihm vorgesehene Zielrichtung. Sie ist sich über das Ergebnis, das erreicht werden soll, bewusst, und versucht, durch das Gespräch auf dieses Ergebnis hin zuzusteuern. Dabei werden Fragen gestellt und Impulse gegeben, aber auch bestimmte Äußerungen von Lernenden aufgegriffen. Kurze Lehrvorträge oder auch längere Erklärungen von Sachverhalten sind im Rahmen eines Unterrichtsgesprächs üblich. Durch das Unterrichtsgespräch und die darin stattfindende Interaktion soll es den Lernenden gelingen, sich mit einem Lerngegenstand auseinanderzusetzen. Dadurch wird das Wissen über einen Lerngegenstand erweitert, gefestigt und gegebenenfalls auch neu strukturiert. Damit dies gelingen kann, benötigen die Lernenden im Rahmen eines solchen Unterrichtsgesprächs oder unmittelbar danach eine Zeit, in der sie sich mit den Lerninhalten nochmals subjektiv in ihrem eigenen Lerntempo auseinandersetzen können. Hierzu müssen dann bestimmte Lernmethoden zur Anwendung kommen (siehe Teil II). Auch beim Unterrichtsgespräch ist es sehr wichtig, dass die Aufmerksamkeitskapazität der Lernenden nicht überfordert wird, ein solches Gespräch sollte nicht länger als 10 bis 15 Minuten dauern. Wenn diese Bedingungen eingehalten werden, dann wird der Unterricht zielgerichtet und schnell vorangebracht. Durch die Antworten der Lernenden werden falsche Lösungswege schnell erkannt und es kann darauf sofort reagiert werden. Außerdem entnehmen die Lehrenden den Schülerantworten den Stand der Leistung und passen das Frage-Antwort-Verhalten entsprechend an. Durch die Frage- und Impulsgebung denken die Lernenden den Sachverhalt mit. Zu berücksichtigen ist, dass die Lernenden in dieser Phase das Wissen noch nicht weiter verarbeiten und strukturieren können, so dass hierfür ein eigenes Zeitfenster vorgegeben werden muss. Außerdem muss es sich dabei um „echte" Fragen und Impulse handeln, welche die Möglichkeit einräumen, eine bestimmte Position einzunehmen, eine Idee weiter zu verfolgen oder eine Hypothese aufzustellen. Nicht zielführend sind Fragen und Impulse, bei denen die Lehrperson nur eine Antwort akzeptiert und sehr stark in diese Richtung lenkt. Das würde das Nachdenken über den Sachverhalt sehr einschränken (vgl. auch Traub 2011, S. 79 ff).

Neben dem hier vorgestellten Unterrichtsgespräch im engeren Sinne, gibt es auch freiere bzw. offenere Gesprächsformen, bei denen (s.u.) die Lehrperson stärker als Moderatorin innerhalb der Gruppe agiert.

Die folgenden Beispiele zeigen solche Gesprächsformen auf. Auch diese können zu den Lehrmethoden gerechnet werden, weil auch hier die Leitung durch die Lehrperson dominiert und diese den Weg des Lernens vorgibt:

Im Erzählkreis (Morgen- oder auch Abschlusskreis) werden Erlebnisse, Erfahrungen erzählt, oder es wird über bestimmte Inhalte oder Ergebnisse berichtet. Der Gesprächscharakter ist hier aufgelockert, das Gespräch kann sich in verschiedene Richtungen entwickeln, das Ziel ist nicht festgelegt. Die Lehrperson leitet das Gespräch an, achtet darauf, dass alle Lernenden zu Wort kommen, nicht vom Thema abweichen, dass eine gute Gesprächsatmosphäre herrscht sowie die Gesprächsregeln eingehalten werden. Sie stellt Zwischenfragen, hält Ergebnisse fest und leitet zu einem weiteren Punkt über, wenn das Gespräch ins Stocken gerät.

Beim Plenumsgespräch werden Meinungen und Arbeitsergebnisse ausgetauscht; dabei wird Meinungsvielfalt angestrebt. Auch hier fungiert die Lehrperson als Moderatorin und leitet das Gespräch.

Beim Planungsgespräch geht es um die Planung von Unterrichtsprozessen wie Projektarbeiten oder Schullandheimaufenthalte und dergleichen. Auch hier wird das Gespräch von der Lehrperson moderiert.

Die offene Diskussion wird dann eingesetzt, wenn es im Unterricht darum geht, dass sich die Lernenden eine begründete eigene Meinung bilden, oder sich argumentativ einen eigenen Standpunkt erarbeiten sollen. Zu Beginn kann eine Frage oder eine These eingebracht werden. Sinn der offenen Diskussion ist nicht, dass alle zur gleichen Meinung kommen, sondern dass ein Gedanken- und Meinungsaustausch stattfindet und möglichst viele Argumente zusammengetragen werden. Auf dieser Grundlage kann dann eine eigene Meinung gebildet werden (vgl. auch Traub 2011, S. 84-88).

Eine besondere Form des Unterrichtsgespräches ist das Metagespräch. Dieses dient als Plattform für Gespräche über den Unterricht, über soziale Beziehungen, über Konflikte und dergleichen mehr: „Ausgangspunkt des Gesprächs ist etwas, das bereits geschehen ist und bei allen oder einigen Beteiligten das Bedürfnis hervorgerufen hat, darüber zu sprechen. Dadurch wird das Geschehen ins Gedächtnis gerufen, thematisiert und eventuelle Lösungen für die Zukunft hin angestrebt. Nach Möglichkeit sollte das Metagespräch immer einen Sachverhalt beschreiben und erfassen, nach den Ursachen und Gründen fragen, die zu diesem geführt haben, nach Mitteln und Wegen suchen, die zur Verbesserung, Änderung, Abhilfe oder Beibehaltung dienlich sind und falls der Sache nach sinnvoll, eine Absicht oder einen Plan zur Durchführung formulieren und als gemeinsamen Beschluss verabschieden. Dabei sollten die Schüler stets vor dem Lehrer ihre Gedanken äußern, damit sie nicht beeinflusst werden. Der Lehrer kann sowohl Leiter des Gesprächs sein, aber auch selbst Betroffener." (Traub 2011, S. 86)

„Das gelenkte Gespräch ist, rein quantitativ gesehen, das wichtigste Handlungsmuster der Schule überhaupt! Es macht die Hälfte des gesamten und zwei Drittel des Frontalunterrichts aus." (Meyer 1987, S. 283)

Zu bedenken bei dieser Lehrmethode ist allerdings, dass, je enger das Unterrichtsgespräch geführt wird, je weniger die lernende Person selbst aktiv am Unterrichtsgeschehen beteiligt ist: „Bei schulischen Gesprächen mit der ganzen Klasse kann sich der Lernende nicht einfach dann äußern, wenn er die Lösung einer Frage weiß, sondern er muss dies durch ein Meldeverhalten anzeigen und warten, bis er aufgerufen wird. Dies entspricht keiner natürlichen Gesprächssituation, ist aber auch für eine Lernsituation sehr gekünstelt, zumal es ja nicht einmal gesagt ist, dass der betreffende Lernende seine Antwort äußern darf und damit eine Richtigkeitsbestätigung erhalten würde" (Traub 2011, S. 88).

Dazuhin ist die Lehrperson bei Gesprächen mit der ganzen Klasse, vor allem beim Lehrgespräch und dem gelenkten Unterrichtsgespräch, außerordentlich stark gefordert. Sie muss erwägen, nach welchen Gesichtspunkten Lernende aufgerufen werden (gute oder schwächere Lernende, Lernende, die sich melden oder andere, die sich zurückhalten usw.), wie mit der Antwort umgegangen wird (weitere Meldungen abwarten, selbst ergänzen, usw.), wie die Antwort in den Fortgang des Unterrichts passt, welche weiteren Fragen noch notwendig sind, um zu einem Ergebnis zu kommen usw. Besonders bedeutsam ist auch, wie lange auf eine Antwort gewartet wird, damit Lernende sich überhaupt in das Lerngeschehen einbringen können. (vgl. Traub 2011, S. 88-89).

Die Lehrmethode des Unterrichtsgesprächs erfordert neben Instruktions- und Vermittlungsstrategien vor allem auch Moderations- und Kommunikationstechniken, die sich eine Lehrperson aneignen bzw. die sie beherrschen muss. Hattie z.B. stellt in seiner Metaanalyse fest, dass viele Fragen gestellt werden, obwohl die Lehrenden die Antwort darauf bereits kennen, und dass es selten eine echte „Fragekultur" im Klassenzimmer gibt. Fragen müssen das kognitive Niveau der Lernenden erfassen und echte, sinnvolle Fragen darstellen (vgl. Hattie 2013, S. 217)

5.2.3 Feedbackmethoden

Eine wichtige Lehrmethode ist das Geben von Feedback. Nur über ein qualifiziertes Feedback können die Lernenden einschätzen, wie erfolgreich ihr bisheriger Lernprozess verlaufen ist, und was sie verbessern müssen, damit sie noch effizienter lernen können.

Feedback als Lehrmethode meint hier, den Lernenden eine organisierte, regelmäßige Rückmeldung über den eigenen Lernprozess zu geben. Dazu können auch die nach Hattie so wichtigen Aspekte wie der Perspektivenwechsel, die Bestätigung etwas richtig oder falsch gemacht zu haben, sie auf die Möglichkeit hinweisen, weitere Informationen einzuholen und darauf aufmerksam zu machen, dass andere Lernrichtungen eingeschlagen werden könnten, gerechnet werden. Die Rückmeldung kann sich auf einzelne Leistungen und Fehler, aber auch auf Wissenslücken, einseitige Perspektiven oder methodisch auf Lern- und Übungspraktiken beziehen. Wirksame Feedbackarten sind nach Hattie zugleich Hinweise, welche die Lernenden in ihren Lernzielen bestärken (vgl. Hattie 2013, S. 207).

Beim – ausführlichen – mündlichen Feedback sollte auf eine angenehme Situation geachtet werden (Raum, Zeit, Teilnehmer). Die Schülerin bzw. der Schüler sollte wissen, wie die Lehrperson die Leistung einschätzt, bevor über diese intensiver gesprochen wird. Hierzu benötigt die Lehrperson eine hohe Kommunikationskompetenz und viel Einfühlungsvermögen. Die Rückmeldungen sollten immer sachbezogen, wertfrei und hilfreich sein, und begründet werden können (vgl. Paradies, Wester & Greving 2010, S. 128-129).

Diese Form des mündlichen Feedbacks wird zumeist im Rahmen eines Einzelgespräches auftreten; es kann belehrende wie beratende Zwecke haben. Ein solches Feedback kann auch schriftlich gegeben werden, zum Beispiel in Form eines Feedbackbogens zu einer Leistung, die erbracht wurde, oder zum Lernprozess generell.

Nach Hattie sind die wichtigsten Feedbackfragen, die Lehrpersonen an Lernende zur Selbstreflexion stellen und mit ihnen gemeinsam beantworten können:

- „Wohin gehe ich? (Lernziele)
- „Wie komme ich voran?“ (Selbsteinschätzung und –bewertung)
- „Wohin geht es danach?“ (Fortschreiten)

(vgl. Hattie 2013, S. 210)

Feedback kann sich auf die Aufgabe oder das Produkt beziehen, im Sinne von der Darlegung von Wissenslücken, Möglichkeiten der Vertiefung oder Feststellung des derzeitigen Sachstandes. Feedback kann sich auch auf den Prozess richten, im Sinne von Hinweisen zur Verarbeitung und Anwendung von Informationen, um den Verstehensprozess zu intensivieren. Feedback kann drittens auf die Ebene der Selbstregulierung gerichtet sein, im Sinne von Bestärkung oder im Sinne von Hinweisen, welche Aufgaben noch zu bewältigen sind. Feedback kann sich auch direkt an die Person richten, sie loben oder tadeln. Mit dieser Art des Feedbacks muss sehr vorsichtig umgegangen werden; Hattie schreibt ihr auch keinen herausgehobenen Effekt zu. Sie richtet sich eben nicht auf einen Inhalt.

Feedback muss immer klar, zweckgerichtet, passend und sinnvoll sein und sich an das Vorwissen der Lernenden anpassen, sonst können sie dieses nicht verstehen (vgl. Hattie 2013, S. 211).

Feedback kann auch über Leistungstest gegeben werden. Hierbei ist wichtig, dass die Tests nicht der Selektion oder Qualifikation dienen, sondern als Feedbackmöglichkeit auf den Zweck der Rückmeldung beschränkt sind. Durch immer wiederkehrende Tests werden Rückmeldungen zu den erreichten Lernzielen, zum Lernprozess, zur Fortführung der Lernziele gegeben.

Bedeutsam ist schließlich, dass Lehrende Lernenden zeigen, wie sie selbst Feedback geben können: durch das Bewerten des Unterrichts, durch das Aufzeigen von Interessen und das Äußern von Wünschen zu bestimmten Themeninhalten. Auch in diese Form muss die Lehrperson die Lernenden einführen und mit ihnen Methoden des Feedbackgebens üben. Außerdem müssen die Lehrenden auf diese Antworten auch eingehen und eventuell ihren Unterricht dahingehend verändern. Auch im Rahmen von Feedbackmethoden benötigen die Lehrenden neben Feedbackstrategien Strategien wie Diagnosekompetenzen, Fragetechniken, Beobachtungstechniken und dergleichen mehr.

5.3. Lernmethoden

5.3.1 Kognitive Landkarten

Kognitive Landkarten sind Methoden, die Lernende einsetzen können, um Informationen zu vernetzen, zu strukturieren und damit so zu verarbeiten, dass sie im Langzeitgedächtnis abgespeichert werden können. Kognitive Landkarten visualisieren die Gedächtnisleistung durch grafische Darstellungen und helfen den Lernenden, sich eine Vorstellung über eine Informationsabfolge zu machen. Dabei werden die Strukturen nicht nur sichtbar, sondern auch hörbar gemacht, sofern die ausgearbeiteten Landkarten gegenseitig erläutert werden. So können Vorkenntnisse aktiviert und mit neuen Informationen vernetzt werden. Dadurch werden die neu erworbenen Informationen in die vorhandenen Wissensstrukturen integriert. Die Lernenden organisieren diese Inhalte selbst, so dass sie auch in der Lage sind, darauf wieder zurückzugreifen und diese zu aktivieren (vgl. Wahl 2013, S. 183-184).

Die Erstellung kognitiver Landkarten erfolgt durch die Lernenden selbst. Dabei sollten diese alleine, zu zweit oder in Kleingruppen arbeiten. Je größer die Gruppe wird, desto schwieriger ist es, die Strukturen selbst zu organisieren und damit eine individuelle Vernetzung zu erreichen.

Eine Einführung in die Methoden der kognitiven Landkarten ist notwendig. Die Lehrperson bietet den Lernenden diese als Möglichkeiten an, Wissen zu vernetzen und zu strukturieren. Dabei ist es wichtig, dass die Vorgehensweisen der einzelnen Methoden genau erläutert, von der Lehrkraft vorgemacht und dann von den Lernenden Schritt für Schritt nachgemacht werden kann. Lernen am Modell gewinnt hier eine wichtige Bedeutung, da die Lernenden die Zielsetzung und Wirkungsweise der jeweiligen kognitiven Landkarte nachvollziehen müssen. Eine

Verdeutlichung und Erklärung, wann welche Methode eingesetzt werden kann und welche Strategien dabei zur Anwendung kommen können, ist unabdingbar.

Als Kognitive Landkarten werden die Methoden des Mindmapping, die Struktur-Lege-Technik, der Concept Maps und die so genannten Netzwerktechniken bezeichnet. (vgl. Wahl 2013). Sie dienen vor allem als Lernmethoden für Enkodier- und Elaborationsstrategien sowie für Abrufstrategien und helfen damit, Wissen zu verarbeiten, vernetzen und zu strukturieren und dieses Wissen flexibel abzurufen, um es kreativ in anderen Bereichen anwenden zu können, also eine Transferleistung zu ermöglichen.

Die Methoden werden in Teil II im Einzelnen beschrieben und ihre jeweilige didaktische Verortung verdeutlicht. Kognitive Landkarten können den Lernenden sehr gut auf unterschiedlichen Lernniveaus mit entsprechender Unterstützung angeboten und von allen Lernenden sinnvoll genutzt werden.

5.3.2 Kooperative Lernmethoden

Methoden des kooperativen Lernens unterstützen den Lernprozess der Schülerinnen und Schüler. Im Unterschied zu herkömmlichen Partner- und Gruppenarbeitsformen, bei denen das Gruppenprodukt (gemeinsames Ausfüllen eines Arbeitsblattes, gemeinsames Erstellen eines Plakates) im Vordergrund steht, steht bei der Nutzung kooperativer Lernmethoden der Lernprozess des Einzelnen im Fokus. Das Lernen mit entsprechenden kooperativen Lernmethoden kann durch die Lehrperson initiiert werden. Dies wird bei Lernenden mit noch eher wenigem Selbststeuerungsvermögen häufiger der Fall sein als bei Lernenden, die bereits selbst entscheiden können, welche Lernstrategien sie benötigen und mit welchen Methoden sich diese am besten umsetzen lassen. Wenn die Lehrperson die kooperative Lernsituation gestaltet, dann legt sie dabei Wert darauf, dass alle Lernenden davon profitieren und zum Lernen angeregt werden. Sie hat den Lernprozess des Einzelnen im Blick und nicht das Gruppenprodukt. Wenn Lernende selbst entscheiden können, mit welchen Methoden sie ihren Lernprozess vollziehen, dann werden sie häufig solche aus dem kooperativen Bereich wählen – insbesondere dann, wenn durch diese der Lernprozess leichter zu fallen scheint.

Kooperative Lernmethoden unterstützen die Lernenden dabei, sich über Inhalte auszutauschen, gemeinsam Problemlösungen zu entwickeln und anzuwenden. Außerdem unterstützen sie die Entwicklung sozialer und kommunikativer Kompetenzen.

Methoden des kooperativen Lernens stellen Interaktionsformen dar, in denen die Beteiligten gemeinsam und in wechselseitigem Austausch Kenntnisse und Fertigkeiten erwerben. Im Idealfall sind alle Gruppenmitglieder gleichberechtigt am Lerngeschehen beteiligt und tragen gemeinsam Verantwortung.

„Kooperation“ ist dadurch gekennzeichnet, dass

- mindestens zwei Personen zusammenarbeiten, mit dem Ziel etwas dabei zu lernen,
- die Gruppe nur so groß ist, dass noch alle miteinander interagieren können,

- keine direkte Supervision durch eine Lehrperson stattfindet und
- die Lernenden gleichberechtigte Interaktionspartner sind.

Außerdem muss die Zusammenarbeit der Lernenden unbedingt mit einer oder mehreren der folgenden Maßnahmen unterstützt werden:

- Unterstützung der aufgabenspezifischen Interaktionen: Den Lernenden werden Lern- und Lehrstrategien beigebracht oder nahe gelegt, die für das Lernen als effektiv erachtet werden, wie z.B. Präsentationstechniken, wechselseitiges Fragenstellen oder Vermittlungsmethoden.
- Unterstützung der Gruppenprozesse: Den Lernenden wird vermittelt, wie sie in der Gruppe effektiv miteinander umgehen können, z.B. durch das Aufstellen von Gruppenregeln, die Verteilung von Gruppenrollen oder die Evaluation der Gruppenprozesse.
- Feedback bzw. Anerkennung der Lernleistung der Gruppe: Die Lernenden erhalten den Lernfortschritt ihrer Gruppenmitglieder zurückgemeldet. Dadurch sind alle Gruppenmitglieder motiviert, sich gegenseitig beim Lernen zu unterstützen und zum Lernen anzuspornen.
- Aufgabenspezialisierung: Die Gruppenmitglieder verfügen nur über einen Teil der Ressourcen (Informationen, Materialien) und erwerben somit einen Expertenstatus, den sie dann den anderen Gruppen oder ihren Mitgliedern weitergeben müssen.

(vgl. Huber/Konrad/Wahl 2001; vgl. auch Traub 2004, S. 32-33; vgl. auch Konrad & Traub 2019)

Die Lernenden sollen ein festgelegtes Ziel erreichen und hierfür auch gemeinsam die Verantwortung übernehmen. Sie können dadurch auch einen Perspektivenwechsel vollziehen und sich gegenseitig unterstützen. Sie ermutigen sich, die einzelnen Aufgabenbereiche zu erarbeiten und zusammen auf das Ziel hinzuarbeiten. Um dies zu erreichen, tauschen sie Informationen aus, klären Meinungsverschiedenheiten und erarbeiten Konfliktlösungen. Sie unterstützen sich auch bei der Auswahl der Lernstrategien und geben sich gegenseitig Feedback über die geleistete Arbeit und den damit verbundenen Lernprozess (vgl. Traub 2004; Konrad & Traub 2019).

Empirische Untersuchungen zeigen, dass kooperatives Lernen erfolgreich ist, wenn die Methoden adäquat und passgenau eingesetzt und die Lernenden die zur Umsetzung notwendigen Voraussetzungen mitbringen bzw. anbahnen. Kooperative Lernmethoden sind wie alle anderen Methoden allerdings nur in bestimmten Bereichen wirkungsvoll und sollten hierfür auch eingesetzt, in anderen Bereichen sollten ihnen andere Methoden vorgezogen werden (vgl. Renkl 1997; Huber 1999; Haag, Fürst & Dann 2000).

Neben den Vorzügen der Kooperation, die vor allem die Entwicklung der Persönlichkeit und der Selbstständigkeit der Lernenden sowie ihre Kommunikations- und Kooperationskompetenz und das soziale Lernen betreffen, nennt Anne Huber weitere Argumente, die für die Effektivität des Lernens in Kooperation sprechen:

1. Größere Wissensressourcen in Gruppen:

   Andere Menschen verfügen über andere Ressourcen und Informationen. Beim gemeinsamen Arbeiten erhöht sich die Wahrscheinlichkeit, auf Personen zu treffen, die für das eigene Lernen hilfreiche Informationen geben können. Außerdem können so Fehler besser entdeckt und über Problemlösungen aus vielfältiger Perspektive soll diskutiert werden. Allerdings darf eine Gruppe auch nicht zu groß werden, da sonst die Perspektivenvielfalt nicht mehr zu nutzen wäre.

2. Erweiterte Wahrnehmung, erweiterte Gedächtniskapazität in Gruppen:

   Durch die anderen Gruppenteilnehmer wird die eigene Gedächtnisleistung angesprochen und erweitert. Dank Anstöße kommt man auf Dinge, auf die man alleine nicht kommen würde.

3. Aufeinandertreffen verschiedener Meinungen in Gruppen:

   Die Mitglieder treffen aufeinander, provozieren einen Konflikt, den die Gruppe gemeinsam lösen möchte. Dazu werden neue Perspektiven eröffnet und die Lernleistung wird vergrößert.

4. Modelllernen und Anstöße von anderen in Gruppen:

   Das Vorbild anderer Personen steigert die Lernleistung. Man kann von deren Wissen profitieren, aber auch deren Lernverhalten nachahmen.

5. Bewertung durch andere Gruppen:

   Gruppenmitglieder können zu mehr Leistung anstacheln, da man in der Gruppe sein Bestes geben will.

6. Soziale Kohäsion und positives Gefühlsklima in der Gruppe:

   Wenn die Gruppenmitglieder sich gut verstehen, dann nimmt meist auch die Leistungsfähigkeit zu. Deshalb sollte versucht werden, ein positives Klima in der Gruppe zu schaffen.

7. Externalisierung von Wissen innerhalb von Gruppen:

   Lernende, die anderen Informationen erklären oder ihre Meinung mitteilen müssen, verarbeiten diese damit besser und haben größere Chancen, sie sinnvoll zu reflektieren. Damit wird das eigene Wissen besser verfügbar. (vgl. Huber 1999)

Kooperatives Lernen eignet sich besonders, wenn es um divergentes Denken oder um kreative Aufgaben geht. Anforderungen wie Meinungsaustausch, Informationsbeschaffung, Entscheidungsfindungen sind hier besonders bedeutsam und das kann in einer Gruppe besser als in Einzelarbeit erreicht werden. Hier werden Elaborations- und Enkodierstrategien entwickelt und angewandt, aber auch Organisations- und Abrufstrategien sind im Rahmen kooperativer Lernmethoden nutzbar. Kooperative Lernmethoden lassen sich aber auch als Übungsmethoden einsetzen. Da greifen sie dann vor allem im Rahmen von Wiederholungsstrategien (vgl. Traub 2004).

Da bei kooperativen Lernmethoden auch die Reflexion und das Feedback Bestandteile des Lernprozesses sind, spielen im Rahmen dieser Methodenwahl auch die Anwendung metakognitiver Strategien eine bedeutsame Rolle. Kooperative Lernmethoden werden bei Problemlöseprozessen eingesetzt, weshalb auch Ressourcen- und Planungsstrategien wichtig sind.

Diese Auflistung macht bereits deutlich, dass kooperative Lernmethoden vielfältig einsetzbar sind und dabei auch so unterschiedlich in ihrer Anwendung und Umsetzung, dass sie einer weiteren Aufgliederung bedürfen. Ihre Bedeutung wird umso größer, je mehr sich die Lehr-Lern-Konzepte auf Schüler- und Handlungsorientierung stützten, denn da haben kooperative Lernmethoden besonderes Gewicht. Dort wählen dann die Lernenden auch selbst aus, mit welchen Methoden sie sich welche Lerninhalte erschließen.

Um auf die eigenständige Arbeit mit kooperativen Lernmethoden vorbereiten zu können, sind weitere Methoden wie Kommunikationsmethoden oder die Methoden der kognitiven Landkarten ebenfalls bedeutsam.

5.3.3 Kommunikationsmethoden

Kommunikation ermöglicht den Austausch von Informationen zwischen Menschen, in der Interaktion zwischen zwei oder mehreren Personen. In unserem Zusammenhang geht es um Methoden, die Lernende einsetzen, wenn sie in eine verbale Kommunikation im Partneraustausch oder in einer Kleingruppe eintreten. Die Kommunikation in größeren Gruppen muss dagegen durch die Lehrperson angeleitet werden und ist deshalb unter den Lehrmethoden dargestellt (Vortrag, Unterrichtsgespräch, Diskussion).

Kommunikationsmethoden unterstützen Lernprozesse durch eine klare Strukturierung, organisatorische Hilfestellung und einen genauen Ablauf. Je höher die Schülerorientierung und die Selbststeuerung sind, desto bedeutsamer wird es, dass die Lernenden selbst in Kommunikationsprozesse eintreten, weil in Lehr-Lern-Konzepten mit dieser Ausrichtung die Lehrperson das Lerngeschehen nicht mehr vordergründig organisieren kann und soll.

Methodisch können Kennenlernspiele, Interaktionsspiele und Dialogspiele unterschieden werden. Sie dienen der Vorbereitung einer Kommunikationskultur und bereiten auf eigenständiges Lernen vor.

Kennenlernspiele: Lernende werden durch geeignete Methoden (Spiele) dabei unterstützt, sich besser kennenzulernen. Dies ist eine unabdingbare Voraussetzung für Kooperatives Lernen und das gemeinsame Arbeiten in einem Klassenverband (Lernklima).

Interaktionsspiele: hier steht die Interaktion der Lernenden im Vordergrund. Wie geht man aufeinander zu? Wie kann man sich über einen Sachverhalt austauschen?

Dialogspiele: Die Lernenden werden sich der Faktoren eines Dialoges bewusst und können den Ablauf dazu einüben.

All diese Methoden sind wichtige, aber oft unterschätzte Voraussetzungen für das Gelingen eines Lernprozesses. Sie fördern das Gelingen, da durch sie einzelne soziale und kommunikative Aspekte und Fertigkeiten eingeübt und komplexere Methoden vorbereitet werden können. Die Schülerinnen und Schüler lernen dadurch besser aufeinander einzugehen, sich gegenseitig ernst zu nehmen, gemeinsam zum Erfolg zu kommen und sich schließlich besser zu verstehen. Außerdem werden bei diesen Methoden soziale Kompetenzen angebahnt, so dass die Lernenden wissen, wie sie in komplexeren Strukturen sinnvoll miteinander lernen können. Kommunikationsmethoden tragen zu einem positiven Lernklima bei, was den Lernprozess der gesamten Lerngruppe unterstützt. Kommunikationsmethoden sind nicht direkt mit der Entwicklung von Lernstrategien verknüpft, sondern fördern eher allgemeine soziale und interaktive Kompetenzen, insbesondere aber auch verschiedene Ausprägungen von Bewältigungsstrategien.

5.3.4 Präsentationsmethoden

Präsentationsmethoden bieten die Ergebnisse eines Lernprozesses auf unterschiedliche Art und Weise dar. Sie dokumentieren, dass Lernen stattgefunden hat und ermöglichen eine reflektierte Darstellung der Ergebnisse.

Eine Präsentation benötigt eine Idee, einen Anlass dafür, dass überhaupt etwas präsentiert wird. Dies kann das Ende einer Projektarbeit sein oder im Rahmen einer Freiarbeit geschehen oder auch, um die Ergebnisse einer Gruppenarbeit anderen Schülerinnen und Schülern vorzustellen. Die Präsentation steht dabei in einem Gesamtrahmen, auf den sich die Lernenden vorab einigen und der sich mit Hilfe einer dafür geeigneten Präsentationsmethode umsetzen lässt. Die Lernenden entwerfen im Rahmen dieser Methode einen Plan, wie sie bei der Präsentation vorgehen, was sie präsentieren wollen und auf welchem Wege sie die Ergebnisse darstellen möchten. Hierzu ist Voraussetzung, dass es Ergebnisse zu präsentieren gibt, dies könnten zum Beispiel ausgewählte Bilder, Thesen, Produkte und dergleichen mehr sein.

Eine Präsentation soll die Zuhörer informieren und auch überzeugen von der Arbeit und dem Ergebnis, das in den Fokus der Betrachtung gestellt wird. Im Anschluss an eine Präsentation werden Rückfragen gestellt und wird das Ergebnis diskutiert.

Dabei werden verschiedene Präsentationsformen unterschieden:

Präsentation in schriftlicher Form: Dokumentationen, Plakate, Portfolios usw.

Präsentation in mündlicher Form: Vorträge, Referate, Diareihen, Filme, PowerPoint usw.

Eine Kombination beider Formen ist natürlich auch möglich: so kann das Plakat erklärt, der Vortrag mit schriftlichen Dokumenten angereichert werden.

Wichtig ist, dass die Präsentation eine klare Struktur aufweist, die Adressaten berücksichtigt werden, sich die Präsentation an diese wendet und auf mögliche Rückfragen Antworten gefunden werden.

Die Lernenden bereiten sich sehr genau auf die Präsentation vor und werden zu Experten über die zu präsentierenden Inhalte. Dazu benötigen sie eine klare Zielvorstellung, was das Ergebnis der Präsentation sein soll, und einen roten Faden, wie sie zu dieser Zielsetzung gelangen. Die Präsentation wird vorbereitet, also z.B. das Plakat geschrieben, das Portfolio ausgewertet und in eine Form gebracht, die der gewählten Präsentationsmethode entspricht. In einer anschließenden Diskussionsrunde verteidigen die Lernenden ihre Präsentation argumentativ oder gehen auf neue Ideen und Vorschläge ein.

Präsentationsmethoden beinhalten vor allem Organisations- und Abrufstrategien, da mit erworbenen und vernetztem Wissen flexibel umgegangen und dieses strukturiert wiedergegeben wird. Auch metakognitive Strategien sind bedeutsam, da die Lernhandlung selbst konzipiert, Ziele definiert und die erforderlichen Handlungsschritte ausgeführt werden. Unabdingbar sind dabei die Nutzung geeigneter Planungs- und Ressourcenstrategien. Präsentationsmethoden erfordern von Lernenden bereits ein hohes Lernniveau, weshalb sie von Lehrenden zu Beginn noch sehr unterstützt und beraten werden müssen.

5.4 Lerntechniken

Lerntechniken sind eine Ebene „unter" den Methoden anzusiedeln. „Techniken" des Lernens sind weniger aufwändig und umfangreich als „methodische" Praktiken. Sie erleichtern die Arbeit mit Lernmethoden und unterstützen die Entwicklung von Strategien. Sie liefern das Know-how beim Einsatz von Methoden. Sie stellen Hilfsmittel für individuelles Lernen dar. Sie müssen den Lernenden im Rahmen eines Trainings beigebracht, immer wieder eingeübt, erweitert und gefestigt werden.

Ohne diese Techniken lässt sich Lernen als nachhaltiger Prozess nicht gestalten.

Zu den Lerntechniken gehören auf der einen Seite Organisationsleistungen, -techniken wie die Gestaltung des Arbeitsplatzes, die Organisation des Vorgehens, das Zeitmanagement und dergleichen mehr.

Hinzu kommen Techniken wie das Recherchieren von Informationen in Büchern, Zeitschriften, im Internet und das korrekte Wiedergeben der Ergebnisse, also richtiges Zitieren und korrektes Übernehmen von Informationen. Auch Befragungs- und Interviewtechniken können hierzu gerechnet werden. Ebenso bedeutsam sind Techniken des Erarbeitens von Informationen und des Behaltens wie die 5-Schritt-Lesemethode oder die Gestaltung von Karteikartensystemen.

Sie sind insgesamt „Zulieferer" der Methoden und damit auch immanenter Bestandteil derselben, was bedeutet, dass eine Technik auch im Rahmen einer Methode vorgestellt werden sollte. Sie stellen quasi den Katalysator zwischen Lernstrategie und Methode dar. So kann die Methode des gleichmäßigen Übens von Vokabeln mit Hilfe einer Lernkartei (Technik) erreicht werden und damit eine Strategie des Wiederholens erworben werden. Die Technik erleichtert die Arbeit mit der Methode und unterstützt die Entwicklung der Strategie. Die Nutzung der Techniken spielt in all den genannten Lehr- und vor allem Lernmethoden eine Rolle. Ihnen wird deswegen auch in Teil II ein eigenes Kapitel zugewiesen.

5.5 Lehr-Lernmethoden im Überblick

In diesem Kapitel wurden auf der einen Seite verschiedene Lehrmethoden vorgestellt. Diese sind in den in Kapitel 3 aufgezeigten Lehr-Lern-Konzepten mit unterschiedlicher Schwerpunktsetzung und Intensität bedeutsam. Sie tragen dazu bei, dass die Lehrenden bestimmte Strategien entwickeln und anwenden. Dabei interagieren die Lehrenden mittels der Lehrmethoden immer auch mit den Lernenden. Aber auch hier ist eine unterschiedliche Gewichtung vorhanden. Beim Vortrag ist die Interaktion weniger ausgeprägt als beim Unterrichtsgespräch, das nur in der Interaktion mit den Lernenden funktionieren kann.

Vortrag	Instruktionsstrategien Vermittlungsstrategien Frage- und Anweisungsstrategien Differenzierungsstrategien Kontrollstrategien
Unterrichtsgespräch	Vermittlungsstrategien Frage- und Anweisungsstrategien Kontrollstrategien Förderstrategien
Feedbackmethoden	Feedbackstrategien Diagnoseverfahren Fragetechniken Beobachtungstechniken
Kognitive Landkarten	Enkodier- und Elaborationsstrategien Wiederholungsstrategien Abrufstrategien
Kooperative Lernmethoden	Übungs- und Wiederholungsstrategien Enkodier- und Elaborationsstrategien Abrufstrategien Organisationsstrategien Metakognitive Strategien...
Kommunikationsmethoden	Interaktionsstrategien Bewältigungsstrategien Metakognitive Strategien
Präsentationsmethoden	Planungsstrategien Abrufstrategien Reflexionsstrategien Metakognitive Strategien

Abbildung 18: Lehr-Lernmethoden mit den zugeordneten Lehr-Lernstrategien

Auch bei den Lernmethoden interagieren Lehrende und Lernende. Die Lehrenden organisieren die Lernsituationen für die Lernenden mit und durch geeignete Lernmethoden. Mit zunehmender Selbststeuerung im Rahmen der gewählten Lehr-

Lern-Konzepte übernehmen die Lernenden diese Organisation selbst. Sie entscheiden und verantworten die Wahl der Lernmethode, um zu einem vereinbarten Ziel zu gelangen und ihren Lernprozess voranzubringen.

Alle Lehr- und Lernmethoden können in unterschiedlichen Ausprägungsgraden in allen Lehr-Lern-Konzepten vorkommen. Die einzelnen Lehr- und Lernmethoden nutzen dabei jeweils schwerpunktmäßig unterschiedliche Lehr- und Lernstrategien, was in der Tabelle exemplarisch dargestellt ist.

6. Lehren und Lernen mit Methode – mit SuCcess zum Kompetenzaufbau

6.1 Die Vorgehensweise mit SuCcess

In den vergangenen Kapiteln wurde aufgezeigt, dass die verschiedenen Lehr-Lern-Konzepte unterschiedlicher Lernstrategien bedürfen und dass diese durch die Nutzung bestimmter Methoden erworben und gleichzeitig angewandt werden können.

Der Erwerb der Strategien und Methoden ist ein längerfristiger Prozess und geschieht nicht von heute auf morgen. Schülerinnen und Schüler bringen unterschiedliche Voraussetzungen für das Lernen mit: sie haben neben verschiedenen Vorkenntnissen, Interessen und Selbstwirksamkeitskonzepten auch ein unterschiedliches Repertoire an Strategien und Fähigkeiten für erfolgreiches Lernen entwickelt. Dieses Repertoire ist genauso wichtig für das Gelingen des Lernens und muss im Unterricht gefördert werden.

Lernende fühlen sich in ihrem Lernprozess sich selbst überlassen (vgl. Traub 2012 a und b) und erhalten gerade in selbstgesteuerten Lernarrangements oft zu wenig Orientierung und Hilfestellung, wie sie sich bestimmte Lerninhalte aneignen sollen. Viele haben eine zu gering ausgeprägte Methodenkompetenz, um selbstgesteuert lernen zu können. Deshalb müssen die Lernenden Schritt für Schritt auf eigenverantwortliches und selbstgesteuertes Lernen vorbereitet werden. Dies gilt nicht nur für Lehr-Lern-Konzepte wie Projektunterricht und Freiarbeit. Bereits in stark instruierten Lernphasen gibt es immer wieder Gelegenheiten, bei denen die Lernenden Methoden nutzen und Strategien anwenden können sollten. Diese Fähigkeiten müssen sie zunächst einmal erwerben. In Anlehnung an die PROGRESS-Methode (Traub 2012 a und b) wurde hierfür die SuCcess-Methode entwickelt. Sie soll die Lernenden Schritt für Schritt bei der Entwicklung einer Methodenkompetenz begleiten.

Da sich die PROGRESS-Methode ausschließlich auf die Projektarbeit bezieht und zunächst für die Umsetzung einer selbstgesteuerten Kleingruppenprojektarbeit entwickelt wurde, soll SuCcess nun allgemein für die Entwicklung einer Methodenkompetenz und Lernstrategiekompetenz stehen und sich auf die Anwendung in unterschiedlichen Lehr-Lern-Konzepten beziehen. Die Namensgebung steht für den Erfolg des Vorgehens, wie es ja mit PROGRESS bereits mehrfach nachgewiesen werden konnte (vgl. Traub 2012 a und b; Wagner 2014; Zapf 2014).

SuCcess bedeutet: **S**chüler/innen **u**nd **C**oa**c**hes **e**rarbeiten **s**ich **s**elbstgesteuert … zum Beispiel Informationen, Sachverhalte, Kenntnisse.

Die SuCcess-Methode unterstützt die Lehrenden und Lernenden darin, sich schrittweise Methoden und Strategien anzueignen, diese zu erproben und zu reflektieren, um sie schließlich eigenständig nutzen zu können.

Durch sie soll deutlich gemacht werden, wie wichtig ein Methodentraining ist, damit Lernende in den unterschiedlichen Lehr-Lern-Konzepten die erworbenen Methoden und die entsprechenden Lernstrategien zunehmend eigenständig anwenden können.

In den instruierten Lernumgebungen werden diese Methoden trainiert und bewusst reflektiert, in den selbstgesteuerten Lernumgebungen individuell angewandt und der Lernprozess wird daraufhin reflektiert.

Bei der SuCcess-Methode werden zwei Stufen mit jeweils zwei Wegen unterschieden:

Zunächst machen sich die Lernenden mit verschiedenen Methoden und den dazugehörigen Lernstrategien vertraut, trainieren und festigen diese. Dies geschieht auf Stufe 1:

1. Weg: Zunächst müssen die Lernenden innerhalb des Lehrgangsunterrichts mit Lernstrategien vertraut gemacht werden. Für die Entwicklung bestimmter Lernstrategien werden dabei entsprechende Methoden mit den Lernenden bearbeitet. Diese Methoden werden zunächst vorgestellt und im Rahmen des lauten Denkens transparent gemacht, wie diese Methoden genutzt werden können, welche Lernprozesse damit angestoßen und welche Lernstrategien dabei angewandt werden. Die Lernenden müssen eine genaue Vorstellung über die Methode und ihren didaktischen Einsatzort erhalten. Danach können Phasen eingeführt werden, in denen die Lernenden immer häufiger auf bereits vermittelte Strategien und geübte Methoden zurückgreifen können. Für dieses Vorgehen bietet sich zunächst das Lehr-Lern-Konzept eines noch stark instruierten Sandwich-Prinzips an. Dies bedeutet, dass die kollektiven Lernphasen und die Phasen der subjektiven Auseinandersetzung sich zeitlich begrenzt abwechseln, also keine Phase zu lange dauert. Nur so können sich die Lernenden auf die subjektive Auseinandersetzung vorbereiten und diese mit der entsprechenden Aufmerksamkeit bewältigen. Dabei wird von der Lehrperson für diese subjektive Auseinandersetzung sowohl die Methode als auch der genaue Ablauf derselben vorgegeben und schrittweise mit den Lernenden gemeinsam vollzogen. Die Lehrkraft muss bei den Lernenden bestimmte Fähigkeiten fördern, sie muss die Basis für den Aufbau von Lernstrategien und Methodenkompetenz legen. In Weg 1 ist auch der Platz für die Entwicklung von Lerntechniken und die Einführung von Gesprächsregeln sowie ersten Interaktions- und Kommunikationsübungen. Dadurch lernen die Schülerinnen und Schüler sich anderen mitzuteilen, sich über

ihr Wissen auszutauschen, einen gemeinsamen Prozess der Auseinandersetzung zu gehen bzw. es bahnen sich erste Möglichkeiten von Vernetzungen und Strukturierungen an.

2. Weg: Die Lernumgebung des Sandwich-Prinzips wird erweitert, in dem die Phasen der subjektiven Auseinandersetzung häufiger und zeitlich ausgedehnt werden. Die Lernenden erhalten auch hier immer noch vorgegebene Methoden, und ihnen wird weiterhin erläutert, wie diese Methoden anzuwenden sind und welche didaktische Möglichkeiten in der Anwendung der Methode liegt, bzw. welche Strategien wie dabei zu entwickeln sind. Sie erhalten aber auch zunehmend mehr Freiheit, unter mehreren Methoden auszuwählen, um ihren Lernprozess in Gang zu setzen. Dadurch erfahren die Lernenden, welche Methoden am besten zu ihnen und zur jeweiligen Aufgabenstellung passen, und können somit entwickelnde Strategien mit sinnvollen Methoden verknüpfen. Die Lehrperson fungiert hier zunehmend als Berater und Beobachter.

Auf Stufe 2 beherrschen die Lernenden eine Vielzahl an Methoden und besitzen Lernstrategien. Diese werden zunehmend erweitert. Hier geht es nun vor allem darum, die Strategien eigenverantwortlich auszuwählen und sich bewusst für bestimmte Methoden zu entscheiden.

1. Weg: Hier bieten sich neben dem Sandwich-Prinzip die Lehr-Lern-Konzepte der Stationenarbeit und der Wochenplanarbeit an. Auf diesem Weg können Lernende auf der einen Seite noch Methoden angeboten und ihnen Lernstrategien vermittelt werden. In einem begrenzten zeitlichen Rahmen wie bei der Stationenarbeit oder auch bei der Wochenplanarbeit können sie dann aber selbst Methoden auswählen und Strategien anwenden, mit denen sie die Arbeitsaufgaben bewältigen und ihren Lernprozess in Gang setzen können. Die Lehrperson nimmt sich in diesen Phasen weiter zurück und wird zunehmend zum Lerncoach. Sie berät die Lernenden bezüglich der Weiterentwicklung ihrer Strategien und der Anwendung bestimmter Methoden.

2. Weg: Die Anleitung wird immer weiter zurückgenommen. Die Lehr-Lern-Konzepte der Freiarbeit und der Projektarbeit sind so konzipiert, dass die Lernenden nun eigenständig entscheiden müssen, welche Aufgaben und Problemlösungen sie mit welchen Methoden bearbeiten und welche Lernstrategien sie dafür bewusst einsetzen. Bei der Projektarbeit kann mit Hilfe der PROGRESS-Methode hin zum selbstgesteuerten Kleingruppenprojektmodell (vgl. Traub 2012 a und b) die Lernenden geführt werden, bei der Freiarbeit können die eben beschriebenen Wege das Lernen entsprechend des Freiarbeitsstufenkonzepts (vgl. Traub 2000) erleichtern und unterstützen.

Das Vorgehen mit Hilfe von SuCcess nutzt ein zweifach abgestuftes Methodentraining mit vier verschiedenen Wegen, um Methoden mit Lerninhalten zu verknüpfen und individuelles und kooperatives Lernen zu unterstützen. Dabei findet kein unabhängiges Methodentraining statt. Methoden sind stets eingebettet in

Lehr-Lernkonzepte, die Lern- und Bildungsprozesse anleiten. Es geht also in keinster Weise um eine reine Methodenschulung, sondern immer um eine Verzahnung von Methoden und Lerninhalten.

6.2 Mit SuCcess zur Methodenkompetenz

Als Kompetenz beschreibt man „die bei Individuen verfügbaren oder durch sie erlernbaren kognitiven Fähigkeiten und Fertigkeiten, um bestimmte Probleme zu lösen, sowie die damit verbundenen motivationalen, volitionalen und sozialen Bereitschaften und Fähigkeiten, um die Problemlösung in variablen Situationen erfolgreich und verantwortungsvoll nutzen zu können." (Weinert 2001 zitiert nach Kliebisch & Meloefski 2013, S. 80)

Das Lernen lernen zählt nach allgemeiner Einschätzung zu den besonders wertvollen Kompetenzen: „Zusammen mit kreativem Denken, Vorwissen, Motivation und einer Verpflichtung zum lebenslangen Lernen gehört es (das Lernen lernen, S. T.) zu den Merkmalen, die Forscher immer wieder für den Lernerfolg verantwortlich machen." (Konrad 2014, S.30). Dabei ist es ohne die Entwicklung von Methodenkompetenz nicht zu denken. Dies soll kurz gezeigt werden.

Kliebisch und Meloefski (2013) unterscheiden folgende Kompetenzen:

- Selbstkompetenz (Erkennen eigener Stärken und Schwächen, Selbstwertgefühl, Selbst-Management)
- Sozialkompetenz (Umgang mit anderen Menschen, Toleranz, Kommunikationsverhalten)
- Fachkompetenz (Kenntnisse, Wissen, Fähigkeiten und Fertigkeiten, aber auch die Anwendung von Wissen und Fähigkeiten)
- Methodenkompetenz (Strategien zum Beschaffen und Verarbeiten von Informationen, mediales Wissen und dessen Anwendung)

Dabei sind die Kompetenzbereiche voneinander abhängig und bedingen sich gegenseitig (vgl. Kliebisch & Meloefski 2013, S. 62).

Nach Lehmann und Nieke (2001) kann dieses Modell noch um den Bereich der Handlungskompetenz ergänzt werden. „Handeln-können" erscheint dabei als eine übergeordnete Ebene: Durch die anderen Kompetenzbereiche soll Handlungskompetenz aufgebaut und sollen Handlungsmuster internalisiert werden, damit die Lernenden ihr Wissen und ihre Fähigkeiten sowie ihre persönliche Einstellung in Handlungen transferieren können (vgl. Kliebisch & Meloefski 2013, S. 63).

Heyse, Erpenbeck und Ortmann (2010) erweitern und verändern das Modell zu einem Vier-Säulen-Modell der Persönlichkeit:

- Personale Kompetenz
- Handlungs- und Aktionskompetenz (Handeln in Gang setzen und Handeln erhalten)
- Fach- und Methodenkompetenz (Fachkompetenz braucht Methodenkompetenz und umgekehrt)

- Sozialkommunikative Kompetenz (vgl. Kliebisch & Meloefski 2013, S. 64).

Gleich, welchem Kompetenzmodell man letztlich folgt: Bei allen spielt die Methodenkompetenz eine bedeutsame Rolle. Sie gilt als ein wesentlicher Baustein auch für den Aufbau der anderen Kompetenzen. So lassen sich fachliche Inhalte nicht ohne Methoden lernen. Nur wenn fachliche Inhalte vernetzt, strukturiert und dadurch verstanden werden, können sie genutzt und angewandt werden. Ohne Methoden können Inhalte nicht erschlossen und strukturiert werden, und ohne fachliche Inhalte wäre eine Methodenkompetenz inhaltsleer und demnach nutzlos. Methodenkompetenz und Fachkompetenz gehören zusammen. Aber auch die Transferleistung und damit eine entwickelte Handlungskompetenz kommen ohne entsprechende Methoden nicht aus. Der Aufbau von Methodenkompetenz ist also eine wesentliche Aufgabe unterrichtlicher Tätigkeit. Bedeutsam ist in diesem Zusammenhang auch, dass sich Methodenkompetenz erfahrungsgemäß nicht „nebenher" entwickeln lässt, sondern dass diese Kompetenz genauso erworben werden muss wie zum Beispiel die fachliche Kompetenz.

Die Ausrichtung auf Kompetenzvermittlung basiert auf dem Grundsatz: „Die Schule muss die Qualität der Schülerleistung verbessern und Schüler in die Lage versetzen, selbständig bestimmte Anforderungen zu erfüllen. Damit ist auch die Befähigung zu ihrer selbständigen Weiterentwicklung eingeschlossen. Schüler sollen kompetent werden, um ihr Leben in allen Situationen bewältigen zu können." (Kliebisch & Meloefski 2013, S. 70)

Dieser Forderung kann man im schulischen Kontext nur gerecht werden, wenn der fachliche, personale, soziale und methodische Kompetenzaufbau in ihrer Interdependenz wahrgenommen und allen gleichermaßen Bedeutung beigemessen wird. Der Erwerb von Kompetenzen drückt immer auch eine erhebliche Lernleistung aus:

„Bei der Entwicklung von Kompetenzen geht es um die Verbesserung von Suchstrategien für Probleme und Aufgaben, um für Anliegen bessere oder neue Lösungswege zu finden. Dabei wird ein hohes Maß an Transfer- oder Vernetzungsfähigkeit und Kreativität einer Person herausgefordert und vermittelt. Die Fähigkeit zum Transfer und die Kreativität sind grundlegende Merkmale von Kompetenz, die die Erkenntnisse alltagstauglich machen. Kompetenz entwickelt sich bei diesem Prozess auf der Grundlage von Qualifikation und Wissen. Eine Person repräsentiert Kompetenz in einer kognitiven Struktur, die spontan abrufbar ist. Diese Struktur kennzeichnet als eine Disposition von Merkmalen die Bedingung der Möglichkeit, bestimmte Fähigkeiten und Fertigkeiten zum Lösen von Aufgaben einzusetzen." (Kliebisch&Meloefski 2013, S. 70-71)

Diesem Ansatz kann ein Lernender nur folgen, wenn er über Lernstrategien verfügt, die ihm helfen, kognitive Strukturen zu bilden und abzurufen.

In der Literatur spricht man daher auch ausdrücklich von Lernkompetenzen. Diese können eine unterschiedliche Ausprägung haben. Paradies, Wester & Greving (2010) differenzieren die Lernkompetenz in fünf Stufen:

1. Lernen durch einfaches Nachvollziehen: Hier geht es um das naive Nachmachen von Handlungen, z.B. im kindlichen Rollenspiel.
2. Lernen nach Vorgabe: Hier wird der Lernweg genau vorgemacht und vorgeschrieben und die Lernenden vollziehen diesen schrittweise nach.
3. Lernen durch Einsicht: Die Lernenden erkennen zunehmend den Sinn und Zweck des Lernprozesses und das Ziel.
4. Lernen als selbstgesteuerter Prozess: Die Lernenden sehen das Lernen als einen Wechselprozess von Zielen, Inhalten und Methoden. Sie können eigenständige Lernwege beschreiten.
5. Lernen mit kritischer Reflexion: Die Lernenden sind in der Lage, ihr eigenes Lernhandeln und dasjenige anderer zu analysieren und zu bewerten (vgl. Paradies, Wester & Greving 2010, S. 16).

Diesem Ansatz folgt auch die Vorgehensweise bei SuCcess. Auf Stufe 1, Weg 1 geht es genau darum, Methoden kennenzulernen und nachzumachen. Auf Weg 2 erfolgt dann die Initiierung einer bestimmten Methodenwahl im Rahmen eines vorgegebenen Lernweges. Die lernende Person nimmt die Methode an, setzt sie um und wird dabei zunehmend selbstständiger in der Ausübung der Methode und in der Tiefe der Bearbeitung. Dabei wird die Reflexion über die eingesetzte Methode und ihre Wirkungsweise immer bedeutsamer; die Lernenden erhalten über ihr methodisches Vorgehen ein entsprechendes Feedback. Auf Stufe 2, Weg 3 übernimmt sie mit Hilfe des Lehrenden zunehmend selbstständig den eigenen Lernprozess, wird dabei vom Lehrenden gecoacht und erhält notwendige Hilfestellung. Sie wendet aber überwiegend selbstgesteuert sinnvolle Lernstrategien an und wählt hierfür geeignete Methoden aus. Auf Weg 4 führt die lernende Person zunehmend aus den Instruktionen des Lehrenden heraus. Lernende sind in der Lage, ihren Lernprozess selbst zu planen, durchzuführen und zu reflektieren. Sie haben die notwendige Methodenkompetenz aufgebaut und können diese sowie die weiteren entwickelten Kompetenzen (fachlicher, sozialer und personaler Art) in Handlungskompetenz überführen und danach verantwortungsvoll handeln.

6.3 Für jedes Kind das richtige Lernniveau

Da Lernende in der „Zone der nächsten Entwicklung“ (Wygotski) am meisten lernen, muss die Lehrkraft wissen, wo sich der Schüler/die Schülerin im jeweiligen Lernprozess befindet. Dies herauszufinden, gelingt mit diagnostischen Verfahren oder mit Unterstützungsmaterialien, die den Lernenden helfen, sich selbst einzuschätzen und Hilfe einzufordern, wo diese notwendig wird. Solche diagnostische Verfahren werden in Teil II exemplarisch vorgestellt.

„Wie einschlägige Untersuchungen zeigen, führen mehr als 50% der Schüler ihre Lernschwierigkeiten maßgeblich darauf zurück, dass ihnen die nötigen Methoden und Techniken zur Planung und Steuerung ihres eigenen Lernens fehlten (vgl. Hilligen 1985, S. 209, zitiert in Klippert 2000, S. 22). Dies kann in meiner eigenen Untersuchung für den Projektunterricht bestätigt werden (vgl. Traub 2012 a und b).

Viele Schülerinnen und Schüler wissen nicht, wie man lernt. Vor allem Lernschwächere arbeiten eher einförmig und monoton; sie haben keine Lernstrategien und kennen keine Methoden, die sie anwenden könnten.

Damit Lernende individuell und eigenständig lernen können, benötigen sie eine gewisse Sicherheit im Hinblick darauf, ob sie den Anforderungen und Aufgaben auch entsprechen können. Sie müssen das Gefühl haben, dass sie „es schaffen können" und dass sie mit den ihnen verfügbaren Mitteln die Aufgaben bewältigen werden. Deshalb müssen Methoden auch eingeübt und trainiert werden. Nur wer Methoden kennenlernt, kann diese anwenden und daraus Strategien ableiten, die für das zukünftige Lernen wiederum wichtig sind. Nur dadurch kann auch dem Prinzip der Selbst-Bildung genügt werden. Dies muss und kann dadurch gefördert werden, dass die Methoden in ihrer Umsetzungsstruktur so beschaffen sind, dass sie Lernenden mit verschiedenen Lernniveaus zugänglich sind. Konkret bedeutet dies, dass die Methoden in ihrer Bearbeitung auf unterschiedlichen Niveaus angeboten werden.

Dabei lassen sich nach meiner Auffassung zwei Arten von Lernniveaus unterscheiden: Man kann Lernniveaus in horizontale Ebenen differenzieren, sie aber auch in vertikale Lernniveaus einteilen.

Ebbens und Etekoven (2009, 2011) unterscheiden beim Lernen drei Lernformen und vier dazugehörige Lernaktivitäten (siehe Kapitel 3). Diese Lernaktivitäten können auch verschiedenen Lernniveaus zugerechnet werden, auf denen die Schülerinnen und Schüler lernen können. Hierbei handelt es sich nach meiner Einteilung um die vertikalen Lernebenen. Sie drücken die „Tiefe" der Verarbeitung von Informationen mit Hilfe geeigneter Lernstrategien und dazugehöriger Methoden aus.

Typ 1 ist das Behalten: Informationen können aufgenommen, behalten und wieder erinnert werden. Wenn man die kognitiven Lernstrategien diesem Typ zuordnen möchte, handelt es sich hierbei um Einprägungs- und Wiederholungsstrategien.

Typ 2 stellt die Ebene des Verstehens dar: Lernende können Lerninhalte in eigenen Worten wiedergeben und sie erkennen die Zusammenhänge zwischen den Informationen. Auch hierzu gehören die Einprägungs- und Wiederholungsstrategien.

Typ 3 leistet die Integration: Lernende können vorhandenes Wissen abrufen und aktivieren und neu erworbenes Wissen mit dem bereits vorhandenen verknüpfen und es so integrieren. Auch hier lassen sich kognitive Lernstrategien verorten: Enkodier- und Elaborationsstrategien.

Typ 4 bedeutet, die Informationen kreativ anwenden zu können: Das Wissen kann in neuen, unbekannten Situationen angewandt und zur Konstruktion neuen Wissens genutzt werden. Hierzu zählen/gehören im Bereich der kognitiven Strategien die Organisations- und Abrufstrategien.

Alle vier Lernebenen stehen in einem engen Zusammenhang und bauen aufeinander auf. Nur wer Informationen behalten und verstehen kann, kann sich Grundkenntnisse und ein Basiswissen aneignen. Um dieses Wissen mit bereits vorhandenem Wissen zu verknüpfen, bedarf es der Integration. Diese ist wiederum notwendig, um das Wissen auf andere Bereiche zu transferieren. Die Lernaktivitäten Typ 1 und 2 sind dabei einer niederen Lernebene zuzuordnen, die des Typs 3 und 4 einer höheren vertikalen Lernebene.

Manche Lernende werden über das Niveau des Behaltens und Verstehens nicht hinauskommen, also überwiegend Lernstrategien entwickeln können, die im Bereich der Wiederholungs- und Einprägungsstrategien liegen, anderen fällt es leicht neue Informationen aufzunehmen, zu vernetzen und kreativ anzuwenden, also Elaborations- und Enkodierstrategien zu entwickeln. Innerhalb der vertikalen Lernniveaus kann auch jeweils eine Differenzierung bezüglich der horizontalen Lernniveaus stattfinden. Auf den horizontalen Niveaus geht es darum, die Methoden so didaktisch aufzubereiten und anzubieten, dass die Lernenden in ihrer jeweils möglichen Tiefe die entsprechenden Lernstrategien entwickeln können. Zunächst einmal muss der Lehrende oder beim selbstgesteuerten Lernen die Lernenden selbst entscheiden, welche Methoden für welche vertikale Verarbeitungsebene passend sind. Die jeweilige Methode kann dann wiederum auf unterschiedlichen horizontalen Lernniveaus angeboten werden, d.h. von der Lehrperson so aufbereitet werden, dass alle Lernenden sich die Basis der entsprechenden Lernebene aneignen können.

Diese Differenzierung auf verschiedene Lernniveaus findet im Klassenverband statt. Es wird keine Separierung vorgenommen, sondern ein Angebot an Methoden auf unterschiedlichen Lernniveaus gemacht, aus dem sich die Lernenden mit Hilfe der Lehrenden die für sie passende Vorgehensweise auswählen und somit individuell erfolgreich lernen können. Dabei können sich die Lernenden unterschiedlicher Lernniveaus auch austauschen und gegenseitig unterstützen. Ein längeres gemeinsames Lernen ist somit gegeben und vor allem ein für jede Schülerin und jeden Schüler passgenaues Lernen gefunden. Dabei muss man aber auch berücksichtigen, dass eine Differenzierung in zu viele Lernniveaus problematisch werden kann, sowohl bei der Unterrichtsvorbereitung als auch bei der Auswahl der persönlichen Niveaus und Methodenangebote durch die Lernenden.

Ich schlage ein Methodenkompetenzraster mit jeweils drei vertikalen Ebenen und drei horizontalen Lernniveaus vor. Dieses Raster wird auch für die Beispiele in Teil II durchgehalten.

Ebene1: Einprägungs- und Wiederholungsstrategien

Niveau 1:
Die Lernenden können mit starker Unterstützung und Anleitung eine Methode nutzen, durch die sie sich Informationen einprägen und diese wiederholen und dadurch wiedergeben können.

Niveau 2:
Die Lernenden können unter Zuhilfenahme von Anregungen und Hinweisen eine Methode nutzen, durch die sie sich Informationen einprägen und diese wiederholen und dadurch wiedergeben können.

Niveau 3:
Die Lernenden können eine Methode auswählen und anwenden und dadurch Einprägungs- und Wiederholungsstrategien zur Informationsaufnahme und –wiedergabe nutzen.

Ebene 2: Enkodier- und Elaborationsstrategien

Niveau 1:
Die Lernenden können mit starker Unterstützung und Anleitung eine Methode bei der Integration der Informationen mir ihren Vorkenntnissen nutzen.

Niveau 2:
Die Lernenden können unter Zuhilfenahme von Anregungen und Hinweisen eine Methode bei der Integration der Informationen mit ihren Vorkenntnissen nutzen.

Niveau 3:
Die Lernenden können eine Methode auswählen und anwenden und dadurch Enkodier- und Elaborationsstrategien zur Verknüpfung neuer Informationen mit den vorhandenen Vorkenntnissen nutzen.

Ebene 3: Organisations- und Abrufstrategien

Niveau 1:
Die Lernenden können mit starker Unterstützung und Anleitung im Sinne des Lernens am Modell eine Methode nutzen, um eine Transferleistung anzubahnen.

Niveau 2:
Die Lernenden können unter Zuhilfenahme von Anregungen und Hinweisen eine Methode nutzen, um eine Transferleistung anzubahnen.

Niveau 3:
Die Lernenden können eine Methode auswählen und anwenden und dadurch eine Transferleistung erbringen.

Die metakognitiven Strategien liegen quer zur Ebene 2 und 3, auf der Ebene 1 werden sie weniger anzutreffen sein. Die Strategien aus dem Bereich des Ressourcenmanagements und die Planungsstrategien liegen dagegen quer zu allen Ebenen, allerdings gilt auch hier, dass die einzelnen Strategien in unterschiedlicher Ausprägung vorkommen können. Teilweise handelt es sich hierbei auch um Lerntechniken, die Voraussetzung für alle Ebenen und Lernniveaus sind. In Teil II werden einzelne Methoden exemplarisch auf unterschiedlichen Niveaustufen dargestellt und den entsprechenden Ebenen zugeordnet.

6.4 Lehren und Lernen mit Methode – Schritt für Schritt

Zentrale Aussage dieses Kapitels ist, dass der Aufbau von Methoden und Strategien ein eigener Lernprozess ist, der optimal unterstützt werden muss. Dies geschieht hier mit Hilfe der Vorgehensweise SuCcess.

Diese Vorgehensweise nimmt auf der einen Seite die allmähliche Entwicklung und Anbahnung von Methoden in Blick, aber auch die Umsetzung derselben und der dazugehörigen Lernstrategien auf unterschiedlichen Ebenen und Lernniveaus. Dabei versucht sie jedem Lernenden individuell gerecht zu werden.

Die folgende Grafik beschließt den theoretischen Teil des Methodenbuches.

Kognitive Strategien:

SuCcess → (horizontal); SuCcess ↓ (vertikal)

1. Ebene Einprägungs- und Wiederholungsstrategien	Lernniveau 1: Methode wird didaktisch stark aufbereitet	Lernniveau 2: Methode wird mit didaktischen Hinweisen versehen	Lernniveau 3: Lernende wenden Methoden in Reinform an
2. Ebene Enkodier- und Elaborationsstrategien	Lernniveau 1: Methode wird didaktisch stark aufbereitet	Lernniveau 2: Methode wird mit didaktischen Hinweisen versehen	Lernniveau 3: Lernende wenden Methoden in Reinform an
3. Ebene Organisations- und Abrufstrategien	Lernniveau 1: Methode wird didaktisch stark aufbereitet	Lernniveau 2: Methode wird mit didaktischen Hinweisen versehen	Lernniveau 3: Lernende wenden Methoden in Reinform an

Metakognitive Strategien:

SuCcess →

Metakognitive Strategien	Lernniveau 1	Lernniveau 2	Lernniveau 3
Planungsstrategien	Unter starker Instruktion können die Lernenden ihr Lernen planen	Mit Hilfe von Instruktionen können die Lernenden ihr Lernen planen	Die Lernenden planen ihr Lernen überwiegend eigenständig
Überwachungsstrategien	Mit großer Unter-stützung können die Lernenden ihr Ler-nen überwachen	Mit Hilfe von außen können die Lernenden ihr Lernen überwachen	Die Lernenden kön-nen ihr Lernen selbst überwachen
Regulationsstrategien	Mit großer Unterstützung können die Lernenden ihr Lernen regulieren	Mit Hilfe von außen können die Lernenden ihr Lernen regulieren	Die Lernenden können ihr Lernen selbst regulieren

Ressourcenmanagement:

Ressourcenmanagement	Lernniveau 1	Lernniveau 2	Lernniveau 3
Ressourcenstrategien	Lernende können unter Anleitung externe Ressourcen nutzen	Lernende können mit Hilfe externe Ressourcen nutzen	Lernende greifen bei Bedarf auf externe Ressourcen zurück
Bewältigungsstrategien	Lernende werden motiviert und ermuntert, Lernprozesse in Gang zu setzen	Lernende erhalten bei Bedarf emotionale Unterstützung	Lernende können sich selbst motivieren und volitional ihren Lernprozess steuern

Abbildung 19: Strategien auf unterschiedlichen Lernniveaus

Teil II: Exemplarische Darstellung von Einzelmethoden

In Teil II werden exemplarisch Methoden und Techniken vorgestellt, die der Entwicklung und Förderung von Lernstrategien dienlich sind und sich in die in Kapitel 3 beschriebenen Lehr-Lern-Konzepte einbinden lassen.

Die Einzelmethode/Lerntechnik wird im jeweiligen Lernsetting verortet. Die Methode/Technik wird steckbriefartig beschrieben, der mögliche Einsatzort der Methode/Technik sowie die pädagogische Leistung benannt. Im Anschluss an den Steckbrief wird die Methode/Technik in ihrer Anwendung auf unterschiedlichen Lernniveaus entsprechend dem Methodenkompetenzraster mit Beispielen jeweils aus der Grundschule und der Sekundarstufe I dargestellt.

Dieser Darstellung voraus geht die Beschreibung verschiedener diagnostischer Vorgehensweisen. Sie helfen, Methoden passgenau im Rahmen der Lehr-Lern-Konzepte für einzelne Lernende bzw. Lerngruppen auszuwählen.

1. Diagnostische Verfahren

Die hier zu beschreibenden diagnostischen Verfahren reduzieren sich einmal auf die Beobachtung durch die Lehrenden selbst, sowie auf die Selbstauskunft der Lernenden mit Hilfe von Fragebögen und mit Hilfe des Führens von Interviews. Sie stellen lediglich einen Ausschnitt aus dem Bereich der Diagnose dar.

1.1 Beobachtungsbögen

Eine Beobachtung lässt sich auf unterschiedlichen Wegen durchführen. Sie kann völlig offen sein, das bedeutet, dass die Lehrperson von einem bestimmten Platz im Klassenzimmer aus, einzelne Lernende oder Lerngruppen beobachtet und sich hierzu Notizen macht und diese anschließend auswertet. Dabei kann sich die Lehrperson bestimmte Bereiche auswählen, die beobachtet werden sollen, zum Beispiel Sozialverhalten, Nutzung von Strategien und dergleichen mehr. Hilfreich kann es dabei sein, bestimmte Beobachtungsbögen zu verwenden, die die Beobachtung ein wenig strukturieren und damit die Notizen übersichtlicher gestalten.

Um herausfinden zu können, wer auf welchem Lernniveau arbeiten kann, bietet es sich z. B. an, verschiedene Leitfragen zu nutzen.

Beispiel 1: Leitfaden zur Identifizierung von Strategiedefiziten

1. Hinweise auf Defizite in der Verwendung kognitiver Strategien
   - Werden Notizen gemacht?
   - Werden Lerninhalte durch Wiederholung präsent gehalten?
   - Werden die wesentlichen Aspekte einer Aufgabe identifiziert?
   - Wird auf Vorerfahrungen /Wissen zurückgegriffen?
2. Hinweise auf Defizite in der Verwendung metakognitiver Strategien

- Wird das Lernziel verstanden? Werden Teilziele beim Lernen formuliert? Wird ausreichend Zeit für das Lernen eingeplant?
- Werden Strategien auf ihre Brauchbarkeit hin verglichen?
- Werden Fortschritte überwacht?
- Werden Fehler bemerkt? Werden Korrekturen vorgenommen?

3. Hinweise auf Defizite in der Verwendung motivierender Strategien

- Besteht Interesse an der Aufgabe?
- Ist die Aufmerksamkeit auf die Aufgabe gerichtet?
- Besteht die Bereitschaft, sich anzustrengen?
- (vgl. Konrad 2011, S. 65).

Wenn eine Lehrperson über eine Klasse oder einzelne Lernende noch wenige Informationen hat, bietet sich sicher zunächst eine unsystematische Beobachtung an, um einen Einblick und Überblick zu erhalten. Danach können dann einzelne relevante Situationen herangezogen werden. Die Methoden des MFB (Minutenweise freie Beobachtung) und des BIRS (Beobachtung in relevanten Situationen) sind hierfür geeignet.

Beispiel 2: Minutenweise freie Beobachtung

Bei der MFB handelt es sich um eine unstrukturierte Beobachtung, bei der in einem Protokollbogen pro Minute eine Eintragung zu machen ist. Der Protokoll- bzw. Beobachtungsbogen enthält eine Situations- und eine Reaktionsspalte. Bei der MFB ist nicht von vornherein festgelegt, was genau in die Situations- und in die Reaktionsspalte einzutragen ist. Festgelegt ist nur der Zeitrhythmus (vgl. Wahl 2006).

Minutenweise freie Beobachtung, 1´ - Takt

Verhalten der Lehrperson (eventuell Selbstbeobachtung)	Verhalten der Teilnehmenden
1	
2	
3	
4	
5	

Minutenweise freie Beobachtung, 5´ - Takt

Verhalten der Lehrperson	Verhalten der Teilnehmenden
5	
10	
15	

Die MFB ist eine einfache Beobachtungsmethode, die das Geschehen im Unterricht festhält. Die Lehrperson kann die Methode selbst anwenden oder einen Beobachter damit beauftragen.

Es wird nur der Zeittakt festgelegt (zum Beispiel jede Minute eine Beobachtung oder alle 5 Minuten eine Beobachtung; auch andere Zeittakte sind vorstellbar). Das Unterrichtsgeschehen wird im vorgesehenen Zeittakt protokolliert.

Beispiel 3: Beobachtung in relevanten Situationen

Es werden bestimmte Unterrichtssituationen und Gruppen ausgewählt, die beobachtet werden sollen. Auch hier kann der Bogen von der Lehrperson selbst oder von einer anderen beobachtenden Person eingesetzt werden. Die Notizen sind detaillierter als bei der MFB und beziehen sich genauer auf eine bestimmte Situation, die auch umfassend beschrieben werden muss. Das Verfahren bietet sich an, um bestimmte ausgewählte Situationen näher beleuchten zu können. Außerdem können verschiedene Verhaltensweisen, Aufgabenstellungen usw. erprobt werden, um zu sehen, wie weit sich Schüler und Schülerinnen auf entsprechende Bereiche einlassen können.

Relevante Situationen können z.B. sein:

Wie verhält sich die ausgewählte Person bei Einzel-, Partner- oder Kleingruppenarbeit? Wie verhält sie sich bei Diskussionen, beim Lehrgespräch oder bei wechselseitigem Lehren und Lernen? Wie geht sie mit bestimmten Personen um? Wie verhält sie sich in den Pausen usw.?

Relevante Situation:	*Ich will besonders achten auf:*

1.2 Fragebogen

Mit Hilfe eines Fragebogens werden im Rahmen der Diagnostik verschiedene Fähigkeiten und Fertigkeiten der Lernenden abgefragt, um deren eigene subjektive Einschätzung, Bewertung und Einstellung kennenzulernen und dementsprechend die Lernenden beraten und begleiten zu können. Der Fragebogen kann zusammen mit einem Interview und Beobachtungen Aufschluss über das jeweilige Lernniveau geben, in dem sich ein Lernender gerade befindet. Dadurch besteht die Möglichkeit, Defizite abzubauen und mit den Lernenden gemeinsam Entwicklungsaufgaben festzulegen, um sie auf ein höheres Lernniveau bringen zu können. Der Fragebogen kann zu Beginn, in der Mitte und am Ende eines Schuljahres eingesetzt werden, um den Prozess der Entwicklung zum selbstgesteuerten Lernen beobachten zu können.
Fragebögen können dabei mit offenen Fragen als auch mit geschlossenen Fragen (Multiple-Choice-Verfahren) versehen werden. Während die offenen Fragen Raum geben, sich selbst zu äußern, stellen die geschlossenen Fragen Schätzskalen dar, bei denen die Befragten durch Ankreuzen eines Skalenpunktes auf einer Skala mit den Endpunkten „trifft völlig zu“, „trifft nicht zu“ antworten (Dreier- oder Fünfer- Skala).

Beispiel 1 :CLES-Fragebogen (Taylor&Fraser, 1997)

Der CLES-Bogen (Constructivist Learning Environment Survey) misst selbstgesteuertes Lernen in Lernumgebungen und wurde von Peter Taylor und Barry Fraser von der Curtin University of Technology in Perth, Australien entwickelt. Die

Lernenden geben Auskunft über ihre subjektive Einschätzung zu einzelnen Fragen. Diese Fragen können dann Dimensionen zugeordnet werden, die zeigen wie selbstgesteuert Lernende sich bezüglich bestimmter Dimensionen einschätzen. Daraus können die Lehrenden Rückschlüsse auf das Lernniveau ziehen und passgenau die Lernumgebung anbieten, die für diese Lernenden geeignet ist. Anschließend wird mit den Lernenden über die Ergebnisse gesprochen und Lernstrategien bewusst thematisiert.

Der Zeitbedarf für das Ausfüllen des CLES-Fragebogens beträgt etwa eine Schulstunde.

Hinweise zur Auswertung:

Diese Dimensionen werden dem selbstgesteuerten Lernen zu Grunde gelegt und durch den CLES-Fragebogen erfasst. Die Auswertung ist komplex. Es können aber auch nur einzelne Dimensionen abgefragt werden.Dimensionen und die dazu gehörenden Items (Fragennummer des Bogens):

Reflexivität (Metakognitive Strategien):
2, 10, 19, 28, 37, 49
Selbststeuerung (Metakognitive Strategien):
4, 12, 21, 30, 39, 45
Kooperation (kooperative Strategien):
5, 11, 13, 20, 22, 29, 31, 38, 40
Motivation (Strategien des Ressourcenmanagements):
6, 14, 23, 32, 41
Bewusstheit (metakognitive Strategien):
8, 17, 26, 35, 44, 47
Aneignung von Informationen (Kognitive Strategien):
16, 25, 34, 43
Auseinandersetzung mit dem Thema (Kognitive Strategien):
58, 59, 60, 61, 62, 63, 64, 65, 66, 67, 69, 70, 71, 72, 73, 74
Persönliche Ergebnisse (metakognitive Strategien):
51, 52, 53, 54, 55, 56, 57, 75
Eigentätigkeit (kognitive Strategien):
1, 3, 9, 18, 27, 37, 50,
Ergebnisorientierung (metakognitive Strategien):
7, 15, 24, 33, 42, 46

Beurteilung von Unterricht						
Geschlecht:	O männlich			O weiblich		
Klassenstufe:						
	O 5	O 6	O 7	O 8	O 9	O 10
Schulart:						
	O Hauptschule	O Realschule	O Gymnasium	O Andere		
In welchem Maße treffen die folgenden Aussagen für **dich persönlich** zu? Bitte versuche einen **fairen Durchschnitt** über verschiedene Unterrichtsstunden zu bilden. Du kannst jeweils zwischen 5 Antwortmöglichkeiten wählen:						
	selten O	O	O	O	O	oft O

	Wieweit treffen die folgenden Aussagen für den erlebten Unterricht zu?	selten				oft
1	Ich kann im Unterricht bei den Inhalten mitbestimmen	O	O	O	O	O
2	Ich denke sorgfältig darüber nach, was ich im Unterricht verstehe und was mir unklar ist	O	O	O	O	O
3	Bei Gruppenarbeiten kann ich mir die Gruppe aussuchen, mit der ich zusammen arbeiten möchte	O	O	O	O	O
4	Ich erlebe mich als unabhängig und selbstbestimmt	O	O	O	O	O
5	In Gruppenarbeiten diskutiere ich mit anderen Gruppenmitgliedern offene Fragen und Probleme	O	O	O	O	O
6	Ich freue mich auf das Lernen	O	O	O	O	O
7	Bei Gruppenarbeiten arbeite ich mit den anderen meiner Gruppe gemeinsam auf ein Ergebnis hin	O	O	O	O	O
8	Ich kann günstige und ungünstige Lösungswege auseinander halten	O	O	O	O	O
9	Wenn ich im Unterricht eigenständig arbeite, dann mache ich mir einen Plan, an dem ich mich orientieren kann	O	O	O	O	O
10	Ich mache mir darüber Gedanken, wie ich lerne	O	O	O	O	O
11	Ich übernehme während des Unterrichts eigenständige Aufgaben	O	O	O	O	O
12	Ich kann entscheiden, wie viel Zeit ich für bestimmte Aufgaben verwende	O	O	O	O	O
13	Bei Gruppenarbeiten bitte ich die anderen Gruppenmitglieder, mir ihre Ideen näher zu erklären	O	O	O	O	O
14	Das Lernen ist interessant	O	O	O	O	O
15	Ich lege mit der Klasse und dem Lehrer zusammen Ziele für unseren Unterricht fest	O	O	O	O	O
	Wieweit treffen die folgenden Aussagen für Unterricht zu?	**selten**				**oft**
16	Ich lerne neue Inhalte, indem ich mir eine Situation vorstelle, in der ich diese Inhalte anwenden kann	O	O	O	O	O
17	Es ist mir klar, mit welchen Gedanken ich mir mein Lernen erleichtere oder erschwere	O	O	O	O	O
18	In Gruppenarbeiten erarbeite ich mit den anderen zusammen das Thema eigenständig	O	O	O	O	O
19	Ich stelle mir Fragen, um sicher zu gehen, dass ich den Unterrichtsinhalt verstanden habe	O	O	O	O	O
20	In Gruppenarbeiten erkläre ich meine Ergebnisse den Mitschülern	O	O	O	O	O
21	Ich habe das Gefühl, das zu tun, was ich tun will	O	O	O	O	O
22	Bei Gruppenarbeiten diskutiere ich mit den anderen Gruppenmitgliedern über die Inhalte	O	O	O	O	O
23	Lernen macht mir Spaß	O	O	O	O	O
24	Ich überlege mir genau, wie ich meine Unterrichtsergebnisse darstellen kann	O	O	O	O	O
25	Ich versuche, einzelne Themen des Unterrichts miteinander zu verknüpfen	O	O	O	O	O
26	Es ist mir klar, was von mir verlangt wird	O	O	O	O	O
27	Ich vergleiche mein Vorgehen mit dem Unterrichtsplan	O	O	O	O	O
28	Wenn ich lese, mache ich von Zeit zu Zeit eine Pause, um darüber nachzudenken, ob ich alles verstanden habe	O	O	O	O	O
29	Bei Gruppenarbeiten spreche ich mit meinen Gruppenmitgliedern über unsere Ergebnisse	O	O	O	O	O
30	Ich kann meine eigenen Ideen verwirklichen	O	O	O	O	O
	Wieweit treffen die folgenden Aussagen für Unterricht zu?	**selten**				**oft**
31	Meine Mitschüler sagen mir ihre Meinung	O	O	O	O	O
32	Ich habe das Gefühl, mich kaum von der Sache lösen zu können	O	O	O	O	O
33	Ich denke gemeinsam mit den anderen über das unterrichtliche Vorgehen nach	O	O	O	O	O
34	Ich versuche herauszufinden, ob der Lernstoff etwas mit dem zu tun hat, was ich bereits weiß	O	O	O	O	O

35	Ich weiß, mit welchen Methoden ich am besten lernen kann	o	o	o	o	o
36	Das Thema des Unterrichts hat mit mir zu tun	o	o	o	o	o
37	Ich teste mich selbst, um sicher zu stellen, ob ich den Lernstoff auch wirklich verstanden habe	o	o	o	o	o
38	Jeder in der Gruppe leistet einen Beitrag	o	o	o	o	o
39	Ich übernehme eigenverantwortlich bestimmte Aufgaben	o	o	o	o	o
40	Bei Gruppenarbeiten arbeite ich mit meinen Gruppenmitgliedern zusammen	o	o	o	o	o
41	Ich finde das Lernen im Unterricht richtig spannend	o	o	o	o	o
42	Bei Gruppenarbeiten präsentieren wir uns unsere Ergebnisse	o	o	o	o	o
43	Ich versuche das, was ich lerne, mit meinen eigenen Erfahrungen zu verknüpfen	o	o	o	o	o
44	Ich bin mir darüber im Klaren, wo meine Stärken und Schwächen liegen	o	o	o	o	o
45	Ich fühle mich für mein Lernen selbst zuständig	o	o	o	o	o
	Wieweit treffen die folgenden Aussagen für Unterricht zu?	**selten**				**oft**
46	Ich informiere mich genau über mein Thema	o	o	o	o	o
47	Ich weiß, was ich für mich erreichen will	o	o	o	o	o
48	Ich fertige Tabellen oder Schaubilder an, um den Stoff des Projektthemas besser zu verstehen	o	o	o	o	o
49	Meine Gruppe weiß, was die anderen Gruppen arbeiten	o	o	o	o	o
50	Vor dem Lernen überlege ich mir, wie ich am besten vorgehen kann	o	o	o	o	o
51	Ich bin mit meinem Lernergebnis im Unterricht zufrieden	o	o	o	o	o
52	Im Unterricht kann ich mir die Beiträge der anderen merken	o	o	o	o	o
53	Im Unterricht kann ich eigenständige Beiträge leisten	o	o	o	o	o
54	Ich kann mir Inhalte besser merken als meine Mitschüler	o	o	o	o	o
55	Ich kann mir Inhalte, die ich im Unterricht selbst erarbeitet habe besser merken als Inhalte, die mir der Lehrer erklärt hat	o	o	o	o	o
56	Ich verstehe, was wir uns im Unterricht erarbeitet haben	o	o	o	o	o
57	Ich erkläre meine Beiträge besser als meine Mitschüler	o	o	o	o	o
58	Wenn ich Infos für den Unterricht brauche, verwende ich das Internet	o	o	o	o	o
59	Wenn ich Infos für den Unterricht brauche, frage ich den Lehrer	o	o	o	o	o
60	Wenn ich Informationen suche, schaue ich in Büchern nach	o	o	o	o	o
	Wieweit treffen die folgenden Aussagen für Unterricht zu?	**selten**				**oft**
61	Zur Erarbeitung von Themen frage ich Bekannte	o	o	o	o	o
62	Ich verwende gerne Schaubilder und Grafiken, um mir ein Thema anzueignen	o	o	o	o	o
63	Ich verwende gerne Quellentexte, um mir ein Thema anzueignen	o	o	o	o	o
64	Wichtige Informationen fasse ich zusammen	o	o	o	o	o
65	Zur Verarbeitung von Informationen wähle ich Mindmaps, Cluster	o	o	o	o	o
66	Zur Verarbeitung von Informationen wähle ich Sortieraufgaben, Struktur – Lege -Techniken	o	o	o	o	o
67	In der Gruppe verteilen wir die Arbeit	o	o	o	o	o
68	In der Gruppe tragen wir unsere Ergebnisse zusammen	o	o	o	o	o
69	Wenn wir im Unterricht etwas präsentieren, arbeite ich mit Computerunterstützung	o	o	o	o	o
70	Wenn wir im Unterricht Ergebnisse vorstellen, halten wir ein Referat	o	o	o	o	o
71	Zur Präsentation unserer Ergebnisse gestalten wir Lernplakate	o	o	o	o	o
72	Als Ergebnis von Unterrichtsinhalten stellen wir ein Produkt her (Modell, Theaterstück, Zeitung...)	o	o	o	o	o
73	Nach Gruppenarbeiten bereiten wir Fragen und Aufgaben vor, um zu sehen, welche Inhalte von anderen Gruppen verstanden wurden	o	o	o	o	o
74	Mitglieder aus anderen Gruppen erklären mir genau ihre Ergebnisse im Anschluss an die Gruppenarbeit	o	o	o	o	o
75	Ich weiß am Ende des Unterrichts darüber Bescheid, was wir gemacht haben	o	o	o	o	o

(CLES In Anlehnung an Taylor & Fraser, 1997)

Beispiel 2: Schülerbefragung nach Heinz Klippert (2000, S. 44)

Eine einfachere Befragungsform stellt der Schülerfragebogen nach Heinz Klippert dar. Auch dieser fragt die Vorstellungen der eigenen Lernmethodik ab und soll Aufschluss über bestehende Lernschwierigkeiten geben, die anschließend mit der Lehrperson besprochen werden können. Der Zeitbedarf beträgt hierbei etwa 10 Minuten und entsprechend einfach stellt sich die Auswertung dar. Klippert schlägt eine Auswertung vor, bei der die Lernenden in Gruppen die Antworten auszählen und diese den Lernenden insgesamt sichtbar gemacht werden. Anschließend wählen sich die Lernenden einzelne Items aus, über die sie sprechen möchten oder die Antworten werden nacheinander besprochen.

Das Problem dabei ist, dass nicht mit einzelnen Lernenden über ihre persönliche Einschätzung in einer Beratung gesprochen werden kann, weil die Daten anonymisiert sind.

Wenn du über dein alltägliches Lernen nachdenkst, dann wirst du sicher feststellen, dass dir manches leichter von der Hand geht, anderes schwerer fällt. Im folgenden Fragebogen findest du einige Anforderungen bzw. Aufgaben, die du aus deiner ganz persönlichen Erfahrung heraus beurteilen sollst- und zwar ehrlich! Kreuze also bitte an, ob dir die Erledigung der jeweiligen Aufgabe „eher schwer" oder „eher leicht" fällt! Nur Mut: Schwierigkeiten darfst du zugeben; sie sind normal und andere Schüler haben sicher auch welche!

Dieses zu leisten...	**Fällt mir...**	
	Eher schwer	Eher leicht
Mit Spaß und Freude zu lernen		
Lernstoff längerfristig zu behalten		
Klassenarbeiten gut vorzubereiten		
Regelmäßig zu üben und vorzubereiten		
Vokabeln gründlich zu lernen		
Fremde Texte rasch zu lesen und zu verstehen		
Aus Texten das Wichtigste heraus zu finden		
Nachschlagewerke regelmäßig zu nutzen		
Zu einem Thema selbst etwas zu schreiben		
Ein Schema oder eine Tabelle zu erstellen		
Lernstoff übersichtlich zusammenzufassen		
Hefte/Mappen ordentlich zu führen		
Die eigene Arbeit sorgfältig zu planen		

Hinweis: Wenn du mit einer Vorgabe gar nichts anzufangen weißt, dann frage im Notfall deine(n) Lehrer(in)! Aber sicher schaffst du's auch allein!

1.3 Interviews

Eine andere Form der Befragung stellt das Interview dar, in dem die Lernenden zu ihren im Unterricht eingesetzten Strategien befragt werden und frei antworten können. Hierbei könnten Situationen beschrieben und die Lernenden dazu aufgefordert werden, sich in die Situation hineinzuversetzen und dabei ihre Wahl an einzusetzenden Strategien zu beschreiben. Im Interview können zwar Rückfragen getätigt werden, ob die Lernenden ihre Vorgehensweise aber richtig beschreiben, kann trotzdem nicht mit Sicherheit gesagt werden. Als Grundlage für das Interview werden z.B. die Fragen aus den Fragebögen verwendet.

Ein Interview wird mit einem Schüler /einer Schülerin, aber auch mit einer kleinen Gruppe geführt. Möglich ist dies auch in Form einer Gruppendiskussion. Hierzu werden die Lernenden in regelmäßigen Abständen aufgefordert zu einer bestimmten Arbeitsweise bzw. Vorgehensweise Stellung zu beziehen. Eine Frage könnte hierzu lauten: „Wie arbeite ich in der individualisierten Lernzeit?“, „Was kann ich schon gut?“, „Wo benötige ich noch Hilfe?“ usw. Die Aussagen der Lernenden werden dabei aufgenommen und später ausgewertet.

2. Frage- und Impulsmethoden /-techniken

Durch die hier beschriebenen Methoden und Techniken haben die Lernenden die Möglichkeit, aufgenommenes Wissen zu prüfen und in bereits vorhandenes Wissen vorläufig zu integrieren. Sie lenken die Aufmerksamkeit auf das zu vermittelnde Wissen. Eine intensivere Verarbeitung erfolgt dann mit den später zu beschreibenden kognitiven Landkarten oder den Methoden des kooperativen Lernens.

2.1 Advance Organizer

Beschreibung der Methode:

Der Advance Organizer (A.O.) stellt eine Einstiegsmethode dar und wird von Lehrenden für Lernende gemacht, weshalb er in die Kategorie der Lehrmethoden einzuordnen ist.

Man kann den A.O. als eine im Voraus gegebene Lernhilfe verstehen, also ein organizer in advance. Er ist vergleichbar mit einem Flugzeug, das in geringer Flughöhe über ein Gebiet kreist, um sich einen Eindruck von diesem Gebiet zu verschaffen. Damit können erste Assoziationen und Bilder verknüpft sowie Vorkenntnisse aktiviert werden. Das Gebiet selbst wird aber erst dann im Detail sichtbar, wenn es im Einzelnen erforscht wird. Das heißt, wenn ich über das Gebiet kreise, dann kann ich die dort befindliche Landschaft mit meinem Vorwissen aktivieren. Zum Beispiel: ist das Gebiet von Wasser umgeben, dann handelt es sich wohl um eine Insel. Auf dieser befinden sich Häuser, also kann man assoziieren, dass hier Menschen leben. Um welche Insel es sich aber genau handelt und wie die Menschen dort miteinander umgehen und leben, kann man erst erfahren, wenn man das Flugzeug verlässt und sich die Insel und die Bewohner genauer anschaut und mit letzteren in Interaktion tritt. So ist es mit einem Lerninhalt auch. Zuerst werden eine Struktur der Themeninhalte und die Zusammenhänge zwischen ihnen erläutert. Dies geschieht durch den A.O. Dadurch ist ein Überblick möglich. Im folgenden Unterricht wird auf die einzelnen Inhalte eingegangen und diese im Detail mit den Lernenden besprochen und bearbeitet. Das Thema wird am Anfang des Lernprozesses offen vor den Lernenden dargelegt, Zusammenhänge vorgestellt und eine Struktur dargeboten. Dies geschieht im Gegensatz zum Ansatz der sogenannten Osterhasenpädagogik, bei der die Lernenden möglichst lange im Unklaren darüber gehalten werden sollen, was in dieser Themeneinheit zu lernen ist, so dass sie am Ende selbst erraten, was das Thema sein könnte. Dies widerspricht den empirischen Erkenntnissen der Lehr-Lernforschung, die davon ausgeht, dass die Vorkenntnisse für das Lernen besonders bedeutsam sind und diese deshalb möglichst zu Beginn eines Lernprozesses aktiviert werden müssen. Dies soll der

A.O. leisten. Die Präsentation lebt von einer hohen Verständlichkeit, was anschließend die subjektive Auseinandersetzung mit der zu vermittelnden Thematik erleichtert. Damit ist der Advance Organizer eine Brücke. Er verbindet die bereichsspezifischen Vorkenntnisse mit der sachlogischen Struktur der Inhalte und damit die Experten- mit der Novizenstruktur. Forschungen zeigen, dass der Organizer bei den Lernenden für erhöhtes Interesse, für auf das Thema gerichtete Aufmerksamkeit, für gesteigerte Selbstwirksamkeit, für eine bessere Orientierung im Themenbereich und für besseres Behalten sorgt. Auch können inhaltliche Missverständnisse vermieden werden und ein Transfer bzw. eine Problemlösung wird leichter angebahnt (vgl. Wahl 2013, S. 146-160; vgl. auch Traub 2012a, S. 89f.).

Bei der Erstellung sind die folgenden Aspekte zu berücksichtigen:

- Ein A.O. wird mit einer Problemstellung eingeleitet: Diese dient als Aufhänger, um die Aufmerksamkeit der Lernenden zu bekommen. Es kann sich dabei um einen Eyecatcher, eine provozierende Aussage oder eine umfassende Fragestellung handeln.
- Ein A.O. ist mehrfachkodiert: Der Zusammenhang zu einer Thematik wird mit Hilfe von Sprache, Bildern und Symbolen erstellt, so dass sich die Lernenden den A.O. auch gut einprägen können.
- Ein A.O. ist gut lesbar: Die Übersichtlichkeit muss erhalten bleiben, deshalb dürfen nicht zu viele Bilder, Texte und Symbole verwendet werden. Alles muss groß genug sein, damit es leicht lesbar bleibt.
- Ein A.O. wird schrittweise präsentiert: Da die Inhalte sehr komplex sind, werden sie nach und nach mit Hilfe einer Beamerpräsentation, einer Folienpräsentation oder eines Tafelbildes entwickelt. Die Lehrperson stellt den A.O. vor, Zwischenfragen sind während der Darstellung nicht erlaubt.
- Eine Vorstellung des A.O. dauert etwa 10-15 Minuten. Die Lernenden hören in dieser Zeit zu und versuchen das neue Wissen mit ihren Vorkenntnissen zu verknüpfen. Das gelingt nur, wenn die Darstellung nicht zu lange dauert, so dass die Aufmerksamkeitskapazität der Lernenden nicht überfordert wird.
- Ein A.O. ist ständig sicht- und verfügbar: Die Lernenden bekommen den A.O. als Papiervorlage ausgeteilt oder er bleibt sichtbar als Plakat (Flipchart) oder auf einer Tafelseite präsent, so dass immer wieder mit ihm gearbeitet werden kann.
- Ein A.O. braucht Zeit zum Verarbeiten: Nach der Vorstellung des A.O's erhalten die Lernenden Zeit, um sich mit ihm auseinanderzusetzen. Dies kann mit Hilfe von Verarbeitungsmethoden wie Partnerinterviews, Ampelmethoden geschehen oder aber auch, in dem sich die Lernenden im A.O. durch Häkchen und Fragezeichen kennzeichnen, mit welchen Themengebieten sie bereits etwas anfangen können und was gänzlich neu für sie ist.

- Ein A.O. lohnt nicht immer: Themeneinheiten, die nur einen geringen Umfang haben und wenig komplex sind (also eventuell nur über zwei Stunden gehen), benötigen keinen A.O. Hier reicht ein thematischer Überblick durch eine Agenda (vgl. Wahl 2006, 139 ff, Wahl 2013, S. 146ff; vgl. auch Traub 2012a S. 89-91).

Pädagogische Leistung:

Mit dieser Methode werden Inhalte strukturiert und in einem sinnvollen Zusammenhang vorgestellt. Dabei werden die Themengebiete umfassender und allgemeiner dargelegt als die dann folgenden Inhalte im weiterführenden Unterricht. Durch den A.O. soll den Lernenden der Einstieg in die Unterrichtsthematik erleichtert werden.

Ausubel (1974) verspricht sich dadurch positive Konsequenzen:

1. Die Vorkenntnisse der Lernenden werden mobilisiert.
2. Sinnvolle Verknüpfungen zwischen schon vorhandenem und neuem Wissen werden ermöglicht.
3. Verstehen wird angebahnt (vgl. Ausubel 1974, S. 147 f.).

Die ansprechend entwickelte und klar erklärte Expertenstruktur hilft den Lernenden eine Vorstellung der folgenden Themeneinheit zu bekommen, das eigene Vorwissen zu aktivieren, Assoziationen zum Thema herzustellen und den Fokus auf die bedeutsamen Inhalte zu lenken. Damit unterstützt der A.O. den Lernprozess und stellt eine bedeutende Lehrmethode zu Beginn einer Unterrichtseinheit dar. Im weiteren Verlauf der Einheit wird immer wieder auf den A.O. zurückgegriffen, Zusammenhänge werden verdeutlicht und somit erhält die Unterrichtseinheit einen roten Faden. Am Ende der Einheit fungiert der A.O. als Post Organizer im Sinne einer Zusammenfassung.

Didaktischer Einsatzort:

Zu Beginn einer Unterrichtseinheit werden die Themen in einem inhaltlichen Zusammenhang dargeboten und nicht nur –wie bei einer Agenda – aufgezählt. Der A.O. dient als Organisationshilfe, durch ihn werden Lernprozesse transparent und nachhaltig gemacht (vgl. Ausubel 1974).

Advance Organizers lassen sich in fast allen Lehr-Lern-Konzepten einsetzen. Beim Lehrgang unterstützt er den folgenden Vortrag oder das Unterrichtsgespräch. Hier wird zunächst in einem Überblick der inhaltliche Zusammenhang der gesamten Lehrgangssequenz vorgestellt und mit Symbolen und Bildern illustriert. Nachfolgend werden dann einzelne Themen aufgegriffen und detaillierter erläutert bzw. mit den Lernenden zusammen erarbeitet. Durch den Advance Organizer erhalten die Lernenden bereits einen zusammenhängenden Einblick in die Gesamtthematik und können sich dadurch besser auf den Vortrag der Lehrperson einstellen sowie ihre Fragen leichter sortieren und sich die entsprechenden Antworten zurechtlegen.

Auch im Lehr-Lern-Konzept des Sandwich-Prinzips unterstützt der Advance Organizer das Verständnis der Lernenden für die Gesamtthematik. Hier spielt er insofern eine große Rolle, weil die Lernenden in der darauffolgenden kollektiven Lernphase (Vortrag, Unterrichtsgespräch, Film oder dergleichen mehr) besser mitdenken und das Wissen leichter aufnehmen können und in der anschließenden individuellen Lernphase das Wissen mit dem eigenen Vorwissen gut verknüpfen können. Hier kann der Organizer auch Beispiele für eigene Verknüpfungen liefern (als Modell).

In beiden Lehr-Lern-Konzepten wird der Advance Organizer zu Beginn präsentiert. Anschließend sprechen Lehrperson und Lernende über diesen. Was soll intensiv bearbeitet werden, was weniger? Wo liegen die Interessen der Lernenden? Solche Fragen werden in einem anschließenden Unterrichtsgespräch geklärt, bevor dann ein erstes Themengebiet genauer angeschaut und analysiert wird.

Beim Lehr-Lernkonzept von WELL oder der Stationenarbeit wird der A.O. ebenfalls zu Beginn eingesetzt. Hier hilft er insbesondere dabei, dass die Lernenden einen roten Faden über die umfassende Lerneinheit erhalten und damit die gesamte Thematik im Blick behalten. Das ist besonders wichtig, da sie ja in der anschließenden kooperativen Methode oder an den einzelnen Stationen, die Teilthemen selbst zusammenbringen müssen. Arbeiten sie zum Beispiel in einem Gruppenpuzzle zu einem umfassenden Thema, dann machen sie sich zunächst nur über ein Teilgebiet zum Experten. Hier ist es sinnvoll, wenn die Lernenden ihr Teilgebiet bereits im gesamten Themengebiet verorten und den Zusammenhang über das Ganze im Blick behalten. Dann fallen ihnen in der Austauschphase die Aufnahme des Teilgebietes der anderen Experten und auch die Verarbeitungsphase leichter. Ebenso ist es in der Stationenarbeit. Die Lernenden wählen sich nach und nach eine Station aus oder bekommen diese in einer bestimmten Reihenfolge zugewiesen. Wenn die Stationen thematisch zusammenhängen, dann ist der A.O. nützlich, um bereits an der ersten Station die Inhalte mit dem gesamten Themengebiet in Verbindung bringen zu können und das Wissen insgesamt abzuspeichern und nicht in einzelne Teilbereiche. Dabei unterstützt der A.O.

Dies gilt auch für die Projektarbeit. Hier gehen die Lernenden unterschiedlichen Teilproblemen einer komplexen Aufgabe nach und bearbeiten dieses zunächst in einer Kleingruppe. Erst am Ende werden die Ergebnisse aller Gruppen zusammengetragen. Hier hilft der A.O. die gesamte Problemstellung oder das übergeordnete Thema nicht aus den Augen zu verlieren und im Blick zu behalten, welchen Aufgaben die anderen Teilgruppen nachgehen und wie alle Teilgebiete miteinander zusammenhängen. Der A.O. ist hier auch sinnvoll in den Fixpunkten und bei Metagesprächen einzusetzen, um immer wieder auf den Gesamtzusammenhang und die eigentliche Themenstellung hinzuweisen und auch deutlich zu machen, welche Themengebiete bereits bearbeitet wurden und welche Erkenntnisse entstanden sind. Im Lehr-Lern-Konzept der Wochenplanarbeit und der Freiarbeit ist kein A.O. einzusetzen, da die Lernenden hier an ganz unterschiedlichen Materialien zu unterschiedlichen (nicht zusammenhängenden) Themen arbeiten und auch die Fächer variieren.

Vorbereitung / Zeitaufwand:

Die Lehrperson gestaltet den A.O. für die jeweilige Klasse und Themeneinheit. Dafür sammelt die Lehrperson in ihrer Vorbereitung zunächst die Begriffe, die sie im Unterricht aufgreifen und thematisieren möchte. Aus diesen Begriffen fertigt sie sich ein Cluster an und daraus entsteht dann eine Mindmap oder eine Struktur-Lege-Technik. Diese wird so ausgestaltet, dass Wort und Bild in einem sinnvollen und erklärenden Zusammenhang gebracht und die Thematik entsprechend vorgestellt werden kann. Der A.O. sollte dem Anspruch genügen, mehrfachkodiert und schrittweise präsentiert zu werden. Insgesamt sollte die Präsentation eine Länge von ca. 15 Minuten nicht überschreiten. Die Lehrperson stellt den A.O. den Lernenden vor. Er ist nicht selbsterklärend, da sich hinter ihm die Expertenstruktur des Lehrenden verbirgt und diese lässt sich durch die Lernenden nicht selbst erschließen.

Sozialform:

Plenum; Klassenverband.

Lehrstrategien:

Die Lehrperson benötigt neben einer gewissen Kreativität und didaktischem Reduktionsvermögen Vermittlungsstrategien und Instruktionsstrategien sowie die Fähigkeit der Präsentation.

Differenzierungsmöglichkeiten:

Eine Differenzierung beim Advance Organizer ist nicht möglich, da dieser zunächst der gesamten Klasse präsentiert wird.

Beispiele:

Grundschule: Thema Der Igel (Sachunterricht/ Anfangsunterricht, Vera Bühler)

Thema: Leseinteresse wecken (Deutsch) (entnommen aus Traub 2012a, S. 137)

Problemstellung: Wie komme ich an ein interessantes Buch?

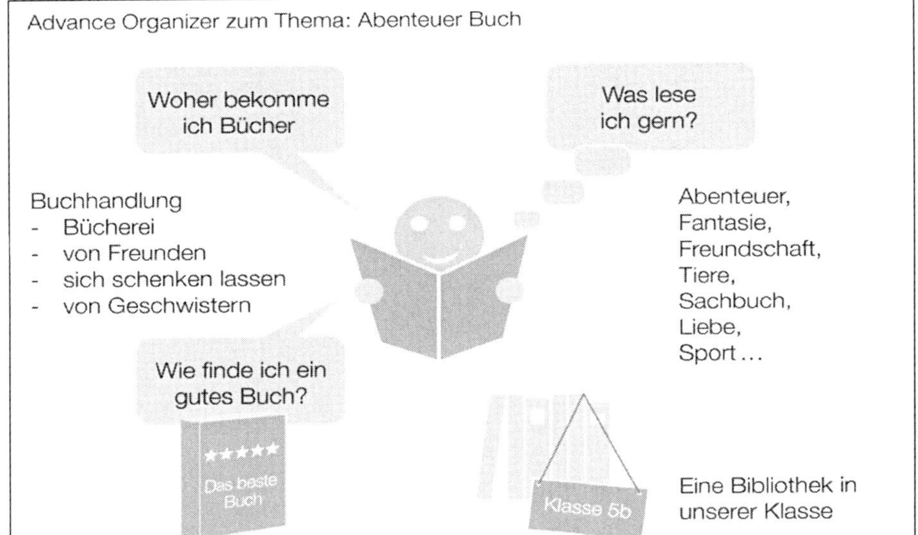

Kurzer Austausch in der Klasse. Dann erfolgt der A.O. und anschließend der eigentliche Unterricht.

Sekundarstufe I: Leben im Hochgebirge (Geografie) (entnommen aus Traub 2012a, S. 191, Maresa Coly)

Problemstellung: Wie würde Ötzi heute im Hochgebirge am besten überleben?

(Ampelmethode: als Tourist, als Bergbauer, als Liftbetreiber?)

Die Lernenden ampeln und erläutern ihre Meinung. Anschließend stellt die Lehrperson den A.O. vor. Danach besprechen sich die Lernenden zum Beispiel in einer kurzen Vergewisserungsphase, was sie verstanden haben und was noch nicht.

Anschließen kann sich nun ein Vortrag, ein Film, eine Partner-oder Gruppenarbeit usw… Am Ende der Einheit wird der A.O. nochmals als Post Organizer eingesetzt.

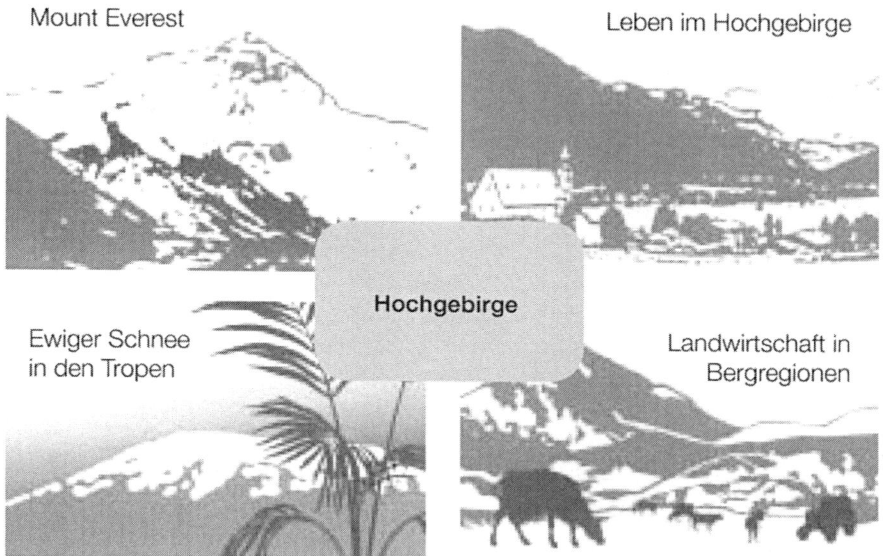

2.2 Ampelmethode

Beschreibung der Methode:

Die Lehrperson teilt den Lernenden je drei Kärtchen in den Farben rot, gelb und grün aus. Die Farben stehen jeweils für eine alternative Antwortmöglichkeit. Anschließend werden Fragen gestellt, Thesen aufgestellt, verschiedene Meinungen aufgeführt usw., jeweils mit drei Antwortmöglichkeiten, die den Farben zugeordnet werden. Die Klasse bekommt eine kurze Bedenkzeit und diskutiert in Kleingruppen oder mit einem Partner/einer Partnerin die möglichen Antworten (Murmelphase /Vergewisserungsphase). Die Lernenden entscheiden sich für eine Antwort und bei der Aussage der Lehrperson „jetzt bitte ampeln“ heben sie das Kärtchen hoch, das ihrem Vorschlag entspricht. Die Frage wird aufgelöst und jede(r) kann selbst überprüfen, ob sie/er richtig geantwortet hat bzw. welcher Meinung sich wer angeschlossen hat. Wichtig ist, dass die Lernenden zeitgleich „ampeln“, damit sie sich nicht an anderen orientieren, sondern ihre eigene Einschätzung aufzeigen.

Pädagogische Leistung:

Durch diese Methode haben die Lernenden die Möglichkeit an der Lösung einer Aufgabe individuell beteiligt zu sein. Die Lehrperson lässt einen gewissen Zeitraum zum Nachdenken und alle Lernenden sind dazu aufgefordert, weil anschließend von allen eine Antwort erwartet wird. Außerdem sehen die Lernenden wie die anderen „geampelt“ haben und können anschließend über die Lösungen oder Meinungen diskutieren. Für die Lehrperson ist diese Methode sehr hilfreich, weil sie auf einen Blick sehen kann, ob die Lernenden den Stoff richtig verstanden und die richtige Lösung gewusst haben, bzw. bei Meinungsabfragen, welche Meinungen mehrheitlich im Raum stehen. Damit wird die Ampelmethode auch zu einem einfachen diagnostischen Verfahren. Sie hilft der Lehrperson, den Lehr-Lern-Prozess passgenau zu gestalten und entsprechende Schwerpunkte zu setzen.

Außerdem macht die Methode viel Spaß und kann bei jüngeren und älteren Lernenden jederzeit eingesetzt werden. Die Lernenden sind hoch motiviert, weil sie auf spielerische Art Stellung beziehen können und in ihrem Lernprozess ernst genommen werden.

Didaktischer Einsatzort:

Die Ampelmethode kann als Lernkontrolle, als Entscheidungsbildung, als Feedbackmaßnahme und eben auch als diagnostisches Verfahren eingesetzt werden. Sie kann zu Beginn einer Einheit eingesetzt werden, um Vorkenntnisse zu erfassen, während des Lernprozesses, um diesen festzustellen und im Anschluss, um den Lernstand zu erkennen bzw. Feedback einzuholen. Hilfreich ist sie auch nach der Durchführung von kooperativen Lernmethoden.

Die Ampelmethode kann in vielen Lehr-Lern-Konzepten genutzt werden. Beim Lehrgang und im Sandwich-Prinzip (kollektive Lernphasen), um nach einem Vortrag oder einem Unterrichtsgespräch zu überprüfen, was die Lernenden verstanden und behalten haben oder auch, mit welchem Themengebiet sie gerne fortfahren wollen. Zu Beginn, um das Vorwissen zu überprüfen und um die Motivation auf das Thema zu lenken, wenn zum Beispiel mit Schätzfragen oder Hypothesen eingestiegen und hierzu die Meinung der Lernenden eingeholt wird.

Bei WELL ist die Ampelmethode in der 3.Phase sinnvoll einzusetzen, wenn es um die Verarbeitung der Lerninhalte geht. Hier können zum Beispiel Aufgaben mit jeweils drei Antwortmöglichkeiten gestellt werden, die Lernenden ampeln die Antwort, die ihnen am ehesten zusagt und die Lehrperson kann dann die Antwort nochmals mit der Klasse im Plenum besprechen.

In der Freiarbeit und im Projektunterrichten können die Lernenden die Ampelmethode eigenständig nutzen, wenn sie zum Beispiel in Kleingruppen arbeiten und es Thesen abzustimmen oder Meinungen auszutauschen gilt. Hierbei ist allerdings wichtig, dass die Lernenden wissen, wie man diese Methode eigenständig nutzt. Dazu benötigen sie eine Arbeitsanweisung (siehe Methodenrucksack).

In der Wochenplanarbeit bietet sich die Ampelmethode eher weniger an, es sei denn, wenn darüber abgestimmt werden soll, welche Küraufgaben in den Wochenplan aufgenommen werden sollen oder am Ende, um ein Meinungsbild zu erhalten, wie die Arbeit in der vergangenen Woche mit dem Plan verlief.

Vorbereitung /Zeitaufwand:

Der Vorbereitungsaufwand ist sehr gering. Es müssen lediglich drei Antwortvorgaben oder Thesen aufgestellt werden, diese können mündlich oder schriftlich (Folie, Beamer, Tafel, Arbeitsblatt) aufgezeigt werden. Die Ampelkärtchen können bereits zu Beginn des Schuljahres den Lernenden ausgeteilt und somit permanent zur Verfügung gestellt werden.

Sozialform:

Plenum, Klassenverband; Kleingruppe

Lehrstrategien:

Die Lehrperson benötigt die Fähigkeit, klare Aufgabenstellungen zu formulieren und die Lernenden entsprechend zu instruieren. Außerdem sind Organisationsstrategien erforderlich, damit die Ampelmethode strukturiert ablaufen kann.

Differenzierungsmöglichkeiten:

Da die Methode im Plenum mit der ganzen Klasse umgesetzt wird, sind hier keine Differenzierungsmöglichkeiten vorgesehen. Allerdings können, wenn die Klasse in leistungsheterogene Gruppen aufgeteilt wird, separate Antworten in unterschiedlichen Schwierigkeitsgraden vorbereitet und die Methode mit einzelnen Gruppen durchgeführt werden.

Beispiele:

Es werden zu verschiedenen Sachverhalten/Thesen drei Antwortvorgaben gegeben, die entsprechend einer Frage oder These zugeordnet sind. Die Lernenden erhalten die Aufgabe zu ampeln, sobald die Lehrperson das Kommando („jetzt bitte ampeln!") dazu gibt. Die Lernenden heben das farbige Kärtchen hoch, das sie für richtig halten. Danach äußern sich die einzelnen Lernenden zum Sachverhalt und es findet eine weitere Runde statt oder eine längere Diskussion schließt sich an.

Grundschule: Thema: Wortarten (Deutsch, Silke Traub)

Die Lehrperson behandelt im Unterricht das Thema Wortarten; die Ampelmethode kann zu Beginn der Einheit zur Aktivierung der Vorkenntnisse und Überprüfung des Wissensstandes eingesetzt werden oder zur Leistungskontrolle am Ende der Einheit.

Handelt es sich hierbei um: ein Adjektiv (rot); ein Substantiv (gelb); ein Verb (grün)?

Haus; Das Leben; laufen; schön; ….

Nach der Ampelphase stellt die Lehrperson die richtige Antwort vor. Bei vielen falschen Antworten erklärt sie nochmals, was ein Adjektiv, ein Substantiv oder ein Verb ist oder lässt dies einzelne Schülerinnen und Schüler erklären. Danach folgen weitere Beispiele. Alle Lernenden müssen sich hier äußern und eine Entscheidung treffen.

Sekundarstufe I: Thema: Diskussion/ Argumentation (Deutsch, Silke Traub)

Die Schülerinnen und Schüler werden um ihre Meinung mit Hilfe der Ampelmethode gefragt. Diese kann hier am Anfang der Diskussion oder am Ende eingesetzt werden, um das Meinungsbild der Klasse zu widerspiegeln.

Verbessert das Tragen einer Schuluniform das Schulklima? Was meinst Du? Eher ja (rot); dazu habe ich keine Meinung (gelb); eher nein (grün).

Diese Ampelmethode könnte der Einstieg in eine strukturierte Kontroverse zu diesem Thema sein oder es könnte sich eine offene Diskussion anschließen.

Grundschule und Sekundarstufe I (Silke Traub)

Ich habe mich in der gerade stattfindenden Gruppenphase: wohl gefühlt (rot); teilweise wohl gefühlt (gelb); unwohl gefühlt (grün).

Mit dem Wochenplan bin ich insgesamt gut zurechtgekommen (grün), in bestimmten Bereichen zurechtgekommen (gelb), nicht zurechtgekommen (rot).

In beiden Beispielen geht es um metakognitive Aspekte, die nach der Ampel diskutiert werden müssen und die Veränderungen nach sich ziehen sollten: Der Wochenplan muss abgeändert werden, die Gruppenzusammenstellung überprüft werden usw.

2.3 Fragenstellen

Beschreibung der Technik:

Die Technik des Fragens ist im Bereich des Lehrens und Lernens eine wesentliche Säule des Erfolgs: Wer gut fragt, erhält auch gute Antworten. Außerdem wird in fast jeder Unterrichtsstunde gefragt. Häufig stellen Lehrende aber solche Fragen, deren Antworten sie bereits kennen. Das ist für Lernende eher demotivierend. Sinnvoller sind Fragen, durch die die Lernenden Unterstützungen in ihren Denkanlässen erhalten, die ihnen helfen, eine richtige Antwort zu finden und die ihre Neugierde wecken. Dafür sind offene Fragen besser geeignet als geschlossene Fragen, auf die Lernende dann nur eine Antwortmöglichkeit haben und sie leicht ins Raten verfallen können.

Es lassen sich beim Fragenstellen verschiedene Aspekte unterscheiden:

Was wird gefragt? (Fragen auf unterschiedlichen Denkstufen): Fragen bringen Denk- und Lernstrukturen in Gang. Fragen können dabei auf einem niederen oder höheren Niveau gestellt werden.

Wie wird gefragt? (Wartezeit und Reaktion auf Antworten): Den Lernenden muss genügend Zeit gegeben werden, um über eine Frage nachdenken zu können und sich eine Antwort zurechtzulegen. Weniger Fragen sind dabei wertvoller als viele Fragen, die hintereinandergestellt werden und das Denken der Lernenden eher verhindern.

Wer wird aufgerufen? (Schülerantworten abrufen): Die Lehrperson muss darauf achten, dass beim Aufrufen immer unterschiedliche Lernende an die Reihe kommen und dass dabei niemand bloßgestellt wird. Hierbei hilft zum Beispiel auch die Ampelmethode oder eine dazwischen geschaltete Murmelphase.

Wie wird reagiert? (Umgang mit Schülerantworten): Die Antworten der Lernenden müssen ernst genommen und bei Unklarheiten muss nachgefragt werden. Die lernende Person muss rückgemeldet bekommen, ob die Antwort richtig war oder nicht und die Chance erhalten, über eine falsche Antwort nachzudenken und einen Verbesserungsvorschlag zu machen (vgl. Ebbens & Ettekoven 2009, S. 73).

Pädagogische Leistung:

Das Stellen von Fragen zielt schwerpunktmäßig auf drei Effekte:

Das Denken der Lernenden kann sichtbar gemacht werden: Durch die Fragen kann die Lehrperson erkennen, welche Einstellung die Lernenden zum Lernen haben, ob die Lernenden den Lernstoff verstanden haben oder ob noch einmal etwas wiederholt werden muss.

An Vorkenntnisse der Lernenden kann angeknüpft werden: Durch das Stellen von Fragen können die Lehrpersonen die Vorkenntnisse ermitteln und diese bei der Fortsetzung des Lernstoffes berücksichtigen.

Neuer Lernstoff bleibt effektiver haften: Durch gezielte und sinnvolle Fragen und Impulse können die Lernenden zu einer produktiven Interaktion mit dem Lernstoff angeregt werden. Durch lautes und schriftliches Formulieren bleibt neues Wissen besser haften (vgl. Ebbens & Ettekoven 2009, S. 70).

Fragen zu stellen ist nicht immer sinnvoll. Man sollte mit den Lernenden nicht Katz und Maus spielen und auch nicht die Osterhasenpädagogik anwenden. Wenn Lernende zu einem Themengebiet kein Vorwissen haben, können sie auf Fragen auch nicht antworten und die Antwort auch nicht erarbeiten. Hier bieten sich dann kleinere Lehrvorträge an, damit eine Basis an Wissen geschaffen werden kann. Sinnvoller ist es dann, wenn Lernende die Fragen stellen und die Lehrperson als Expertin diese beantwortet.

Didaktischer Einsatzort:

Fragen gehören in alle Lehr-Lern-Konzepte, bei manchen handelt es sich eher um schriftliche (Wochenplan, Freiarbeit), bei anderen eher um mündliche Fragen (Lehrgang, Sandwich). Im Projektunterricht sind die Lernenden angehalten, sich selbst gegenseitig Fragen zu stellen. Fragen sind dann gut, wenn es sich um echte Fragen handelt, also um solche, bei denen die Lernenden eigenständig Stellung beziehen, Gedanken äußern, Sachverhalte erklären, Hypothesen stellen können und dergleichen mehr. Nicht sinnvoll sind Fragen dann, wenn sie rhetorisch, ironisch oder ohne Antwortalternative gestellt werden und die Lernenden nur über Raten zu einer Antwort kommen können (Schätzfragen sind hier die Ausnahme) und wenn die Lernenden keine Antworten wissen können, weil ihnen der Hintergrund und die Vorkenntnisse fehlen.

Vorbereitung / Zeitaufwand:

Impulse und Fragen sollten vorbereitet werden, damit sie entsprechend im Unterricht gestellt werden können und nicht nur aus einer Laune heraus formuliert werden. Allerdings benötigt die Lehrperson trotz allem eine gewisse Flexibilität, um auf den tatsächlichen Lernverlauf eingehen zu können.

Sozialform:

Plenum, Klassenverband, Kleingruppe.

Lehrstrategien:

Fragen und Impulse zeit- und sinngemäß stellen zu können und diese auf verschiedene Lernniveaus anzubieten.

Differenzierungsmöglichkeiten mit Beispielen:

Es lassen sich Fragen, die auf Behalten abzielen (Lernniveau 1), von Fragen, die auf Verstehen ausgerichtet sind (Lernniveau 2), unterscheiden. Außerdem können Fragen auch dem Integrieren und dem Transfer (Lernniveau 3) dienen.

Beispiele

Grundschule: Sinken und Schwimmen (Sachunterricht, Silke Traub)

Die Lehrperson führt mit der Klasse verschiedene Experimente zum Sinken und Schwimmen durch. Die Lernenden sollen genau beobachten und Hypothesen formulieren.

Lernniveau 1: Beobachte genau: Was passiert mit dem Stein / dem Boot/ dem Plastikmännchen…, wenn er/es auf die Wasseroberfläche trifft?

Lernniveau 2: Warum sinkt der Stein, schwimmt das Boot.) Versuche Erklärungen zu finden

Lernniveau 3: Welche weiteren Gegenstände sinken, schwimmen, kentern. Stelle Behauptungen auf, begründe diese und führe jeweils dazu Versuche durch.

Sekundarstufe 1: Thema Europa (Geografie, Silke Traub)

Die Lehrperson hat das Thema geografische Lage Europas, Länder und Hauptstädte behandelt. Nun möchte sie das Wissen der Lernenden abprüfen.

Lernniveau 1: Nenne die Hauptstädte Europas!

Lernniveau 2: Vergleiche die Hauptstadt deines Bundeslandes mit der Bundeshauptstadt Berlin. Wo siehst Du Gemeinsamkeiten, wo Unterschiede?

Lernniveau 3: Welche Eigenschaften müsste eine Stadt mitbringen, damit Du sie zur Hauptstadt erklären würdest?

Lernniveau 2 und 3 geben die Möglichkeit zur Diskussion, während Lernniveau 1 nur eine Abfrage von Wissen darstellt. Dieses Wissen ist aber Voraussetzung, um die Fragen auf Niveau 2 zu beantworten und mit Frage auf Niveau 3 sinnvoll umgehen zu können. Eine Antwort auf die Frage im Niveau 1 ist aber auch nur dann möglich, wenn das notwendige Wissen bereits vorhanden ist oder zuvor vermittelt wurde.

Manche Lernende werden nicht über Niveau 1 hinauskommen, andere können auf Niveau 2 und 3 miteinander diskutieren und sich austauschen.

2.4 Vergewisserungsphasen/Murmelphasen

Beschreibung der Methode:

Diese Methode ist sehr einfach umzusetzen und trotzdem ist sie sehr effektiv. Die Lehrperson gibt eine Frage, ein Problem oder dergleichen vor. Bevor darüber mit der ganzen Klasse im Plenum gesprochen wird, erhalten die Lernenden die Gelegenheit, sich darüber einige Minuten Gedanken zu machen und sich in einer Partnerarbeit auszutauschen. Dort kann das Gelernte nochmals wiederholt und gezielt Fragen miteinander besprochen werden. Die Lernenden können sich so vergewissern, ob sie das Gelernte verstanden haben und wo noch Klärungsbedarf besteht.

Dieser Austausch bringt ein gewisses „Gemurmel“ mit sich, warum diese Phase auch als Murmelphase bezeichnet wird. Die Lernenden können in dieser Phase des Vergewisserns ihre Aufschriebe, ihre Bücher oder sonstige Hilfsmittel nutzen. Erst danach nehmen die Lernenden dann zur Frage oder zur Grafik Stellung und äußern ihre Ansichten dazu bzw. bringen ihre Fragen ins Plenum ein.

Pädagogische Leistung:

Diese Methode dient als einfacher Einschub während eines Vortrags oder eines Unterrichtsgesprächs. Dadurch werden Lernende in eher instruierten Lehrsettings kurzfristig aktiv und können ihre Gedanken und Fragen einbringen und sich mit den Inhalten kurz individuell und kooperativ auseinandersetzen. Die Aufmerksamkeit kann erhalten und im Vortrag anschließend fortgefahren werden. Dadurch steigt die Qualität der Beiträge. Auch die Hemmschwelle, sich in einer anschließenden Aussprache im Plenum zu beteiligen, wird geringer, weil ja bereits eine Vergewisserung in Partnerarbeit stattgefunden hat.

Didaktischer Einsatzort:

Eine Vergewisserungsphase kann an jeder Stelle des Unterrichts eingesetzt werden: zu Beginn einer Einheit, in dem sich die Lernenden über ihr Vorwissen, ihre Interessen oder ihre Fragen unterhalten, während einer Einheit, wenn es darum geht, eine Frage, ein Problem, ein Fallbeispiel oder eine Quelle oder Grafik miteinander zu besprechen oder am Ende einer Einheit, um noch offene Fragen zu klären. Sie stellt eine Methode dar, die in allen Lehr-Lern-Konzepten zur Anwendung kommt. Im Lehrgang und beim Sandwich wird dies eher als Unterbrechung bei Vorträgen, Filmen, Experimenten usw. geschehen. Im Projektunterricht und in der Freiarbeit nutzen die Lernenden die Methode untereinander, um ins Gespräch über Sachverhalte oder Probleme zu kommen. In der Stationenarbeit und im Wochenplan kann sie gezielt eingesetzt werden, indem die Lernenden an den Stationen oder bei den Wochenplanaufgaben aufgefordert werden, sich mit ein, zwei oder drei anderen Lernenden über die Aufgabe der Station oder des Wochenplans auszutauschen.

Die Ergebnisse, auftauchende Fragen oder Probleme sowie Ergänzungen werden im Anschluss ins Plenum eingebracht.

Vorbereitung / Zeitaufwand:

Die Methode kann fast ohne Vorbereitungsaufwand eingesetzt werden. Murmelphasen dauern zwischen 3 und 10 Minuten, je nach Aufgabenstellung.

Sozialform:

Partnerarbeit; Kleingruppe.

Lehr- und Lernstrategien:

Die Lehrperson benötigt Instruktions- und Organisationsstrategien, die Lernenden benötigen Kommunikationsstrategien und kognitive sowie metakognitive Strategien.

Differenzierungsmöglichkeiten:

Eine Differenzierung kann über die Art der Aufgabenstellung ermöglicht werden.

Lernniveau 1: Es werden Fragen zum bisherigen Inhalt gestellt, damit die Lernenden überprüfen können, ob sie die Inhalte verstanden haben. Damit werden vor allem Wiederholungs- und Einprägungsstrategien genutzt.

Lernniveau 2: Die Aufgabe beim Vergewissern wird allgemeiner gestellt, im Sinne der Frage, was man mit den Inhalten anfangen kann und wo noch Fragen offengeblieben sind. Hierzu benötigen die Lernenden Elaborations- und Enkodierstrategien bzw. Organisations- und Abrufstrategien. Auch metakognitive Strategien können hierbei genutzt werden im Sinne der Überlegung, was habe ich verstanden und was nicht.

Lernniveau 3: Hier wird die Aufgabe sehr allgemein gestellt, im Sinne von: „Schaut euch eure Notizen noch einmal an und überlegt, wo es noch Klärungsbedarf gibt und wofür ihr dieses Wissen nutzen könnt." Hierzu sind neben den bereits genannten Lernstrategien vor allem metakognitive Strategien notwendig, da hier eine starke Reflexion des eigenen Lernverhaltens gefordert wird. Auch Strategien aus dem Bereich des Ressourcenmanagements kommen hier zur Anwendung.

In der Umsetzung der Differenzierung könnte man die Lernniveaus mit verschieden farbigen Moderationskarten anzeigen und die Lernenden entscheiden selbst, auf welchem Niveau sie die Vergewisserungsphase nutzen wollen.

Beispiele:

Grundschule: Einführung des Buchstaben A (Deutsch, Silke Traub)

Die Lehrperson führt den Buchstaben A ein. Sie möchte mit Hilfe der Vergewisserungsphase den Lernenden die Möglichkeit geben, den Buchstaben selbst auszuprobieren und nochmals zu wiederholen, wie der Buchstabe klingt und wie er geschrieben wird.

Lernniveau 1: Zeigt nochmals gegenseitig, ob ihr den Buchstaben A richtig schreiben könnt und sprecht den Buchstaben dabei jeweils laut aus: Schreibt ihn in die Luft, auf den Rücken des Partners, ins Heft.

Lernniveau 2: In welchen Wörtern hört man den Buchstaben A am Anfang? Tauscht euch aus und sammelt so viele Wörter mit dem Buchstaben A am Anfang wie euch einfallen.

Lernniveau 3: Schreibt eine kleine Geschichte und zählt wie oft ihr dabei den Buchstaben a verwendet habt. Kommt der Buchstabe A oft vor?

Sekundarstufe: Schreiben eines Berichts (Deutsch, Silke Traub)

Die Lehrperson hat eine Einführung in das Schreiben eines Berichtes gegeben.

Nach ihrem Impulsvortrag möchte sie in einer Vergewisserungsphase klären, ob die wichtigsten Aspekte verstanden wurden:

Lernniveau 1: Schaut euch eure Notizen noch einmal an und nennt euch gegenseitig drei Merkmale, die beim Schreiben eines Berichtes wichtig sind! Tauscht euch über die Bedeutung der Merkmale aus und sucht noch weitere, falls noch Zeit vorhanden ist.

Lernniveau 2: Wenn Du einen Bericht schreibst, was musst Du dabei alles beachten?

Lernniveau 3: Wo hast Du noch Klärungsbedarf, damit Du anfangen kannst, einen Bericht zu schreiben. Welche Themen hältst Du als Berichtsthemen für sinnvoll?

Nach der Vergewisserungsphase bringen die Lernenden ihre Überlegungen und Fragen ins Plenum ein und dort werden diese gemeinsam besprochen. Dadurch erhalten die Lernenden Einblicke in die Diskussion auf allen Lernniveaus und können von den Ergebnissen der anderen profitieren. So könnte zum Beispiel ein Tandem, das sich auf Lernniveau 3 unterhalten hat, feststellen, dass sie nicht mehr wissen, in welcher Zeitform ein Bericht zu schreiben ist. Lernende auf Niveau 1 haben das nochmals nachgelesen und können die Antwort geben.

2.5 Vier-Ecken-Methode

Beschreibung der Methode:

In die vier Ecken des Raumes wird jeweils eine Aussage, eine These oder eine Frage positioniert. Zu Beginn der Gruppenbildung stellt die Lehrperson sicher, dass die vier möglichen Optionen von allen Lernenden verstanden werden. Daraufhin entscheiden sich die Lernenden zu welcher Aussage, These oder Antwort auf eine Frage sie neigen und begeben sich in die entsprechende Ecke des Raumes. Dafür haben sie einige Minuten Bedenkzeit. Visuelle Hilfen wie Poster oder Bilder können die Entscheidung erleichtern und Missverständnissen vorbeugen. Wer sich nicht entscheiden kann, bleibt in der Mitte des Raumes stehen. Die Lernenden diskutieren zunächst leise in ihren Ecken über ihre Entscheidung und über die Alternative. Sie begründen anschließend, warum sie sich dieser Alternative zugewandt haben. Die Lernenden in der Mitte besprechen miteinander, warum sie sich noch nicht entscheiden konnten und zu welcher Ecke bzw. Ecken sie am ehesten tendieren würden.

Daran knüpft eine Diskussion über die Antwortmöglichkeiten an. Die bisher noch Unschlüssigen sollten sich während der Diskussion ebenfalls für eine Ecke entscheiden.

Die Diskussionsergebnisse können anschließend in einem Wandplakat festgehalten werden.

Pädagogische Leistung:

Die Vier-Ecken-Methode dient der Bildung homogener Interessens- oder Meinungsgruppen. Die Lernenden können zwischen verschiedenen Sichtweisen wählen und sich der anschließen, die am ehesten mit ihrer eigenen übereinstimmt. Die Kommunikationsfähigkeit wird gestärkt, Sachverhalte werden zunächst mit „Gleichgesinnten“ ausgetauscht, bevor ein Austausch im Plenum erfolgt. Dadurch wird die Hemmschwelle herabgesetzt und alle Lernenden in die Diskussion eingebunden.

Didaktischer Einsatzort:

Entweder am Anfang einer Einheit, um das Denken anzuregen und Impulse zu geben, in der Mitte einer Einheit zur Erarbeitung eines Themas, oder am Ende zum Abschluss der Einheit. Gut einsetzbar, wenn ein Meinungsbild erreicht werden soll und man anschließend mit der Mehrheitsentscheidung weiterarbeiten möchte. Grundsätzlich lässt sich diese Methode vor allem in den Lehr-Lern-Konzepten des Lehrgangs und des Sandwichs einsetzen. Sinnvoll ist sie auch beim Projektunterricht, zum Beispiel bei der Einteilung der Gruppen zu Interessenschwerpunkten oder abschließend zum Meinungsaustausch. Bei der Stationenarbeit, dem Wochenplan und in der Freiarbeit bietet sich diese Methode weniger an. Beim Lehr-Lern-Konzept WELL ist sie im Rahmen der Verarbeitungsphase einsetzbar, wenn dort nochmals Thesen aus den einzelnen Expertengruppen diskutiert werden sollen.

Vorbereitung / Zeitaufwand:

Der Raum und die Fragen müssen vorbereitet werden, weiter wäre es gut, Bögen mit den entsprechenden Aussagen in die Ecke zu hängen. Der Zeitaufwand beträgt zwischen 15 und 20 Minuten, der Vorbereitungsaufwand etwa 10 Minuten.

Sozialform:

Plenum, Diskussion in Kleingruppen

Lehr-Lernstrategien:

Die Lehrenden benötigen Organisations- und Instruktionsstrategien, die Lernenden Kommunikationsstrategien und metakognitive Strategien, da sie sich für eine Ecke und damit für eine Aussage bewusst entscheiden müssen.

Differenzierungsmöglichkeiten:

Diese sind hier nicht notwendig, da die Lernenden sich Aussagen nach eigenem Verständnis zuordnen und dort mit anderen diskutieren. Schwächere Lernende können sich so die Argumentation stärkerer Lernenden anhören und für sich verinnerlichen.

Beispiele:

Grundschule: Thema: Leseinteresse wecken (Deutsch, Silke Traub)

Die Lehrperson stellt im Fach Deutsch vier Jugendbücher zur Auswahl. Eines davon soll gemeinsam in der Klasse gelesen werden. Die Schülerinnen und Schüler informieren sich im Rahmen eines Gruppenpuzzles (siehe Beispiel unten) über die Inhalte der jeweiligen Bücher. Im Anschluss an das Gruppenpuzzle findet die Vier-Ecken-Methode statt:

In die vier Ecken des Raumes wird jeweils der Titel eines der Jugendbücher gehängt und durch ein Bild des Covers ergänzt. Die Jugendlichen entscheiden sich für eines der Bücher und gehen in die entsprechende Ecke. Sie diskutieren zunächst untereinander, was sie bewogen hat, sich für dieses Buch zu entscheiden und begründen dies anschließend im Plenum. Die Unentschlossenen hören sich die Argumente an und entscheiden sich dann ebenfalls für ein Buch. Das Buch, das auf das meiste Interesse gestoßen ist, wird ausgewählt und in der Klasse gemeinsam gelesen.

Sekundarstufe: Thema: Organspende (Ethik, Silke Traub)

Die Lehrperson möchte in der Stunde das Thema Organspende besprechen und das Für und Wider diskutieren. Zu Beginn wird eine Vier-Ecken-Methode eingeführt.

1. Ecke: Nach dem Tode sollten den Menschen Organe entnommen werden dürfen. Es bedarf keiner weiteren Regelung
2. Jeder Mensch muss selbst entscheiden dürfen, ob ihm nach seinem Tode Organe entnommen werden dürfen. Dies regelt der Organspendeausweis.
3. Wer nicht ausdrücklich der Entnahme von Organen widerspricht, dem dürfen diese nach seinem Tode entnommen werden.
4. Organe dürfen grundsätzlich nicht entnommen werden.

Im Anschluss an diesen Meinungsaustausch werden im Unterricht die verschiedenen Sichtweisen näher betrachtet und mit Unterrichtsmaterialien besprochen. Am Ende der Unterrichtseinheit kann die Vier-Ecken-Methode wiederholt werden.

3. Kognitive Landkarten

3.1 Sortieraufgabe

Beschreibung der Technik:

Die Sortieraufgabe ist noch keine kognitive Landkarte, aber für die folgenden zu beschreibenden Methoden so oder in ähnlicher Weise Voraussetzung. Deshalb wird sie hier vorangestellt (vgl. Wahl 2006; 2013).

Die Sortieraufgabe hilft den Lernenden dabei, ihr Verständnis der Ankerbegriffe zu überprüfen und entsprechende Lernlücken zu schließen.

Auf einem Arbeitsblatt oder auf kleinen Karteikarten sind zentrale Begriffe einer Themeneinheit, eines Textes, eines Experimentes usw. notiert. Jede lernende Person erhält das Arbeitsblatt oder den Begriffskartensatz. In der ersten Phase beschäftigt sich jede Person alleine mit dem Arbeitsblatt oder den Kärtchen und versieht beim Arbeitsblatt unbekannte Begriffe mit einem Fragezeichen, bekannte Begriffe mit einem Häkchen. Der Kartensatz wird in zwei Stapel sortiert: Begriffskärtchen, die die Person kennt und auch erklären kann, legt sie auf die linke Seite. Begriffskärtchen, die die lernende Person nicht kennt oder bei denen sie unsicher ist, werden auf die rechte Seite gelegt.

Wenn das Blatt bearbeitet bzw. alle Kärtchen sortiert sind, dann beginnt die zweite Phase. Die lernende Person versucht die Begriffe der rechten Seite zu klären. Hierzu nutzt sie alle ihr zur Verfügung stehenden Hilfsmittel, wie beispielsweise Bücher oder Heftaufschriebe. Es ist auch möglich, mit einem Partner/einer Partnerin gemeinsam die Begriffe zu klären und sich darüber auszutauschen. Ist dies für einen Begriff gelungen, dann wird das Kärtchen auf die linke Seite gelegt bzw. das Fragezeichen durch ein Häkchen ersetzt.

Die Aufgabe ist beendet, wenn alle Kärtchen auf der linken Seite liegen und somit alle Begriffe verstanden sind und erklärt werden können. Im Plenum werden unklar gebliebene Begriffe gemeinsam geklärt und es wird mit den Begriffen weitergearbeitet.

Alternative: Die Sortieraufgabe kann auch zum Abfragen von Meinungen oder zur Zustimmung bzw. Ablehnung von Hypothesen verwendet werden. Dann werden die Begriffe durch Äußerungen oder Hypothesen ersetzt und die Sortierung erfolgt nach den Kriterien „stimme ich zu / lehne ich ab".

Pädagogische Leistung:

Lernen ist ein hochgradig individueller Prozess, da Lernende über unterschiedliche semantische Netzwerke verfügen.

Durch die Sortieraufgabe können die Lernenden ihr bisheriges Wissen aktivieren und erkennen, wo sie noch Lücken haben. Außerdem erhalten sie Hilfestellung, um diese Lücken zu schließen durch die anschließende Auseinandersetzung mit unbekannten Begriffen oder im Austausch mit anderen Lernpartnern. Die Lehrperson ist in dieser Phase entlastet und kann den Lernprozess beobachten und bei schwächeren Lernenden unterstützend wirken. Damit wird dem Lerntempo jedes einzelnen Lernenden entsprochen.

Die Sortieraufgabe gehört in den Bereich der Wissensverarbeitung und stellt eine individuelle Lern- und Arbeitsform dar, die mit einer Partnerarbeit sinnvoll kombiniert werden kann. Sie dient der eigenen Lernwegdiagnose, da sie dem Einzelnen aufzeigt, wo Lernlücken sind und es werden Maßnahmen ergriffen, wie diese Lücken zu schließen sind. Die zur Verfügung stehende Lernzeit wird hierbei optimal genutzt. Die Lehrperson kann feststellen, wo Wissenslücken sind und kann den weiteren Lernprozess darauf abstimmen und bestimmte Sachverhalte nochmals erläutern.

Didaktischer Einsatzort:

Die Technik kann zu Beginn einer Lernsequenz angewandt werden, um das Vorwissen der Lernenden zu aktivieren und um einen Überblick über den Wissensstand zu bekommen. Hier kann auch eine Kombination mit der Ampelmethode helfen, um den Lernstand diagnostizieren zu können. Der Leistungsstand wird festgestellt, Interessen werden abgefragt und anknüpfbares Wissen aus früheren Lerneinheiten wiederholt.

Während einer Lernsequenz kann man mit der Sortieraufgabe herausfinden, welchen Wissensstand die Schülerinnen und Schüler haben. Sie wird nach einem Vortrag, einem Unterrichtsgespräch, einem Advance Organizer oder im Anschluss an einen Film oder ein Experiment eingesetzt.

Am Ende einer Lernsequenz ermöglicht diese Technik den Lernenden das Thema individuell zu wiederholen und Wissenslücken zu schließen. Des Weiteren erkennt die Lehrperson, welche Lerninhalte sie nochmals gezielt mit der Klasse wiederholen sollte.

Vor der Durchführung einer Struktur-Lege-Technik oder eines Netzwerkes ist die Sortieraufgabe empfehlenswert. Ebenso als Unterstützungstechnik beim wechselseitigen Lehren und Lernen, damit sich Lernende zu Experten machen und ihr Wissen gegenseitig austauschen können. Sie dient auch als Technik, um einen Sachtext, eine Quelle, eine Versuchsanordnung oder eine literarische Schrift besser verstehen und Informationen daraus entnehmen zu können. Als Vorbereitung für eine Struktur-Lege-Technik oder ein Netzwerk ist das Klären der Begriffe unumgänglich.

Die Sortieraufgabe ist in allen Lehr-Lern-Konzepten einsetzbar. Im Lehrgang nach einer Informationsphase oder einem Unterrichtsgespräch, um die Inhalte anhand zentraler Ankerbegriffe zu wiederholen und zu festigen, im Sandwich-Prinzip als Teil einer individualisierten Lernphase in Vorbereitung auf die Struktur-Lege-Technik. Im Rahmen des wechselseitigen Lehrens und Lernens stellt die Sortieraufgabe eine Unterstützungstechnik dar, die den Lernenden hilft, sich zum Experten zu machen und ihr Wissen einander gut zu vermitteln. Hierzu können die Begriffe von der Lehrperson vorgegeben werden mit der Aufgabenstellung: „Erklärt eurem Partner das Themengebiet anhand der folgenden Ankerbegriffe. Ihr könnt auch selbst mit Hilfe der Kärtchen überprüfen, ob ihr die Begriffe verstanden habt!“

Bei der Stationenarbeit und im Wochenplan ist die Sortieraufgabe als eine Station nutzbar und auch im Wochenplan kann die Sortieraufgabe als Basisaufgabe zum Klären neuer Begriffe dienen. In der Freiarbeit ist sie ebenfalls als Arbeitsmaterial in verschiedenen Fächern zu unterschiedlichen Themen einsetzbar. In der Projektarbeit ist die Sortieraufgabe sowohl zum Erschließen als auch bei der Vermittlung eines Themengebiets an Mitlernende hilfreich. In der Freiarbeit und in der Projektarbeit nutzen die Lernenden die Sortieraufgabe auch eigenständig. Sie wählen sie gezielt als Methode aus, um Wissen zu verarbeiten und zu vernetzen. Hierzu ist es wiederum notwendig, dass die Lernenden eine Anleitung haben, wann sie auf die Sortieraufgabe zurückgreifen können und wie diese Technik funktioniert (siehe Methodenrucksack).

Vorbereitung / Zeitaufwand:

Um die Technik durchführen zu können, muss die Lehrperson zentrale Begriffe der Lernsequenz auswählen. Die Begriffe werden entweder auf ein Arbeitsblatt geschrieben oder jeweils auf ein Kärtchen und für jeden Schüler/jede Schülerin vervielfältigt. Die Bearbeitungszeit sollte zwischen 5 und 30 Minuten liegen. Möglich ist es auch, dass die Lernenden sich die Begriffskarten selbst schreiben und ausschneiden.

Sozialform:

Die erste Phase der Technik sollte in Einzelarbeit durchgeführt werden, da sie der individuellen Wissensverarbeitung dient. Die zweite Phase, die Informationssuche und das Schließen der Wissenslücken, kann in Partnerarbeit durchgeführt werden.

Lernstrategien:

Die Sortieraufgabe fördert als Technik die Entwicklung und Nutzung folgender Lernstrategien:

Wiederholungs- und Einprägungsstrategien:

Die Auseinandersetzung mit den Begriffen, Meinungen oder Hypothesen führt zum Einprägen und auch zum Festhalten im Kurzzeitgedächtnis. Das Wiederholen der Begriffe durch die Sortierung in bekannt/unbekannt und durch die Auseinandersetzung mit den unbekannten Begriffen auf unterschiedliche Art und Weise erfolgt eine Memorierung, die dem Merken der Begrifflichkeiten und der Verankerung im Langzeitgedächtnis förderlich ist.

Enkodier- und Elaborationsstrategien:

Durch die Auseinandersetzung mit den Begriffen werden neue Informationen mit bereits vorhandenen in Beziehung gesetzt und damit dauerhaft gespeichert. Dies geschieht aber nicht in einer Tiefenstruktur, sondern eher oberflächlich.

Organisations- und Abrufstrategien:

Die Sortieraufgabe stellt eine Technik dar, die Lernende dann auswählen können, wenn es darum geht, Informationen zu wiederholen und Begrifflichkeiten bzw. Meinungen zu klären.

Differenzierungsmöglichkeiten mit Beispielen:

Zunächst erfolgt eine Phase der Wissensvermittlung (Vortrag, Film, eigenständige Textarbeit usw.). Die Lernenden erhalten die Aufgabe, eine Sortieraufgabe durchzuführen, um sich die neuen Informationen besser behalten und sie verarbeiten zu können. Somit setzen sie sich aktiv mit dem neu erworbenen Wissen auseinander. Die Sortieraufgabe wird auf drei Lernniveaus angeboten. Dabei kann das Niveau im Bereich der Quantität und der Qualität differieren.

Quantität: Die Anzahl der Begriffe variiert:

Lernniveau 1: 6-8 Begriffe; Lernniveau 2: 8-12 Begriffe; Lernniveau 3: 12-20 Begriffe (Alternativ: Die Lernenden erhalten die Begriffe auf Niveau 2 vorgegeben und sollen noch weitere 8 Begriffe selbst benennen, die sie für wichtig erachten).

Die anschließende Klärung unbekannter Begriffe erfolgt im Plenum, so dass die Lernenden des Niveaus 1 auch noch Informationen von Lernenden der anderen Niveaus erhalten. Lernniveau 1 sollte dabei das Basisniveau abbilden, das eine Weiterarbeit im Lernstoff ermöglicht, während die Niveaus 2 und 3 bereits eine Erweiterung darstellen.

Qualität: Die Hilfestellung bei der Erklärung der Begriffe variiert:

Lernniveau 1: Auf der Rückseite des Arbeitsblattes bzw. des Kärtchens ist eine Kurzdefinition des Begriffes abgedruckt, durch den sich die lernende Person den Begriff einprägen und ihn verstehen kann.

Beispiele:

Grundschule: Kirchenfeste (Religionsunterricht Stefanie Zeber)

Lernniveau1:

Vorderseite

Palmsonntag	Passionszeit
Gründonnerstag	Ostern
Karfreitag	Kreuzigung
Karwoche	Auferstehung

Rückseite

Dieser Tag erinnert an den Einzug Jesu in Jerusalem.	Diese Zeit ist die Vorbereitungszeit auf das Osterfest. Wir erinnern uns an das Leiden Jesu vor seinem Tod.
An diesem Tag wird das letzte gemeinsame Mahl, das Jesus mit seinen Jüngern vor seinem Tod gehabt hat, gefeiert.	Es ist das Fest der Auferstehung Jesu.
An diesem Tag denken wir an Jesu Leiden, an seine Verurteilung, seine Kreuzigung und seinen Tod.	Jesu wurde hingerichtet und an das Kreuz geschlagen.
Die Woche vor Ostern nennt man Karwoche. Sie beginnt nach Palmsonntag und endet an Ostern.	Am dritten Tag nach Jesu Tod, stand er von den Toten auf.

Lernniveau2:

Palmsonntag	Passionszeit
Gründonnerstag	Ostern
Karfreitag	Kreuzigung
Karwoche	Auferstehung

Tipp: Jerusalem	Tipp: Leiden
Tipp: Abendmahl	Tipp: Auferstehung
Tipp: Kreuzigung	Tipp: Tod
Tipp: vor Ostern	Tipp: Leben

Lernniveau 3: Die Lernenden schreiben sich selbst eine Kurzdefinition auf die Rückseite und erklären sich somit den Begriff. Die Vorderseite mit den Begriffen ist für alle Lernniveaus gleich.

Sekundarstufe: Thema: Gleichungen /Ungleichungen (Mathematik, Maresa Coly):

Lernniveau 1:

Vorderseite der Begriffskärtchen mit Erklärung auf der Rückseite

Addition	Multiplikation	>
Distributivgesetz	Assoziativgesetz	<
Kommutativgesetz	Variable	=

Rechnen mit +	Rechnen mit -	Größer als
die Klammer wird ausmultipliziert: 3x(5+4) = 3x5 + 3x4	Klammergesetz: die Klammer spielt keine Rolle bei der Multiplikation: (3+4) x (2+3)	Kleiner als
Vertauschungsgesetz: bei Multiplikation und Addition können die Zahlen vertauscht werden, das Ergebnis bleibt gleich: 3x4=4x3	Platzhalter für eine Zahl	Ist gleich

Lernniveau 2:

Vorderseite (wie Beispiel 1); Rückseite wie Abbildung

Siehe Buch S.	Siehe Buch S.	Das kennst Du
die Klammer wird ausmultipliziert	Klammergesetz:	Das ist Dir bekannt
Vertauschungsgesetz	Platzhalter für eine Zahl	Du kennst das Zeichen

Lernniveau 3: Die Lernenden schreiben sich selbst eine Kurzdefinition auf die Rückseite und erklären sich somit den Begriff. Die Vorderseite mit den Begriffen ist für alle Lernniveaus gleich.

Im Partnergespräch oder in der Kleingruppe können nun Lernende aus unterschiedlichen Lernniveaus die Begriffe miteinander besprechen und sich gegenseitig ergänzen und somit die Inhalte wiederholen, verarbeiten und behalten. Sie klären gemeinsam Begriffe, die eine Person noch nicht verstanden hat und fragen im Zweifelsfall bei der Lehrperson nach.

Nach dieser Phase erfolgt je nach Lehr-Lern-Konzept ein weiterer Input, ein sich anschließendes Unterrichtsgespräch oder eine weitere eigenständige Arbeitsphase wie eine Struktur-Lege-Technik oder auch die Arbeit an einem anderen Arbeitsmaterial wie im Wochenplan, bei der Freiarbeit oder in der Stationenarbeit.

Metakognitive Strategien:

Planungsstrategie: Die Sortieraufgabe unterstützt das Wiederholen von Informationen und das Verknüpfen mit Vorkenntnissen und stellt damit eine Selbstkontrolltechnik dar.

Lernniveau 1: Die Sortieraufgabe wird als Technik vorgegeben und die Lernenden führen diese aus.

Lernniveau 2: Die Sortieraufgabe wird beispielhaft für kognitive Landkarten empfohlen, andere kognitive Landkarten wie Mappingtechniken können aber ebenfalls gewählt werden. Vorgegeben ist nur, dass mit einer kognitiven Landkarte die Inhalte verarbeitet werden müssen.

Lernniveau 3: Die Lernenden wählen sich selbst die Sortieraufgabe aus, wenn sie für sich darin einen Lernzuwachs sehen oder dies für ihren Lernprozess als sinnvoll erachten (siehe Methodenrucksack).

Überwachungsstrategie: Durch die Sortierung in bekannt/unbekannt lernen die Schülerinnen und Schüler, welche Begrifflichkeiten sie beherrschen und wo sie nacharbeiten müssen. Damit überwachen sie den eigenen Lernprozess.

Regulationsstrategien: Die Begriffe, die nicht erklärt werden konnten, müssen erneut wiederholt werden. Das Lernverhalten wird reguliert.

Lernniveau 1: Hier greift die Lehrperson durch gezielte Abfragetechniken in die Strategien ein, um den Lernenden dabei zu unterstützen, herauszufinden, wo reguliert werden muss.

Lernniveau 2: Die Lernenden müssen in der Lage sein, die Begriffe nach einer Austauschphase im Plenum zu erklären. Sie können durch eigene Antworten oder durch Antworten der Mitlernenden erkennen, wo sie noch nachregulieren müssen.

Lernniveau 3: Die Lernenden arbeiten so selbstgesteuert, dass sie erkennen, wo Regulationsbedarf ist und welche Begriffe bereits verankert sind.

Ressourcenmanagement:

Die Begriffskärtchen können nach Bedarf immer wieder herangezogen und eingesetzt werden, um sich auf Leistungstests vorzubereiten, Wissen aufzufrischen und Lücken erneut zu schließen. Je nach Lernniveau muss die Technik den Lernenden vorgegeben und mit ihnen gemeinsam umgesetzt werden, oder aber die Lernenden wählen sich die Methode dann aus, wenn sie sie als hilfreich erleben.

Bewältigungsstrategien: Die Sortieraufgabe muss den Lernenden so angeboten werden, dass sie sich als selbstwirksam erfahren können. Hierzu spielt die Aufbereitung auf verschiedene Lernniveaus eine wesentliche Rolle. Durch die quantitative und qualitative Unterstützung können sich die Lernenden in ihrem Lernniveau als erfolgreich erleben und sind motiviert, sich erneut auf eine Sortieraufgabe einzulassen.

3.2 Mindmap-Methode

Beschreibung der Methode:

Spricht man von einer Mindmap, meint man im Prinzip nichts anderes als eine organisierte und strukturierte Darstellung von Gedanken, mithilfe von Schlüsselworten und Bildern. Mindmaps werden nicht wie gewohnt von links oben nach rechts unten angelegt, sondern entstehen aus der Mitte des Blattes heraus. Dabei stehen der wesentliche Begriff bzw. das essentielle Thema im Zentrum. Aus dem Zentrum heraus werden nun Linien in Richtung der Blattecken gezogen, auf die Schlüsselwörter geschrieben werden. Hierbei spricht man von so genannten Hauptästen. Von diesen aus werden weitere Linien mit Unterbegriffen gezogen, sogenannte Äste/ Zweige. Bei der Erstellung einer Mindmap ist es wichtig, mit der Strichdicke und Farben zu variieren. Pro Ast darf nur ein Wort stehen.

Der Mindmap können ein Brainstorming und ein Cluster vorausgehen.

Brainstorming:

Dieser „Gedankensturm“ kann eingesetzt werden, um zu einem Sachverhalt, einem Themenbereich oder auch einem Begriff, Assoziationen zu sammeln. Erst danach erfolgt dann ein strukturiertes Gespräch, an das sich die Ausgestaltung in Form einer Mindmap anschließen kann.

Das Thema wird in Form eines Begriffes an die Tafel, auf ein Plakat oder auf Folie geschrieben. Die Schülerinnen und Schüler äußern sich dazu zunächst spontan, die Ideen werden gesammelt. Kritik wird nicht geübt, alle Überlegungen sind zulässig. Danach werden die Ideen systematisch geordnet, Zugehörigkeiten bestimmt und Oberbegriffe gesucht. Hier dominiert dann eher das gelenkte Unterrichtsgespräch.

Cluster:

Das Cluster beginnt mit dem Cluster-Kern: ein Wort oder ein Satz wird in die Mitte eines leeren Blattes (oder eines Flipcharts oder der Tafel) geschrieben. Um das Wort/ den Satz wird eine Ellipse gezogen. Vom Cluster-Kern ausgehend werden Assoziationen notiert. Jede Assoziation wird wieder umkreist und diese wird mit einem Strich mit der vorangegangenen Assoziation verbunden. Neue Assoziationsketten setzen wieder am Cluster-Kern an. Jede Assoziation wird notiert. Alles ist erlaubt. Es findet keine Zensur statt. Gerät der Schreibfluss ins Stocken, betrachtet man das bisherige Cluster. Neue Assoziationen an anderen Kreisen werden ergänzt. Verbindungslinien zwischen unverbundenen Kreisen werden gezogen, wichtige Verbindungslinien verstärkt. Ober- und Unterbegriffe werden damit bereits geordnet und so können erste Strukturen und Netzwerke entstehen. Das Cluster stellt die Vorstufe zur Mindmap dar.

Pädagogische Leistung:

Nach der Gedächtnistheorie sind Wissensinhalte bzw. Bedeutungen netzwerkartig gespeichert. Wissen wird dadurch aktiviert und organisiert, wenn es durch Visualisieren und anschließendem Verbalisieren sichtbar und hörbar gemacht wird und in Form semantischer Netze strukturiert wird. Sachverhalte können besser verstanden werden, neues Wissen kann mit den Vorkenntnissen verknüpft werden und bleibt damit nachhaltiger gespeichert. Dadurch kann sowohl der Lernerfolg als auch die Transferleistung gesteigert werden. Die Lernenden können dadurch nach sinnvollen individuellen Vernetzungen suchen und ihr Wissen ordnen. Lerninhalte werden individuell gespeichert und verarbeitet.

Durch den Vergleich mit anderen visualisierten Strukturen können die Lernenden ihr eigenes Denken überprüfen und gegebenenfalls relativieren. Sie können sich anderen Denkformen gegenüber öffnen und die Informationsverarbeitung flexibler gestalten.

Didaktischer Einsatzort:

Die Mindmap kann vielfältig eingesetzt werden, zum Beispiel zur Wiederholung und Übung, zum Abruf von Wissen und Fähigkeiten, zur Planung, Reflexion, Präsentation, für Vorträge, zum Strukturieren, Organisieren, Protokollieren, Dokumentieren, Mitschriften verfassen, Visualisieren, Ideen und Meinungen einbringen und austauschen. Sie kann auch bei der Planung größerer Vorhaben wie Projekten usw. eingesetzt werden. Somit ist sie in allen Lehr-Lern-Konzepten anzutreffen. Im Lehrgang ist sie das Ergebnis einer gemeinsamen Erarbeitungsphase, hier wird die Mindmap zusammen mit den Lernenden erstellt, um Lerninhalte grafisch und damit plastisch darzustellen. Im Sandwich-Prinzip kann die Mindmap in der individualisierten Lernphase eingesetzt werden. Hier erstellen die Lernenden alleine oder zu zweit eine Map zu einem in der kollektiven Phase vermittelten Thema, greifen somit die Wissensinhalte auf und verarbeiten diese mit anschließender Vernetzung. Beim WELL-Konzept ist die Mindmap als Unterstützungsmethode im Rahmen der Erarbeitung des eigenen Expertenstatus fruchtbar. Die Lernenden werden aufgefordert –oder entscheiden sich selbst dafür – eine Mindmap zu „ihrem Themengebiet“ zu erstellen und diese den „Novizen“ zu erklären. Wenn alle Lernenden ihr Expertenwissen vermittelt haben, kann in der Verarbeitungsphase eine gemeinsame Mindmap zu allen Themengebieten erstellt werden.

Auch bei der Stationenarbeit oder im Wochenplan können Aufgaben verteilt werden, in denen die Lernenden zu bestimmten Themengebieten Mindmaps erstellen sollen. Diese werden dann mit den anderen Stationsmitgliedern oder auch im Plenum oder auch einmal im Einzelgespräch mit der Lehrperson besprochen. Dies gilt entsprechend auch für die Freiarbeit. In der Projektarbeit nutzen die Lernenden die Mindmap, um sich als Experte ein Themengebiet zu erschließen und Inhalte sichtbar darzustellen und sie so zu vernetzen. Auch hier gilt, dass bei der eigenständigen Entscheidung für die Nutzung einer Mindmap die Methode bekannt sein muss (siehe Methodenrucksack).

Vorbereitung / Zeitaufwand:

Die Lehrkraft muss sich ein Themengebiet zur Erstellung einer Mindmap überlegen. Je nach Thema können sich die Lernenden bis zu ca. 30 Minuten sinnvoll mit einer Mindmap auseinandersetzen.

Sozialform:

Die Mindmap wird alleine oder in Partnerarbeit erstellt, damit eine individuelle Vernetzung und Strukturierung möglich wird. Lediglich zum Erlernen der Methode bietet es sich an, dies im Plenum mit der gesamten Klasse zu tun oder als Abschluss einer gemeinsamen Erarbeitungsphase.

Lehr-Lernstrategien:

Dem Erstellen der Mindmap muss das Klären der Themeneinheit und der Schlüsselbegriffe vorausgehen. Die Lernenden können nur in eine Vernetzungsphase eintreten, wenn ihnen die zu verwendenden Begrifflichkeiten zur Verfügung stehen. Hierzu werden Wiederholungs- und Einprägungsstrategien genutzt.

Bei der Erstellung der Mindmap werden dann auch Elaborations- und Organisationsstrategien eingesetzt.

Durch die Entwicklung der Map werden neue Informationen über die Begriffe mit vorhandenem Wissen in Beziehung gesetzt und damit im Langzeitgedächtnis verankert. Sie werden langfristig gespeichert. Durch die Überlegungen wie eine sinnvolle und logische Struktur aussehen könnte, versucht der /die Lernende die Inhalte in eine Beziehung zu bringen und sie zu verstehen. Somit findet ein aktiver Umgang mit dem neuen Wissen statt unter Heranziehung vorhandenen Wissens, so dass Vernetzungen entstehen können.

Wenn die Wissensinhalte erst einmal als semantische Netze gespeichert sind, können sie leichter abgerufen werden. Damit wird das Wissen sinnvoll verdichtet und geordnet.

Differenzierungsmöglichkeiten:

Die Mindmap kann bei den kognitiven Strategien auf drei Lernniveaus abgebildet werden:

Lernniveau 1: Die Lehrperson erstellt eine Vorlage für eine Mindmap und beschriftet dabei bereits die Hauptäste, so dass die Lernenden nur noch die Unterbegriffe ergänzen müssen. Umgekehrt ist es auch möglich, dass die Lernenden die Unterbegriffe bereits erhalten und davon dann die Hauptastbeschriftung ableiten müssen. Ein Cluster, das gemeinsam mit der Klasse erstellt wurde, kann ebenfalls die Strukturierung in der Mindmap erleichtern. Aus dem Cluster werden dann die Hauptbegriffe und Unterbegriffe abgeleitet.

Lernniveau 2: Hier wird die Vorlage deutlich reduzierter ausfallen. Einige Hinweise werden noch gegeben, weitere Ergänzungen durch die Lernenden sind möglich. Auch hier wirkt der Cluster unterstützend.

Lernniveau 3: Die Lernenden erarbeiten sich die Mindmap ohne Vorlage. Die Entwicklung eines Clusters durch die Lernenden selbst kann als Vorarbeit dienlich sein.

Metakognitive Strategien:

Planungsstrategie: Die Mindmap unterstützt das Vernetzen von Informationen und das Verknüpfen mit Vorkenntnissen und stellt damit eine Methode dar, durch die die Informationsverarbeitung geplant werden kann.

Lernniveau 1: Die Mindmap wird als Methode vorgegeben und die Lernenden führen diese aus.

Lernniveau 2: Die Mindmap wird beispielhaft für kognitive Landkarten empfohlen, andere kognitive Landkarten wie die Struktur-Lege-Technik können aber ebenfalls gewählt werden. Vorgegeben ist nur, dass mit einer kognitiven Landkarte die Inhalte vernetzt werden müssen. Hier stellt der Methodenrucksack für die Lernenden eine wichtige Hilfe dar.

Lernniveau 3: Die Lernenden wählen sich selbst die Mindmap als Methode aus, wenn sie für sich darin einen Lernzuwachs sehen oder dies für ihren Lernprozess als sinnvoll erachten. Auch hier ist der Methodenrucksack wichtig.

Überwachungsstrategie: Durch die Erstellung der Map und den Vergleich mit anderen bzw. das Gespräch über die eigene Map führt zur Überprüfung, was an der eigenen Struktur noch verändert werden kann.

Regulationsstrategien: Die Struktur wird nochmals nachgebessert oder Erklärungen gesucht, warum sie so bleibt wie sie ist.

Lernniveau 1: Hier greift die Lehrperson durch gezielte Abfragetechniken in die Strategien ein, um die Lernenden dabei zu unterstützen herauszufinden, wo reguliert werden muss.

Lernniveau 2: Die Lernenden müssen in der Lage sein, ihre Strukturen zu erklären und gegebenenfalls zu verteidigen.

Lernniveau 3: Die Lernenden arbeiten so selbstgesteuert, dass sie erkennen, wo Regulationsbedarf ist und wo die Struktur in sich stimmig ist.

Ressourcenmanagement: Die Mindmap kann nach Bedarf immer wieder herangezogen und eingesetzt werden, um sich auf Leistungstests vorzubereiten, Wissen aufzufrischen und Lücken erneut zu schließen. Je nach Lernniveau muss die Technik den Lernenden vorgegeben und mit ihnen gemeinsam umgesetzt werden, oder aber die Lernenden wählen sich die Methode dann aus, wenn sie sie als hilfreich erleben.

Bewältigungsstrategien: Die Mindmap muss den Lernenden so angeboten werden, dass sie sich als selbstwirksam erfahren können. Hierzu spielt die Aufbereitung auf verschiedene Lernniveaus eine wesentliche Rolle. Durch die quantitative und qualitative Unterstützung können sich die Lernenden in ihrem Lernniveau als erfolgreich erleben und sind motiviert, sich erneut auf eine Mindmap einzulassen.

Beispiele:

Grundschule: Thema: Schulausflug (Sachunterricht, Silke Traub)

Die Lernenden einer ersten Klasse erstellen eine Mindmap, um ihren Rucksack für den Schulausflug zu packen. Zunächst wird in der Klasse mit Hilfe einer Vier-Ecken-Methode geklärt, welche Ziele in Frage kommen. Nach Festlegen des Ziels wird in einem Unterrichtsgespräch in Form eines Brainstormings überlegt, was alles zum Ausflug mitgenommen werden soll. Im Anschluss an das Brainstorming erarbeiten sich die Lernenden in Einzelarbeit ihre Mindmap. Diese wird anschließend kurz mit der/dem Nebensitzer(in) besprochen.

Lernniveau 1:

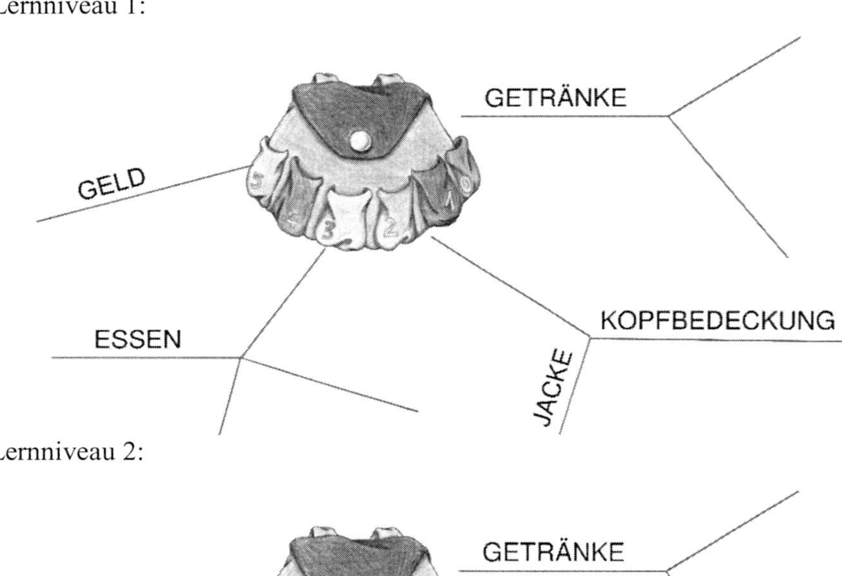

Lernniveau 2:

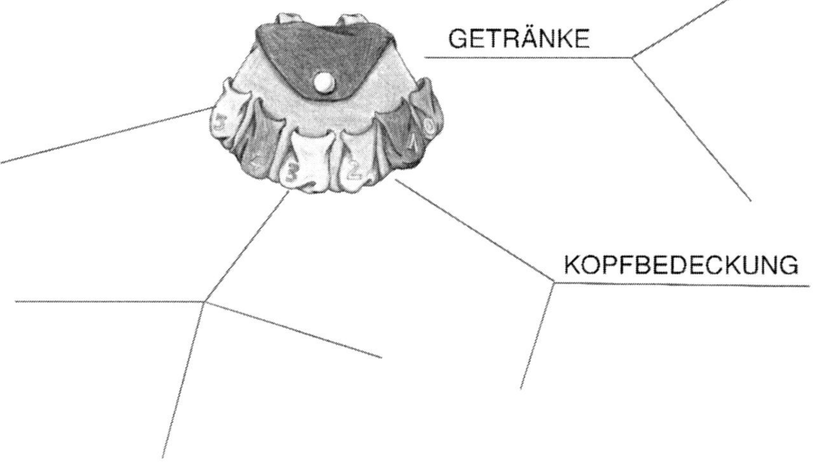

Lernniveau 3:

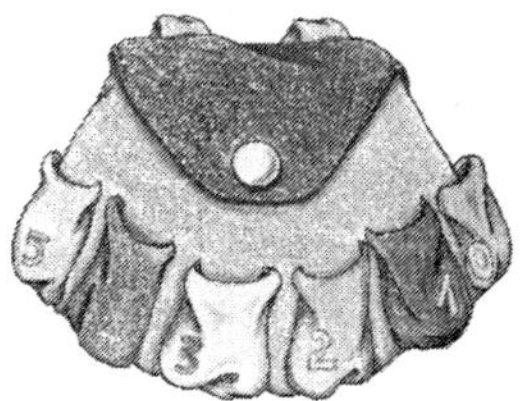

Nach der Partnerarbeit werden die Mindmaps aufgehängt und in einem Museumsrundgang begutachtet (siehe spätere Erklärung). Anschließend erfolgt ein Gespräch über den Nutzen der Mindmap und die Aufforderung an die Kinder, zu Hause die Mindmap als Vorlage beim Packen des Rucksackes zu verwenden.

Sekundarstufe: Thema: Schottland (Englisch; Yannick Spohn)

Lernniveau 1: Die Lernenden erhalten diese Mindmap als Gedankenstütze zu den wichtigsten Aspekten des Themas und sollen sich diese einprägen.

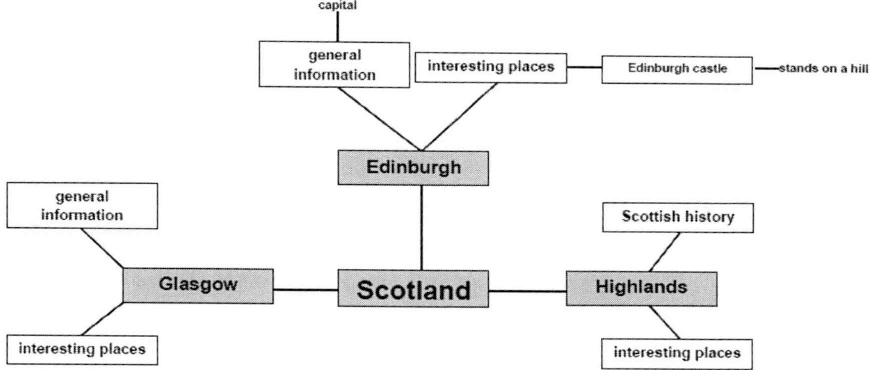

Lernniveau 2: Die Lernenden erhalten eine grobe Struktur und erstellen sich die weitere Mindmap selbst.

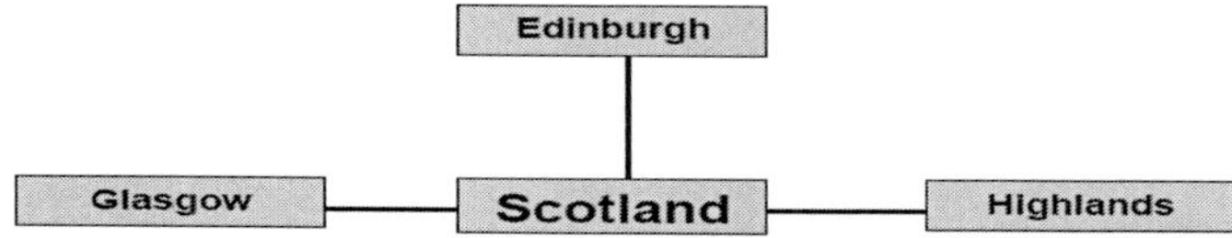

Lernniveau 3:

Die Lernenden erstellen sich eigenständig eine Mindmap.

Scotland

3.3 Netzwerkmethode

Beschreibung der Methode:

Für das Netzwerk werden verschiedene zentrale Begriffe auf Moderationskärtchen geschrieben. Es sollten mehr Kärtchen sein als Lernende. Jede Person bekommt nun nach dem Zufallsprinzip eine bestimmte Anzahl an Kärtchen zugewiesen. Insgesamt sollte die Anzahl der Kärtchen zwanzig nicht überschreiten, da sonst beim Erklären die Aufmerksamkeit der Lernenden überfordert wird. Bei einer 6-er Gruppe würden zum Beispiel die Lernenden je 3 Kärtchen erhalten und zwei sind zum Tausch vorgesehen. In einer zweiten Phase vergewissern sich die Lernenden dann, ob und was sie zu den Begriffen sagen können und wie diese miteinander zusammenhängen. Hierzu können sie alle Hilfsmittel benutzen wie Heftaufschriebe, Plakate, Tafel, Partner usw. Nach dieser Vergewisserungsphase setzen oder stellen sich die Lernenden in einen Kreis und halten ihre Kärtchen in der Hand. Die Person mit dem Startkärtchen (besonders gekennzeichnet) beginnt ihren Begriff zu erläutern. Eine Person fährt fort, wenn sie glaubt, der Begriff passe sinnvoll in den Zusammenhang der ersten Erklärung. So wird fortgefahren, bis alle ihre Begriffe erklärt haben. Wer mit der Erklärung fertig ist, legt das Kärtchen sichtbar vor sich. Beim moderierten Netzwerk ist die Reihenfolge der Erklärungen festgelegt. Dies ist vor allem sinnvoll, wenn die Lernenden noch wenig Erfahrung haben oder noch wenige Zusammenhänge herstellen können. In einer dritten Phase werden die Kärtchen dann in eine sinnvolle Struktur gelegt, ein Netzwerk entsteht, das immer wieder diskutiert und verändert werden kann.

Pädagogische Leistung:

Das Netzwerk stellt sowohl eine Kommunikationsübung als auch eine Wiederholungsübung dar. Da alle Lernenden zum Reden ermuntert werden und eine Vorbereitungsphase der Erklärung vorausgeht, sind die Hemmschwelle und die Auftrittsangst für die Lernenden gering. Dies ist zur Anbahnung von Kommunikation und für kooperatives Lernen sehr hilfreich. Als inhaltliches Ziel lässt sich festhalten, dass Dank der nicht festgelegten Reihenfolge für die Lernenden vielfältige Verknüpfungen der Begriffe untereinander möglich ist. Damit wird das Themengebiet nochmals gut strukturiert. Außerdem tragen alle Lernenden zum Erfolg bei, was aktives Lernen ermöglicht und die Motivation steigert.

Didaktischer Einsatzort:

Besonders geeignet ist das Netzwerk am Ende einer Unterrichtseinheit zur Wiederholung und gedanklichen Ordnung sowie zur Vernetzung der Wissensinhalte. Es bietet sich aber auch an, um den Vorkenntnisstand der Lernenden zu erfassen. Es wird vor allem im Lehrgang nach einer Inputphase eingesetzt, um die Wissensinhalte nochmals verarbeiten und vernetzen zu können. Diese Funktion übernimmt das Netzwerk auch im Sandwich-Prinzip, hier stellt es eine individualisierte Lernphase dar. Es werden die Begriffe, die in der kollektiven Lernphase erklärt wurden, nochmals aufgegriffen und nun von den Lernenden geklärt und in ein sinnvolles Netz gelegt. Im WELL-Konzept ist das Netzwerk gut als Verarbeitungsphase einzusetzen. Wenn Experten- und Austauschphase abgeschlossen sind und die Lernenden sich nochmals mit allen Themengebieten verarbeitend auseinandersetzen sollen, bietet sich ein Netzwerk an. Die Lehrperson bereitet hierfür die Netzwerkkarten vor. Unklar gebliebene Begriffe werden anschließend im Plenum besprochen. In der Stationenarbeit ist es möglich, eine Station auch als Netzwerk aufzubereiten, dies macht allerdings nur Sinn, wenn pro Station mindestens fünf Lernende vorhanden sind, damit auch ein echtes Netzwerk durchgeführt werden kann. In der Freiarbeit und in der Projektarbeit bietet sich das Netzwerk weniger an, da es eher eine Methode für eine größere Lerngruppe darstellt und stärker angeleitet wird. In diesen Konzepten würde es zu lange dauern, bis sich eine größere Gruppe zum Netzwerk zusammenschließt und dieses selbstorganisiert durchführt.

Vorbereitung / Zeitaufwand:

Die Vorbereitungszeit für das Schreiben von ca. 20 Moderationskärtchen beträgt etwa 10 Minuten. Die Lernenden können im Netzwerk ca. 20 bis 30 Minuten arbeiten, danach nimmt die Aufmerksamkeit ab.

Sozialform:

Das Netzwerk wird in kleinen Gruppen zwischen 4 und 8 Personen durchgeführt.

Lehr-Lernstrategien:

Im Rahmen des Netzwerkes ist als zweite Phase eine Vergewisserung vorgesehen. Hierfür benötigen die Lernenden Wiederholungs- und Einprägungsstrategien. Weiterhin werden Elaborations- und Organisationsstrategien genutzt.

Durch das Auslegen von Begriffen in einer für die Lernenden sinnvolle Struktur, können neue Informationen über die Begriffe mit vorhandenem Wissen in Beziehung gesetzt und damit im Langzeitgedächtnis verankert werden. Sie werden langfristig gespeichert. Durch das Entwickeln einer Struktur, bringen die Lernenden die Inhalte in eine Beziehung zueinander und verstehen sie besser. Somit findet ein aktiver Umgang mit dem neuen Wissen statt, unter Heranziehung vorhandenen Wissens, so dass Vernetzungen entstehen können.

Wenn die Wissensinhalte erst einmal als semantische Netze gespeichert sind, können sie leichter abgerufen werden. Damit wird das Wissen sinnvoll verdichtet und geordnet.

Differenzierungsmöglichkeiten:

Das Netzwerk kann bei den kognitiven Strategien auf drei Lernniveaus abgebildet werden:

Lernniveau 1: Die Lernenden erhalten einfachere Begriffskärtchen (Variante 1) oder/und eine Erläuterung auf der Rückseite der Karte (Variante 2), so dass sie eine verlässliche Information haben, die sie in die Runde einbringen können.

Lernniveau 2: Die Lernenden erhalten entweder mittelschwere Begriffe (Variante 1) oder nur einzelne Stichworte, die ihnen helfen, sich über den Begriff zum Experten zu machen (Variante 2).

Lernniveau 3: Die Lernenden erhalten nur die Begriffe und nutzen selbstgesteuert vorhandene Hilfsmittel, um sich zu Experten zu machen.

Möglich wäre auch eine Differenzierung bezüglich des grundsätzlichen Methodeneinsatzes:

Lernniveau 1: Die Lernenden arbeiten mit leichten Begriffen in einer durch die Lehrperson moderierten Form des Netzwerkes.

Lernniveau 2: Die Lernenden arbeiten in einem moderierten Netzwerk (Reihenfolge der Kärtchen sind festgelegt).

Lernniveau 3: Die Lernenden arbeiten selbstständig in einem freien Netzwerk.

Metakognitive Strategien:

Planungsstrategie: Das Netzwerk unterstützt das Vernetzen von Informationen und das Verknüpfen mit Vorkenntnissen und stellt damit eine Methode dar, durch die die Informationsverarbeitung geplant werden kann.

Regulationsstrategien: Die Struktur des Netzwerkes wird nochmals nachgebessert oder es werden Erklärungen gesucht, warum sie so bleibt wie sie ist.

Lernniveau 1: Hier greift die Lehrperson durch gezielte Abfragetechniken in die Strategien ein, um den Lernenden dabei zu unterstützen, herauszufinden, wo reguliert werden muss.

Lernniveau 2: Die Lernenden müssen in der Lage sein, ihre Netzwerke zu erklären und gegebenenfalls zu verteidigen.

Lernniveau 3: Die Lernenden arbeiten so selbstgesteuert, dass sie erkennen, wo Regulationsbedarf ist und wo die Struktur in sich stimmig ist.

Beispiele:

Grundschule: Sachunterricht Igel (Vera Bühler):

Lernniveau 1:

Vorderseite	Rückseite optional
Hecke	In der Hecke kann der Igel gut leben.
Larven	Der Igel frisst gerne Larven.
Spinnen	Der Igel frisst gerne Spinnen.
Garten	Im Garten kann der Igel gut leben.
Schnecken	Der Igel frisst gerne Schnecken.

Lernniveau 2:

Vorderseite	Rückseite optional
Greifvögel	Uhus oder Adler
Rasenmähen	Vorsicht
Loch im Zaun	Igel wandert
Stacheln	Verteidigung

Düngemittel	Vergiftung

Lernniveau 3:

Vorderseite	Rückseite optional als Tippkarte; wird nicht direkt ausgegeben
Einzelgänger	Igel lebt allein - Nur einmal im Jahr Partner für Igelbabys
Winterschlaf	Igel schläft für halbes Jahr Davor viel fressen
Parkplatz	Igel kann dort nicht leben – Asphalt
Kugel	Igel verteidigt sich – schützt den Bauch und den Kopf
nachtaktiv	Igel nachts unterwegs – frisst nachts, schläft tagsüber

Sekundarstufe: Thema: Widerstand im Nationalsozialismus (Geschichte, Silke Traub)

Netzwerk als Methode zur Erarbeitung des Vorwissens zum Thema Nationalsozialismus. Beispiele für Netzwerkkarten auf den verschiedenen Lernniveaus: Dem Netzwerk voraus geht ein Unterricht über das Thema. Die Netzwerkmethode stellt den Abschluss der Themeneinheit dar und ist gleichzeitig die Vorbereitung für einen Leistungstest zum Thema.

Lernniveau 1:

Vorderseite	Rückseite
Die weiße Rose	**Stud. Widerstandsgruppe im 3. Reich um die Geschwister Scholl**
Propaganda	**Beeinflussung der Menschen über die Medien und Einschüchterung zu Themen wie Kriegsverherrlichung, Feindbild, Judenhass und dergleichen mehr**
Hitlerjugend	**Jugend- und Nachwuchsorganisation der NSDAP; einziger Jugendverband**

Lernniveau 2:

Nach Legen der Begriffskärtchen in ein Netzwerk, betrachten sich die Lernenden alle Netze. Anschließend erfolgt ein Austausch über die gelegten Strukturen. Über einzelne Begriffe wird nochmals gesprochen, Fragen zum Zusammenhang werden geklärt. Die Lehrperson fungiert als Moderatorin.

3.4 Struktur-Lege-Technik (erweitert: Concept-Map)

Beschreibung der Methode / Technik:

Die Struktur-Lege-Technik dient der Verarbeitung und Strukturierung von Informationen und unterstützt daher die Vernetzung im Langzeitgedächtnis (vgl. Wahl 2006; 2013).

Begriffskärtchen werden in Form einer gedanklichen Landkarte visuell untereinander vernetzt. Dadurch können die Lernenden ihre semantischen Netze in Form von individuellen Strukturierungen sichtbar machen.

In einem ersten Schritt führen die Schülerinnen und Schüler eine Sortieraufgabe durch, so dass alle Lernenden ihre Lernlücken schließen können.

In Einzel- oder Partnerarbeit werden die Begriffskärtchen in eine für die Lernenden logische Struktur gelegt. Die Begriffe sollten dabei in einem engeren oder größeren Zusammenhang stehen. Die Begriffe sind so in eine Struktur zu bringen, wie sie ihrer Bedeutung nach zusammengehören. Sinnvoll sind etwa 10-20 Begriffe. Dabei entstehen Hierarchien, Reihen, bestimmte Abfolgen und Verknüpfungen, die sehr unterschiedlich sein können. Die Einzelarbeit hat den Vorteil, dass alle ihre eigenen individuellen Strukturen legen. In der Partnerarbeit erfolgt ein Gespräch über die Strukturen, deshalb bietet sich an, zunächst die Struktur alleine zu legen und sie dann mit einem Partner /einer Partnerin zu besprechen.

In einem dritten Schritt stellen sich die Lernenden ihre gelegten Strukturen vor und erläutern diese. Dies kann in Partner- oder Gruppenarbeit oder auch in einem Museumsrundgang geschehen. Durch die Verbalisierung der eigenen Strukturen werden diese noch tiefer vernetzt und damit besser behalten.

Der Vorteil der Struktur-Lege-Technik gegenüber der Mindmapping-Methode ist die hohe Flexibilität, da die Kärtchen immer wieder verschoben und unter anderen Gesichtspunkten gelegt werden können. Die Verknüpfung mit Pfeilen, der Einsatz von Symbolen und dergleichen mehr führt die Struktur-Lege-Technik in eine Concept-Map über, was eine noch intensivere Vernetzung ermöglicht, aber auch Zeit kostet.

Alternativen:

Es können auch vorgegebene Expertenstrukturen von den Lernenden nachgelegt und sich damit auseinandergesetzt werden. Dadurch prägen sich bestimmte Abläufe und Vorgehensweisen ein, weil sie durch das Legen der Strukturen sichtbar und hörbar gemacht wurden. Dies ist zum Beispiel bei Versuchsanordnungen, Experimentierabläufen, mathematischen Formeln, spezifischen technischen Abläufen und dergleichen der Fall.

Lernende können sich die Begriffskärtchen auch selbst anfertigen, wenn sie mit dem Themengebiet schon vertraut sind oder aber, wenn sie die Begriffe einem Text oder einer anderen Quelle (Film und dergleichen) entnehmen.

Pädagogische Leistung:

Nach der Gedächtnistheorie sind Wissensinhalte bzw. Bedeutungen netzwerkartig gespeichert. Wissen wird dadurch aktiviert und organisiert, wenn es durch Visualisieren und anschließendem Verbalisieren sichtbar und hörbar gemacht und in Form semantischer Netze strukturiert wird. Sachverhalte werden besser verstanden, neues Wissen mit den Vorkenntnissen verknüpft und bleibt damit nachhaltiger gespeichert. Dadurch kann sowohl der Lernerfolg als auch die Transferleistung gesteigert werden. Die Lernenden suchen nach sinnvollen individuellen Vernetzungen und ordnen ihr Wissen. Lerninhalte werden individuell gespeichert und verarbeitet.

Durch den Vergleich mit anderen visualisierten Strukturen überprüfen die Lernenden ihr eigenes Denken und relativieren es gegebenenfalls. Sie öffnen sich anderen Denkformen gegenüber und gestalten die Informationsverarbeitung flexibler.

Didaktischer Einsatzort:

Die Methode eignet sich zum einen am Beginn einer Lerneinheit, um schon vorhandenes Wissen aufzubereiten und Vernetzungen darzulegen.

Zum anderen eignet sie sich aber vor allem zur Vertiefung von bereits vorhandenem Wissen, beispielsweise am Ende einer Unterrichtsstunde oder Lerneinheit. Dadurch erfolgt eine gedankliche Ordnung der Wissensinhalte.

Einer Struktur-Lege-Technik sollte immer eine Sortieraufgabe vorausgehen, da die Begriffe, die in eine Struktur gelegt werden, von ihrer Bedeutung her klar sein müssen, damit sich keine falschen Zusammenhänge und Bedeutungen einprägen.

In sandwichartigen Lehr-Lernkonzepten stellt die Methode eine individuelle Verarbeitungsphase dar. Die Lernenden befassen sich nochmals intensiv mit den Inhalten und vernetzen sie auf ihre eigene Art und Weise. Im Austausch mit anderen erkennen sie, welche Vernetzungen möglich sind und vertiefen ihre eigenen Strukturierungen.

Die Struktur-Lege-Technik kann auch als Unterstützungsstrategie beim kooperativen Lernen eingesetzt werden, zum Beispiel in der Aneignungsphase zur Unterstützung des Expertenstatus, in der Vermittlungsphase zur Unterstützung der gegenseitigen Erklärung oder in der Verarbeitungsphase zur Unterstützung der Vernetzung.

Im Wochenplan und in der Stationenarbeit sowie in der Freiarbeit ist die Struktur-Lege-Technik als Aufgabe zur Verarbeitung von Lerninhalten sinnvoll einzusetzen. In der Projektarbeit kann sie von Lernenden eigenständig angewandt werden, wenn es um die Vertiefung erarbeiteter Wissensinhalte geht. Hierzu müssen die Lernenden um die Methode wissen und auch die genaue Arbeitsanweisung zur Umsetzung erhalten (siehe Methodenrucksack).

Vorbereitung / Zeitaufwand:

Begriffskärtchen werden als Unterstützung durch die Lehrperson angefertigt. Dabei werden wichtige Ankerbegriffe auf die Kärtchen geschrieben, von denen die Lehrperson möchte, dass die Lernenden diese verstanden haben und miteinander vernetzen können.

Begriffskärtchen können von Lernenden auch selbst angefertigt werden, um Texte zu verarbeiten und besser zu strukturieren. Der Zeitaufwand beträgt ungefähr 20 Minuten.

Sozialform:

Das Legen der Struktur sollte möglichst in Einzelarbeit stattfinden, danach kann ein erster Austausch mit einer weiteren Person erfolgen und danach werden die Strukturen in Gruppen oder auch in Form eines Museumsganges im Plenum vorgestellt.

Lernstrategien:

Da der Struktur-Lege-Technik eine Sortieraufgabe vorausgehen muss, werden zunächst die gleichen Lernstrategien gefördert wie bei der Sortieraufgabe.

Die Struktur-Lege-Technik vereint weiterhin die Elaborations- und die Organisationsstrategien.

Durch das Auslegen von Begriffen in einer für die Lernenden sinnvollen Struktur, können neue Informationen über die Begriffe mit vorhandenem Wissen in Beziehung gesetzt und damit im Langzeitgedächtnis verankert werden. Durch die Überlegungen, wie eine sinnvolle und logische Struktur aussehen könnte, versucht der /die Lernende die Inhalte in eine Beziehung zu bringen und sie zu verstehen. Somit findet ein aktiver Umgang mit dem neuen Wissen statt, unter Heranziehung des Vorwissens, so dass Vernetzungen entstehen können.

Wenn die Wissensinhalte erst einmal als semantische Netze gespeichert sind, können sie leichter abgerufen werden. Damit wird das Wissen sinnvoll verdichtet und geordnet.

Bei der Struktur-Lege-Technik werden Elaborations- und Organisationsstrategien in einer deutlich tieferen Ebene genutzt als dies beispielsweise bei der Sortieraufgabe der Fall ist.

Differenzierungsmöglichkeiten:

Die Differenzierungsmaßnahmen entsprechen im ersten Schritt der Sortieraufgabe, da diese ja Voraussetzung für das Legen einer Struktur ist.

Auch die Struktur-Lege-Technik kann bei den kognitiven Strategien auf drei Lernniveaus abgebildet werden:

Entsprechend der Sortieraufgabe werden je nach Lernniveau weniger oder mehr Begriffe verwendet.

Weitere Differenzierungsmaßnahmen sind:

Lernniveau 1: Die vorgegebenen Begriffskärtchen werden von dem Lernenden in eine Struktur gelegt.

Lernniveau 2: Die vorgegebenen Begriffskärtchen werden von dem Lernenden in eine Struktur gelegt und durch weitere Begriffskarten, die sich die lernende Person selbst aus Schulbuch, Quelle, Aufschrieben, Vorwissen erarbeitet, ergänzt.

Lernniveau 3: Die vorgegebenen Begriffskärtchen werden von dem Lernenden in eine Struktur gelegt und durch weitere Begriffskarten, die sich die lernende Person selbst aus Schulbuch, Quelle, Aufschrieben, Vorwissen erarbeitet, ergänzt. Anschließend wird aus der Struktur-Lege-Technik eine Concept Map erarbeitet.

Möglich wäre auch eine Differenzierung bezüglich des grundsätzlichen Methodeneinsatzes:

Lernniveau 1: Die Lernenden arbeiten nur mit der Technik der Sortieraufgabe.

Lernniveau 2: Die Lernenden erarbeiten sich nach der Sortieraufgabe eine Struktur durch Auslegen der Begriffskärtchen.

Lernniveau 3: Die Lernenden erarbeiten sich nach der Sortieraufgabe eine Struktur und erweitern diese zu einer Concept Map.

Metakognitive Strategien:

Planungsstrategie: Die Struktur-Lege-Technik unterstützt das Vernetzen von Informationen und das Verknüpfen mit Vorkenntnissen und stellt damit eine Methode dar, durch die die Informationsverarbeitung geplant werden kann.

Lernniveau 1: Die Struktur-Lege-Technik wird als Methode vorgegeben und die Lernenden führen diese aus.

Lernniveau 2: Die SLT wird beispielhaft für kognitive Landkarten empfohlen, andere kognitive Landkarten wie Mapingtechniken können aber ebenfalls gewählt werden. Vorgegeben ist nur, dass mit einer kognitiven Landkarte die Inhalte vernetzt werden müssen.

Lernniveau 3: Die Lernenden wählen sich selbst die SLT aus, wenn sie für sich darin einen Lernzuwachs sehen oder dies für ihren Lernprozess als sinnvoll erachten (siehe Methodenrucksack).

Überwachungsstrategie: Durch das Legen der Struktur und den Vergleich mit anderen bzw. das Gespräch über die eigene Struktur führt zur Überprüfung, was an der eigenen Struktur noch verändert werden kann.

Regulationsstrategien: Die Struktur wird nochmals nachgebessert oder Erklärungen gesucht, warum sie so bleibt wie sie ist.

Lernniveau 1: Hier greift die Lehrperson durch gezielte Abfragetechniken in die Strategien ein, um die Lernenden dabei zu unterstützen und herauszufinden, wo reguliert werden muss.

Lernniveau 2: Die Lernenden müssen in der Lage sein, ihre Strukturen zu erklären und gegebenenfalls zu verteidigen.

Lernniveau 3: Die Lernenden arbeiten so selbstgesteuert, dass sie erkennen, wo Regulationsbedarf ist und wo die Struktur in sich stimmig ist.

Ressourcenmanagement: Die Begriffskärtchen und die SLT können nach Bedarf immer wieder herangezogen und eingesetzt werden, um sich auf Leistungstest vorzubereiten, Wissen aufzufrischen und Lücken erneut zu schließen. Je nach Lernniveau muss die Technik den Lernenden vorgegeben und mit ihnen gemeinsam umgesetzt werden oder aber die Lernenden wählen sich die Methode dann aus, wenn sie sie als hilfreich erleben.

Bewältigungsstrategien: Die SLT muss den Lernenden so angeboten werden, dass sie sich als selbstwirksam erfahren können. Hierzu spielt die Aufbereitung auf verschiedene Lernniveaus eine wesentliche Rolle. Durch die quantitative und qualitative Unterstützung können sich die Lernenden in ihrem Lernniveau als erfolgreich erleben und sind motiviert, sich erneut auf eine SLT einzulassen.

Beispiele:

Grundschule: Thema: Kirchenfeste (Religion)

Fortsetzung des Beispiels aus der Sortieraufgabe zur Struktur-Lege-Technik:

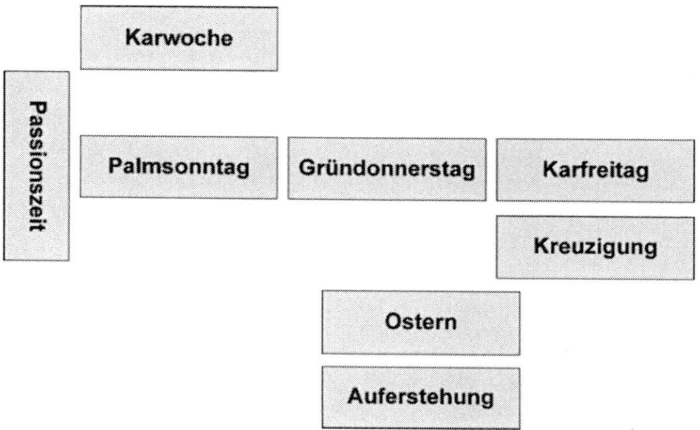

Sekundarstufe: Thema: Northern Ireland (Englisch; Yannick Spohn)

Lernniveau 1:

1. Find a structure (some cards belong together)
2. The grey and **black** cards help you to find a structure

languages	special patterns and colours for different schools	2 million	Integrated schools
Facts about Northern Ireland	Titanic Museum	Places to visit	part of the UK
Belfast	capital	English, Irish, Ulster Scots	supported by the Catholic Church
supported by the government	Geography and society	life	divided school system
school uniform	population	not independent	Protestant schools
Catholic schools	Giant's cause-way	includes Protestant and Catholic children	

Lernniveau 2:

Find a structure (some cards belong together)

3. The grey cards help you to find a structure

languages	special patterns and colours for different schools	2 million	Integrated schools
Facts about Northern Ireland	Titanic Museum	Places to visit	part of the UK
Belfast	capital	English, Irish, Ulster Scots	supported by the Catholic Church
supported by the government	Geography and society	life	divided school system
school uniform	population	not independent	Protestant schools
Catholic schools	Giant's cause-way	includes Protestant and Catholic children	

Lernniveau 3:

4. Find a structure (some cards belong together)

languages	special patterns and colours for different schools	2 million	Integrated schools
Facts about Northern Ireland	Titanic Museum	Places to visit	part of the UK
Belfast	capital	English, Irish, Ulster Scots	supported by the Catholic Church
supported by the government	Geography and society	life	divided school system

school uniform	population	not independent	Protestant schools
Catholic schools	Giant's cause-way	includes Protestant and Catholic children	

Lösungsvorschlag:

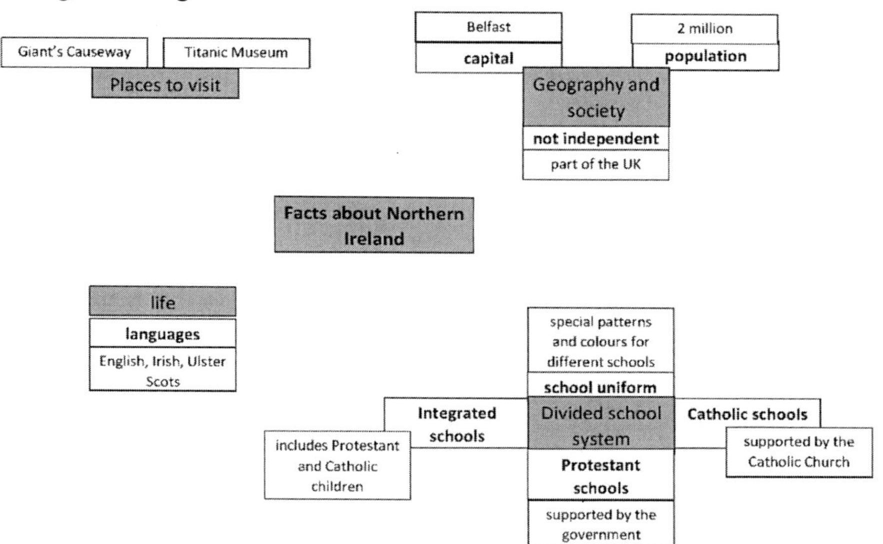

Nach dem Sortieren der Begriffskarten, legen die Lernenden eine Struktur. Diese Strukturen werden gegenseitig betrachtet und erläutert. Die Lernenden können ihre Strukturen sichern durch Fotos (Handy), Anfertigen einer Abschrift oder Aufkleben derselben. Die Begriffskärtchen können auch in einem Briefumschlag aufbewahrt werden, um später erneut eine Struktur zu legen und eine erneute Vernetzung zu ermöglichen. Die Lehrperson verbessert nicht, sondern moderiert lediglich durch geeignete Impulse oder Fragen zu den gelegten Strukturen.

4. Kooperative Lernmethoden

Die kooperativen Lernmethoden werden nicht wie die anderen Methoden in alphabetischer Reihenfolge dargestellt, sondern nach ihrem Komplexitätsgrad. Dies bedeutet, dass die einfacher zu organisierenden Methoden den komplexeren vorangestellt werden. Dies ist auch der Überlegung geschuldet, dass in dieser Reihenfolge die Methoden mit den Lernenden eingeübt werden sollten. Kooperative Methoden spielen in allen Lernsettings eine große Rolle.

4.1 Think-Pair-Share und Placemat

Beschreibung der Methode:

Think-Pair-Share:

Die Lehrperson stellt eine Frage oder ein Problem in den Raum.

Think: Die Lernenden haben eine Minute Zeit, um sich in Einzelarbeit Antworten zum gegebenen Impuls zu überlegen. Diese werden schriftlich festgehalten. Eventuell werden weitere Aufgaben oder Übungen gegeben, mit denen sich die Lernenden noch etwa 10 Minuten in Einzelarbeit beschäftigen.

Pair: Nun bilden sich Paare, die ihre Antworten miteinander austauschen.

Share: Die Ergebnisse der Tandemarbeit werden im Plenum vorgestellt und gemeinsam diskutiert.

Placemat:

Die Placemat funktioniert ähnlich wie das Think-Pair-Share. Auch hier wird eine Aufgabenstellung durch die Lehrperson gegeben, die so komplex ist, dass sie mehrere Lösungsmöglichkeiten aufzeigt. Die Klasse wird in 4er-Gruppen eingeteilt. Bei ungeraden Schülerzahlen wird eine 3er-Gruppe gebildet. Jede Gruppe erhält entweder einen DIN A3-Bogen mit einer vorgezeichneten Placemat oder einen leeren Bogen, auf dem sie selbst eine Placemat zeichnet.

Ablauf:

1. Think (Nachdenken und Schreiben): Jede(r) Lernende hat im Außenbereich des Blattes ein eigenes Feld. In diesem Feld notiert jede(r) seine eigenen Gedanken zur Aufgabenstellung. (Dauer: ca. 5 Min.)
2. Pair (Stummes Vergleichen): Die Lernenden tauschen ihre Ideen aus, indem das Blatt gedreht wird, so dass jede(r) alle Notizen zur Kenntnis nehmen kann. Dabei sprechen sie nicht miteinander, außer bei Verständnisproblemen oder Leseschwierigkeiten. (Dauer: ca. 5 Min.)
3. Share (Teilen und Konsens finden): Die Lernenden diskutieren über die Notizen und einigen sich auf ein gemeinsames Ergebnis, das in das mittlere Feld eingetragen wird. (Dauer: ca. 10 Min.)

Die Gruppenmitglieder präsentieren ihre Ergebnisse im Plenum. Die Placemats können auch in Form eines Museumsrundgangs oder einer Vernissage präsentiert werden.

Pädagogische Leistung:

Die Methode unterstützt die Kommunikationsfähigkeit und führt ins kooperative Lernen ein. Die Lernenden haben die Möglichkeit, sich vor einem Austausch im Plenum mit einem Partner zu vergewissern. Somit werden die Antworten besprochen, bevor sie im Plenum vorgetragen werden. Das gibt Sicherheit und das Selbstvertrauen in die eigene Leistungsfähigkeit steigt. Es werden alle Lernenden aktiv in das Lerngeschehen eingebunden und alle müssen sich an einer Lösung der Aufgabe beteiligen.

Didaktischer Einsatzort:

Die Think-Pair-Share-Methode bzw. die Placemat kann zu Beginn einer Einheit eingesetzt werden, um zu sehen, was die Lernenden zu einer Problemstellung schon wissen und wie sie damit umgehen würden, aber auch in der Mitte, um auftretende Problemstellungen zu lösen sowie am Ende einer Einheit, um einen Transfer anzubahnen. Da sie verhältnismäßig schnell zu organisieren ist, lässt sie sich gut in einen Lehrgang integrieren und kann auch als einfache Methode im Sandwich eingesetzt werden. Think-Pair-Share bietet sich auch als eine Aufgabe für eine Station in der Stationenarbeit an, wenn pro Station etwa vier Lernende zugeteilt werden. Bei der Wochenplanarbeit erscheint die Methode etwas zu komplex, da sie eine Gruppenarbeit und eine klare Organisation derselben voraussetzt, was die Lernenden häufig nicht ohne Hilfestellung der Lehrperson leisten können. Da im Wochenplan die Lernenden aber selbst entscheiden, was sie wann bearbeiten wollen, würde eine solche Methode eher störend sein. Dies gilt auch für die Freiarbeit. In der Projektarbeit lässt sich die Methode wiederum gut einsetzen, da die Projektgruppe hier frei in ihrer Arbeitsweise ist und bereits als feste Gruppe besteht. Inhaltlich könnte Think-Pair-Share bei der Ausarbeitung des Projektplans, beim Sammeln der Arbeitsaufgaben und der Problemlösungen gut eingesetzt werden. Die Methode eignet sich auch gut, um die Lernenden schrittweise ins kooperative Lernen einzuführen.

Vorbereitung / Zeitaufwand:

Der Vorbereitungsaufwand ist gering, da es nur darum geht, eine zum Austausch geeignete Problem- oder Fragestellung zu überlegen und eventuell für die Vertiefungsphase Aufgaben, Übungen oder Materialien zur Verfügung zu stellen. Die Durchführung beträgt ca. 20-30 Minuten.

Sozialform:

Das Denken erfolgt in Einzelarbeit, der Austausch zunächst im Tandem und die Diskussion anschließend im Plenum.

Lernstrategien:

Zum Lösen der Aufgaben werden vor allem aus dem Bereich der kognitiven Strategien die Organisations- und Abrufstrategien genutzt und damit entwickelt. Die Lernenden müssen vorhandenes Wissen aktivieren und auf die Problemstellung anwenden können. Außerdem werden erste kooperative Lernstrategien entwickelt, da durch die Notwendigkeit des Austausches von Informationen miteinander kommuniziert und kooperiert werden muss.

Differenzierungsmöglichkeiten:

Eine erste Differenzierung kann in der Aufgabenformulierung bestehen. Wenn die Klasse in verschiedene Leistungsgruppen aufgeteilt wird, dann können Lernende mit Lernniveau 1 einfachere und weniger komplexe Aufgaben erhalten als Lernende mit Niveau 2 oder 3. Hier lassen sich Aufgabentypen für alle drei Niveaus formulieren.

Wenn die Lerngruppe als Einheit erhalten und keine Aufteilung in leistungshomogene Gruppen erfolgen soll, dann kann folgendermaßen differenziert werden:

Lernniveau 1: Die Lernenden erhalten zur Bewältigung der Aufgabe zusätzliche Hilfestellung. So können Stichworte oder Anregungen zur Lösung des Problems gegeben werden.

Lernniveau 2: Die Lernenden lösen entsprechend der vorgestellten Methode die Aufgabe.

Lernniveau 3: Die Lernenden erhalten für die Vergewisserungsphase keine zusätzlichen Materialien oder Fragestellungen, sondern entwickeln diese selbst, um sie anschließend ins Tandem einzubringen.

Im Tandem selbst können dann Lernende aus unterschiedlichen Niveaus zusammenarbeiten, da sie alle voneinander profitieren können. So kann eine lernende Person auf Niveau 3 der auf Niveau 1 oder 2 mitteilen, was sie sich für Hilfestellungen überlegt hat und die Person mit Niveau 1 kann zum Beispiel mitteilen, welches die Musterlösung wäre und so zu einer Überprüfung des Lernergebnisses beitragen.

Wenn es eher um Meinungsbildungen geht, dann ist eine Differenzierung in diesem Sinne nicht sinnvoll, bei der Transferleistung allerdings schon.

Bei sehr lernschwachen Schülerinnen und Schülern kann auch die „Huckepacklösung" greifen. Dies bedeutet, dass eine lernstarke Person eine schwächere „Huckepack" nimmt und somit beide ständig als Tandem auftreten. Die Schwächere kann zuhören, was die Stärkere erklärt und diese versucht ihr Wissen so darzulegen, dass auch die Schwächere es verstehen kann.

Beispiele:

Grundschule: Thema: Gedichte vortragen (Deutsch, Silke Traub)

Problemstellung: Beim Aufsagen/Vortragen eines Gedichtes muss ich Folgendes beachten:

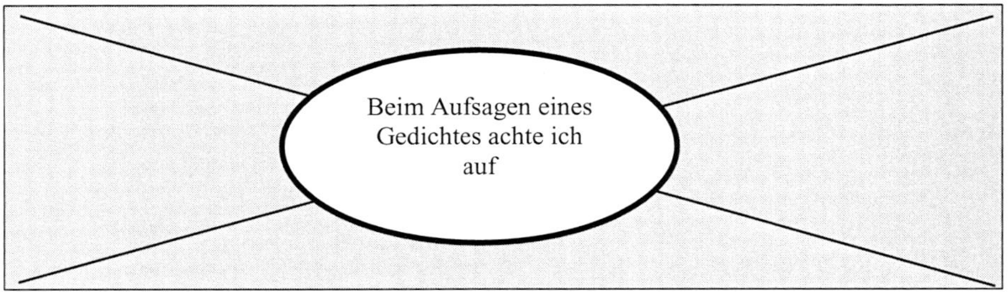

Problemstellung: Beim Bau eines Vogelhäuschens muss ich das Folgende beachten…

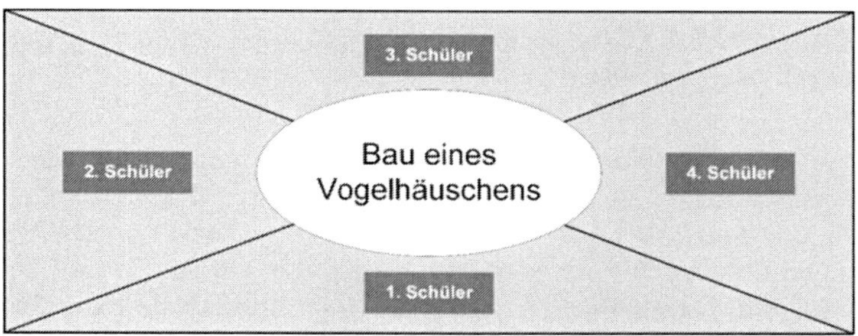

4.2 Partner-, Gruppen- und Multiinterview

Beschreibung der Methoden:

Partnerinterview:

Das Partnerinterview stellt eine strukturierte Form kooperativen Lernens dar. Es läuft in drei Phasen ab:

In der ersten Phase werden Paare gebildet. Dabei werden die Lernenden einander zugewiesen oder wählen selbst ihre Tandemperson. Die Tandems entscheiden, wer Part A und wer B übernimmt.

In der zweiten Phase erhalten die Tandems ein vorbereitetes Frageblatt, das eine bestimme Anzahl von Fragen zu einem eventuell vorher besprochenen Thema enthält Die Fragen 1,3,5… bereitet Person A vor, die Fragen 2,4,6… Person B. In dieser Vorbereitungszeit überlegen sich die einzelnen Personen jeweils die Antworten auf ihre Fragen und ziehen dabei ihre Unterlagen heran. Danach werden die Fragen von den Partnern abwechselnd gestellt und vom Gegenüber beantwortet. Person A stellt also die Frage 1, die B versucht zu beantworten. A ergänzt die Antwort. Dann stellt B die Frage 2, die A beantwortet und wiederum von B ergänzt wird usw. Die Lernenden sollen ihre Ergebnisse entweder auf einem Thesenpapier oder einem Plakat festhalten.

In der dritten Phase stellen die Paare ihre Antworten im Plenum vor und stellen diese zur Diskussion. Hier können auch eventuell auftretende Unklarheiten besprochen werden.

Gruppeninterview:

Den Lernenden werden auf einem Aufgabenblatt zentrale Fragen oder Aufgaben zu einem vorher bearbeiteten Sachgebiet gegeben. Sie setzen sich in Dreiergruppen zusammen, jedes Mitglied erhält eine oder zwei Aufgaben, die zu bearbeiten sind und nur einmal in der Gruppe auftauchen.

Es werden drei Phasen unterschieden:

In Phase 1 (Aneignungsphase) machen sich die Lernenden zu Experten. Dabei können auf dem Aufgabenblatt Musterlösungen vorbereitet sein, die dann nachgeprüft und verstanden werden müssen. Die einzelnen Gruppenmitglieder können mit Mitgliedern anderer Gruppen, die über die gleichen Aufgaben verfügen, zusammensitzen und gemeinsam die Aufgaben bearbeiten.

In Phase 2 findet dann die Gruppenarbeit der Stammgruppe statt. Die Mitglieder der Gruppe stellen sich abwechselnd ihre Aufgaben/Fragen und lassen sich diese zunächst von den anderen Gruppenmitgliedern erklären/lösen. Sie ergänzen die Antworten und helfen bei Schwierigkeiten. Da es sich um Themen handelt, zu denen bei den Lernenden Vorwissen oder Meinungen vorhanden sind, sollten alle Gruppenmitglieder etwas sagen können, bevor der Experte/die Expertin ergänzt.

In Phase 3 werden dann in der Gruppe und später im Plenum noch offene Fragen geklärt.

Multiinterview:

Das Multiinterview ist eine Variante des Partnerinterviews mit dem Gedanken, dass man sich nicht nur mit einer Person, sondern mit mehreren Personen austauschen kann. Dabei hat jede Person – wie beim Gruppeninterview auch – eine andere Aufgaben- bzw. Fragestellung.

Auch das Multiinterview besteht aus drei Phasen:

- Phase 1: Die Lernenden befassen sich mit der ihnen zugeteilten Aufgabe und versuchen diese zu lösen. Dazu können sie Unterlagen nutzen. Sie machen sich zum Experten über ihre Aufgabe bzw. Frage.
- Phase 2: Nun beginnt die Austauschphase in Partnerarbeit: die Lernenden suchen sich ein Gegenüber und stellen dieser Person ihre Frage. Sie ergänzen die Antwort und erhalten ihrerseits nun die Frage des Gegenübers. Nach Beantwortung derselben, wird auch diese Antwort durch den Experten ergänzt. Wenn die Aufgaben gelöst sind, dann suchen sich die Lernenden jeweils neue Partner(innen) und die Übung beginnt von vorne.
- Phase 3: Fragen bzw. Aufgaben, die fehlerhaft beantwortet oder nicht beantwortet werden konnten, werden ins Plenum eingebracht und dort gemeinsam besprochen.

Pädagogische Leistung:

Es werden wichtige kommunikative und kooperative Kompetenzen wie genaues Zuhören, genaue sprachliche Formulierung und das Eingehen auf den Partner geübt. Inhaltliche Ziele beziehen sich auf die Bearbeitung von Problemen, das Wiederholen von Lerninhalten und auch das Erfassen von Vorwissen und Interessen. Somit dienen diese Methoden der Verarbeitung und Vertiefung von Lerninhalten.

Alle Lernenden kommen zum Sprechen und haben in etwa die gleichen Redeanteile. Besonders wichtig ist, dass die Lernenden ihrem Arbeitstempo folgen können. Da ein Austausch in einem Tandem oder einer Kleingruppe erfolgt, wird das individuelle Lerntempo berücksichtigt.

Die Lernenden sind sehr eigenaktiv, was die Motivation für die Verarbeitung und Vertiefung erhöht. Durch die Vorbereitung in Einzelarbeit mit Unterstützung durch Materialien oder Musterlösungen erleben sich die Lernenden als kompetent, was ihre Selbstwirksamkeit steigert. Außerdem stellen diese Methoden eine gute Nutzung der Lern- und Übungszeit dar, da hier jeder in seinem Lerntempo agieren und die Zeit entsprechend ausnutzen kann.

Didaktischer Einsatzort:

Aufgrund der starken Strukturierungen lassen sich diese Methoden bereits zu Beginn der Einführung kooperativen Lernens einsetzen.

Die Methoden werden zu Beginn eines Lernprozesses durchgeführt, da dadurch Vorkenntnisse aktiviert und wiederholt sowie Interessen geweckt werden. Die Methoden helfen am Ende eines Themenbereichs, um Lernlücken zu schließen, erworbenes Wissen zu vertiefen und zu wiederholen sowie den Wissenstransfer vorzubereiten.

Die Methoden werden auch als Feedbackmethoden eingesetzt. Hierfür erhalten die Lernenden jeweils Fragen zum Ablauf des Unterrichts, stellen sich diese gegenseitig vor und bringen die Ergebnisse ins Plenum ein.

Die Methoden können in allen Alters- und Schulstufen eingesetzt werden.

Die Methoden gehören nicht mehr in das Verständnis des klassischen Lehrgangs, da die Lernenden hier sehr eigenständig und in einer Schüler-Schüler-Konstellation arbeiten, während im Lehrgang doch eher die direkte Instruktion mit kurzzeitigen Verarbeitungsphasen überwiegt. Im Sandwichprinzip spielen die Methoden in den subjektiven Verarbeitungsphasen eine große Rolle, da es darum geht, sich mit erworbenem Wissen im eigenen Lerntempo individuell und im Austausch mit anderen auseinanderzusetzen. Da es sich bei diesen Methoden um „WELL-Methoden" handelt, machen sie das Lehr-Lern-Konzept „WELL" aus und sind hier immanent vorhanden. Das Partner- und das Gruppeninterview lassen sich aufgrund der guten Organisationsmöglichkeit sinnvoll in der Wochenplan- und in der Stationenarbeit sowie der Freiarbeit einsetzen, während das Multiinterview eher weniger sinnvoll erscheint, da hier zunächst die Methode im Plenum zeitgleich organisiert werden muss, das den genannten Lehr-Lern-Konzepten eher widerspricht. In der Projektarbeit sind diese Methoden weniger sinnvoll, da es sich um Kleingruppen handelt, die eher die komplexeren Methoden des kooperativen Lernens nutzen. In der Projektarbeit geht es in erster Linie um die Erarbeitung von Problemlösungen, da bieten sich diese Übungs- und Vertiefungsmethoden weniger an.

Vorbereitungs- und Zeitaufwand:

Die Vorbereitung beträgt bei allen Methoden ca. 30 Minuten. Es müssen die Fragen- und Aufgabenstellungen überlegt und die Arbeitsblätter entsprechend vorbereitet werden. Etwa 20 bis 30 Minuten werden für die Durchführung veranschlagt.

Sozialform:

Die Methoden geben die Sozialform vor: Partnerinterview in Partnerarbeit, Gruppeninterview in Gruppen und das Multiinterview wird entweder mit der gesamten Klasse oder mit größeren Gruppen von ca. 8-10 Personen durchgeführt.

Lernstrategien:

Alle Methoden dienen in erster Linie der Übung und Wiederholung sowie der Verarbeitung und Vertiefung von Lernstrategien. Deshalb werden in erster Linie aus dem Bereich der kognitiven Strategien Wiederholungs- und Einprägungsstrategien sowie Elaborations- und Enkodierstrategien genutzt.

Differenzierungsmöglichkeiten:

Bei allen drei Methoden sind Differenzierungsmöglichkeiten gegeben.

Lernniveau 1: Die Lernenden erhalten eine Expertenstruktur vorgegeben. Dies bedeutet, dass zu den Aufgaben- und Fragestellungen Musterlösungen notiert sind, so dass die Lernenden hier Hilfestellungen bei der Bearbeitung erhalten.

Lernniveau 2: Die Lernenden bekommen Hilfestellung in Form von Stichwörtern oder Verweisen auf die Lösungsansätze.

Lernniveau 3: Die Lernenden müssen die Aufgabe eigenständig lösen.

Möglich ist hier auch eine Differenzierung nach Leistungsgruppen innerhalb der Klasse. So können zum Beispiel beim Partnerinterview und beim Gruppeninterview drei separate Lernniveaus gestaltet werden und die Lernenden arbeiten dann innerhalb ihres Niveaus miteinander. Beim Multiinterview können die Schwierigkeitsgrade der Aufgabengestaltung über drei Farben angezeigt werden: rot=schwierige Aufgaben; gelb= Aufgaben mit mittlerem Schwierigkeitsgrad; grün=Aufgaben mit leichtem Schwierigkeitsgrad. Dann können die Lernenden zunächst Partner ihres Niveaus suchen, wenn sie merken, sie kommen damit gut oder eben weniger gut zurecht, suchen sie sich Partner mit den entsprechenden Farben und damit Schwierigkeitsgraden.

Metakognitive Strategien:

Die Lernenden überlegen sich bei der Planung ihrer individuellen Lernzeit, ob die hier beschriebenen kooperativen Methoden sinnvoll sind. Sie sollten sie dann nutzen, wenn es um das Üben oder Vertiefen von Lerninhalten geht. Dies setzt eine genaue Kenntnis der Methode voraus (siehe Methodenrucksack).

Lernniveau 1: Das Partner- oder das Gruppeninterview wird als Methode vorgegeben und die Lernenden führen diese aus.

Lernniveau 2: Die Methoden werden empfohlen, um Inhalte miteinander zu bearbeiten. Die Lernenden wählen aber selbst aus, welche der Methoden sie umsetzen.

Lernniveau 3: Die Lernenden wählen sich selbst die Methoden aus, die sie zur Verarbeitung und Übung für sinnvoll erachten.

Überwachungsstrategie: Die Lernenden geben auf eine Fragestellung eine Antwort und werden darin ergänzt. Dadurch erfahren sie, wo sie nochmals etwas erarbeiten oder üben müssen und was sie schon auf gutem Niveau beherrschen.

Regulationsstrategien: Die Antworten werden nachgebessert.

Beispiele Partnerinterview:

Grundschule:

Thema: Überwinterung von Tieren (Sachunterricht, Silke Traub)

Zunächst wird Wissen zum Thema vermittelt, das kann über einen Vortrag, einen Film, ein Unterrichtsgespräch, eine Projektarbeit, eine Stationenarbeit und dergleichen geschehen. Nun gilt es, die Wissensinhalte zu wiederholen, sich aktiv mit diesen auseinanderzusetzen und sie dadurch zu festigen. Das kann nun z.B. mit einem Partnerinterview geschehen.

Wie kommen die Tiere über den Winter?

Partner A	Partner B
1. Welches Problem haben manche Tiere, wenn es Winter wird?	
	2. Nenne Tiere, die bei uns im Winter ohne besondere Vorkehrungen leben können!
3. Erläutere den Vogelzug!	
	4. Was bedeutet Winterschlaf? Nenne Beispiele dafür!
5. Was bedeutet Winterruhe? Nenne Beispiele dafür!	
	Was bedeutet Winterstarre? Nenne Beispiele dafür!

Welche Fragen habt Ihr noch an das Thema? Überlegt gemeinsam und notiert sie hier:

Lernniveau 1: Die Lösungen werden von der Lehrperson unter die Frage geschrieben, so dass die Lernenden diese direkt ablesen können. Die Lösungen können aber auch separat gegeben werden, so dass die lernende Person erst einmal überprüfen kann, was sie selbst beantworten könnte.

Lösungsblatt:

1. Kälte, keine Nahrung, gefrorene Böden; wenig Licht; …
2. Alle Haustiere; manche Vogelarten; Rehe; Füchse; Fische…
3. Vögel sammeln sich und fliegen in wärmere Gegenden, dort bleiben sie über den Winter und kommen im Frühjahr zurück: Störche,…
4. Tiere schlafen in Höhlen oder in Vertiefungen (Nest) und wachen erst wieder im Frühjahr auf. Im Herbst fressen sie so viel, dass sie über den Winter keine Nahrung zu sich nehmen müssen; Körpertemperatur sinkt; Atmung verlangsamt sich…: Bär, Igel…

5. Tiere ruhen, sobald es ein bisschen wärmer ist, wachen sie auf, suchen sich Nahrung, um dann wieder zu schlafen; Eichhörnchen
6. Tiere wie Frösche, Salamander schlafen ebenfalls; sie erstarren, da die Körpertemperatur stark sinkt.

Lernniveau 2: Es werden unter die Fragen die Seitenzahlen des Buches geschrieben, wo die Lernenden die Antworten finden oder sonstige kurze Hinweise gegeben.

Lernniveau 3: es werden keine Hinweise mehr gegeben.

Sekundarstufe: Landeskunde Schottland (Englisch; Yannick Spohn)

Partner interview	What do you know about Scotland?

How to do the partner interview:
Partner A starts asking the first question.
Partner B answers the question.
Partner A can add some information if he / she likes to.
Partner B asks the second question. …
Lernniveau 1:

Partner A	**Partner B**
1 What is the capital of Scotland?	The capital of Scotland is …
The national dress is a…	2 What is the national dress of Scotland?
3 How many people live in Scotland?	In Scotland live …
The biggest city is …	4 What is Scotland's biggest city?
5 Where does 'Nessie' live?	Nessie lives …
It is called …	6 How is a famous Scottish instrument called?
7 What is the famous Scottish dish?	It is …
… are spoken in Scotland.	8 Which three languages are spoken in Scotland?

1 Edinburgh | 2 kilt | 3 about 5 million | 4 Glasgow | 5 Loch Ness | 6 bagpipe | 7 haggis | 8 English, Gaelic and Scots

Lernniveau 2:

Partner A	**Partner B**
1 What is the capital of Scotland?	The capital of Scotland is …
The national dress is a…	2 What is the national dress of Scotland?
3 How many people live in Scotland?	
	4 What is Scotland's biggest city?
5 Where does 'Nessie' live?	
	6 How is a famous Scottish instrument called?
7 What is the famous Scottish dish?	
… are spoken in Scotland.	8 Which three languages are spoken in Scotland?

1 Edinburgh | 2 kilt | 3 about 5 million | 4 Glasgow | 5 Loch Ness | 6 bagpipe | 7 haggis | 8 English, Gaelic and Scots

Lernniveau 3:

Partner A	Partner B
1 What is the capital of Scotland?	
	2 What is the national dress of Scotland?
3 How many people live in Scotland?	
	4 What is Scotland's biggest city?
5 Where does 'Nessie' live?	
	6 How is a famous Scottish instrument called?

7 What is the famous Scottish dish?	
	8 Which three languages are spoken in Scotland?

1 Edinburgh | 2 kilt | 3 about 5 million | 4 Glasgow | 5 Loch Ness | 6 bagpipe | 7 haggis | 8 English, Gaelic and Scots

Beispiele Gruppeninterview:

Statt in einer Partnerarbeit könnten diese Fragen entsprechend auch im Gruppeninterview bearbeitet werden. Die Lernniveaus können wie im Beispiel oben berücksichtigt werden.

Grundschule: Vierer-Gruppeninterview (Sachunterricht, Silke Traub)

Erläutere den Vogelzug nochmals genau und nenne Beispiele für Vögel, die sich diesem anschließen!	**Erläutere die Winterruhe nochmals genau und nenne Beispiele von Tieren, die diese Form des Überwinterns wählen!**
Erläutere den Winterschlaf nochmals genau und nenne Beispiele von Tieren, die diese Form des Überwinterns wählen!	**Erläutere die Winterstarre nochmals genau und nenne Beispiele von Tieren, die diese Form des Überwinterns wählen.**

Sekundarstufe: Übungsaufgaben Mathematik (Maren Hofmann)

Partner A: Berechne in Einzelarbeit die Aufgaben und besprecht sie anschließend in der Dreiergruppe

Das kgV von 7 und 9 ist 63. Erweitere auf den gemeinsamen Nenner: 63 Addieren
Wandle den gemischten Bruch in eine Bruchzahl um: $1\frac{4}{8} = \frac{12}{8}$ Das kgV von 8 und 9 ist 72. Erweitere anschließend den Bruch Addieren
Gemischte Brüche Umwandeln: $3\frac{4}{5} = \frac{19}{5}; 1\frac{5}{6} = \frac{11}{6}$ Das kgV von 5; 6 und 3 ist 30. Die Brüche erweitern. Addieren

Partner B: Berechne in Einzelarbeit die Aufgaben und besprecht sie anschließend in der Dreiergruppe

Erweitere den Bruch $\frac{2}{7} auf \frac{8}{28}$

Erweitere den Bruch $\frac{7}{8} auf \frac{49}{56}$

Erweitere den Bruch $\frac{3}{12}$ auf $\frac{36}{144}$

Partner C: Berechne in Einzelarbeit die Aufgaben und besprecht sie anschließend in der Dreiergruppe

$$\frac{1}{3}+\frac{3}{4}+\frac{5}{12}$$

$$\frac{4}{5}+\frac{9}{10}+\frac{33}{10}$$

$(\frac{5}{8}+\frac{1}{2})-\frac{1}{7}$ Brüche innerhalb der Klammern als Erstes rechnen.

$$6\frac{3}{9}-1\frac{5}{3}=\frac{57}{9}-\frac{8}{5}$$

Hierbei werden keine Niveaudifferenzierungen vorgenommen, da die Gruppen heterogen zusammengesetzt werden können oder die Aufgaben für die Einzelarbeit unterschiedliche Niveaus aufweisen.

Anschließend bringen die Tandems oder Kleingruppen offen gebliebene Fragen ins Plenum ein. Diese werden dann mit der Klasse besprochen. Die Lehrperson fordert im Plenum einzelne Tandems oder Kleingruppen auf, Antworten auf die Fragen zu geben, die Lernenden ergänzen ihre Aufschriebe und so werden die Ergebnisse auch gesichert.

Beispiele Multiinterview:

Grundschule: Übung: Einmaleins Mathematik (Silke Traub

Die Lernenden einer Klasse erhalten jeweils eine Karteikarte mit verschiedenen Aufgaben zum Einmaleins.

Lernniveau 1: Die Lösungen stehen auf der Rückseite

Lernniveau 2: Die Lösungen müssen selbst gefunden werden

Lernniveau 3: Es sind immer auch Küraufgaben mit dem großen Einmaleins enthalten.

Die Lernenden treffen sich nach der individuellen Bearbeitungszeit mit einem Partner, nach gegenseitigem Befragen und Geben der Antworten, wechseln die Partner erneut:

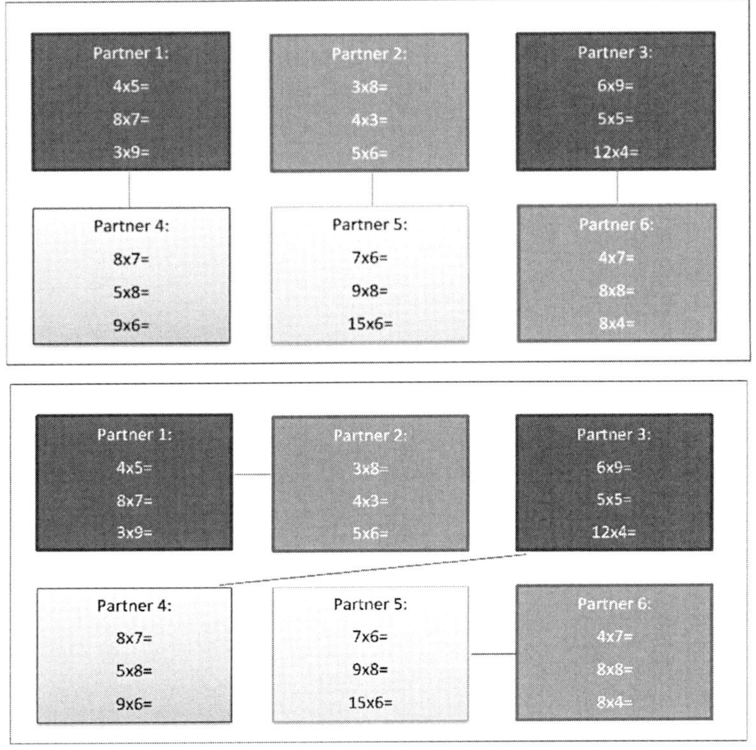

Sekundarstufe: Warm up Englisch (Yannick Spohn)

Find someone	name
… who has a pet.	
… who ate at McDonalds® last week.	
… was born in January.	
… has been to Scotland.	
… likes pizza.	

Aufgaben, die nicht gelöst oder bei denen viele Lernende Schwierigkeiten hatten, werden im Plenum nochmals besprochen und Hilfestellungen gegeben.

4.3 Lerntempoduett

Beschreibung der Methode:

Das Lerntempoduett wurde von Diethelm Wahl (vgl. Wahl 2006, 2013) entwickelt. Die Klasse wird in zwei Hälften unterteilt. Die eine Hälfte der Klasse bearbeitet Teil A eines Sachverhaltes, die andere Hälfte Teil B. Alternativ können auch alle den gleichen Sachverhalt bearbeiten. Das Lerntempoduett läuft in fünf Phasen ab:

Aneignungsphase in Einzelarbeit: Die Lernenden bearbeiten in ihrem Lerntempo den ihnen aufgegebenen Sachverhalt. Dabei kann es sich um eine Mathematikaufgabe, um einen Sachtext, um eine Versuchsanordnung, um eine Sportübung und dergleichen mehr handeln. Die Lernenden haben die Aufgabe, sich über ihren Teil zum Experten zu machen. Dies kann mit Hilfe von Visualisierungen (Mindmaps; Struktur-Lege-Techniken ...) oder durch Erprobungen bzw. Übungen geschehen. Durch ein Zeichen (Aufstehen, grüne Ampelkarte hochhalten...) oder durch Warten an einem vereinbarten Treffpunkt im Klassenzimmer zeigen die Lernenden an, wenn sie mit ihrem Arbeitsauftrag fertig sind. So finden sich zwei Partner(innen), die entsprechend ihrem Lerntempo ihre Aufgabe bearbeitet haben, zusammen. Bei unterschiedlichen Aufgaben, sollen sich immer eine lernende Person A mit einer Person B zusammenschließen. Die Paare gehen zeitversetzt in die Vermittlungsphase.

Vermittlungsphase in Partnerarbeit: Die beiden Lernenden erläutern sich gegenseitig ihren Sachverhalt und die Arbeitsaufgabe und stellen sich ihre Ergebnisse vor. Sie zeigen also ihre Rechnungen vor, führen die Versuchsanordnung durch oder zeigen die Sportübung bzw. erläutern die Mindmap.

Vertiefungsphase in Partnerarbeit: Nach dem Austausch und der Vermittlung der Sachverhalte bearbeiten die beiden Partner(innen) vertiefende Aufgaben in ihrem Lerntempo.

Aneignungsphase B in Einzelarbeit: Die Paare, die ihre Aufgaben bearbeitet haben, befassen sich mit dem Sachverhalt der anderen Person, A also mit dem Themengebiet von B und umgekehrt. Sie erhalten hierzu auch die entsprechenden Lerninhalte.

Verarbeitungsphase: Die Lernenden schließen sich erneut nach ihrem Lerntempo zu Paaren zusammen und tauschen sich über die Inhalte aus.

Im Abschluss-Plenum können inhaltliche Fragen geklärt und thematisiert werden.

(vgl. auch Traub 2004)

Pädagogische Leistung:

Wie der Name schon sagt, nimmt die Methode besondere Rücksicht auf das Lerntempo der Einzelnen. Damit wird sie dem Gedanken des Lernens als hochgradig individuellem Prozess gerecht. Da die Lerntempounterschiede enorm hoch sind, ist es wichtig, mit Methoden zu arbeiten, die dieser Überlegung gerecht werden können. Ein Teil der Lernenden wird alle Phasen des Lerntempoduetts durchlaufen, andere Lernende werden nur die Phasen 1 und 2 oder eventuell noch Phase 3 bearbeiten. Dadurch hat jede lernende Person die Chance, wenigstens zeitweilig im eigenen Tempo zu arbeiten. Die Lernenden sind aktiv ins Lerngeschehen eingebunden, motiviert und erleben sich als selbstwirksam. Außerdem steigert sich der Lernerfolg, weil niemand unter- oder überfordert wird. Allerdings muss berücksichtigt werden, dass das Lerntempoduett bewusst davon ausgeht, dass nicht alle Lernenden den gleichen Wissensstand oder die gleiche Tiefe der Verarbeitung erreichen, sondern dass hier unterschiedliche Grade der Bearbeitung umgesetzt werden.

Didaktischer Einsatzort:

Das Lerntempoduett ist bei fast allen Lernhandlungen einsetzbar. Es kann zur Übung und zur Verarbeitung von Lerninhalten dienen, aber auch zur Aneignung und Vertiefung genutzt werden. Es bietet sich als Methode gut an in den Lehr-Lern-Konzepten des Sandwich-Prinzips im Bereich der subjektiven Verarbeitungsphase und auch bei der Wochenplanarbeit, wenn die Methode dahingehend abgeändert wird, dass sich die Lernenden entsprechend des Zeitpunktes, an dem sie sich mit dem Themengebiet befassen, als Tandem zusammenfinden. Das Duett gehört als WELL-Methode natürlich in das WELL-Konzept.

Es bietet sich nach einem Lehrgang zur Wiederholung der Lerninhalte oder im Anschluss an ein Unterrichtsgespräch an. Für die Stationenarbeit scheint es weniger geeignet, da die Lernenden ja einzelnen Stationen zugewiesen werden und innerhalb der Stationen nicht noch eine Differenzierung nach dem Lerntempo vorgenommen wird. Auch in der Freiarbeit bietet es sich weniger an, da die Lernenden sich hier für Arbeitsmaterialien entscheiden und sich dann ihre Lernpartner(innen) nach Interesse, Freundschaft, Helfer usw. wählen. Die Lernenden bestimmten in der Freiarbeit selbst ihr Lerntempo. Auch für die Projektarbeit ist diese Methode weniger geeignet, da die Lernenden ja bereits in Gruppen zusammen arbeiten und auch dort nicht das Lerntempo, sondern das Interesse an der Problemlösung entscheidend für die Zusammenarbeit ist.

Vorbereitungs- und Zeitaufwand:

Die Vorbereitung besteht darin, dass die Lehrperson Sachverhalte für das Lerntempoduett sucht und entsprechend aufbereitet. Bei zwei verschiedenen Sachverhalten muss darauf geachtet werden, dass diese in etwa gleich umfangreich sind und inhaltlich zusammen passen.

Ein Lerntempoduett dauert etwa 45 Minuten. Die Lernenden arbeiten in den Phasen in ihrem eigenen Lerntempo, deshalb muss eine zeitliche Rahmenvorgabe gemacht werden. Bevor die Lernenden in die Aneignungsphase gehen, muss festgelegt werden, wann sie sich wieder alle im Plenum zur Aussprache treffen, egal in welcher Phase des Lernprozesses sie sich da gerade befinden. Die zeitliche Vorgabe sollte in etwa so gesetzt sein, dass alle Lernenden Phase 2 durchlaufen können.

Sozialform:

Die Sozialform wechselt zwischen Einzel- und Partnerarbeit, der gemeinsame Austausch erfolgt im Plenum.

Lernstrategien:

Beim Lerntempoduett handelt es sich um eine Übungs- und Verarbeitungsmethode. Deshalb spielen hier in erster Linie die kognitiven Strategien und dabei die Wiederholungs- und Einprägungsstrategien sowie die Elaborations- und Enkodierstrategien und auch die Organisations- und Abrufstrategien eine zentrale Rolle. Die Lernenden müssen ihr Zeitmanagement selbst planen, weshalb auch Ressourcenstrategien eingeübt werden können.

Differenzierungsmöglichkeiten:

Das Lerntempoduett stellt an sich schon eine Form der Differenzierung dar, da das Lerntempo des Einzelnen im Vordergrund steht.

Darüber hinaus können weitere Differenzierungsmöglichkeiten eingebaut bzw. die Überlegungen zur Differenzierung beim Lerntempo ausgebaut werden.

Es kann eine Differenzierung bezüglich der Länge und Komplexität der Bearbeitung der Sachverhalte vorgenommen werden.

Lernniveau 1: Die Lernenden erhalten einfachere Sachverhalte mit weniger langen Erläuterungen. Außerdem werden ihnen zum Beispiel kürzere Texte angeboten oder die Ausführung einer Übung bzw. eines Experimentes ist weniger umfassend. Zusätzlich werden Hilfestellungen in Form von Visualisierungen, Markierungen und dergleichen angeboten.

Lernniveau 2: Der Umfang wird hier etwas höher sein als bei Lernniveau 1 und auch die Komplexität der Ausführungen nimmt zu. Hilfestellungen werden hier nur noch in Vorschlägen angeboten, z.B.: „Um den Sachverhalt zu verdeutlichen, könnte man hier ein Schaubild, eine Mindmap erstellen" oder „unterstreiche zunächst die Schlüsselwörter und erstelle dann ein Schaubild dazu" oder ähnliches.

Lernniveau 3: Hier sind die Sachverhalte umfangreicher und komplexer. Die Lernenden erhalten keine Hilfestellung zur Bearbeitung mehr, sondern wählen selbst die Methoden aus, die sie als hilfreich erachten. Unterstützung hierzu finden sie im Methodenrucksack.

Außerdem können die Arbeitsaufgaben in der Vertiefungsphase in Basis- und Küraufgaben aufgeteilt werden. Dabei entscheiden und bestimmten die Lernenden selbst, wie intensiv sie sich mit dem Sachverhalt auseinandersetzen müssen. Sie wählen ihr Lernniveau selbst aus.

Diese Art der Differenzierung kann nun innerhalb einer Klasse vollzogen werden, was bedeutet, dass Lernende mit unterschiedlichen Niveaus in der anschließenden Partnerarbeit zusammen arbeiten können. Dadurch, dass die schwächeren Lernenden ja Hilfestellung und Lösungsvorschläge erhalten haben, profitieren auch die Stärkeren von diesem Austausch.

Die Klasse kann aber auch vor dem Lerntempoduett in drei Niveaus eingeteilt werden und dann innerhalb der Niveaus die Methode mit verschiedenen umfangreichen und komplexen Sachverhalten zu einem Thema durchführen, wobei hier davon ausgegangen wird, dass das Niveau 1 das Basiswissen abdeckt und bei Niveau 2 und 3 zusätzliche Aufgaben gegeben werden bzw. die Unterstützung jeweils zurückgenommen wird.

Beispiele:

Grundschule: Deutsch (vgl. auch Traub 2004, S. 98):

Die Schülerinnen und Schüler möchten im Deutschunterricht gemeinsam ein Jugendbuch lesen. Der Lehrer/die Lehrerin stellt zwei Bücher zur Auswahl. In einem Lerntempoduett sollen die Lernenden sich den Inhalt der Bücher erarbeiten, sich gegenseitig über ihre Ansichten zum Buch austauschen, um dann im Plenum sinnvoll darüber abstimmen zu können, welches der beiden Bücher zu lesen sein wird.

Text 1 (grünes Papier)

Aufgabe:

1. Bearbeite in deinem Lerntempo den folgenden Text.
2. Du sollst deinem Partner das im Text beschriebene Jugendbuch kurz vorstellen. Fertige hierzu eine Mindmap über den Inhalt an.
3. Wenn du damit fertig bist, stehst du bitte auf und gehst mit dem Partner zusammen, der ein gelbes Blatt hat und auch steht.
4. Stellt euch gegenseitig eure Mindmaps vor und sprecht über die Jugendbücher und deren Vor- und Nachteile.
5. Suche dir dann einen anderen Partner mit einem gelben Papier.
6. Solltet ihr früher fertig sein, könnt ihr euch in der Leseecke die beiden Bücher anschauen und euch weiter darüber informieren.

An Rutgers: Die Kinderkarawane, dtv junior.

Das ist die Geschichte der sieben Sager-Kinder, die im Jahre 1844 ganz allein durch den Wilden Westen gezogen sind, begleitet nur von einem Hund, einer Kuh und einem Ochsen.

Die Kinder gehörten ursprünglich zu einem großen Treck, der sie in die fruchtbaren Täler Oregons bringen sollte. Dort wollten die Auswanderer ein neues Leben beginnen. Aber Vater und Mutter erlagen bald den großen Strapazen dieser Reise. So zogen die Kinder unter den größten Entbehrungen und Anstrengungen, das Älteste mit dem Jüngsten auf dem Arm, zu Fuß weiter.

Text 2 (gelbes Papier)

Aufgabe:

1. Bearbeite in deinem Lerntempo den folgenden Text.
2. Du sollst deinem Partner das im Text beschriebene Jugendbuch kurz vorstellen. Fertige hierzu eine Mindmap über den Inhalt an.
3. Wenn du damit fertig bist, stehst du bitte auf und gehst mit dem Partner zusammen, der ein gelbes Blatt hat und auch steht.

4. Stellt euch gegenseitig eure Mindmaps vor und sprecht über die Jugendbücher und deren Vor- und Nachteile.
5. Suche dir dann einen anderen Partner mit einem gelben Papier.
6. Solltet ihr früher fertig sein, könnt ihr euch in der Leseecke die beiden Bücher anschauen und euch weiter darüber informieren.

Els Pelgrom: Umsonst geht nur die Sonne auf. Dtv junior.

In einem holländischen Dorf vor hundert Jahren: Seit sich der Vater den Fuß verletzt hat und nicht mehr arbeiten kann, gibt es für die 11jährige Fine und ihre Geschwister nicht genug zu essen. Darum muss Fine als Dienstmädchen in die nächste Stadt. Im Hause von Doktor Allersma wird sie satt werden, und auch für die anderen bleibt mehr übrig, wenn sie erst weg ist. Doch Fine fällt es schwer, sich in den gutbürgerlichen Arzthaushalt einzufügen. Allzu oft eckt sie an mit ihrem offenen und freien Wesen, und an die ungerechte und oft demütigende Art, mit der ihre „Herrschaft" den Dienstboten gegenüber auftritt, kann sie sich nicht gewöhnen. Eines Tages gibt es Streit...

Hier ist keine Differenzierung notwendig.

Sekundarstufe I: Mathematik, Maresa Coly (vgl. auch Traub 2012a, S. 191)

Im Unterricht wird in die Thematik „Gleichungen und Ungleichungen" eingeführt. Nach der Einführung erhalten die Lernenden nochmals eine Beispielaufgabe zum Rechenvorgang. Die eine Hälfte der Klasse erhält die Beispielaufgabe zu Gleichungen, die andere Hälfte zu Ungleichungen. Diese werden in Form eines Lerntempoduetts bearbeitet. Dabei wird auf drei Lernniveaus differenziert.

Lernniveau 1: Hier werden der Rechenweg und die Beispielaufgabe vorgegeben und vorgerechnet. Die Lernenden vollziehen das Beispiel nach.

Lernniveau 2: Das Beispiel mit der Waage wird mitgeliefert, die Beispielrechnung müssen die Lernenden selbst durchführen.

Lernniveau 3: Die Lernenden erhalten Aufgaben, die sie ausrechnen sollen.

Im Lerntempoduett selbst können sich nun die Lernenden der verschiedenen Niveaus mischen und sich gegenseitig erläutern, mit was sie sich auseinandergesetzt haben. Dabei erhält eine lernende Person mit Niveau 1 die Beispielaufgaben der lernenden Person auf Niveau 3 vorgerechnet und kann mit Hilfe ihrer Erklärung überprüfen, ob die Aufgaben richtig gerechnet wurden und umgekehrt kann sich die Person auf Niveau 3 nochmals erkundigen, wie gerechnet werden soll, anhand der Beispielaufgabe von Person mit Niveau 1.

Es können aber auch drei Lerntempoduetts durchgeführt werden, wobei dann die Niveaus unter sich bleiben.

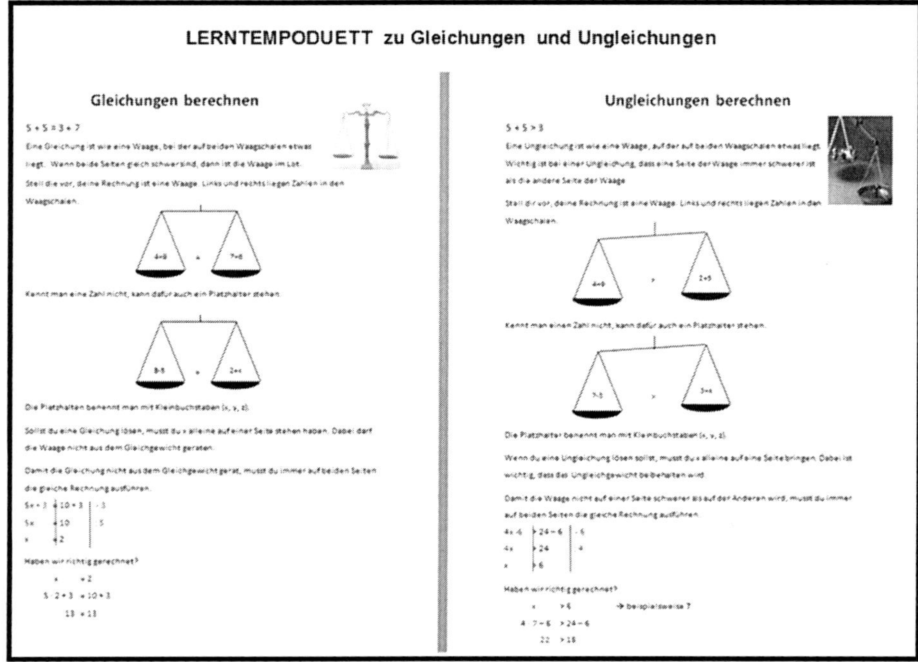

LERNTEMPODUETT zu Gleichungen und Ungleichungen

Gleichungen berechnen

5 + 5 = 3 + 7

Eine Gleichung ist wie eine Waage, bei der auf beiden Waagschalen etwas liegt. Wenn beide Seiten gleich schwer sind, dann ist die Waage im Lot.

Stell dir vor, deine Rechnung ist eine Waage. Links und rechts liegen Zahlen in den Waagschalen.

Kennt man eine Zahl nicht, kann dafür auch ein Platzhalter stehen.

Die Platzhalter benennt man mit Kleinbuchstaben (x, y, z).

Sollst du eine Gleichung lösen, musst du x alleine auf einer Seite stehen haben. Dabei darf die Waage nicht aus dem Gleichgewicht geraten.

Damit die Gleichung nicht aus dem Gleichgewicht gerät, musst du immer auf beiden Seiten die gleiche Rechnung ausführen.

5x + 3 = 10 + 3 | − 3
5x = 10 | : 5
x = 2

Haben wir richtig gerechnet?

x = 2
5 · 2 + 3 = 10 + 3
13 = 13

Ungleichungen berechnen

5 + 5 > 3

Eine Ungleichung ist wie eine Waage, auf der auf beiden Waagschalen etwas liegt. Wichtig ist bei einer Ungleichung, dass eine Seite der Waage immer schwerer ist als die andere Seite der Waage.

Stell dir vor, deine Rechnung ist eine Waage. Links und rechts liegen Zahlen in den Waagschalen.

Kennt man einen Zahl nicht, kann dafür auch ein Platzhalter stehen.

Die Platzhalter benennt man mit Kleinbuchstaben (x, y, z).

Wenn du eine Ungleichung lösen sollst, musst du x alleine auf eine Seite bringen. Dabei ist wichtig, dass das Ungleichgewicht beibehalten wird.

Damit die Waage nicht auf einer Seite schwerer als auf der Anderen wird, musst du immer auf beiden Seiten die gleiche Rechnung ausführen.

4x − 6 > 24 − 6 | − 6
4x > 24 | : 4
x > 6

Haben wir richtig gerechnet?

x > 6 → beispielsweise 7
4 · 7 − 6 > 24 − 6
22 > 18

Im Anschluss an das Lerntempoduett werden Fragen im Plenum geklärt und die Aufgaben gemeinsam überprüft.

4.4 Partner- und Gruppenpuzzle

Beschreibung der Methode:

Partnerpuzzle:

Das Partnerpuzzle ist eine kooperative Methode aus dem Bereich des wechselseitigen Lehrens und Lernens und dient in erster Linie der Wissensaneignung.

Jeweils zwei Lernende bilden ein Tandem. Sie erhalten unterschiedliche Texte/Informationspapiere/Sachver-halte, der eine Teil A, der andere Teil B. Zunächst bearbeiten sie in Einzelarbeit ihren Sachverhalt, versuchen ihn zu verstehen und lösen Aufgaben dazu. Dann versammeln sie sich zu sogenannten Expertenpaaren. Person A sucht sich eine Person, die ebenfalls Teil A hat, aber einem anderen Stammpaar angehört und Person B genauso. Diese Expertensuche darf nach Vorliebe der Lernenden erfolgen. Experten und Expertinnen, die zusammenarbeiten sollen, können aber auch von der Lehrperson eingeteilt oder durch Symbole per Zufall zusammengebracht werden. Das Expertenpaar bespricht nun ihren Textteil, löst die Arbeitsaufgaben und überlegt sich, wie es im Stammpaar den eigenen Textinhalt weitergeben könnte. Danach treffen sich die Stammpaare wieder und berichten sich gegenseitig über ihren Sachverhalt. Anschließend diskutieren sie beide Sachverhalte und erstellen gemeinsam ein Thesenpapier, ein Ergebnisblatt, oder fertigen eine Mindmap zu beiden Textteilen an. Daran anknüpfend können beide Themengebiete im Plenum nochmals diskutiert und es kann ein einheitliches Ergebnispapier erstellt werden (vgl. auch Traub 2004, S. 89 f.).

Gruppenpuzzle:

Das Gruppenpuzzle lässt sich dann sinnvoll einsetzen, wenn es möglich ist, ein größeres Wissensgebiet in mehrere, in sich relativ geschlossene Teilgebiete aufzugliedern. Es funktioniert nach dem Prinzip der sozialen Kohäsion. Lernende helfen einander, weil ihnen etwas an der Gruppe liegt. Es ist daher auch ein Anliegen der Methode, die sozialen Verhaltensweisen der Lernenden zu fördern.

Lernende nehmen Informationen auf und geben Informationen weiter. Umfangreiche Texte oder Themengebiete werden dabei in einer Gruppe in verschiedene Teilgebiete aufgeteilt, so dass jede Person nur ein Teilgebiet selbst zu bearbeiten hat.

Beim Gruppenpuzzle lassen sich vier Phasen unterscheiden:

1. Einführung: Die Lehrperson organisiert heterogene Stammgruppen (3-5 Schülerinnen /Schüler). Dann führt sie in die Thematik ein und stellt die einzelnen Teilgebiete und den Zusammenhang des Themas her. Sie erläutert, warum das Thema wichtig ist und wie es mit dem bisher Gelernten zusammenhängt. Die Lernenden erhalten in den Stammgruppen ihre Teilgebiete, so dass Schüler(in) 1 Teil A bearbeitet, Schüler(in) 2 Teil B, Schüler(in) 3 Teil C und Schüler(in) 4 Teil D. Zunächst beschäftigt sich jede Person mit dem eigenen Themengebiet.
2. Expertengruppen: Lernende mit den gleichen Themengebieten finden in einer Expertengruppe zusammen, also alle mit Teil A, alle mit Teil B usw. Sie arbeiten in diesen Gruppen am Thema und versuchen, die dazu gestellten Aufgaben zu lösen. Sie stellen sich gegenseitig Fragen, machen sich Notizen oder lösen anstehende Probleme. Wichtig ist dabei stets die Überlegung, wie sie anschließend als Experte bzw. Expertin das Wissen in der Stammgruppe weitergeben. Voraussetzung für den Erfolg ist die Offenheit der Schülerinnen und Schüler. Sie müssen sich gegenseitig unterstützen und ihre Ideen einbringen, damit anschließend alle als Experten bzw. Expertinnen in der Stammgruppe arbeiten können.
3. Stammgruppe: Die Lernenden treffen sich wieder in ihren Stammgruppen. Dort berichten sie nacheinander über ihre Arbeit und ihre Ergebnisse der Expertengruppen. Dabei sind offen gebliebene Fragen zu klären, so dass am Ende einer jeden Darstellung jedes Mitglied der Stammgruppe das vorgetragene Teilgebiet verstanden hat und in den Gesamtzusammenhang einordnen kann.
4. Evaluationsphase: Das Gelernte wird nun überprüft. Die Lernenden erhalten Aufschluss darüber, wie sie das Teilgebiet vermittelt, die anderen Mitglieder der Gruppe, wie sie es verarbeitet haben. Dazu kann ein Test

geschrieben werden, der Fragen zu jedem Teilgebiet enthält. Neben dem Test gibt es auch die Möglichkeit, eine Wandzeitung zu erstellen oder eine Mindmap anzufertigen. Bestandteil dieser Evaluation ist auch eine Metakommunikation über die abgelaufene Gruppenarbeit, sowohl in der Experten- als auch in der Stammphase. So werden Defizite aufgegriffen und bearbeitet und bei einem erneuten Gruppenpuzzle ausgeschaltet (vgl. auch Traub 2004, S. 99 ff).

Pädagogische Leistung:

Diese Lernmethode fordert von den Schülerinnen und Schülern Zusammenarbeit und gegenseitiges Lehren. Dabei sind die Lernenden voneinander abhängig, wenn es um die Erreichung der Ziele geht. Lernende werden für wechselseitiges Helfen belohnt, Konkurrenzdenken ist hier fehl am Platz. Schülerinnen und Schüler mit eher niedrigem Selbstwertgefühl können dank des Erfolgserlebnisses dasselbe steigern. Alle Lernenden sind aktiv in das Lerngeschehen eingebunden und können sich nicht heraushalten.

Je mehr die Lernenden in das Gruppengeschehen integriert sind, je mehr Erfahrungen sie mit kooperativem Lernen haben und je mehr Methodenkompetenz sie besitzen, desto besser gelingt es ihnen, ihr Denken zu artikulieren, anderen zuzuhören, unterschiedliche Gedanken zu integrieren und nach Anwendungsmöglichkeiten zu suchen. Das Partner- und Gruppenpuzzle soll den Informations- und Wissenserwerb in einem Team unterstützen. Obgleich das Wissen gemeinsam erarbeitet wird, hängt es von jedem Mitglied der Gruppe ab, wie effizient gearbeitet wird. Die Gruppe ist nur dann erfolgreich, wenn alle Mitglieder gut zusammenarbeiten und sich aufeinander verlassen können. Das Gruppenpuzzle empfiehlt sich besonders für die Einführung neuer Themenbereiche und Unterrichtseinheiten.

Didaktischer Einsatzort:

Das Partner- und das Gruppenpuzzle dienen der Erarbeitung bzw. der Vertiefung von Sachverhalten. Wissen wird von einer Person an andere vermittelt. Es kann an jeder Stelle des Unterrichtsablaufes eingesetzt werden, wo sich ein Themengebiet in zwei oder mehrere Teilbereiche aufgliedern lässt. Das Partnerpuzzle ist weniger komplex und störanfällig als das Gruppenpuzzle und sollte deswegen zunächst mit den Lernenden durchgeführt und erprobt werden. Erst wenn die Lernenden das Partnerpuzzle beherrschen, können sie sinnvoll ein Gruppenpuzzle durchführen. Beide Methoden haben ihren Platz im Sandwich-Konzept im Anschluss an eine kollektive Lernphase und der subjektiven Verarbeitung, wenn es darum geht, das Themengebiet zu vertiefen oder nochmals zu festigen. Es handelt sich dann um eine Auseinandersetzungsphase, in der es wiederum kollektive Lernanteile (Austauschphase) und individuelle Lernanteile (Expertenphase) gibt. Somit stellen Partner- und Gruppenpuzzle wiederum ein kleines Sandwich dar. Deshalb lassen sich die Methoden des wechselseitigen Lehrens und Lernens auch gut in das Sandwich-Konzept integrieren. Da die Methoden aber zeitaufwändig und verhältnismäßig komplex sind, sind sie für eine Stationenarbeit oder einen Wochenplan weniger geeignet. In der Freiarbeit und in der Projektarbeit können sie von den Lernenden eigenständig genutzt werden, wenn es darum geht, sich Lerninhalte selbst zu erschließen oder zu vertiefen. Dafür benötigen die Lernenden aber die genauen Arbeitsanweisungen wie man bei der Umsetzung eines Partner- oder Gruppenpuzzles vorgeht (siehe Methodenrucksack).

Vorbereitungs- und Zeitaufwand:

Die Lehrperson muss die Themengebiete so aufbereiten, dass zwei bzw. drei oder vier ähnliche Teilgebiete entstehen. Während ein Partnerpuzzle etwa 30 Minuten dauert, benötigt ein Gruppenpuzzle in der Regel zwischen 45 und 60 Minuten. Die erste Phase – die Aneignung des Themengebietes – könnte auch als Hausaufgabe gegeben werden, dann würde eine Schulstunde für die Durchführung des Gruppenpuzzles ausreichen.

Sozialform:

Partnerarbeit bzw. Arbeit in Kleingruppen (zwischen 3 und 4 Personen). Größere Gruppenkonstellationen sollten nicht gewählt werden, da sonst bei der Austauschphase die Aufmerksamkeitskapazität der Lernenden überschritten werden würde.

Lernstrategien:

Das Partner- und Gruppenpuzzle sind Vermittlungsmethoden, bei denen es um die Aneignung von Sachverhalten geht. Hierzu sind Lernstrategien aus dem kognitiven und metakognitiven Bereich notwendig. Die Lernenden müssen sich selbst den Sachverhalt aneignen: Hierzu benötigen sie Wiederholungs- und Einprägungsstrategien. Bei der Entwicklung einer Expertise werden Elaborations- und Enkodierstrategien genutzt und bei der Verarbeitung Organisations- und Abrufstrategien. Um Wissen einem anderen vermitteln zu können, benötigen die Lernenden neben den genannten Strategien auch metakognitive Strategien, sie müssen die Vermittlung entsprechend planen und überwachen und eventuell regulieren, wenn sie merken, dass die anderen das eigene Teilgebiet noch nicht richtig verstanden haben. Auch Strategien aus dem Ressourcenmanagement werden verlangt, da die Lernenden Zeiteinteilung und Durchführung selbst planen und sich immer wieder motivieren müssen, um aufmerksam dabei zu bleiben.

Differenzierungsmöglichkeiten:

Das Partner- und das Gruppenpuzzle lassen sich auf unterschiedlichen Niveaus durchführen und damit eine Differenzierung vornehmen.

Ähnlich wie beim Lerntempoduett kann hier variiert werden.

Lernniveau 1: Die Themengebiete sind weniger umfangreich und komplex. Die Lernenden erhalten gezielte Hilfestellung zur Erarbeitung eines Expertentums. Sie erhalten Markierungshilfen, Visualisierungshilfen oder auch Musterlösungen, so dass sie sich zum Experten bzw. zur Expertin machen können.

Lernniveau 2: Die Lernenden erhalten Textumfänge und Komplexitätsgrade im mittleren Niveaubereich. Außerdem werden sie in der Entwicklung des Expertenstatus mit Hilfestellungen unterstützt, die aber weniger ausgeprägt sind als bei Niveau 1. Es werden Hinweise gegeben, wie man sich am besten zum Experten/zur Expertin macht.

Lernniveau 3: Hier werden anspruchsvolle Sachverhalte ausgewählt. Unterstützungsmaßnahmen werden nicht gegeben, die lernende Person entscheidet selbst, wie sie sich den Expertenstatuts aneignet.

In der Expertenphase können auch bewusst Tandems und Expertengruppen gebildet werden, bei denen dann alle Lernniveaus vertreten sind. Ein Lernender mit Niveau 1 bringt dann die Lösungsansätze mit und kann sich so ebenfalls in die Gruppe einbringen, ein Lernender mit Niveau 2 oder 3 kann davon profitieren und seine eigenen Gedanken und Überlegungen mit ins Spiel bringen.

Auch hier lässt sich in der Experten- und Stammphase die „Huckepacklösung" nutzen. Ganz schwache Lernende erhalten einen Experten/einer Expertin, der/die sie während aller Phasen ständig begleitet und unterstützt.

Beispiele:

Grundschule (Partner- und Gruppenpuzzle sind ab Klasse 3 gut einsetzbar, davor sollten eher weniger komplexe Methoden gewählt werden); Gruppenpuzzle (vgl. auch Traub 2004, S. 104-107)

In Klasse 4 wurde das Thema Schule früher- Schule heute behandelt.

Zum Thema Schule früher wurde unter anderem ein Gruppenpuzzle durchgeführt. Dazu wurde die Klasse in Gruppen zu fünf Mitgliedern eingeteilt, den sogenannten Stammgruppen. Jedes Gruppenmitglied bekam einen der Texte 1-5, die so gleichmäßig auf die Gruppe verteilt wurden. Die einzelnen Schülerinnen und Schüler lasen zunächst ihren Text durch. Danach gingen alle Lernenden der Klasse, die Text 1 zu bearbeiten hatten in die Expertengruppe 1, alle mit Text 2 in die Gruppe 2 usw.. Dort versuchten sie ihre Aufgaben für die Expertengruppe zu lösen. Nach ca. 20 Minuten kamen sie in ihre Stammgruppen zurück und berichteten sich gegenseitig über ihre Textteile. Im Anschluss wurde das Wissen mit einem kurzen Test überprüft. Danach fertigte jede Stammgruppe ein Plakat zum Thema ‚Schule früher' an, das im Klassenzimmer ausgestellt, immer wieder bei der Bearbeitung der Unterrichtseinheit herangezogen wurde und so ständig thematisiert werden konnte.

Hier die einzelnen Gruppentexte:

Text 1: Schulen im Mittelalter und Klosterschule

Hier geht es um die Entwicklung des Bildungswesens seit 800 n. Christus. Zuerst gab es nur Klosterschulen, das waren Schulen, die im Kloster untergebracht wurden. Mönche waren Lehrer. Die Klosterschulen gehörten zum Kloster. Hier wurden vor allem Buben unterrichtet, die Mönch oder Priester werden sollten.

Allerdings war es nicht so einfach, in einem Kloster aufgenommen zu werden. Der Vater eines Schülers musste dafür bezahlen. Meist erhielt das Kloster Land. Deshalb konnten nur Jungen reicher Eltern ins Kloster aufgenommen werden. Die Jungen wollten aber nicht immer gerne in eine Klosterschule gehen. Die Schule war sehr streng. Die Jungen mussten viel lernen, an den Gottesdiensten teilnehmen und auch sonst im Kloster mithelfen. Sie lernten vor allem auch Latein. Wer schön schreiben konnte, konnte in den Schreibstuben arbeiten. Dort wurden wertvolle Bücher von Hand abgeschrieben. Zunächst übten die Schüler auf Schiefertafeln mit Griffeln. Wenn sie gut schreiben konnten, schrieben sie auf Pergament. Das sind geglättete und getrocknete Tierhäute. Diese waren sehr wertvoll.

Mädchen und Kinder aus ärmeren Familien konnten zu dieser Zeit noch keine Schule besuchen

Text 2: Schulstrafen

Strafen und Strafmethoden sind ein wichtiges Thema der Schule früher. Seit 1970 darf in den Schulen nicht mehr geschlagen werden. Bis dahin mussten die Schüler körperliche Strafen, aber auch andere Strafen über sich ergehen lassen. Besonders häufig wurde mit Rute und Stock geschlagen. Schüler erhielten Tatzen. Manche Schüler mussten auch auf einem Holzscheit knien. In vielen Schulräumen gab es auch den berühmten Holzesel. Kinder mussten sich auf ihn setzen, wenn sie etwas nicht wussten und wurden dann von anderen Kindern ausgelacht. Viele Kinder litten unter solchen Strafen. Trotzdem spielten die Schüler ihren Lehrern Streiche und spielten gerne Schule. Dazu gab es auch besondere Spielsachen, wie eine Schulstube als Puppenhaus.

Auch beim Schulranzen hat sich einiges geändert. Damals war es üblich, einen Ranzen auf dem Rücken zu tragen. Einige Kinder besaßen einen Lederranzen, da dieser aber teuer war, besaßen manche Kinder auch Ranzen aus Blech und Holz.

Text 3: Schule um 1850

Zu dieser Zeit war es besonders wichtig, dass die Kinder in Religion unterrichtet wurden. Deshalb wurden die Volksschulen auch von Pfarrern beaufsichtigt.

In ländlichen Gebieten gab es keine eigenen Schulhäuser. Der Unterricht fand in der Wohnstube des Lehrers, des Pfarrers oder in einer Wirtschaft statt. Es gab auch oft nur die Winterschule. Im Sommer gingen die Kinder nicht zur Schule. Sie mussten zu Hause und auf den Feldern mitarbeiten. Dadurch gab es Zeiten, in denen kaum Kinder in der Schule saßen. Die Kinder hatten oft einen weiten Schulweg. Der war im Winter sehr mühsam, denn die Kinder besaßen keine so warmen Schuhe und Kleidung wie wir heute. Die Schüler saßen an langen Bänken, die viel zu eng waren für die vielen Kinder.

Bücher gab es noch keine. Nur Wandbilder mit Pflanzen oder Tieren.

Schreiben lernten die Kinder auf einfachen Schiefertafeln, dann wurde mit Feder und Tinte geübt.

Unterrichtsfächer waren vor allem Religion, Lesen und Schreiben.

Text 4: Schule um 1900

Die Kinder sollten in dieser Zeit vor allem lernen, das Vaterland zu lieben, den König zu verehren. Die Geburtstage der Herrscher wurden in der Schule gefeiert.

Die Kinder sollten aber auch zu Fleiß, Pünktlichkeit und zur Ordnung erzogen werden. Außerdem sollten sie höflich und gehorsam sein gegenüber Erwachsenen.

Der Krieg wurde auch in den Schulen begeistert verfolgt. Die Kinder lernten vor allem Gedichte und Lieder über die Helden im Krieg. Sie halfen durch Sammelaktionen mit, Geld für den Krieg zusammen zu tragen. Damit war die Schul- und Freizeit ausgefüllt. Das Kriegsgeschehen beeinflusste die Schulzeit stark.

Auch in dieser Zeit saßen die Kinder an langen Bänken. Sie schrieben mit Federn und Tinte. Außerdem wurden Fächer wie Zeichnen, Handarbeit und Turnen unterrichtet.

Mädchen konnten zunächst nur die Volksschule besuchen. Erst später gab es Schulen für Mädchen, die es ihnen ermöglichten das Abitur zu machen. Bis dahin sollten sie vor allem lernen, zu kochen, zu nähen usw., um zu Hause den Haushalt führen zu können.

Text 5: Schule um 1930

Seit dieser Zeit saßen die Kinder an zweisitzigen Schulbänken. Jetzt gingen auch Kinder ärmerer Familien regelmäßig zur Schule, da man für Bücher nichts mehr bezahlen musste. Allerdings galt dies nur für die Volksschulen.

Es gab jetzt aber auch Lehrgänge, Schulfeste, Projekte.

Außerdem wurden nun auch regelmäßig Sport, Zeichnen und Musik angeboten. Es entstanden auch Fächer wie Heimatkunde.

Die Kinder lernten im Takt zu schreiben. Das bedeutet, dass der Lehrer die Schreibbewegung vormacht und alle Kinder sie gleichzeitig nachmachen. So sollten die Kinder zu einem schönen Schriftbild kommen.

Es gab jetzt auch mehr Medien für den Unterricht. Schulbücher wie Fibeln (Lesebücher) standen den Schülern zur Verfügung. Es gab auch Diaprojektoren, die aber noch keine so gute Qualität aufwiesen wie heute. Dann gab es vor allem biologische Modelle und einfache physikalische Apparate.

Aufgabe für die Expertengruppe:

1. Lies deinen Text sehr aufmerksam durch.
2. Unterstreiche, was dir besonders wichtig erscheint.
3. Sprecht in der Gruppe über den Text. Erklärt euch gegenseitig Dinge, die ihr nicht verstanden habt. Überlegt euch, wie ihr euren Text am besten euren Mitschülern erzählen könnt.

Im Anschluss daran wird das folgende Arbeitsblatt in Einzelarbeit bearbeitet und anschließend im Plenum besprochen.

Arbeitsblatt zum Gruppenpuzzle:

Schauen wir mal, ob ihr auch alles richtig verstanden habt:

1. Wer konnte in eine Klosterschule gehen?
2. Beschreibe die Tätigkeiten der Schüler im Kloster!
3. Wann mussten die Kinder auf dem Holzesel sitzen?
4. Aus welchen Materialien bestand ein Schulranzen?
5. Um 1850 gingen die Kinder häufig nur im Winter in die Schule! Warum?
6. Wo fand um 1850 herum der Unterricht statt?
7. Welche Auswirkungen hatte der Krieg auf die Schulzeit der Kinder?
8. Die Kinder sollten zu ____________________, ________________________, ______________ erzogen werden.
9. Was versteht man unter dem „Taktschreiben"?
10. Welche Fächer kamen um 1930 zum Schreiben, Lesen und Rechnen hinzu?

Sekundarstufe I: Partnerpuzzle (vgl. auch Traub 2004, S. 93-94)

In einer 8. Klasse wird in Gemeinschaftskunde im Rahmen der Unterrichtseinheit „Jugendliche in der Gemeinschaft" das Thema „wenn Jugendliche stehlen. Maßnahmen der Jugendgerichtsbarkeit" an einem Fallbeispiel besprochen.

Die Lehrperson stellt das Fallbeispiel kurz vor.

Der Fall:

Am Mittwoch, dem 18. September, hielt sich die 15-jährige Jasmin S. im Kaufland in W. auf. Sie wurde dort vom Personal beobachtet, da sie schon einmal einige Gegenstände unberechtigt an sich nahm. Da damals der Schaden gering war (ca. 20€) übergab der Geschäftsführer des Kaufhauses Jasmin ihren Eltern, die den Schaden beglichen. Deshalb wurde von einer Anzeige abgesehen.

Am 18.9. nahm Jasmin einige Kosmetikartikel und einen CD-Player in ihrem Rucksack mit und ging Richtung Kasse. Dort gab sie zu verstehen, nicht das Richtige gefunden zu haben und wollte mit den Gegenständen im Rucksack durch den Ausgang gehen, ohne zu bezahlen. Der Geschäftsführer hatte aber das Geschehen beobachtet und Jasmin angehalten. Sie musste mit ihm in sein Büro gehen und dort wurden die Gegenstände im Rucksack gefunden. Daraufhin schaltete der Geschäftsführer die Polizei ein.

Diese nahm die gestohlenen Gegenstände als Beweismaterial an sich, nahm die Anzeige des Geschäftsführers entgegen und brachte dann Jasmin nach Hause.

Jasmin zeigte sich dem Geschäftsführer und der Polizei gegenüber zunächst nicht sehr kooperativ. Sie gab vor, die Gegenstände mit ins Kaufland gebracht zu haben und sie dort nicht entwendet zu haben. Dieser Lüge konnte sie aber schnell überführt werden.

Sie gab danach die Tat auch zu und gab an, die Gegenstände hätte sie billig verkaufen wollen, da sie Geld brauchte.

Dass sie sich strafbar gemacht hatte, war ihr zu diesem Zeitpunkt bewusst, sie erachtete die Tat aber eher als geringfügig.

Die Lehrperson gibt diese Informationen an die Klasse weiter und fordert sie dann auf, sich in einem Partnerpuzzle mit den Maßnahmen der Jugendgerichtshilfe zu beschäftigen. In diesem Fall können Maßnahmen aus dem Bereich der Erziehungsmaßregeln oder der Zuchtmittel greifen. Informationen erhalten die Lernenden über Arbeitsblätter, die als Text A bzw. B gekennzeichnet sind.

Text A:

Zuchtmittel

Wenn ein Jugendlicher ein jugendtypisches Delikt (= Straftat) begangen hat und er seine Schuld einsieht, versucht das Gericht ihm durch folgende Strafen deutlich zu machen, dass er für seine Tat gerade zu stehen hat.

Das Gericht erteilt folgende Auflagen:

1. Der Jugendliche muss den Schaden auf jeden Fall beheben, zum Beispiel durch Rückgabe des Gestohlenen oder durch Bezahlen des entstandenen Schadens – eventuell auch in Raten.

2. Das Gericht erteilt dem Jugendlichen eine offizielle Verwarnung, indem es ihn förmlich vor Gericht zurechtweist und ihm deutlich seine Schuld vor Augen führt.

3. Der Jugendliche muss sich bei dem geschädigten Menschen entschuldigen, sofern dieser mit einem Gespräch einverstanden ist. Eventuell muss er dem Geschädigten auch Arbeitsleistungen als Ausgleich erbringen. Diese Form der Strafe nennt man Täter-Opfer-Ausgleich.

4. Der Jugendliche erhält Arbeitsauflagen, zum Beispiel vier Nachmittage im geschädigten Geschäft mitarbeiten oder ein Wochenende in einem Sozialbereich mitarbeiten.

5. er Jugendliche kann auch zu einer gemeinnützigen Geldzahlung verurteilt werden, das heißt zu einer Zahlung an ein Jugendhaus, das Deutsche Rote Kreuz usw.

6. Freizeitarrest: 1-2 Freizeiten (1 Freizeit= Samstag 8.00 Uhr bis Montag 7.00 Uhr) im Jugendgefängnis oder Kurzarrest, das heißt 2-4 Tage am Stück (in den Ferien oder im Urlaub).

Aufgabe:

1. Fasse für dich die wichtigsten Aussagen des Textes zusammen.

2. Teile diese Aussagen deinem Partner mit.

3. Achte bei der Diskussion über das Urteil vor allem darauf, dass über die hier beschriebenen Maßnahmen nachgedacht wird.

Aufgabe für beide Partner:

Schreibt im Fall Jasmin ein Urteil und begründet dieses.

Text B:

Erziehungsmaßregeln

Wenn erkennbar ist, dass der straffällige Jugendliche zusätzlich (zur elterlichen Erziehung) Erziehungshilfe braucht, dann erteilt das Gericht Weisungen:

Folgende Weisungen sind möglich:

1. Der Jugendliche kann zu Arbeiten in sozialen oder städtischen Einrichtungen verurteilt werden (z.B. Altenheim, Stadtgärtnerei usw.).

2. Bei schlechtem Einfluss durch eine Gruppe wird dem Jugendlichen der Umgang mit dieser Gruppe verboten.

3. Wenn bekannt ist, dass der Jugendliche zu Hause vernachlässigt wird, kann ihm das Wohnen bei einer anderen Familie oder im Heim verordnet werden. Man hofft dabei, dass der Jugendliche durch eine geregelte Umgebung einen besseren Weg einschlägt.

Die Sozialarbeiter der Jugendgerichtshilfe treffen sich vor der Verhandlung mit dem Jugendlichen und dessen Familie. Sie berichten in der Verhandlung über dieses Treffen und diese Gespräche. Sie unterrichten das Gericht über die Persönlichkeit, die Entwicklung und die Umgebung des Jugendlichen.

Das Gericht kontrolliert die Erfüllung der Strafe und des Strafmaßes. Kommt ein Jugendlicher seiner Strafe nicht nach, muss er mit einer wesentlich höheren Strafe rechnen.

Aufgabe:

1. Fasse für dich die wichtigsten Aussagen des Textes zusammen.

2. Teile diese Aussagen deinem Partner mit.

3. Achte bei der Diskussion über das Urteil vor allem darauf, dass über die hier beschriebenen Maßnahmen nachgedacht wird.

Aufgabe für beide Partner:

Schreibt im Fall Jasmin ein Urteil und begründet dieses.

Bei Lernniveau 1 werden in diesem Falle für Aufgabe 1 Lösungsvorschläge vorgegeben, für Lernniveau 2 Stichwörter mit gegeben, Lernniveau 3 wird wie hier dargestellt umgesetzt. Anschließend werden die Urteile, die die einzelnen Gruppen ausgearbeitet haben, verkündet und in der Klasse unter Zuhilfenahme der Unterlagen diskutiert.

4.5 Strukturierte Kontroverse

Beschreibung der Methode:

Die Methode der strukturierten bzw. konstruktiven Kontroverse nach Johnson und Johnson (1998) basiert auf dem kognitiven Entwicklungsansatz von Piaget. Lernen soll aufgrund strukturierter intellektueller Kontroversen gefördert werden. Dank der Auseinandersetzung werden die Lerninhalte besser behalten. Auch sie stellt eine Methode des wechselseitigen Lehrens und Lernens dar. Außerdem stellt sie auch eine Kommunikationsübung dar, da sie das Ziel hat, eine aktive Diskussion kontroverser Standpunkte anzuregen.

Folgende Phasen lassen sich unterscheiden:

1. Vorbereitung: Die Lernenden machen sich mit einem kontroversen Thema vertraut. Per Losentscheid werden eine Pro- und eine Contra-Gruppe gebildet, die sich jeweils mit geeignetem Material auf die nachfolgende Debatte vorbereiten und überzeugende Argumente sammeln.
2. Aneignungsphase: Die Lernenden setzen sich paarweise mit der Thematik auseinander. Jeweils ein Pro-Tandem und ein Contra-Tandem bilden eine Gruppe. Jedes Tandem erhält von der Lehrperson Unterlagen mit Argumenten für die jeweilige Position. Mit Hilfe dieser Unterlagen erarbeiten sich die Lernenden Argumente für ihre Seite und eine Strategie für den Vortrag. Jeweils zwei Tandems einer Position können sich auch zu einer Vierergruppe zusammenschließen, um ihre Strategie und ihre Argumente auszutauschen. Dabei können Schaubilder, Visualisierungen und dergleichen mehr die Argumentation unterstützen.
3. Vermittlungsphase: In der Stammgruppe (ein Pro- und ein Contra-Tandem) werden die Positionen und Argumente gegenseitig vorgestellt. Zunächst die eine Position, dann die andere. Eine Unterbrechung der Vorstellung durch die „Gegenseite" ist nicht gestattet. Es geht hierbei um den fundierten Austausch von Informationen, nicht um die bloße Darstellung vorgefertigter Meinungen.
4. Vertiefungsphase: Die Pro- und Contra- Seite wird getauscht: Das Tandem, welches die Pro-Perspektive vertreten hat, übernimmt nun die Contra-Seite und umgekehrt. Neue Informationen werden in die Gruppen gegeben.
5. Verarbeitungsphase: Nach dem nochmaligen Darstellen der eingenommenen Positionen, machen sich die Lernenden davon frei und diskutieren offen über die Fragestellung.

Die Lernenden machen sich also bei der konstruktiven Kontroverse zu Experten/Expertinnen für einen Standpunkt, vergleichbar der ersten Phase des Gruppenpuzzles. Die Präsentation erfolgt in Vierergruppen und nicht im Plenum. So erreicht man, dass alle Beteiligten eine aktive Rolle spielen können. Der schwierige Perspektivenwechsel sorgt dafür, dass alle Argumente beider Seiten sinnvoll durchdacht werden. Damit die Methode erfolgreich ist, sollten die Lernenden wichtige strategische Verhaltensweisen üben, wie beispielsweise das Präsentieren der eigenen Position oder das aufmerksame Zuhören.

Pädagogische Leistung:

Im Zentrum steht eine strukturierte Argumentationsmethode, bei der die Beteiligten zu beiden Seiten eines kontroversen Themas Stellung beziehen. Am Ende sollen die Teilnehmerinnen und Teilnehmer einen Konsens über die zunächst divergierenden Definitionen und Problemlösungen dieses Themas finden. Sie erfahren auf diese Weise verschiedene Sichtweisen auf einen Sachverhalt. Indem sie ihre

Position vor den anderen verteidigen, diese aber auch wiederum ihre Positionen vertreten, praktizieren die Lernenden Konflikt-Management-Fähigkeiten. Die Lernenden setzen sich intensiv mit Informationen auseinander und kommen so in die Lage, Argumente zu einem Thema zu finden und diese darzulegen. Das stärkt die Selbstwahrnehmung und führt in eine Argumentationskultur ein. Alle Lernenden kommen zu Wort und die Hemmschwelle ist relativ gering, da die Lernenden sich gut vorbereiten und zunächst in der Gruppe diskutieren können.

Didaktischer Einsatzort:

Die strukturierte Kontroverse eignet sich dann besonders gut, wenn ein Thema in sich Widersprüche birgt, die gemeinsam eher aufgelöst werden können. Die Lernenden versuchen dabei eine Übereinkunft herzustellen. Die Methode kann überall dort eingesetzt werden, wo Themen kontrovers diskutiert werden. Sie steht als Argumentationsmethode allen Konzepten offen, ist an sich sehr komplex und auch zeitintensiv.

Vorbereitungs- und Zeitaufwand:

Die Lehrperson sucht ein kontroverses Thema, das die Lernenden interessieren könnte. Sie bereitet Informationen für die Pro- und Contra-Seite vor. Dies ist durchaus arbeitsintensiv. Genutzt werden können Zeitungs- und Zeitschriftenartikel, Fernsehberichte, Internet und dergleichen mehr. Die Durchführung der Methode dauert etwa 45 Minuten.

Sozialform:

Die Vorbereitung erfolgt in Partnerarbeit, die Diskussion findet anschließend in der Vierergruppe statt.

Lernstrategien:

Die Lernenden können hier Kommunikationsstrategien, Präsentationsstrategien und kognitive Strategien wie Enkodier- und Elaborationsstrategien sowie Organisations- und Abrufstrategien einsetzen und einüben.

Differenzierungen:

Eine Differenzierungsmaßnahme könnte hier bei der Einteilung der Gruppen liegen. Sinnvoll wäre es, eher stärkere mit schwächeren Lernenden zu mischen, damit die einen die anderen unterstützen können. Weitere Differenzierungsmaßnahmen erscheinen nicht notwendig.

Beispiele:

Grundschule: Mögliche Themen:

- Sollen wir uns für die Klasse ein Haustier anschaffen?
- Brauchen wir einen Klassensprecher/eine Klassensprecherin
- Taschengeld: ja oder nein
- Soll an der Schule der Verkauf von Süßigkeiten erlaubt sein?

Sekundarstufe: Mögliche Themen:

- Austragungsort – Olympia: was spricht für und was gegen ständige Wechsel der Austragungsorte?
- Schuluniform an unserer Schule: ja oder nein?
- Autobahnmaut in Deutschland: sinnvoll oder nicht?...
- Gemeinschaftsschule in Baden-Württemberg: brauchen wir diese Schulform?
- Brauchen wir in unserer Klasse eine Klassenordnung?

4.6 Gruppenturnier und Gruppenrallye

Beschreibung der Methode:

Gruppenrallye:

Bei dieser Gruppenform arbeiten Schülerinnen und Schüler in heterogenen Gruppen zusammen. In einer Vierergruppe sitzen dann etwa eine auf diesem speziellen Gebiet sehr leistungsstarke Person, zwei durchschnittliche leistungsstarke Personen und eine leistungsschwächere Person zusammen. Die Zusammensetzung der Gruppe erfolgt in Abhängigkeit der früheren Leistungen und des Vorkenntnisstandes der Lernenden. Diese lassen sich erfassen, wenn zu Beginn der Rallye eine unbenotete Lernzielkontrolle durchgeführt wird. Dadurch wird auch deutlich, dass die Gruppenzusammensetzung nach Fach und nach einzelnen Inhalten wechselt. Ähnlich wie bei einer Rallye, bei der für die Teilnehmerinnen und Teilnehmer unterschiedliche Bedingungen herrschen (abhängig vom Alter, von der PS-Klasse, vom Fahrzeugtyp), werden auch bei der Lernrallye in der Schule die Lernergebnisse nach unterschiedlichen Maßstäben getrennt bewertet.

Die Methode der Gruppenrallye umfasst fünf Komponenten:

1. Klassenunterricht: Die Lehrperson führt zu Beginn auf die übliche Weise in das Thema ein. Dabei bedient sie sich aller Medien und Methoden, die auch sonst in einem eher lehrerzentrierten Unterricht üblich sind. Allerdings sollten dabei keine oder nur wenige Arbeitsblätter eingesetzt werden, da die Lernenden im Anschluss an die Einführungsphase ausreichend Gelegenheit haben, sich selbstständig in der Gruppe mit dem Unterrichtsinhalt auseinander zusetzen. Unterrichtsgespräch und Lehrererklärung sind in dieser Phase sehr hilfreich.
2. Gruppenlernen: Jetzt arbeiten die Schülerinnen und Schüler in den heterogen zusammengesetzten Gruppen, ideal sind Vierergruppen, vereinzelt können auch Gruppen mit fünf Lernenden besetzt sein. Die Hauptaufgabe der Gruppen besteht darin, die Lernarbeit der einzelnen Mitglieder zu unterstützen. Dazu erhält die Gruppe Arbeitsblätter zum Unterrichtsinhalt, die paarweise gelöst oder dazu verwendet werden, sich gegenseitig abzufragen oder komplexere Probleme in der Gruppe zu diskutieren. Die leistungsstärkeren Mitglieder der Gruppe unterstützen die schwächeren. Der Hinweis, dass die Gruppenmitglieder ihr Bestes geben sollen,

weil dies am ehesten zum Gruppenerfolg führen kann, ist angebracht. Die Schülerinnen und Schüler sind dazu anzuhalten, die Arbeitsblätter nicht nur auszufüllen, sondern die Begriffe und Fertigkeiten tatsächlich zu lernen und dafür zu sorgen, dass alle in der Gruppe die Inhalte wirklich verstanden haben. Mit Hilfe von Antwortbögen kontrollieren die Lernenden ihre Ergebnisse.

3. Test: Nach der Gruppenarbeitsphase wird ein Test in Einzelarbeit durchgeführt, der aus Fragen zu den bearbeiteten Inhalten besteht. Die Fragen sollten sich sowohl auf den von der Lehrperson vermittelten Unterricht als auch auf die Inhalte der Arbeitsblätter der Gruppenarbeit beziehen.
4. Individuelle Verbesserungswerte: Jedes Mitglied kann für seine Gruppe in diesem Test eine maximale Punktzahl erwerben, wenn es sich im Vergleich zu der zurückliegenden Leistung (Vortest) verbessert hat. Man wertet also nur diejenigen Punkte, die es über seine frühere Leistung hinaus erreicht hat. Gemessen wird also der persönliche Lernzuwachs. Damit hat jede lernende Person die gleiche Chance, Punkte (Zuwachspunkte) zu holen.
5. Rückmeldungen für die Gruppe: Die Zuwachspunkte jeder Stammgruppe werden addiert und bekannt gegeben. Je besser die Schüler und Schülerinnen in den Stammgruppen kooperieren, desto mehr lernen alle Gruppenmitglieder dazu und desto höher ist der Gruppenwert. Darüber hinaus kann über Rückmeldebögen erfasst werden, wie gut die Kooperation in der Gruppe war und warum eine Gruppe erfolgreicher war als die andere (vgl. auch Traub 2004, S. 113 ff).

Gruppenturnier:

Das Gruppenturnier umfasst zwei Phasen. In der ersten erwerben sich die Schülerinnen und Schüler Informationen mit Hilfe geeigneter Übungsmaterialien. Es handelt sich meist um Inhalte, die bereits vor einiger Zeit von der Lehrkraft im herkömmlichen Unterricht eingeführt worden sind. Die Materialien werden von der Lehrkraft vorbereitet und den Schülerinnen und Schülern zur eigenständigen Arbeit überlassen. Diese arbeiten mit Hilfe dieser Materialien in leistungsheterogenen Gruppen. Die Einteilung der Gruppen kann die Lehrkraft nach bisher ermittelten Leistungsmessungen durchführen. Sie kann aber zum entsprechenden Inhalt auch einen kurzen Vortest erstellen, wodurch ersichtlich wird, welche Schülerinnen und Schüler wie stark oder schwach abschneiden und nach diesem Abschneiden im Vortest die Gruppen einteilen (siehe Gruppenrallye). In jeder Gruppe sollten ein bis zwei leistungsstarke Schülerinnen und Schüler, zwei mittelstarke und ein bis zwei leistungsschwächere Schülerinnen und Schüler sitzen (je nach Klassengröße). In den eingeteilten Gruppen üben die Mitglieder gemeinsam. Sie erklären sich gegenseitig noch nicht Verstandenes, helfen einander und lösen gemeinsam bestimmte Aufgaben. Zur Überprüfung ihrer Antworten dürfen sie bei der Lehrkraft ein Lösungsblatt einsehen. Das Ziel dieser ersten Phase besteht darin, dass alle Gruppenmitglieder am Ende dieser Übungsphase den Inhalt verstanden haben und ihr Wissen entsprechend anwenden können. Dieses Ziel ist den Schülerinnen und Schülern zu verdeutlichen.

Die Überprüfung des Wissens und die Anwendung des Gelernten erfolgen in der zweiten Phase. Hier findet das eigentliche Turnier statt. Dafür stehen Frage- und Antwortkärtchen zur Verfügung. Die Gruppen der ersten Phase werden für die Turnierphase aufgeteilt. Die besten Schülerinnen und Schüler der einzelnen Gruppen treffen sich am Turniertisch eins, die mittleren Schülerinnen und Schüler an Tisch zwei, drei und vier und die schwächsten an Tisch fünf. Die Zusammensetzung erfolgt nach der Leistung im Vortest oder der entsprechenden Leistungsmessung der Lehrkraft. Die Anzahl der Turniertische hängt von der Klassengröße ab.

An jedem Turniertisch befindet sich nun ein Stapel mit Frage- und Antwortkärtchen. Dabei kann nochmals differenziert werden. Am Turniertisch eins befinden sich die schwersten Aufgaben, am Tisch fünf die einfachsten. Möglich ist aber auch, an allen Tischen die gleichen Frage- und Antwortkärtchen auszulegen. Pro Tisch sitzen zwischen vier und sechs Schülerinnen und Schüler. Im Rotationsverfahren beantworten diese die auf den Kärtchen stehenden Fragen und dürfen die Kärtchen bei richtiger Antwort auch behalten. Ein Teilnehmer des Turniertisches stellt seinem(r) linken Nachbarn(in) die Frage des Kärtchens. Auf der Rückseite des Kärtchens steht die Antwort. Wird die Antwort korrekt gegeben, geht das Kärtchen in den Besitz der Person über. Wenn nicht, darf die nächste Person am Gruppentisch die Antwort geben. Ist sie richtig, erhält diese das Kärtchen, bei falscher Antwort wird das Kärtchen in den Stapel zurückgelegt und zu einem späteren Zeitpunkt neu eingesetzt.

Nach der Turnierphase gehen alle Schülerinnen und Schüler in ihre ursprünglichen Gruppen zurück. Dort werden die gewonnenen Kärtchen aller Gruppenmitglieder zusammengelegt. Gewonnen hat die Gruppe, die gemeinsam die meisten Kärtchen erreicht hat.

Am Ende des Gruppenturniers sollte jede Gruppe nochmals kurz erläutern, wie sie in der Gruppe in Phase eins gearbeitet hat. Mit Hilfe dieser Reflexion ist es möglich, Vorschläge zur Verbesserung der gemeinsamen Arbeitsphase zu machen, einzelne Schülerinnen und Schüler in ihrem Lernverhalten zu bestärken und voneinander zu lernen. Nur so wird sich im Laufe der Zeit die Gruppenarbeit effektiver gestalten (vgl. auch Traub 2004, S. 117 ff).

Pädagogische Leistung:

Beide Methoden weisen einen starken Spielcharakter auf, den Kinder sehr schätzen, deshalb ist die Motivation bei der Durchführung recht hoch. Da eine intensive Auseinandersetzung mit einem früheren Stoffgebiet oder überhaupt Wiederholungen meist sehr zäh sind, bieten diese Methoden eine Chance, gegen aufkommende Langeweile anzugehen. Außerdem verringert die Arbeit in kleinen Gruppen Versagensängste. In der Kleingruppe trauen sich alle, eher etwas zu sagen als in der Großgruppe. Die Methoden stellen eine Möglichkeit für die einzelnen Lernenden dar, eigene Lernlücken zu schließen. Die Vorteile liegen darin, dass eine optimale Motivation dank der Berücksichtigung des persönlichen Lernzuwachses (individuelle Bezugsnorm) erreicht wird, was vor allem für schwächere Lernende sehr wichtig ist. Außerdem ist die Motivation, sich gegenseitig zu helfen, sehr hoch, da nur so ein gutes Gruppenergebnis erreichbar ist. Dies fördert die Integration von schwachen und abgelehnten Schülerinnen und Schülern.

Didaktischer Einsatzort:

Die Gruppenrallye und das Gruppenturnier stellen eine sinnvolle Methode des Einübens von Lerninhalten dar. Sie sind deshalb nahezu in allen Fächern und Schuljahren in Übungsphasen angebracht. Sie bieten sich besonders am Ende von Lernsequenzen, z.B. am Schluss einer Unterrichtseinheit oder zur Wiederholung und Übung an. Das Gruppenturnier lässt sich ebenfalls in der Freiarbeit oder als Differenzierungsmaßnahme im Unterricht einsetzen. In der Freiarbeit kann dabei nur die Turnierphase, aber auch das komplette Gruppenturnier eingesetzt werden. Ansonsten handelt es sich um sehr komplexe Methoden, die als eigenständige Übungskonzepte verstanden werden können und deshalb nicht den einzelnen Lehr-Lern-Konzepten zuzuordnen, sondern eigenständig als Übungs- und Vertiefungsstunden einzusetzen sind.

Vorbereitungs- und Zeitaufwand:

Für eine Gruppenrallye sind normale Arbeitsblätter und zwei unbenotete Leistungstests nötig. Die Methode stellt somit keine außergewöhnliche Belastung in der Vorbereitungszeit der Lehrperson dar. Die Erstellung des Gruppenturniers ist etwas umfangreicher, da hier sowohl Übungsblätter als auch Turnierkärtchen zu erstellen sind.

Der Zeitaufwand zur Durchführung beträgt zwischen 45 und 80 Minuten.

Sozialform:

Gruppenarbeit (zwischen 3 und 5 Personen)

Lernstrategien:

Da es bei dieser Methode um das Üben, Wiederholen, Vernetzen und Verarbeiten geht, werden vor allem die kognitiven Strategien genutzt und vertieft: Wiederholungs- und Einprägungsstrategien, Elaborations- und Enkodierstrategien sowie Organisations- und Abrufstrategien.

Differenzierungsmaßnahmen:

Die Methoden als solche stellen bereits differenzierende Arbeitsweisen in homogenen und heterogenen Lerngruppen dar.

Alternative innerhalb des Gruppenturniers:

Beim Gruppenturnier müssen nicht unbedingt alle Phasen durchgespielt werden. Oft reicht die Turnierphase. Dann werden die Schülerinnen und Schüler in Leistungsgruppen eingeteilt, die sich entsprechend an die Turniertische setzen und gegeneinander spielen. Dies bietet sich dann an, wenn am Ende einer Unterrichtseinheit auf eine Klassenarbeit hin zu üben ist und der Stoff bereits beherrscht sein müsste. In dieser Form verzichtet man auf die heterogene Gruppeneinteilung. Die

Spielerinnen und Spieler an den Turniertischen sollten sich in ihrem Leistungsvermögen ähneln. Die Aufgaben sind entsprechend dem Leistungsniveau in Schwierigkeitsstufen aufgeteilt.

Beispiele:

Grundschule: Thema: Üben des Einmaleins (Mathematik)

Gruppenrallye (vgl. auch Traub 2004, S. 119-123)

In einer dritten Grundschulklasse ist im Fach Mathematik das kleine und große Einmaleins zu wiederholen. Als Übungsmöglichkeit setzt der Lehrer/die Lehrerin eine Gruppenrallye ein. Eine Einführung in der Klasse ist nicht mehr notwendig, da das gesamte kleine Einmaleins bereits in früheren Stunden eingeführt wurde. Der Lehrperson führt einen unbenoteten Test durch, in dem sie 20 Aufgaben zum Einmaleins stellt. Nach dem Ergebnis des Tests teilt sie die Lernenden in Gruppen ein, so dass die besten und die schwächsten Schülerinnen und Schüler auf die Gruppen verteilt sind und in allen Gruppen ungefähr gleich viele mittelstarke Lernende vorhanden sind. Diese Zuteilung erfolgt über eine Zahl, die die Lehrperson jedem Kind zuweist. Alle mit der Zahl 1 bilden Gruppe 1, alle mit der Zahl 2 Gruppe 2. Nun erhalten die Lernenden Arbeitsblätter, Freiarbeitsmaterialien und kleine Kärtchen mit Übungen zum Einmaleins. Die Lehrperson macht die Gruppen nochmals darauf aufmerksam, dass sie zusammen üben und sich gegenseitig helfen sollen. Am Ende der ein- bis zweistündigen Übungsphase wird erneut ein Test geschrieben. Er enthält 25 Aufgaben zum Einmaleins. Im Test wird individuell gearbeitet. Jedes Kind kann am Ende der Leistungskontrolle überprüfen, wie viele Ergebnisse es richtig hat und so seinen individuellen Leistungszuwachs feststellen. Hatte es im ersten Test 8 Aufgaben richtig, also 8 Punkte und im zweiten Test 12 Aufgaben richtig, dann beträgt der individuelle Leistungszuwachs + 4 Punkte. Lernende, die bereits im ersten Test maximale Punktzahlen erreichen, können immerhin noch fünf Punkte dazu gewinnen, da im zweiten Test ja mehr Aufgaben gestellt wurden. In jeder Gruppe werden nun die Leistungszuwächse zusammengezählt. Die Gruppe, die den höchsten Wert erreicht, ist Gruppensieger. Die Kinder haben also sowohl die Einzelleistung als auch die Gruppenleistung rückgemeldet bekommen. Im abschließenden Sitzkreis werden die Rallye und ihre Vor- und Nachteile besprochen. Dabei lässt die Lehrperson einzelne Gruppen immer wieder erklären, wie sie gearbeitet haben und stellt positives Gruppenverhalten als besonders nachahmenswert heraus.

Beispiel für Übungskärtchen:

Vorderseite	**Rückseite**
3x5=	**15**
4x8=	**32**

Die Kärtchen werden abwechselnd von den Kindern gezogen und beantwortet. Danach erklären die Kinder ihren Gruppenmitgliedern, wie sie das Ergebnis errechnet haben (mit Hilfe der Finger, die Zahlen zerlegt oder es einfach gewusst).

Sekundarstufe: Mathematik: Berechnung von Oberflächen (Maren Hofmann)

Die Lernenden sind je nach mathematischer Leistung in heterogene Gruppen eingeteilt. Sie sollen die verschiedenen Aufgaben miteinander lösen und sich gegenseitig erklären, wie die Aufgaben gelöst werden. Am Ende erfolgt eine Leistungskontrolle, durch die sowohl die Gruppenleistung als auch die individuelle Leistung rückgespiegelt wird.

Hier zwei Beispiele für Übungsaufgaben mit Lösungen:

Deine Aufgabe	Die Lösung
Berechne die Oberfläche des Körpers. 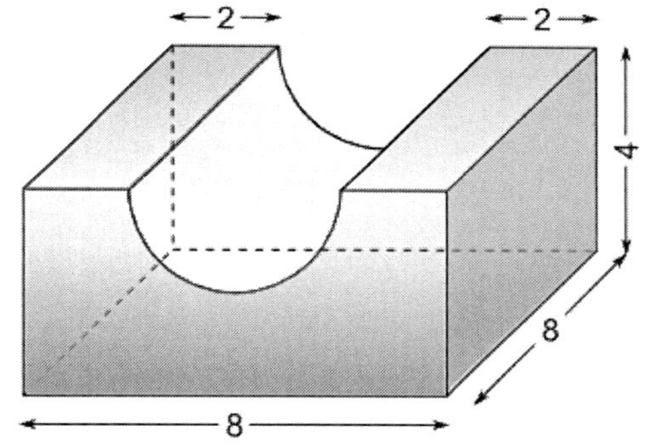	$O = 709{,}20\ cm^2$

Deine Aufgabe	Die Lösung
Berechne die Oberfläche der Körper. 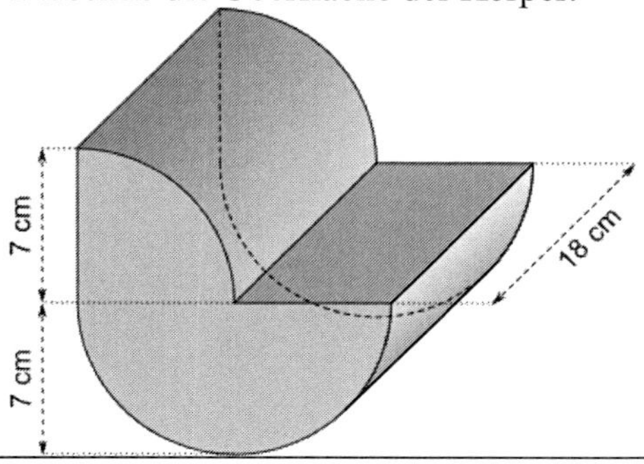	$O = 311{,}97\ cm^2$

Grundschule und Sekundarstufe I für ein Gruppenturnier (Silke Traub):

Wiederholung der Grammatikeinheit ‚Zeitstufen' in einer 4. Klasse Grundschule oder in einer 5./6. Klasse Sekundarstufe I im Fach Deutsch:

In diesem Gruppenturnier sollten die Schülerinnen und Schüler bereits schon einmal mit dem Thema Zeitstufen und ihrer Anwendung vertraut gemacht worden sein. Dies kann kurz vor der Durchführung des Gruppenturniers, aber auch schon einige Zeit davor geschehen. Die Einteilung der Gruppen erfolgt wie oben beschrieben. Für die erste Phase kann die Lehrkraft verschiedene Materialien verwenden. Jede Gruppe erhält eine Kopie dieser Materialien und ein Lösungsblatt. Sie hat nun ein bis zwei Stunden Zeit, um damit zu üben und sich wieder mit den Zeitstufen und ihrer Anwendung vertraut zu machen. Nun folgt die Turnierphase. Dabei werden an jedem Turniertisch Kärtchen mit Aufgaben zu den Zeitstufen ausgelegt. Es können an allen Turniertischen die gleichen Kärtchen ausgelegt werden oder aber nach Schwierigkeit differenziert.

Übungsmaterialien:

M1: Regeln zu den Zeitstufen

Die Gegenwartsform gebrauchen wir, wenn wir etwas ausdrücken wollen, was gerade passiert. Hinweiswörter: jetzt, im Moment, gerade, im Augenblick...

Beispiel: Er schießt gerade ein Tor.

Die Vergangenheit verwenden wir, wenn wir etwas ausdrücken wollen, was bereits vorbei ist. Hinweiswörter: gestern, vor einiger Zeit, früher, vor langer Zeit...

Beispiel: Gestern schoss Thomas im Fußballtraining ein Tor.

Die vollendete Gegenwart gebrauchen wir, wenn etwas vorbei ist, aber für die Gegenwart noch Bedeutung hat.

Beispiel: Im Training hat Thomas schon viele Tore geschossen, nur im Turnier noch nicht.

Die Zukunft gebrauchen wir, wenn wir ausdrücken wollen, was in der Zukunft geschieht. Hinweiswörter: morgen, demnächst, in nächster Zeit, zukünftig...

Beispiel: Thomas wird auch in Turnieren noch viele Tore schießen.

Aufgabe: Sprecht die Regeln in der Gruppe genau durch.

Überlegt euch nochmals genau, wann welche Zeitstufe gebraucht wird. Erklärt euch dies gegenseitig. Übt die folgenden Aufgaben (M 2 – M5) gemeinsam. Helft euch gegenseitig. Alle Mitglieder eurer Gruppe sollten die Aufgaben lösen können.

M2:

Wandle folgende Verben in die Vergangenheit um:

Ich (essen):	Du (gehen):
Wir (schwimmen):	Franz (lachen):

Wandle folgende Verben in die Gegenwart um:

Sie (wünschen):	Gerda (hoffen):
Er (glauben):	Wir (spielen):

Wandle folgende Verben in die vollendete Gegenwart um:

Du (kommen): Ihr (lachen):

Sie (fahren): Wir (trinken):

Wandle folgende Verben in die Zukunft um:

Eva (weinen): Es (schmerzen):

Karla (weinen:) Joseph (schlafen):

M3:

Schreibe den folgenden Satz richtig auf die leere Zeile:

Morgen ich ins Kino (gehen).

____

Im Augenblick er sich einen Film an (sehen).

____

Gestern sie ein Buch (lesen).

____

Turnierphase:

Schwierigkeit 1:

Vorderseite	Rückseite
Ich (lachen) Gegenwart	**Ich lache**
Du (antworten) Zukunft	**Du wirst antworten**

Schwierigkeit 2:

Gestern ich nach Hause (gehen)	**Gestern ging ich nach Hause.**
Morgen ihr über den Streich (lachen)	**Morgen werdet ihr über den Streich lachen**

5. Kommunikationsmethoden

Kommunikationsmethoden werden in allen Lehr-Lernsettings und Lehr-Lern-Konzepten eingesetzt, so dass hier keine didaktische Zuordnung erfolgt. Die Methoden werden in der Regel allgemein mit der Klasse durchgeführt und von allen Lernenden ohne Differenzierungsgrade genutzt, so dass eine Einstufung auf Lernniveaus entfällt. Da die Methoden in der Regel einfach umzusetzen sind, wird auch auf die Darstellung eines Beispiels verzichtet. Die Methoden werden im Folgenden in Form eines Steckbriefes vorgestellt.

5.1 Kennenlernspiele (eine kleine Auswahl)

Beschreibung der Methoden/Techniken/Übungen:

Auf dem Plauderstuhl:

Die Lehrperson stellt einen Stuhl nach vorn. Die Lernenden stellen oder setzen sich im Halbkreis um diesen Stuhl. Zu Beginn des Spiels setzt sich die Lehrkraft auf den Stuhl und erzählt der Gruppe etwas über sich selbst. Sie nennt ein Gericht, das sie gerne isst, nennt Hobbys usw. Die Lehrkraft bittet nun einen anderen Schüler /eine Schülerin auf den Stuhl. Diese/r erzählt ebenfalls vom Lieblingsgericht, den Hobbys usw. Lehrende und Lernende können Fragen stellen. Zugelassen sind aber nur solche Fragen, die die Person auf dem Stuhl nicht in Verlegenheit bringen können. Das Spiel kann gut in kleineren Gruppen gespielt werden.

Gezeichneter Steckbrief:

Hier zeichnen die Lernenden einige ihrer Hobbys oder Sonstiges auf ein Blatt Papier. Anschließend gehen alle im Klassenzimmer umher und halten ihren „gezeichneten Steckbrief" vor sich. Jeder kann jeden über den Steckbrief befragen. Dieses Spiel ist zwar etwas zeitaufwändiger, macht aber auch viel Spaß und lässt die Schülerinnen und Schüler schnell miteinander ins Gespräch kommen. Außerdem entdecken sie Gemeinsamkeiten bei Hobbys, was Freundschaften fördern kann. Auch bei diesem Spiel ist die ganze Klasse beteiligt.

Hörverstehensübungen:

Bei diesen Übungen geht es darum, Geschichten im Plenum zu erzählen, in dem jeder Schüler/jede Schülerin mit Hilfe einer Karte oder einzelner Wörter Sätze ausformuliert, die dann vom Nachbarn fortgesetzt werden, so dass am Ende eine sinnige Erzählung entsteht. Einige Übungen können auch zum Kennenlernen eingesetzt werden. Hier stellen sich Lernende mit Namen und Eigenschaften vor, die dann von den anderen immer wieder wiederholt werden müssen, ähnlich dem bekannten Spiel „Ich packe meinen Koffer und nehme mit...".

Beispiel:

Thomas sagt: Ich bin der tolle Thomas; Anne fährt fort: Das ist der tolle Thomas und ich bin die anstrengende Anne usw.

Freies Partnerinterview:

Folgende Ziele stehen bei diesem Spiel im Vordergrund: Kennenlernen des Partners, Reflexion der Kontaktebenen im Gespräch und Abbau des Gefühls, allein und fremd in der Gruppe zu sein. Bei dieser Übung teilt sich die Klasse in Paare auf, wobei der leitende Gesichtspunkt ist, jemanden zu wählen, den man noch wenig kennt, aber näher kennenlernen möchte. Die Aufgabe lautet, in ungefähr fünf Minuten möglichst viel über den/die Partner/in zu erfragen. Nach dieser Zeit werden die Rollen getauscht. Anschließend wird darüber gesprochen und in der Gesamtklasse stellen sich die Paare dann gegenseitig vor. Diese Übung eignet sich besonders dann, wenn es in einer Klasse Cliquenbildung gibt, die Lernenden aus verschiedenen Ortschaften kommen oder die Klasse neu zusammengesetzt wurde.

Lüge und Wahrheit:

Dieses Spiel fördert ebenfalls das bessere Kennenlernen untereinander. Jeder Schüler/jede Schülerin schreibt drei Dinge oder Eigenschaften auf ein Blatt Papier. Zwei der aufgeschriebenen, persönlichen Dinge entsprechen der Wahrheit, eines ist falsch. Die Mitschülerinnen und -schüler müssen raten, welches falsch ist und ihre Ansicht begründen. Auch hier kommen die Lernenden miteinander ins Gespräch.

Dieses Spiel sollte in Gruppen durchgeführt werden, da es in der ganzen Klasse zu lange dauert, bis alle an der Reihe sind. Das Spiel kann öfters wiederholt und die Gruppen dann ausgetauscht werden. Auch dieses Spiel kommt bei den Schülerinnen und Schülern sehr gut an, denn wann dürfen sie in der Schule schon mal lügen, ohne mit Sanktionen rechnen zu müssen.

Zip-Zap:

Bei diesem Spiel sitzen die Lernenden und die Lehrperson im Kreis. Ein Freiwilliger steht in der Mitte des Kreises. Sein Stuhl wurde herausgenommen, so dass jetzt eine Person mehr da ist als Stühle vorhanden sind. Der Freiwillige stellt sich nun vor eine Person hin. Spricht er sie mit „Zip“ an, so muss diese Person den Namen ihres linken Nachbarn nennen, wird sie mit „Zap“ angesprochen, dann wird der Name des rechten Nachbarn verlangt. Antwortet die angesprochene Person mit dem falschen Namen, so muss sie in den Kreis und weiterfragen. Sagt die im Kreis stehende Person „Zip-Zap“, dann müssen alle aufstehen und sich einen neuen Platz suchen. Die Person, die keinen Stuhl mehr findet, macht mit „Zip“ oder „Zap“ weiter. Dieses Spiel ist lustig und mit der ganzen Klasse spielbar. Durch die Möglichkeit des „Zip-Zaps“ muss niemand länger als er möchte im Kreis stehen. Ziel des Spieles ist es, die Namen kennenzulernen, sowie ein gutes Gruppenklima zu schaffen. Das Spiel erfordert keine Materialerarbeitung und ist auch nicht sehr zeitaufwändig.

Pädagogische Leistung:

Die Spiele sollen dazu beitragen, dass Schülerinnen und Schüler sich besser kennen und akzeptieren lernen. Man bezeichnet sie auch als Eisbrecher, da sie das

Eis zwischen Einzelnen zum Brechen bringen und die Hemmschwelle herabsetzen können.

Sie gelten auch als Vorübungen für kooperatives Lernen und helfen, Gesprächsregeln einzuüben.

Didaktischer Einsatzort:

Diese Kennenlernübungen sind dann sinnvoll einzusetzen, wenn eine Klasse neu zusammengesetzt ist. Damit kann das Lernklima verbessert werden.

Vorbereitung / Zeitaufwand:

Für diese Spiele ist der Vorbereitungsaufwand sehr gering, da keine oder kaum Materialien entwickelt werden müssen. Die Spiele dauern in etwa 10 bis 15 Minuten. Sie lassen sich auch gut in Vertretungsstunden oder in die Nachmittagsbetreuung integrieren.

Sozialform:

Die Spiele können in der Klasse, aber auch in Gruppen mit etwa 10 Kindern durchgeführt werden.

Lernstrategien:

Es werden erste Kommunikationsstrategien und soziale Verhaltensstrategien entwickelt.

(Die ausgewählten Spiele sind alle entnommen aus Traub 2011)

5.2 Interaktionsspiele (eine kleine Auswahl)

Neben Kennenlernspielen sind auch Interaktionsspiele geeignet, ein gutes Gruppenklima zu schaffen sowie Gruppenarbeitsprozesse vorzubereiten und zu unterstützen.

Beschreibung der Methoden / Übungen / Techniken:

Einwandbehandlung:

Diese Übung stellt ein Sprachspiel dar, in dem Argumentationsfähigkeit und flexibles Denken erprobt werden. Es kommt aus dem Umfeld der Schulung von Außendienstmitarbeitern in der freien Wirtschaft.

Die Klasse wird in zwei oder vier Gruppen geteilt. Im Stil von Pro und Contra wird über ein gegebenes Thema argumentiert. Dies kann am Anfang nach einer bestimmten Reihenfolge A–B-C-D, später spontan erfolgen. Auf die Argumente sollten stets passende Gegenargumente oder der prinzipielle Schwenk (auf einen anderen Einwand) erfolgen.

Eine dritte Gruppe – die Schiedsrichter – können abschließend ein Statement abgeben, Argumentationsvorschläge machen und eine Gruppe als Sieger küren.

Das Spiel lässt sich gerade bei solchen Schwerpunkten gut einsetzen, die philosophische Hintergründe, ethische Probleme oder einen fachlich strittigen Charakter haben.

Variationen:

Die Contra-Gruppe hat einige Minuten, um die Argumente zu prüfen und sie inhaltlich treffend sowie sprachlich klar zu entwerten. Dieselbe Zeit wird anschließend für das Pro zugestanden.

Um die Methode zu üben, kann der Sinn der Argumentation zugunsten der Rede reduziert werden. Dazu werden unsinnige oder sinnleere Thesen ausgegeben, die dann entkräftet werden müssen.

Die Lügenpantomime:

Die Schülerinnen und Schüler sitzen im Halbkreis. Eine Person spielt eine eindeutige Handlung oder eine berufliche Tätigkeit vor. Ihr Nachbar fragt, was sie macht. Daraufhin bricht sie die Tätigkeit ab und antwortet mit einer Lüge, sie sagt also eine ganz andere Tätigkeit oder Handlung. Der Nachbar muss nun die Lüge (Tätigkeit) darstellen, bis ihn ein Nachbar wiederum fragt.

Dieses Spiel regt die Kreativität der Schülerinnen und Schüler an und sorgt für eine aufgelockerte Atmosphäre. Im Spiel können diese die Hemmschwelle des „Etwas-Vormachen-Müssens" leichter überwinden, was ihnen auch Vorteile bei der Führung von Gesprächen verschafft. Außerdem können sie lernen, wie viel mit Hilfe von Gestik, Mimik usw. dargestellt und ausgedrückt werden kann.

Schrumpfendes Bild:

Ziel dieses Spiels ist es zu lernen, wie Informationen sprachlich präzise vermittelt werden können. Schülerinnen und Schüler erfahren dabei, wie sich Informationen im Prozess des Weitergebens durch selektive Wahrnehmung verändern können.

Beim Spiel selbst verlassen fünf bis sieben Personen den Raum, sie werden nacheinander hereingerufen. Die erste Person, die hereinkommt, schaut sich ungefähr eine Minute ein Bild an, das in der Mitte des Klassenzimmers liegt (die anderen Lernenden müssen es auch sehen) und gut zu beschreiben ist. Die erste beschreibt der zweiten Person, die hereinkommt, möglichst genau das Bild. Während dies geschieht, notieren sich die übrigen Lernenden, welche Akzente gesetzt werden, welche Details verlorengingen, welche Veränderungen und Ungenauigkeiten vorkommen. Die zweite Person beschreibt der dritten das Bild usw., bis die Klasse schließlich die Beschreibung der letzten Person gehört hat. Jetzt wird aufgrund der Notizen die zunehmende Veränderung der Information rekonstruiert und in der ganzen Klasse darüber gesprochen. Anschließend wird das Bild mit der letzten Beschreibung verglichen.

Wer fährt weiter?

Die Schülerinnen und Schüler stehen im Kreis. Eine Person beginnt, den Anfang einer Geschichte zu erzählen. Dabei hält sie einen Wollknäuel in der Hand. Wenn sie möchte, dass eine andere Person weitererzählen soll, wirft sie dieser den Knäuel zu, behält aber den Anfangsfaden in der Hand. Wer den Wollknäuel erhalten hat, erzählt die Geschichte weiter, bis dieser wieder jemandem den Knäuel zuwirft, seinen Faden in der Hand behaltend. Dies kann so lange gemacht werden, bis alle Schülerinnen und Schüler einen Faden in der Hand halten, also einmal an der Reihe waren. Am Ende ist ein richtiges Wollnetz entstanden.

Nun kann mit einer neuen Geschichte der Knäuel wieder aufgewickelt werden.

Hier kommen Lernende ebenfalls dazu, am Anfang einer Stunde etwas zu sagen und die Länge der Äußerung selbst zu bestimmen. Außerdem ist die Gesamtklasse in das Geschehen einbezogen.

Pädagogische Leistung:

Mit diesen Methoden wird genaues Zuhören und Verbalisieren geübt. Sie helfen den Lernenden miteinander in Kommunikation zu treten und die Lernenden erhalten eine Vorstellung davon, auf was bei einer Interaktion zu achten ist und welche Chancen und Probleme durch Interaktionen entstehen können.

Didaktischer Einsatzort:

Interaktionsspiele können in allen Lehr-Lernsettings, aber auch in Vertretungsstunden und in der Nachmittagsbetreuung eingesetzt werden. Sie unterstützen die Lernenden, ihre Interaktionsfähigkeit zu schulen und damit zu verbessern.

Vorbereitung / Zeitaufwand:

Die Interaktionsspiele sind ohne große Vorbereitung durchzuführen und benötigen etwa zwischen 15 und 30 Minuten Spielzeit.

Sozialform:

Die Spiele können mit der ganzen Klasse oder mit Gruppen von ca. 10 Schülerinnen und Schülern durchgeführt werden.

Lernstrategien:

Es werden Kommunikations- und Verhaltensstrategien entwickelt.
(Die Beispiele sind alle entnommen aus Traub 2011)

5.3 Dialogspiele

Beschreibung der Methoden / Übungen / Techniken:

Gerücht:

Dabei handelt es sich um eine sprachlich begleitete Übung oder Handlungskette, bei der Unterschiede und Veränderungen in Tätigkeitsvollzügen sichtbar werden.

Fünf Lernende verlassen den Raum. Der Gruppe wird ein Text vorgelesen. Die erste Person wird hereingebeten. Ihr wird der Text vorgelesen. Die nächste Person wird hereingerufen. Person 1 wiederholt für Person 2 den Text aus dem Gedächtnis. Person 3 wiederholt das Verstandene für Person 4. Nachdem Person 5 den Text für die Gruppe noch einmal wiederholt hat, wird allen die ursprüngliche Meldung vorgelesen.

Will man das Spiel vereinfachen, wählt man einen kurzen Text und bittet die jeweiligen Spielerinnen und Spieler, sich diesen gut zu merken.

Kompliziert wird es, wenn man einen verzwickten Text wählt, die Personen zuhören lässt und sie danach kalt auffordert zu wiederholen.

Anhand des Informationsverlustes bzw. der Informationsverzerrung kann direkt auf den Wert und die Gefahr informeller Mitteilungen hingewiesen werden.

Gruppenbeobachtungstraining:

Ziel dieser Übung ist es, Gruppeninteraktionen genau zu beobachten und über diese Informationen Feedback zu geben. Hierbei wird die Klasse in zwei gleich große Gruppen geteilt. Eine Gruppe setzt sich in die Mitte und bildet die Arbeitsgruppe, die andere die Beobachtergruppe. Die Gruppe in der Mitte spricht über ein bestimmtes Thema, die Beobachtergruppe beobachtet frei und notiert sich Bemerkungen. Die Arbeitsgruppe spricht ungefähr dreißig Minuten. Solange darf die Beobachtergruppe keinen Kommentar abgeben.

Anschließend erfolgt die Auswertung im Kreisgespräch.

Dieser Übung sollte unbedingt die Erarbeitung von Gesprächsregeln vorausgehen, damit die Beobachtergruppe Hilfe bei ihrer Aufgabe erhält und sie muss genau erklärt werden, da sie recht kompliziert ist.

Kontrollierter Dialog:

Ziel dieser Übung ist es, einer anderen Person genau zuzuhören. Schülerinnen und Schüler sollen lernen, ihre Wahrnehmung durch Wiederholungen von Gesprächsinhalten zu stärken.

Sie lernen dabei auch, eigene Argumente erst nach korrekter Kenntnisnahme von Gegenargumenten zu äußern.

Bei dieser Übung teilt sich die Klasse in Dreiergruppen auf und bestimmt in der Gruppe, wer A, B, C ist. A und B führen während der nächsten fünf Minuten ein Gespräch über ein gestelltes oder selbstgewähltes Thema (z.B. eine Fernsehsendung). A beginnt mit einer Äußerung, B wiederholt diese in eigenen Worten und fragt A kurz, ob sie richtig wiederholt hat. Dann antwortet B mit ihrem Gesprächsbeitrag und A wiederholt. C äußert nach ungefähr fünf Minuten ihre Eindrücke. Dann wird eine Rollenrotation vorgenommen.

Wenn die Wiederholung nicht richtig ist oder Wesentliches fehlt, muss darauf hingewiesen und eine richtige Zusammenfassung hergestellt werden.

Reporterspiel:

Die Schülerinnen und Schüler machen sich zu Experten über eine Aufgabe, ein Arbeitsgebiet oder überlegen ihren Standpunkt zu einer These oder Meinung. Dies kann aus dem bisherigen Unterricht entstehen oder zu Beginn einer Unterrichtseinheit als Überlegungen aufgestellt worden sein.

Hat jeder eine Antwort gefunden, geht er/sie als „Reporter(in)“ durch die Klasse: Er/sie stellt die Frage jeweils einer anderen Person, die versucht sie zu beantworten. Die fragende Person kann die Antwort mit eigenem Wissen erweitern. Anschließend werden die Rollen getauscht. Danach wechseln die Interviewpartner.

Die Antworten werden auf einem Papier festgehalten oder auf Tonband aufgenommen. Das Reporterspiel kann in einer Einführungs- aber auch Festigungsphase zu einem Thema eingesetzt werden, zur Gewinnung eines Meinungsbildes oder zum Austausch über ein Themengebiet.

Rollenspiel:

Das Rollenspiel ist ein Simulationsverfahren, durch das Lernende Rollen übernehmen und in diesen handelnd agieren. Dadurch können primäre und sekundäre Erfahrungen gemacht werden. Durch das Rollenspiel agieren die Lernenden im Spiel, handeln aber nicht in Wirklichkeit. Sie schlüpfen in die Haut einer anderen Person und gestalten eine vorgegebene Situation in spielerischer Art und Weise vor der Klasse.

Man unterscheidet zwischen strukturierten und unstrukturierten Rollenspielen. Das strukturierte Spiel weist einen geplanten Ablauf auf, um in bestimmten Situationen Fähigkeiten und Kenntnisse zu erwerben. Hier sind vorgegebene Rollenanweisungen nötig. Das unstrukturierte Spiel ermöglicht eine Vielzahl von Formen und Richtungen durch spontanes Verhalten. Hier haben die Lernenden mehr Freiraum, ihre Rollen auszugestalten.

Das Rollenspiel beschäftigt sich mit Problemen aus der Lebenswelt der Lernenden, so dass die Motivation und der Realitätsbezug vorhanden sind.

Das Rollenspiel ist überall dort einsetzbar, wo Problemlösungen durch Kommunikation angestrebt werden, wo neue Rollen erworben werden, wo es um Verständnis geht oder bestimmte Verhaltensweisen trainiert werden sollen.

Durch das Rollenspiel können Kenntnisse, Gefühle und Einstellungen verändert, aber auch Fertigkeiten und Fähigkeiten geübt werden. Dadurch wird das eigene Handeln reflektiert, Konflikte und Interessengegensätze aufgedeckt und Lösungsstrategien entwickelt.

Gesprächsregeln werden durch Simulieren von Dialogen überprüft und erstellt.

Im Rollenspiel werden zwischenmenschliche Beziehungen simuliert, das heißt auf die Gesprächsführung bezogen: Es werden Gesprächsmöglichkeiten ohne Folgen für die Lernenden durchgespielt, da es sich um spielerische Gespräche handelt, nicht um Gespräche der Wirklichkeit. Trotzdem oder gerade wegen des Spielcharakters werden Probleme einsichtig gemacht und verschiedene Lösungen erprobt. Kinder entdecken durch das Spielen von Lösungssituationen ihre eigenen Gefühle, Verhaltensweisen und Wertmaßstäbe, lernen im Spiel Gefühle, Verhaltensweisen und Wertmaßstäbe anderer Kinder kennen und lernen durch Meinungsaustausch mit den erworbenen Erfahrungen richtig umzugehen. Im spontanen Spiel erfahren sie, wie solche Probleme üblicherweise gelöst werden, welche Alternativen zur Verfügung stehen und welche Folgen bestimmte Lösungsvorschläge nach sich ziehen. Rollenspiele werden in allen Kommunikations- Verhaltens- und Verständnisbereichen angewandt.

Beim Rollenspiel können fünf Phasen unterschieden werden: Die Planungsphase im Vorfeld des Spiels, die Vorbereitungs-, die Durchführungs- und die Auswertungsphase als eigentliche Bestandteile des Spiels und die Phase der Folge-Aktivitäten als Umsetzungsphase der im Spiel entwickelten Lösungen, Einsichten oder Kenntnissen.

- Planung: In dieser Phase überlegt sich die Lehrkraft, ob und wie ein Rollenspiel in die Unterrichtseinheit passt. Wenn sie sich für ein Rollenspiel entschieden hat, dann muss sie überlegen, ob das Spiel als Problementfaltung zu Beginn der Einheit eingesetzt werden soll oder im Zentrum der Einheit steht oder eher zur Unterbrechung und Auflockerung dient. Auch als Zusammenfassung oder Wiederholung und Übung kann das Rollenspiel eingesetzt werden. Weiterhin muss die Lehrkraft planen, ob das Spiel eher zur Änderung/Erweiterung von Kenntnissen dienen soll oder Emotionen bearbeitet werden oder Fertigkeiten bzw. Fähigkeiten geschult werden sollen.
- Vorbereitung: Die Lehrperson entscheidet über die Art des Rollenspiels und legt die im Spiel vorhandenen notwendigen Rollen fest. Außerdem verfasst sie das Szenario und schreibt die Rollenanweisungen auf Kärtchen. Dabei können die Anweisungen enger oder weiter gefasst werden. In den Rollenkarten können die Rahmenbedingungen, die Zielsetzungen und Hilfestellungen für die Ausgestaltung der Rollen enthalten sein.
- Durchführung: Die Rollen müssen verteilt werden. Die Lernenden denken sich in ihre Rollen ein und bereiten diese vor. Dies kann auch von einer Gruppe geleistet werden, die dann den Spieler aus ihrer Mitte bestimmt. Dadurch können im Spiel selbst Rollen getauscht werden, weniger Mutige können sich in die Diskussion vorher einbringen und der Spieler/die Spielerin schlüpft in eine Rolle, für deren Ausgestaltung eine ganze Gruppe verantwortlich ist. Dies hilft, die Hemmschwelle vor dem Spiel selbst zu überwinden. Vor dem eigentlichen Spiel sollten die Spielerinnen und Spieler kurz ihre Rolle vorstellen. Die Nicht-Spielenden müssen auf absolute Ruhe verpflichtet werden. Sinnvoll sind hier Beobachtungsaufgaben für die Außenstehenden wie Protokoll führen, Mimik und Gestik beobachten, Diskussionsregeln überprüfen usw. Danach wird das Spiel selbst durchgeführt. Das Rollenspiel ist beendet, wenn die Spielenden sich auf eine Lösung geeinigt haben, die Lage verfahren ist oder nach einer bestimmten vorher vereinbarten Zeit. Nach Beendigung des Spiels folgt die Auswertungsphase.
- Auswertung: Hier soll das wahrnehmbare Spiel beschrieben und diskutiert bzw. analysiert werden. Dabei müssen auch die Gründe des jeweiligen Verhaltens und die Empfindungen der Spielenden einbezogen werden. Die Beobachtenden sind in dieser Phase gefragt. Sie stellen ihre Ergebnisse vor. Bei unbefriedigenden Spielverläufen werden die Gründe diskutiert. Dabei wird zwischen dem eigentlichen Spiel und der Auswertungsphase getrennt. Die Auswertungsphase dauert mindestens so lange

wie das eigentliche Spiel, damit ein echter Nutzen aus dem Spiel gewonnen werden kann. Gemeinsam werden die Ergebnisse des Spiels festgehalten.

- Folge-Aktivitäten: Aus den Ergebnissen werden Aktionen abgeleitet, die inner- oder außerunterrichtlich ablaufen können.

Lernende können hier in gespielten Gesprächssituationen erfahren, wie wichtig es ist, bestimmte Regeln im Umgang miteinander einzuhalten.

Sie lernen alternative Gesprächssituationen kennen und ihre Wirkung einschätzen. Sie werden sich auch über die Folgen verschiedenen Gesprächsverhaltens klar.

Die Lernenden können, ohne persönlich zu werden, bestimmte Rollen und deren Verhaltensweisen kritisieren und haben so die Möglichkeit, alternative Gesprächssituationen mit ins Spiel einzubringen.

Wer blickt durch?

Die folgende Übung fördert vor allem die Kreativität und die Redefähigkeit.

Zwei Personen unterhalten sich über ein Thema, der Rest der Gruppe hört zunächst zu und redet dann nach und nach auch mit. Das Thema darf dabei unter keinen Umständen verraten werden. Wer glaubt, das Thema erkannt zu haben, geht zu einem der beiden Personen und flüstert das vermutete Thema ins Ohr. Stimmt die Vermutung, wird das Gespräch zu dritt fortgesetzt; stimmt sie nicht, muss weiter zugehört werden.

Hier könnte die Aufgabe gestellt werden, möglichst so zu reden, dass das Thema gut erraten werden kann oder aber so aneinander vorbei zu sprechen, dass nur genaues Zuhören ein Erkennen des Themas möglich macht. Das Thema kann auch an die beiden Spielenden über Kärtchen ausgegeben werden.

In Schulklassen muss diese Übung in kleinen Gruppen gespielt werden. Sie kann als Übung dem Aquarium vorausgehen.

Pädagogische Leistung:

Die Lernenden können sich hier bewusstwerden, welche Faktoren einen Dialog zwischen Menschen beeinflussen. Dabei spielen die Personen selbst, der Ort des Gesprächs, die Zeit, in der es stattfindet und die Stimmung eine wichtige Rolle. Außerdem können sie sich in die Rollen anderer Personen hineinversetzen und in einem Schonraum agieren.

Didaktischer Einsatzort:

Die Spiele können in Übungs- und Vertretungsstunden sowie in der Nachmittagsbetreuung eingesetzt werden. Sie können auch mit bestimmten Themen verbunden werden, um so Inhalte zu wiederholen, Vorkenntnisse zu aktivieren und dergleichen mehr.

Vorbereitung / Zeitaufwand:

Der Vorbereitungsaufwand ist sehr gering, der Zeitaufwand beträgt – je nach Methode – zwischen 20 und 40 Minuten.

Sozialform:

Auch diese Methoden können mit der ganzen Klasse oder mit Lerngruppen von ca. 10 Personen durchgeführt werden.

Lernstrategien:

Es werden Kommunikationsstrategien und Interaktionsstrategien entwickelt.

5.4 Aquarium

Beschreibung der Methode:

Vier bis fünf Lernende erklären sich bereit, als Arbeitsgruppe zu fungieren. Sie setzen sich in die Mitte des Klassenzimmers; die anderen setzen oder stellen sich in einem Kreis um die Arbeitsgruppe. Sie sind als Beobachterinnen und Beobachter der Arbeitsgruppe tätig. Diese Arbeitsgruppe erhält ein bestimmtes Thema, das sie in einer Kleingruppengesprächsform bearbeiten soll. Die Beobachtenden kritisieren Positives und Negatives des Gruppengesprächs, sie achten darauf, ob Gesprächsregeln eingehalten werden, wie das Klima in der Gruppe ist, wie das Thema angegangen wird, sie sind also für den formalen Ablauf des Gesprächs und der Gruppenarbeit zuständig, nicht für den inhaltlichen Bereich. Haben die Beobachtenden zum Gesprächsverlauf Einwände, so zeigen sie dies durch Handheben an, damit das Gespräch der Arbeitsgruppe unterbrochen und alle gemeinsam diesen Einwand diskutieren können. Die Arbeitsgruppe sollte nach einer gewissen Zeit wechseln, damit die Mitglieder der Gruppe nicht zu starker Kritik ausgesetzt werden. Außerdem machen andere Arbeitsgruppen wieder andere Dinge besonders gut oder schlecht.

Wichtig ist es, bei der Information der Lernenden über das Aquarium darauf hinzuweisen, dass die Kritik nicht persönlich aufgenommen werden darf, sondern versucht werden soll, gemeinsam eine ideale Gesprächsführung zu erarbeiten. Die Beobachterinnen und Beobachter müssen darauf aufmerksam gemacht werden, auch auf positive Dinge der Arbeitsgruppe zu achten und diese zu äußern.

Günstig ist es, wenn die Lernenden der Arbeitsgruppe freiwillig in dieser Gruppe mitmachen und sich melden, nachdem sie wissen, was auf sie zukommt. Keinesfalls darf ein Schüler/eine Schülerin zur Teilnahme in der Arbeitsgruppe gezwungen werden, da er/sie sicherlich Gründe hat, sich nicht zu melden. Sinnvoll kann es sein, wenn die Lehrkraft selbst in der Arbeitsgruppe teilnimmt, um dort positive Akzente zu setzen.

Pädagogische Leistung:

Diese Form des Aquariums bietet den Lernenden die Möglichkeit, sich gegenseitig hilfreich zu verbessern und sich auf Gesprächskriterien hinzuweisen. Kritik kommt also nicht immer nur von der Lehrperson, sondern auch von anderen Lernenden.

Außerdem kann exemplarisch an der Aquariumsform aufgezeigt werden, wie einzelne Kleingruppengesprächsformen durchgeführt werden sollen und was es dabei zu beachten gilt.

Didaktischer Einsatzort:

Das Aquarium kann bei der Gesprächserziehung als eine Möglichkeit eingesetzt werden, Gespräche zu beobachten und Verbesserungsvorschläge einzubringen. Es kann auch als Einstieg ins kooperative Lernen genutzt werden, um den Lernenden durch Lernen am Modell zu zeigen, auf was bei der Gruppenarbeit geachtet werden muss und so Gesprächsregeln und soziale Verhaltensweisen einzuüben. Auch bei der Einführung in die Projektarbeit ist die Methode hilfreich. Hier kann systematisch geübt werden wie eine Gruppe an Problemlösungen herangeht, sich Arbeitsaufträge gibt und verteilt und dergleichen mehr.

Vorbereitung / Zeitaufwand:

Die Vorbereitung besteht darin, ein passendes Thema auszuwählen und den Lernenden die Methode zu erklären und sie verständlich zu machen. Das Aquarium dauert etwa 15 bis 30 Minuten in der Durchführung.

6. Austausch- und Wiederholungsmethoden

Unter dieser Rubrik werden Methoden zusammengefasst, die dazu dienen, dass Lernende Stellung beziehen, sich über erworbenes oder vorhandenes Wissen austauschen und sich so schnell einen Überblick über ein Themengebiet oder ein Meinungsbild verschaffen. Die Methoden zum Informations- und Meinungsaustausch spielen in allen Lehr-Lernsettings eine Rolle und können dort problemlos eingesetzt werden. In den Lehrsettings helfen sie den Lernenden, sich selbst mit ihren Gedanken und Fragen einzubringen und das Gehörte nochmals zu verarbeiten, in den Lernsettings unterstützen sie die Lernenden bei der Bearbeitung von Inhalten im Austausch mit anderen und beim gemeinsamen Klären von Fragen.

6.1 Blitzlicht

Beschreibung der Methode:

Ein(e) Moderator(in) (das kann die Lehrperson sein, bei Gruppenkonstellationen wie zum Beispiel in der Projektarbeit auch ein Schüler /eine Schülerin) bestimmt ein Thema der Blitzlicht-Runde. Die Teilnehmenden der Blitzlicht-Runde formulieren in einem kurzen Statement reihum ihr derzeitiges Befinden oder geben in einem Satz ihren aktuellen Lernzustand wieder. Die Aussagen bleiben unkommentiert und werden gegebenenfalls erst am Ende gebündelt oder zusammengefasst. Erst anschließend darf eine Diskussion stattfinden. Wichtig bei dieser Methode ist, dass eine Ich-Botschaft und somit ein subjektives Befinden der einzelnen Teilnehmenden übermittelt wird, das vorerst nicht bewertet werden soll. Mögliche Abänderungen sind ein Blitzlicht anhand von anonymen, schriftlichen Zetteln oder ein Kartenblitzlicht an einer Pinnwand.

Pädagogische Leistung:

Die Ziele des Einsatzes dieser Methode können sehr unterschiedlich sein. Zum einen kann sie Aufschluss über den kognitiven Leistungsstand einer Lerngruppe oder Kenntnis über ein Vorwissen geben, zum anderen können auch Gründe für zum Beispiel Unaufmerksamkeit während einer Unterrichtsstunde oder dergleichen geklärt werden. Durch diese Methode werden die Lernenden auch in die Gestaltung des Unterrichts mit einbezogen. Sie hilft innerhalb kürzester Zeit Rückmeldung aller Lernenden zu einem bestimmten Thema, einer Frage oder einem Sachverhalt einzuholen. Es muss darauf geachtet werden, dass jede Person nur eine kurze Stellungnahme abgibt, damit auch alle zu Wort kommen und es die Aufmerksamkeitskapazität dabei nicht übersteigt.

Didaktischer Einsatzort:

Das Blitzlicht kann als Feedback am Ende einer Themeneinheit oder einer Methode eingesetzt werden, aber auch zur Reflexion oder als Meinungsbildung über einen bestimmten Sachverhalt in der Mitte oder zu Beginn einer Themeneinheit. Es hat in allen Lehr-Lern-Konzepten einen Platz, bei den eher selbstgesteuerten Formen (Stationenarbeit, Wochenplan, Freiarbeit und Projektunterricht) dient es als Reflexionsmethode bei Fixpunkten oder beim Abschluss.

Vorbereitung / Zeitaufwand:

Die Methode kann jederzeit kurzfristig ohne große Vorbereitungszeit durchgeführt werden. Der Zeitaufwand während einer Unterrichtsstunde ist im Normalfall gering, kann aber gegebenenfalls je nach Problem oder Thema des Blitzlichts variieren (ca. 10 bis 20 Minuten).

Sozialform:

Die Methode kann mit der gesamten Klasse, aber auch mit einer größeren Lerngruppe (ca. 15 Personen) durchgeführt werden.

Lernstrategien:

Je nach Anwendung des Blitzlichtes können alle Strategien zur Anwendung kommen. Bei der Wiederholung eines Themengebietes sind es die Wiederholungs- und Einprägungsstrategien, bei der Anwendung von Inhalten und Transferüberlegungen sind es Elaborations- und Enkodierstrategien sowie Organisations- und Abrufstrategien. Beim Erstellen eines Meinungsbildes und bei Stellungnahmen zu bestimmten Sachverhalten sind es auch metakognitive Strategien, die genutzt werden müssen.

Differenzierungsmöglichkeit:

Im Blitzlicht selbst kann nicht differenziert werden, da die Fragestellung, die These oder der Sachverhalt ja für alle gleich sein soll. Die Tiefe der Antwort wird allerdings variieren und davon können auch alle Lernenden profitieren. Allerdings kann eine Differenzierung dahingehend stattfinden, dass es eine Aufteilung in Gruppen mit heterogenen Leistungsstärken gibt und die Fragestellung auf unterschiedlichen Niveaus gestaltet wird.

6.2 Drei Schritt Interview

Beschreibung der Methode:

Eine Frage, die sich auf den Unterricht oder die Situation der Gruppe bezieht, wird von der Lehrperson genannt und evtl. an die Tafel geschrieben. Je nach Alter der Lernenden muss vor der Übung geklärt werden, was ein Interview ist: ein Gespräch zu einem Thema, bei der eine Person ausschließlich Fragen stellt und die andere ausschließlich antwortet. Folgender Ablauf ist vorgegeben:

1. Die Lernenden bilden Tandems mit Personen, die sie noch nicht gut kennen. Eine Person interviewt die andere zwei Minuten lang zur besagten Fragestellung.
2. In der zweiten Phase werden die Gesprächsrollen getauscht.
3. Danach schließt sich das Paar mit einem anderen Tandem zusammen und die vier Schülerinnen und Schüler unterhalten sich vier Minuten gemeinsam über das Thema. Dabei sollte jede Meinung zu Wort kommen und diese unbewertet nebeneinanderstehen.

Pädagogische Leistung:

Die Methode ermöglicht es den Lernenden in einer kleinen Sozialform im Austausch mit einer anderen Person festzustellen, über welche Informationen sie verfügt, wie sie sich zu einem Sachverhalt verhält bzw. welches Feedback sie gerne geben würde. Dadurch werden die Lernenden sehr ernst genommen und es wird auf ihre Überlegungen eingegangen. Die Methode verhilft den Lernenden aber auch zur Eigenaktivität im Unterricht.

Die Lernenden können mit dieser Methode einmal erworbene Inhalte festigen und verarbeiten und erkennen Lücken, die es dann zu schließen gilt. Zum anderen kann über die Methode ein Meinungsbild erstellt und ein Feedback eingeholt werden.

Didaktischer Einsatzort:

Die Methode kann zur Meinungsbildung, Informationsverarbeitung und zum gegenseitigen Kennenlernen eingesetzt werden. Auch als Feedbackmethode ist sie sinnvoll, wenn anschließend die Vierergruppe ihre Statements zusammenfassen und dem Plenum vorstellen. Dies kann am Ende eines Vortrags geschehen. Die Methode ist sinnvoll einzusetzen als Vorbereitung für kooperatives Lernen. Auch diese Methode ist als Station innerhalb einer Stationenarbeit nutzbar. In der Projektarbeit hilft sie, dass alle Lernenden ihre Ansichten und Ideen einbringen können und ist vor der Erstellung des Projektplans oder bei einem Metagespräch anwendbar. In der Freiarbeit lässt sich diese Methode einsetzen, wenn zu einem bestimmten Thema oder Sachverhalt Ideen, Meinungen oder Wissen ausgetauscht werden sollen. Hier entscheiden sich die Lernenden selbst, ob sie mit dieser Methode arbeiten wollen. Dazu benötigen sie wiederum Hilfestellung (siehe Methodenrucksack).

Vorbereitung / Zeitaufwand:

Die Lehrpersonen müssen die Fragen für das Interview erstellen.

Zur Durchführung der Methode reichen in der Regel ca. 20 Minuten aus (5 Minuten jeweils für die Partnerinterviews und 5 Minuten für die Gruppenarbeit und 5 Minuten für die Besprechung im Plenum).

Sozialform:

Die gegenseitigen Interviews erfolgen in Partnerarbeit, die anschließende Verarbeitung in einer Vierergruppe und die Kurzbesprechung der Ergebnisse im Plenum.

6.3 Glückstopf

Beschreibung der Methode:

Die Mitglieder einer Gruppe schreiben Schlüsselbegriffe oder auch Fragen zu einem bestimmten Thema auf Kärtchen und tauschen dann ihre Kärtchen mit denen einer anderen Gruppe. Die Kärtchen werden in einen Hut o.ä. gegeben, oder auch verdeckt auf den Tisch gelegt. Die Gruppenmitglieder ziehen reihum ein Kärtchen und nehmen zum Begriff Stellung bzw. beantworten die Frage. Hier wird eine Vergewisserungsphase eingebaut, die es den Lernenden ermöglicht, sich zum Experten über den Begriff zu machen (ähnlich wie beim Netzwerk). Anschließend ergänzen oder relativieren die anderen Mitglieder der Gruppe das Gesagte. Strittige Begriffe werden besprochen, unbeantwortete Fragen ins Plenum eingebracht.

Pädagogische Leistung:

Die Methode eignet sich hervorragend, um Wissen abzufragen und Lernlücken zu schließen. Vor allem deswegen, weil die Lücken nicht im Plenum sichtbar werden, sondern in der Kleingruppe besprochen und geschlossen werden können. So kann neu erworbenes Wissen verarbeitet, vergessenes Wissen wieder aktiviert werden.

Didaktischer Einsatzort:

Die Methode kann zu Beginn einer Unterrichtsstunde oder Themeneinheit eingesetzt werden, um Inhalte der letzten Stunden zu wiederholen oder das Vorwissen zu aktivieren. Auch zum Abschluss einer Stunde als Wissenssicherung und Reflexion ist die Methode sinnvoll. Sie eignet sich besonders dann, wenn es um den Austausch von Meinungen oder um die Verarbeitung von Wissen geht. Sie lässt sich in allen Lehr-Lern-Konzepten einbauen: Am Ende eines Inputs, als Verarbeitungs- bzw. Vertiefungsmethode in der subjektiven Aneignungsphase des Sandwichs, als Vertiefungsphase beim wechselseitigen Lehren und Lernen, als eigene Station bei der Stationenarbeit bzw. als „Material“ in der Freiarbeit sowie als Verarbeitungsphase in der Projektarbeit. Lediglich im Wochenplan ist sie schwieriger umzusetzen, da hier vor allem in Einzel- oder Partnerarbeit gearbeitet wird.

Vorbereitung / Zeitaufwand:

Die Lehrperson stellt lediglich die leeren Moderationskärtchen bereit und ein Gefäß, in das die beschriebenen Kärtchen gesteckt werden können.

Das Beschriften der Kärtchen dauert etwa 10 Minuten, die Besprechung der Kärtchen in der Gruppe in etwa ebenfalls 10 bis 15 Minuten und für das Auflösen unbeantworteter Kärtchen sollten nochmals ca. 10 Minuten veranschlagt werden.

Sozialform:

Kleingruppen von etwa 4-6 Personen.

Lernstrategien:

Es werden vor allem Wiederholungs- und Elaborationsstrategien eingesetzt, eventuell auch Organisations- und Abrufstrategien.

Differenzierungsmöglichkeit:

Da die Lehrperson nicht weiß, welche Fragen oder welche Begriffe die Lernenden auf die Kärtchen schreiben, kann sie selbst auch inhaltlich keine Differenzierung vornehmen. Möglich ist allerdings, dass sich lernschwächere Schülerinnen und Schüler im Rahmen der Vergewisserungsphase aus der Lerngruppe eine lernstärkere Person suchen, die bei der Lösung der Aufgabe hilft. Auch die Lehrperson kann hier unterstützen.

6.4 Ideensalat

Beschreibung der Methode:

Der Ideensalat besteht aus drei Hauptphasen:

In der ersten Phase bekommen alle Teilnehmenden ein Blatt ausgeteilt, das in mehrere, gleich große Abschnitte unterteilt ist. Jeder Abschnitt soll unter Beachtung einer bestimmten Frage- bzw. Aufgabenstellung oder einem Impuls beschriftet werden. Dabei muss beachtet werden, dass so viele Abschnitte wie Frage- bzw. Aufgabenstellungen bzw. Impulse vorhanden sind. Am Ende dieser Phase werden die Blätter zerschnitten und alle Abschnitte, die zu einem bestimmten Impuls gehören, auf einen Stapel gelegt. Zur Vereinfachung können anstatt der Blätter farbige Kärtchen verwendet werden, wobei dann jede Farbe einem Impuls entspricht.

Während der zweiten Phase werden die Teilnehmenden in so viele Gruppen unterteilt, wie es Stapel gibt. Jede Gruppe bekommt die Aufgabe, ihren Stapel systematisch durchzuarbeiten. Die dritte Phase dient der Präsentation der Ergebnisse der einzelnen Gruppen im Plenum. Anschließend kann eine Diskussion erfolgen.

Pädagogische Leistung:

Der Ideensalat bezieht die Lernenden aktiv in die Wissenserarbeitung und –verarbeitung mit ein. Sie können ihre eigenen Ideen, Hypothesen und Vorstellungen einbringen und diese zunächst anonym auf ein Papier notieren. In der anschließenden Gruppenarbeit werden die Kärtchen ausgewertet, aber ähnlich wie bei einer Wahl, kann auch hier nicht mehr festgestellt werden, wer welche Idee / welchen Vorschlag oder welchen Impuls eingebracht hat. Somit werden diese unabhängig vom Verfasser bewertet und genutzt. Damit wird die Hemmschwelle enorm heruntergesetzt.

Didaktischer Einsatzort:

Der Ideensalat kann zu verschiedenen Zwecken eingesetzt werden. Zum einen dient er dazu, Lösungsvorschläge für komplexere Probleme zu finden. Setzt man ihn zu Beginn einer Lernsequenz ein, kann damit das bereits vorhandene Vorwissen der Lerngruppe abgefragt werden. Am Ende einer Lernsequenz kann der Ideensalat dazu dienen, den Lernerfolg der Lerngruppe zu überprüfen. Sehr gut geeignet ist diese Methode bei der Planung einer Projektarbeit oder zu Beginn einer Gruppenarbeit.

Vorbereitung / Zeitaufwand:

Zur Vorbereitung gehören die Auswahl geeigneter Frage- bzw. Aufgabenstellungen oder Impulse und das Erstellen der in Abschnitte unterteilten Blätter. Entscheidet man sich für die Variante mit den bunten Kärtchen, muss dafür gesorgt werden, dass genügend Kärtchen vorhanden sind. Der Zeitaufwand der Durchführung des Ideensalats ist sehr stark von der Anzahl der Impulse abhängig. Deshalb sollte bei der Planung berücksichtigt werden, dass je mehr Impulse gegeben werden, desto mehr Zeit eingeplant werden muss. Natürlich hängt die Zeitdauer auch von dem Schwierigkeitsgrad der gestellten Aufgaben ab.

Sozialform:

Die erste Phase des Ideensalats erfolgt in Einzelarbeit, die zweite Phase in Gruppenarbeit und die Präsentation (dritte Phase) erfolgt vor dem Plenum. Sollte es sich um eine sehr große Gruppe handeln, empfiehlt es sich, diese in Kleingruppen zu unterteilen und verschiedene Ideensalate durchführen zu lassen.

Lernstrategien:

Es werden alle kognitiven Strategien sowie Kreativitätsüberlegungen genutzt.

Differenzierungsmöglichkeiten:

Die Aufgaben bzw. Fragestellungen können auf verschiedenen Lernniveaus angeboten und von entsprechend leistungshomogenen Gruppen bearbeitet werden. Somit haben lernschwächere Schülerinnen und Schüler ebenfalls die Möglichkeit ihre Ideen einzubringen, weil sie sich mit weniger komplexen Methoden auseinandersetzen.

Stellt man die Gruppen heterogen zusammen, so profitieren die Lernschwächeren von den Stärkeren, wenn diese in der zweiten Phase ihre Überlegungen zu den einzelnen Impulsen / Antworten / Hypothesen äußern.

6.5 Impulskarussell

Beschreibung der Methode:

Die Lehrperson baut im Raum verschiedene Stationen auf. Es sind so viele Stationen vorhanden wie Gruppen. Diese Stationen beinhalten Fragen bzw. Aussagen zum Thema, Aufgabenstellungen oder Bilder. Die Klasse teilt sich in Gruppen zu drei bis fünf Personen auf. Die Gruppen beginnen bei einer Station, jede bei einer anderen und bearbeiten die Frage- oder Aufgabenstellung oder diskutieren über die Aussage, die sie an der Station vorfinden. Es kann sich auch an jeder Station ein Plakat befinden, auf dem Ergebnisse festgehalten werden. Die Gruppen wechseln nach einer bestimmten Zeit die Station, am Ende sollten sie alle Stationen bearbeitet haben. Im Plenum kann nun eine Auswertung der einzelnen Gruppenergebnisse stattfinden und es können offen gebliebene Fragen geklärt werden.

Pädagogische Leistung:

Die Kleingruppe kommt an jeder Station über das Thema in ein Gespräch, alle Mitglieder der Gruppe kommen zum Sprechen und können sich einbringen. Sie können sich über das Thema eine Meinung bilden und in der Kleingruppe auch schon bestimmte Sachverhalte diskutieren.

Die Arbeitsaufträge an den einzelnen Stationen sind so stark strukturiert, dass sich die Gespräche auf das Lösen der Aufgaben beziehen müssen, weil die Gruppe sonst in der vorgegebenen Zeit nicht zu Ende kommt. Damit lernen die Schülerinnen und Schüler auch, sich auf eine Sache zu konzentrieren.

Didaktischer Einsatzort:

Das Impulskarussell kann zum Erfassen von Vorwissen und Interessen eingesetzt werden, aber auch als Wiederholung von Lerninhalten und als Lernerfolgskontrolle. Es handelt sich bei dieser Methode um eine kleinere Stationenarbeit, die vor allem einen Austausch als Ziel verfolgt. Auch diese Methode lässt sich bei der Projektarbeit gut nutzen.

Vorbereitung / Zeitaufwand:

Die Vorbereitung für die Lehrperson ist hier als hoch einzustufen, gilt es doch, die Stationen mit den Arbeitsaufgaben, dem Lernmaterial und dergleichen zu erstellen und herzurichten. Auch die Arbeit im Lernkarussell sollte mit der Auswertung zusammen auf etwa eine Schulstunde angesetzt werden.

Sozialform:

Die Lernenden sind zwar in Gruppen aufgeteilt, arbeiten aber an den Stationen sowohl alleine, als auch zu zweit als auch mit der gesamten Gruppe. Die Auswertung erfolgt im Plenum.

Lernstrategien:

Hier geht es vor allem um die Entwicklung und Nutzung kognitiver Lernstrategien und Strategien des Ressourcenmanagements.

Differenzierungsmöglichkeit:

Eine mögliche Differenzierung besteht in der Erstellung unterschiedlich schwieriger Stationen. Diese können mit einer entsprechenden Farbe versehen werden. Auch die Variation in Pflicht- und Kürstationen ist möglich.

Es kann auch innerhalb der Station differenziert werden, in dem sich dort unterschiedlich komplexe Fragen- und Aufgabenstellungen auf drei Lernniveaus befinden und die Lernenden sich in heterogenen Gruppen individuell an jeder Station für ihr Lernniveau entscheiden.

6.6 Kugellager

Beschreibung der Methode:

Die Klasse bildet einen Innen- und Außenkreis. Die Teilnehmenden setzen oder stellen sich so, dass sie einander paarweise gegenübersitzen oder stehen. Die Lehrperson gibt ein Thema, einen Impuls, eine Frage oder eine These vor.

Über diese Aufgabe unterhalten sich die jeweiligen Paare, bis die Lehrperson das Zeichen zum Aufhören gibt. Danach wechselt der gesamte Innenkreis um eine Position nach rechts, der Außenkreis ebenfalls. Wie bei einem Kugellager greifen neue Kugeln ineinander, hier Gesprächspartner aufeinander. Diese erhalten eine neue Aufgabe oder die Aufforderung an der bisherigen Aufgabe mit der neuen Person weiter zu denken. Diese Partnersequenzen lassen sich etwa in drei oder vier Durchgängen sinnvoll umsetzen.

Pädagogische Leistung:

Die Methode schult die Kommunikationsfähigkeit der Lernenden und ermöglicht ein kurzes Gespräch mit vielen verschiedenen Partnerinnen und Partnern, die nach dem Zufallsprinzip zu solchen werden. Damit kann sich das Lernklima in einer Klasse verbessern, weil die Lernenden ständig mit anderen Lernenden sprechen und sich austauschen. Die Lehrperson ist zunächst außen vor, sie übernimmt lediglich die Moderation des Kugellagers. Dadurch ist die Hemmschwelle der Lernenden deutlich herabgesetzt. Das Kugellager ist eine sehr aktive Methode, die motiviert und die Lernenden in das Unterrichtsgeschehen einbezieht.

Didaktischer Einsatzort:

Das Kugellager lässt sich als Kommunikationsübung zum besseren Kennenlernen zu Beginn eines Schuljahres einsetzen, aber auch während einer Unterrichtsstunde, um Vorwissen zu aktivieren, Inhalte nochmals zu besprechen, Meinungen auszutauschen und dergleichen mehr. Am Ende einer Einheit kann mit dem Kugellager der Wissensstand gefestigt und Fragen geklärt werden. Es lässt sich gut in alle instruierte Konzepte integrieren, bei eher selbstgesteuerten Konzepten müsste die Organisation von den Lernenden selbst übernommen werden, was sich in der Regel als etwas schwierig erweist. Deshalb wird es wohl eher im Lehrgang und im Sandwich eingesetzt oder aber im Vorfeld bzw. zum Abschluss einer Stationenarbeit oder Wochenplanarbeit, um Inhalte nochmals zu festigen und sich über das Lehr-Lern-Konzept auszutauschen oder auch am Ende einer Projektarbeit, um die Ergebnisse auszutauschen und über die Projektarbeit zu reflektieren.

Vorbereitung / Zeitaufwand:

Die Lehrperson muss sich die Fragen und Aufgaben für das Kugellager vorab überlegen und eventuell schriftlich festhalten.

Für jeden Durchgang des Kugellagers sollten etwa 5 Minuten angesetzt werden, mehr als 4 Durchgänge würde die Aufmerksamkeit der Lernenden schwächen.

Sozialform:

Die gesamte Klasse kann ein Kugellager durchführen, die Klasse kann aber auch in zwei Gruppen aufgeteilt werden.

6.7 Methode 66

Beschreibung der Methode:

Die Klasse wird in Kleingruppen zu je sechs Personen eingeteilt. Die Gruppen treffen sich an einem jeweils anderen Ort im Klassenzimmer, an dem sie relativ ungestört von den anderen Gruppen arbeiten können. Jede Sechsergruppe erhält dann eine bestimmte Aufgabenstellung, für die sie nun sechs Minuten Zeit hat. In diesen sechs Minuten soll über die Aufgabenstellung diskutiert, Lösungsvorschläge erarbeitet und die Ergebnisse von einem Gruppenmitglied festgehalten werden. Anschließend werden die Ergebnisse im Plenum zusammengetragen und weiter diskutiert.

Pädagogische Leistung:

Diese Methode eignet sich vor allem dann, wenn man in kurzer Zeit ein Meinungsbild zu einer Fragestellung oder einem Thema erstellen möchte. Die Lernenden kommen schnell miteinander ins Gespräch und können in der Kleingruppe ihre Meinungen und Erfahrungen austauschen. Ebenfalls geeignet ist diese Methode, wenn man die Vorkenntnisse der Lernenden erfahren, Diskussionen ermöglichen oder eine Rückmeldung über eine Unterrichtseinheit erhalten möchte.

Didaktischer Einsatzort:

Die Methode kann zu Beginn einer Einheit zur Aktivierung der Vorkenntnisse eingesetzt werden, aber auch während der Arbeit an einer Themenstellung. Es können Lösungsvorschläge erarbeitet oder Meinungen ausgetauscht werden.

Vorbereitung / Zeitaufwand:

Die „Methode 66" bedarf keiner großen Vorbereitung. Man muss lediglich die Aufgabenstellung für das Gespräch in der Sechsergruppe festlegen und die Gruppenbildung steuern.

Ein einzelner Durchgang dauert sechs Minuten. Dieser kann aber beliebig oft wiederholt werden (in der gleichen Konstellation oder in einer anderen). Anschließend sollte noch etwas Zeit für die Auswertung der festgehaltenen Ergebnisse eingerechnet werden

Sozialform:

Die Methode wird in Kleingruppen zu sechs Personen durchgeführt. Selbstverständlich kann aus der Methode 66 auch eine Methode 33 gemacht werden, dann sind es Gruppen mit drei Lernenden, die sich drei Minuten über einen Sachverhalt austauschen.

Lernstrategien:

Die Nutzung der Lernstrategien variiert nach Aufgabenstellung, weshalb keine genaue Zuordnung vorgenommen werden kann.

7. Präsentationsmethoden

In vielen der vorgestellten Lehr-Lernsettings spielt die Präsentation und Darstellung von Ergebnissen oder Zwischenergebnissen eine wesentliche Rolle. Hierfür gibt es unterschiedliche Methoden, die von Lehrenden angeleitet und von Lernenden entsprechend genutzt werden. In ihnen werden Gruppenergebnisse, Projektresultate oder auch Informationen zur Arbeit in der individuellen Lernzeit vorgestellt. Da bei den Präsentationsmethoden in der Regel alle Lernenden gleichermaßen in Gruppen oder Partnerarbeiten eingebunden sind und die Art der Präsentation auch selbst wählen können, gibt es keine Differenzierungsvorschläge. So können erarbeitete Ergebnisse in allen Lehr-Lern-Konzepten präsentiert werden.

7.1 Markt der Möglichkeiten

Beschreibung der Methode:

Die Lernenden richten einen Infostand ein, an dem sie ihre Teilergebnisse eines Gruppenarbeitsthemas, einer Projektarbeit oder auch einer Freiarbeit präsentieren. Am Informationsstand können die Ergebnisse ganz unterschiedlich dargestellt werden: es können zum Beispiel Arbeitsblätter vorgestellt, Flyer entwickelt oder auch kurze Referatsteile vorbereitet werden. Illustrationen, Grafiken und Fotos können die Informationen vervollständigen. Die Gruppen bestimmen jeweils einen oder mehrere Sprecher, die die Ergebnisse kurz vorstellen und Fragen beantworten. Die übrigen Lernenden gehen auf dem „Markt" umher, informieren sich an den Ständen und geben den einzelnen Gruppen Feedback. Der Markt der Möglichkeiten kann innerhalb einer Klasse oder auch einer gesamten Schule stattfinden. Er bietet sich auch bei der Vorstellung von Ergebnissen in der Öffentlichkeit an.

Pädagogische Leistung:

Alle Lernenden sind aktiv an der Präsentation beteiligt und können sich mit ihren Stärken bei der Gestaltung des Marktstandes einbringen. Dadurch wird die Kommunikation zwischen den Lernenden ermöglicht und soziale Kompetenzen werden gefördert. Zudem findet Bewegung im Unterricht statt. Der Markt der Möglichkeiten schafft eine abwechslungsreiche Präsentation, bei der die Lernenden sich selbst Schwerpunkte der Begutachtung setzen und sich in Einzel- und Partnergesprächen über Ergebnisse austauschen. Damit sind die Lernenden sehr viel motivierter, sich alle Stände anzuschauen und die Präsentation ist entsprechend abwechslungsreich.

Didaktischer Einsatzort:

Die Methode eignet sich für alle Schulformen und –stufen. In jüngeren Klassenstufen müssen die Lernenden bei der Erstellung des Marktstandes unterstützt werden. In der Regel findet der Markt der Möglichkeiten am Ende einer Lerneinheit zur Vorstellung der Ergebnisse statt.

Es ist aber auch möglich, ihn als Einstieg in eine Themeneinheit einzusetzen, um eine erste Diskussionsgrundlage zu schaffen oder während einer Projektarbeit, um

Zwischenergebnisse vorzustellen und zu diskutieren. Ergebnisse der Freiarbeit und des Wochenplanes können hier ebenfalls gut vorgestellt werden.

Vorbereitung / Zeitaufwand:

Der Zeitaufwand für diese Art der Präsentation ist hoch. Findet der Markt der Möglichkeiten nur innerhalb der Klasse statt, dann kann ca. eine Schulstunde zum Erstellen der Marktstände und eine weitere zum Austausch veranschlagt werden. Bei größeren Präsentationen dauern die Vorbereitungen und die Umsetzung entsprechend länger.

Sozialform:

Die Hauptarbeit ist in der Regel eine Gruppenarbeit, aber auch Einzelergebnisse oder Partnerergebnisse können so dargestellt werden und somit sind hier alle Sozialformen eingebunden.

Lernstrategien:

Hier werden vor allem Präsentationsstrategien eingesetzt, die ihrerseits wiederum sowohl kognitive als auch metakognitive Strategien umfassen.

7.2 Museumsrundgang

Beschreibung der Methode:

Wie in einem Museum werden die Ergebnisse oder Teilergebnisse einer Arbeit (Gruppenarbeit; Projektarbeit, Freiarbeit) ausgestellt und illustriert. Die Ergebnisse werden im Klassenzimmer aufgestellt bzw. aufgehängt (Plakat, Thesenpapier, Schaubild usw.). Die Lernenden gehen im Raum von Ergebnis zu Ergebnis und betrachten sich diese. Anschließend nehmen die Lernenden kurz Stellung zu den Ergebnissen, richten an die jeweiligen Expertinnen und Experten (die das Ergebnis erstellt haben) Fragen und diskutieren die Antworten.

Pädagogische Leistung:

Der Museumsrundgang würdigt die Arbeit und die Ergebnisse aller Lernenden. Die Aufmerksamkeit wird dadurch erhalten, dass die Ergebnisse zunächst betrachtet und dann dazu Rückfragen gestellt werden. Die Schülerinnen und Schüler sind dann echte Experten, die Antworten geben können und nicht nur „ihr Plakat“ kurz präsentieren dürfen. Damit wird verhindert, dass sich die Lernenden nur auf die eigene Präsentation konzentrieren und die Ergebnisse der anderen gar nicht wahrnehmen.

Didaktischer Einsatzort:

Der Museumsrundgang kann als Ergebnispräsentation von Teilergebnissen oder Endergebnissen eingesetzt werden. So können zum Beispiel auch einfache Gruppenergebnisse (die Gruppen haben an einer Aufgabenstellung gearbeitet, dazu ein Plakat erstellt) vorgestellt werden. Dies ist eine sinnvolle Alternative gegenüber dem gängigen Vorgehen, dass alle Gruppen ihre Plakate der Klasse frontal präsentieren. Es werden auch komplexere Ergebnisse im Museumsrundgang der Klasse präsentiert. Danach kann entschieden werden, ob die Ergebnisse weiter zu einer Vernissage ausgebaut und anderen zur Verfügung gestellt werden sollen.

Vorbereitung / Zeitaufwand:

Der Vorbereitungsaufwand der Lehrperson ist gering. Sie stellt nur die Materialien wie Plakate und dergleichen zur Verfügung und plant den Rundgang im Klassenzimmer.

Der Museumsrundgang dauert je nach Art und Umfang der Präsentation unterschiedlich lange. Bei der Präsentation von Gruppenarbeitsergebnissen sind etwa 20 Minuten mit Besprechung und Austausch anzusetzen, bei der Präsentation komplexerer Projektergebnisse oder Ergebnisse aus der individuellen Lernzeit dauert der Museumsrundgang auch ein bis zwei Stunden.

Sozialform:

Alle Sozialformen sind möglich, je nachdem, wessen Ergebnisse ausgestellt werden, ob es sich dabei um Einzelleistungen, Partnerleistungen oder Gruppenleistungen handelt.

Lernstrategien:

Auch hier sind vor allem Präsentationsstrategien gefordert und im Bereich der kognitiven Strategien sind es die Organisations- und Abrufstrategien sowie metakognitive Strategien und Strategien aus dem Ressourcenmanagement.

7.3 Vernissage

Beschreibung der Methode:

Das Ziel einer Vernissage ist, dem Betrachter etwas mitzuteilen, ihm einen umfassenden Einblick in ein Thema zu geben. Dazu muss er durch die Ausstellung geleitet werden, aber nicht die Schülerinnen und Schüler leiten, sondern die Ausstellung soll so konzipiert sein, dass diese selbst den Betrachter führt. Wichtige Dinge sollten auch als solche erkennbar sein und ins Auge springen. Die Auswahl und Anordnung der Objekte will also gut überlegt sein. Die Lernenden erstellen sichtbare Produkte ihrer Ergebnisse, zum Beispiel Plakate, Fotos, Collagen, Skulpturen und dergleichen mehr. Diese stellen sie so aus, dass der Betrachter die Ergebnisse sehen und sich einen Eindruck über die geleistete Arbeit machen kann.

Pädagogische Leistung:

Die Vernissage stellt eine hohe Wertschätzung der Arbeit der Lernenden dar und wirkt sich deshalb sehr motivierend auf die Arbeit aus. Die Lernenden sind aktiv in die Erstellung und Ausstellung der Ergebnisse mit einbezogen. Die Vorbereitung der Vernissage ist bereits ein Teil der Ergebnisverarbeitung. Außerdem ist damit wiederum eine andere Form der Präsentation geschaffen. Die Vernissage bietet sich aber nur bei der Vorstellung umfassenderer Ergebnisse an, bei Zwischenergebnissen oder weniger komplexen Darstellungen ist eher der Museumsrundgang anzuwenden.

Didaktischer Einsatzort:

Eine Vernissage wird zur Präsentation und zur Visualisierung von Lerninhalten und -ergebnissen eingesetzt. Daher ist ihr didaktischer Ort am Ende einer Themeneinheit anzusiedeln. Sie bietet sich insbesondere zur Präsentation von Projektarbeiten, Freiarbeitsergebnissen, Lernwerkstattprodukten und dergleichen mehr an. Sie kann innerhalb einer Klasse veranstaltet, die Vernissage kann aber auch einem breiteren Publikum wie anderen Klassen, der gesamten Schule, den Eltern oder auch der weiteren Öffentlichkeit zugänglich gemacht werden.

Vorbereitung / Zeitaufwand:

Der Vorbereitungs- und Zeitaufwand ist eher als hoch einzuschätzen. Die Vorbereitung stellt aber bereits einen Teil der Ergebnisverarbeitung dar und die Auswahl der Materialien für die Vernissage ist ebenfalls eine wichtige Lernleistung, die die Schülerinnen und Schüler hier vollziehen. Die Lehrperson sollte mit Ideen und Hilfestellungen den Lernenden zur Seite stehen. Die Durchführung der Vernissage kann dann in etwa mit 2 Stunden veranschlagt werden.

Sozialform:

Die Lernenden arbeiten vor allem in Tandems oder in kleinen Gruppen. Es sind sicher aber auch immer Phasen dabei, in denen individuell und auch mit der gesamten Klasse gearbeitet wird.

Lernstrategien:

Die Vernissage ist eine hoch komplexe Präsentationsmethode, die bereits Erfahrung im Bereich der Präsentationen voraussetzt. Die Lernenden müssen hier vor allem über Organisations- und Abrufstrategien und über metakognitive Strategien sowie über ein gutes Ressourcenmanagement verfügen. Die Methoden „Markt der Möglichkeiten“ und „Museumsrundgang“ helfen, solche Strategien zu entwickeln, da sie selbst weniger komplex und einfacher umzusetzen sind.

Differenzierungsmöglichkeiten:

Die Lernenden müssen im Rahmen der Vorbereitung der Vernissage entsprechend ihrer Stärken eingesetzt werden. Die Lernenden überlegen sich selbst, wo sie sich mit ihren Fähigkeiten am besten einbringen können. Hier unterstützt die Lehrperson beratend und achtet darauf, dass alle Lernenden auch tatsächlich beteiligt sind.

8. Textverarbeitungsmethoden

Es werden verschiedene Methoden vorgestellt, die den Lernenden helfen, Texte sinnverstehend lesen zu können, die Inhalte zu explorieren und sie zu verstehen und diese dann zu verarbeiten und zu vernetzen. Ziel ist es, die Informationen der Texte aufzunehmen und weiter zu verarbeiten bzw. sie entsprechend anwenden zu können. Sie spielen in allen Lehr-Lern-Konzepten eine Rolle, in denen die Lernenden sich eigenständig Texte erschließen sollen.

8.1 Fünf - Schritt - Lesemethode

Beschreibung der Methode:

Gemeinsam ist allen Vorgehensweisen der Leseentwicklung eine Unterteilung in verschiedene Schritte der Lesevorbereitung (Motivieren, Erinnern des bereits vorhandenen Wissens, Zielsetzung), dem eigentlichen Lesen und einer systematischen Lesenachbereitung (Verständniskontrolle, Beziehung zu vorhandenem Wissen herstellen, Zusammenfassen, Einordnen in größere Zusammenhänge). Wichtig ist dabei die Erkenntnis, dass der Lesevorgang selbst nur einen Teil des Lernens aus Texten darstellt und dass ein systematisches Vorgehen die Aufnahme und Verarbeitung wesentlich verbessert. Die Lernenden müssen nicht nur die Frage nach dem Inhalt des Textes, sondern auch nach den Absichten des Verfassers stellen und diese dann kritisch beleuchten können (Schräder-Nef 1987).

Die Fünf-Schritt-Lesetechnik besteht aus insgesamt fünf Arbeitsschritten. Im ersten Schritt überfliegt man zunächst den Text, wodurch man einen groben Überblick über das Thema des Textes gewinnt. Dazu eignet sich auch das Lesen von Einleitungen, Inhaltsverzeichnissen oder Zusammenfassungen. Im nächsten Schritt formuliert man Fragen anhand der bereits gewonnenen Informationen und achtet dabei auf die wichtigsten Informationen des Textes. Schritt drei bedeutet gründliches, konzentriertes Lesen. Dazwischen macht man immer wieder eine Pause und überlegt, ob die an den Text gestellten Fragen hinreichend beantwortet sind. Schritt vier steht unter der Rubrik „Zusammenfassen". Zunächst sollen die wesentlichen Informationen markiert oder unterstrichen werden. Danach kann man die Textpassagen in eigenen Worten schriftlich zusammenfassen. Im fünften und letzten Schritt wiederholt man den Text. Man liest die markierten Stellen oder die eigene Zusammenfassung und prüft, ob alle Fragen beantwortet sind.

Pädagogische Leistung:

Es können zwei Arten des Lesens unterschieden werden. Das informatorische Lesen dient vor allem der Orientierung. Es werden Informationen aus Zeitungen, Zeitschriften und Fachbüchern entnommen, Neues wird aufgenommen, Wesentliches von Unwesentlichem unterschieden und die Kernpunkte festgehalten. Das informatorische Lesen ist dem „ökonomischen Prinzip" verhaftet. Mit dem geringstmöglichen Aufwand von Kraft und Zeit soll ein Maximum an Effektivität erreicht werden. Das kognitive Lesen setzt informatorisches Lesen voraus, geht aber noch tiefer. Die Informationen werden nicht einfach unreflektiert aufgenommen, sondern aktiv ausgewählt und verarbeitet. Dabei wird nur das berücksichtigt, was für die momentane Fragestellung wichtig ist. Hier werden eine kritische Haltung und die Bereitschaft zur Auseinandersetzung zum und mit dem Textinhalt vorausgesetzt. Beim Lernen aus Fachbüchern ist es wichtig, dass die Schülerinnen und Schüler ihr bisheriges Wissen über das Gebiet aktivieren, dass sie gezielt die wichtigsten Informationen erkennen, sie richtig einordnen, dass sie den Überblick über das ganze Gebiet nicht verlieren und dass sie Zusammenhänge erkennen und dementsprechend Notizen anfertigen. Dies kann zum Beispiel mit der Fünf-Schritt-Lesemethode geschehen (vgl. Schräder-Nef 1987).

Didaktischer Einsatzort:

Diese Lesetechnik setzt man ein, um größere Textmengen zu erarbeiten mit dem Ziel, diese gut zu verstehen und wichtige Textinhalte speichern zu können. Sie dient auch der Verbesserung des Leseverständnisses. Sie wird zunächst mit den Lernenden gemeinsam erarbeitet und soll nach und nach von diesen eigenständig genutzt werden. Damit diese Technik auch in selbstgesteuerten Lernkonzepten Anwendung findet, ist es wiederum notwendig, dass die Lernenden immer wieder nachlesen können, wie diese Methode funktioniert (siehe Methodenrucksack).

Vorbereitung / Zeitaufwand:

Die Vorbereitung durch die Lehrperson besteht darin, geeignete Texte zur Verfügung zu stellen und die Methode mit den Lernenden einzuüben. Ziel ist, dass die Lernenden die Methode eigenverantwortlich beim Lesen von Texten nutzen. Das Lesen eines Textes dauert bei der Einführung der Methode deutlich länger, sollte später aber nicht länger dauern als das sonstige Lesen eines Textes durch Lernende.

Sozialform:

Einzelarbeit

Lernstrategien:

Bei den Textverarbeitungsmethoden geht es um die Einführung und Nutzung von Lesestrategien, es handelt sich dabei um kognitive und metakognitive Lernstrategien.

Differenzierungsmöglichkeit:

Die Lernenden können in unterschiedlichen Graden von der Lehrperson unterstützt werden. Dies bedeutet, dass die Texte für lernschwächere Schülerinnen und Schüler zum Beispiel bereits vorab „präpariert" werden. Es werden für die Lernenden Zwischenüberschriften zur Verfügung gestellt, gezielte Fragen formuliert und Ankerbegriffe des Textes bereits fett gedruckt. Somit müssen die Lernenden diese Schritte nur nacharbeiten und nicht wie stärkere Lernende auch vorarbeiten.

8.2 SQ3R-Methode und PQ4R-Methode

Beschreibung der Methode:

SQR3-Methode:

Die Methode teilt sich in verschiedene Schritte auf:

Survey: Zunächst verschafft man sich einen Überblick über den gesamten Text. Hierzu werden Überschriften, Aufbau und Ankerbegriffe, die ins Auge fallen, betrachtet, um den Gesamtrahmen des Textes zu erkennen.

Question: Anschließend stellt man sich Fragen zu den einzelnen Abschnitten.

Read: Nun wird der Text abschnittsweise gelesen. Wichtig ist, dass der Text auch verstanden wird. Dies kann dadurch erreicht werden, dass die vorab gestellten Fragen beantwortet und Schlüsselbegriffe markiert werden.

Recite: Nach jedem Abschnitt wird über diesen reflektiert. Sinnvoll ist es, wenn man nach mehreren Abschnitten das Gelesene schriftlich erfasst, bspw. durch Mindmaps strukturiert.

Review: Abschließend wird darüber reflektiert, wie der jeweilige Abschnitt in den Gesamttext einzubetten ist und wie die Inhalte weiterverarbeitet werden können.

PQ4R-Methode:

Auch hier werden verschiedene Schritte unterschieden, die sich leicht von der SQ3RMethode unterscheiden:

Preview: Der Text wird überfolgen, ein erster Eindruck und Überblick gewonnen. Die Arbeitsschritte 2 bis 6 werden im Anschluss auf alle Abschnitte angewandt.

Question: Die Lernenden stellen sich Fragen zu den Abschnitten. Damit werden Interessen und Erwartungen geweckt.

Read: Der Text wird abschnittsweise gelesen, die gestellten Fragen beantwortet.

Reflect: Der Text wird mit vorhandenem Wissen vernetzt, offen gebliebene Fragen notiert.

Recite: Der Text soll nun im Ganzen wiedergegeben werden. Die Antworten auf die Fragen und Markierungen können dabei hilfreich sein.

Review: Zum Text wird eine Zusammenfassung oder Mindmap erstellt und dieser so nochmals reflektiert.

Pädagogische Leistung:

Durch die sehr strukturierte Vorgehensweise kann der Text besser aufgenommen und damit verstanden werden. Die Inhalte werden schrittweise verarbeitet, neues Wissen mit dem Vorwissen verbunden und vernetzt.

Didaktischer Einsatzort:

Die beiden Lesetechniken dienen der Verbesserung des Leseverständnisses. Sie werden vor allem bei der Erarbeitung längerer Texte eingesetzt und sollten nach und nach von den Lernenden eigenständig angewandt werden können (siehe Methodenrucksack).

Vorbereitung / Zeitaufwand:

Die Methode muss mit den Lernenden eingeübt werden. Hierzu müssen geeignete Texte ausgewählt und erste Strukturierungen vorgenommen werden. Zunächst wird die Methode mit der ganzen Klasse geübt, anschließend können die Lernenden selbst damit arbeiten. Bis die Lernenden die Methode automatisiert anwenden können, dauert es längere Zeit, bis ein Text so bearbeitet ist. Aber die Tiefe der Verarbeitung ist deutlich höher.

Sozialform:

Einzelarbeit

Lernstrategien:

Hier werden Lesestrategien gefördert und damit sowohl kognitive als auch metakognitive Strategien sowie Strategien aus dem Bereich des Ressourcenmanagements.

Differenzierungsmöglichkeiten:

Wie bei der Fünf-Schritt-Lesemethode können die Texte auf unterschiedlichem Niveau vorab aufbereitet sein. So kann zunächst bei der Länge der Texte differenziert werden, also dahingehend, dass die schwächeren Lernenden weniger umfangreichen Texte erhalten (nur den Basisteil), während die stärkeren Lernenden einen erweiterten Text bearbeiten sollen.

Außerdem können die Texte für Lernniveau 1 auch bereits mit Markierungen versehen sein (zusätzliche Überschriften, Unterstreichen der Schlüsselbegriffe; Hilfestellung beim Lesen durch Fragen und dergleichen mehr).

8.3 MURDER-Skript und Skript-Kooperation

Beschreibung der Methode:

MURDER-Skript:

Auch diese Lesetechniken gliedern sich in mehrere Teile auf:

Mood: Zunächst macht man sich bereit für die Textarbeit und stellt sich darauf ein.

Understand: Es wird zunächst der erste Abschnitt des Textes gelesen und die Lernenden notieren sich ihre Gedanken dazu.

Recall: Ein(e) Lernpartner(in) gibt den jeweiligen Textabschnitt mit eigenen Worten wieder und versucht dabei, auf die eigenen Notizen zu verzichten.

Detect: Der/die andere Partner/in vergleicht den Recall mit den eigenen Notizen und gibt Rückmeldung bzw. ergänzt die Aussagen.

Elaborate: Gemeinsam wird der Abschnitt aufbereitet, durch Schaubilder, Vernetzungen mit Vorkenntnissen usw.

Review: In der letzten Phase wird das Material noch einmal gemeinsam durchgegangen, bevor der nächste Textabschnitt erfolgt.

Auf diese Art wird der gesamte Text gemeinsam erarbeitet.

Skript-Kooperation:

In Partnerarbeit bearbeiten die Lernenden einen Text nach folgendem Muster:

Es werden Paare gebildet. Person A liest den ersten Textabschnitt, fasst diesen zusammen und erklärt Person B die wichtigsten Inhalte. Person B hat die Möglichkeit, Fragen an Person A zu stellen, falls etwas nicht genau verstanden wurde. Der nächste Textabschnitt wird von A und B gemeinsam gelesen und überlegt, ob er verstanden wurde. Danach liest Person B den dritten Abschnitt und erklärt dann Person A den Textabschnitt in eigenen Worten. Es können Rückfragen gestellt werden. Der nächste Abschnitt wird dann wieder gemeinsam gelesen und so fort, bis der gesamte Text auf diese Weise bearbeitet wurde.

Pädagogische Leistung:

Durch die sehr strukturierte Vorgehensweise kann der Text besser aufgenommen und damit verstanden werden. Die Inhalte werden schrittweise verarbeitet, neues Wissen mit dem Vorwissen verbunden und vernetzt.

Didaktischer Einsatzort:

Diese Vorgehensweise eignet sich besonders gut bei der Erarbeitung von komplexen Texten. Durch sie kann das Textverständnis verbessert werden. Auch sie soll allmählich von den Lernenden eigenständig angewandt werden können (siehe Methodenrucksack).

Vorbereitung / Zeitaufwand:

Die Vorbereitung an sich ist nicht aufwändig. Die im Unterricht zur Verfügung gestellten Texte können auf diese Art und Weise bearbeitet werden. Für die Arbeit im Tandem benötigen die Lernenden je nach Textlänge schon länger Zeit. Je mehr sie mit der Methode vertraut sind, desto schneller werden sie damit arbeiten können.

Sozialform:

Partnerarbeit

Lernstrategien:

Hier werden Lesestrategien gefördert und damit sowohl kognitive als auch metakognitive Strategien sowie Strategien aus dem Bereich des Ressourcenmanagements.

Differenzierungsmöglichkeiten:

Die Texte können auf unterschiedlichem Niveau aufbereitet werden. So kann zunächst bei der Länge der Texte differenziert werden, also dahingehend, dass die schwächeren Lernenden wenigen umfangreichen Texte erhalten (nur den Basisteil), während die stärkeren Lernenden einen erweiterten Text bearbeiten sollen.

Außerdem können die Texte für Lernniveau 1 auch bereits mit Markierungen versehen sein (zusätzliche Überschriften, Unterstreichen der Schlüsselbegriffe, Hilfestellung beim Lesen durch Fragen und dergleichen mehr).

Bei diesen beiden Methoden bietet es sich auch an, dass ein Lerntandem aus einem schwächeren und einem stärkeren Lernenden gebildet werden, so dass hier eine Unterstützung beim Verstehen stattfinden kann.

9. Feedbackmethoden

Das Feedback der Lernenden ist nach neuesten Erkenntnissen (vgl. Hattie 2013) ausgesprochen bedeutsam. Es gibt Rückmeldung, die die Lehrperson zur weiteren Gestaltung und Optimierung des Lehr-Lern-Prozesses nutzen kann. Es sollte von den Lehrpersonen immer wieder eingefordert und den Lernenden angeboten werden, Feedback geben zu dürfen. Hierzu gibt es verschiedene Methoden, die das Geben von Feedback abwechslungsreicher gestaltet und je nach Art des Feedbacks auch verschiedentlich eingesetzt werden kann. Das Feedback kann in allen Lehr-Lern-Konzepten gleichermaßen angewandt werden.

9.1 3mal3Feedback

Beschreibung der Methode:

Die Lernenden werden gebeten zu einem bestimmten Gegenstand (Unterrichtsinhalt, Methode, usw.) ein Feedback zu geben. Dazu schreiben sie jeweils drei positive Dinge, drei negative Dinge und drei Verbesserungsvorschläge auf. Es kann ein Feedbackraster in Form eines Arbeitsblattes entwickelt werden, das an die Lernenden ausgehändigt wird. Gemeinsam werden die Aspekte ausgewertet und sichtbar präsentiert durch die Lehrperson. Die Kinder hören während der Präsentation aufmerksam zu und gehen erst später direkt auf einzelne Aspekte ein. Diese werden dann im Plenum diskutiert.

Pädagogische Leistung:

Das Geben von Feedback ist für Lernende sehr wichtig. Sie werden dadurch sowohl in ihrer Person als auch in ihrem Lernprozess ernst genommen. Sie erhalten die Möglichkeit, sich aktiv einzubringen und das Lehr-Lerngeschehen zu beeinflussen. Dadurch gewinnt das Lernklima enorm. Die Lehrperson erhält eine gute Rückmeldung der gesamten Klasse. Bei dieser Methode geben die Lernenden zuerst einzeln Feedback, bevor dieses mit der gesamten Klasse besprochen wird. Außerdem ist durch die vorgegebene Struktur schon klar, dass positive und kritische Aspekte zu benennen sind und dass auch Verbesserungsvorschläge gemacht werden müssen. Damit kann vermieden werden, dass Lernende Inhalte einfach nur schlechtmachen oder sich nicht differenziert dazu äußern.

Didaktischer Einsatzort:

Diese Methode ist vielfältig einsetzbar, beispielsweise zur Bewertung einer Unterrichtsstunde, einer Themeneinheit, einer neuen Methode oder auch von Präsentationen. Die Methode kann auch spontan eingesetzt werden, wenn die Lehrperson das Gefühl hat, dass ein Feedback zu einer bestimmten Sache zielführend wäre.

Vorbereitung / Zeitaufwand:

Der Vorbereitungsaufwand besteht höchstens in der Entwicklung einer Kopiervorlage des Feedbackrasters, das dann ja immer wieder eingesetzt werden kann. Der Zeitaufwand für die Durchführung des Feedbacks beträgt in der Regel zwischen 20 und 30 Minuten.

Sozialform:

Einzelarbeit mit anschließender Auswertung im Plenum.

Lernstrategien:

Um positive und negative Aspekte benennen sowie Verbesserungsvorschläge aufzeigen zu können, benötigen die Lernenden vor allem metakognitive Strategien.

Differenzierungsmöglichkeit:

Eine Differenzierung ist hier nicht notwendig, da alle Lernenden Feedback nach eigenen Fähigkeiten und Überlegungen geben können.

Beispiel:

3x3 Feedback:

Meine Einschätzung:

Das hat mir gut gefallen:	Das hat mir weniger gefallen:
1.	1.
2.	2.
3.	3.

Ich schlage Folgendes zur Verbesserung vor:

9.2 Dreischritt-Interview

Beschreibung der Methode:

Eine Frage, die sich auf den Unterricht oder den Lerninhalt bezieht, wird von der Lehrperson an der Tafel notiert. Beispiel: „Wie gut bist Du mit der Methode Struktur-Lege-Technik zurechtgekommen?“ oder „Welche Schlussfolgerung ziehst Du aus der Ballade der Zauberlehrling für Dich persönlich?“

Die Lernenden stellen sich der Frage in der folgenden Art und Weise:

Schritt 1:

Die Lernenden bilden Tandems. Eine Person interviewt die andere zur vorgegebenen Fragestellung.

Schritt 2:

In der zweiten Phase werden die Gesprächsrollen getauscht.

Schritt 3:

Das Tandem schließt sich mit einem anderen Tandem zusammen und die vier Lernenden unterhalten sich vier Minuten lang über die Fragestellung und die gegebenen Interviews. Dabei sollten alle zu Wort kommen und alle Äußerungen akzeptiert werden.

Die Lernenden geben kurze Gruppenstatements im Plenum ab. Zwei Äußerungen sollten hier aber ausreichen.

Didaktischer Einsatzort:

Das Dreischritt-Interview ist sehr flexibel einsetzbar. Neben dem Geben von Feedback, können damit auch Lerninhalte nochmals aufgearbeitet und Ergebnisse besprochen werden (siehe Beschreibung im Kontext der Austausch- und Wiederholungsmethoden).

Pädagogische Leistung:

Die Lernenden können sich im Tandem und anschließend in der Kleingruppe über einen Lerninhalt austauschen. Damit sind alle Lernenden aktiv einbezogen und die Hemmschwelle ist gering. Da es sich um Meinungen handelt, die miteinander besprochen werden, wird hier auch niemand bloßgestellt. Die Methode ist leicht zu organisieren und zwischendurch effektiv einzusetzen.

Vorbereitung / Zeitaufwand:

Die Vorbereitung besteht ausschließlich darin, sich geeignete Fragestellungen zu überlegen. Der Zeitaufwand der Durchführung liegt bei etwa 10 Minuten.

Sozialform:

Schritt 1 und 2 erfolgen in Partnerarbeit, Schritt 3 in der Kleingruppe und im Plenum.

Lernstrategien:

Wenn es um die Bewertung einer Methode oder eine Themeneinheit geht, sind die metakognitiven Strategien gefordert, wenn es um einen Transfer oder einer Schlussfolgerung zu einem Inhalt geht, dann sind Abrufstrategien erforderlich.

Differenzierungsmöglichkeiten:

Da es hier vor allem um das Bilden einer Meinung oder um das Äußern persönlicher Schlussfolgerungen geht, ist keine Differenzierung erforderlich.

9.3 Feedbackzielscheibe

Beschreibung der Methode:

Die Sektoren einer Zielscheibe werden mit verschiedenen Aspekten der Unterrichtseinheit (Methodik; Lerninhalt; Lernerfolg; Motivation…) beschriftet. Die Lernenden punkten die einzelnen Aspekte entsprechend ihrer Einschätzung an. Je näher der Klebepunkt am Mittelpunkt der Scheibe gesetzt wird, desto positiver wird dieser Aspekt bewertet.

Die Ergebnisse können einfach so stehen gelassen werden, es kann aber auch auf die einzelnen Aspekte und deren Bepunktung eingegangen und diese diskutiert werden.

Pädagogische Leistung:

Die Methode verschafft einen schnellen Überblick über die Meinungen und Befindlichkeiten einer Lerngruppe. Dadurch können während einer Einheit Veränderungen angebracht und am Ende die Einheit reflektiert und analysiert werden. Die Lehrperson entscheidet selbst darüber wie viele und welche Aspekte sie bewerten lassen möchte.

Didaktischer Einsatzort:

Die Zielscheibe lässt sich sehr schnell als Rückmeldung über eine Unterrichtseinheit oder einen komplexeren Sachverhalt einsetzen.

Vorbereitung / Zeitaufwand:

Die Zielscheibe mit den jeweiligen Aspekten muss erstellt werden. Sinnvoll ist es, sich eine Zielscheibe ohne Beschriftung als Vorlage anzufertigen, die dann nach Bedarf beschriftet werden kann. Die Durchführung der Zielscheibe nimmt bei einer Schulklasse etwa 10 Minuten ein, die Besprechung dauert dann in etwa weitere 10 Minuten.

Sozialform:

Das Ankleben der Punkte folgt in Einzelarbeit, die Aussprache im Plenum.

Lernstrategien:

Um sinnvoll Feedback geben zu können, benötigen die Lernenden vor allem metakognitive Strategien.

Differenzierung:

Differenzierungsmöglichkeiten wären hier unangebracht, da jeder die Aspekte nach seiner Einschätzung bepunkten kann.

Beispiel:

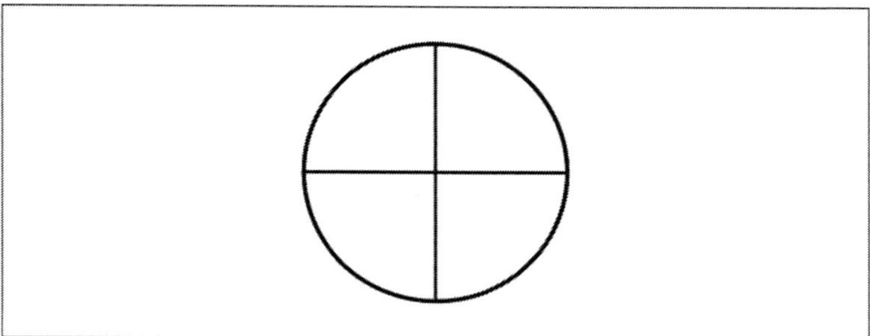

9.4 Hitparade und Stimmungsbarometer

Beschreibung der Methode:

Im Klassenzimmer wird ein Flip Chart mit mehreren Thesen, Aussagen oder Themenvorschlägen aufgestellt. Mit Hilfe von Klebepunkten nehmen die Lernenden Stellung zu den Thesen oder Aussagen bzw. sie bewerten die vorgeschlagenen Themen. Die Lernenden können dabei ihre Antworten skalieren. Das Ergebnis der Punktabfrage wird gemeinsam betrachtet und kommentiert. Danach werden die gewünschten Themen, die gewählten Thesen usw. weiter im Unterricht bearbeitet.

Beim Stimmungsbarometer können die Lernenden auf einer Skala ihre Zufriedenheit zum Ausdruck bringen. Dabei kann die Skala je nach abzufragendem Aspekt unterschiedlich gestaltet sein.

Pädagogische Leistung:

Die Lehrperson kann aus diesem Feedback Schlüsse für die weitere Arbeit ziehen und die Lernenden am Lernprozess teilnehmen lassen. Die Lernenden können sich aktiv in das Geschehen mit einbringen und auf eine einfache Art und Weise ihre Meinung kundtun. Dabei sind alle Lernenden mit eingebunden und das Feedback aller wird sichtbar, nicht nur einiger weniger, die sich bei einem verbalen Austausch äußern würden.

Didaktischer Einsatzort:

Es können Rückmeldungen zu unterschiedlichen Aspekten eingeholt und anschließend mit der Klasse diskutiert werden. Die Lehrperson muss allerdings aufpassen, dass sie das Feedback zunächst von den Lernenden kommentieren lässt und es selbst nicht kommentiert oder gar kritisiert. Ein solches Feedback kann immer eingeholt werden.

Vorbereitung / Zeitaufwand:

Der Flip Chart muss vorbereitet werden, die Durchführung dauert etwa 10 Minuten, wenn eine ganze Klasse daran beteiligt ist. Die Auswertung sollte dann nicht länger als weitere 5 Minuten dauern. Es handelt sich hier in erster Linie um ein Meinungsbild, das auch nicht zerredet werden darf.

Sozialform:

Das Ankleben der Punkte erfolgt in Einzelarbeit, der Austausch darüber im Plenum oder in Kleingruppen.

Lernstrategien:

Wie bei allen Feedbackmethoden sind hier vor allem metakognitive Strategien gefragt.

Differenzierungsmöglichkeiten:

Es ist keine Differenzierung notwendig, da es sich um ein Meinungsbild handelt.

Beispiel Hitparade:

Stimme voll zu	stimme teilweise zu	stimme nicht zu
Wünsche ich mir sehr	sehe ich neutral	möchte ich nicht

Beispiel: Stimmungsbarometer

Es war zu viel Zeit zur Bearbeitung

Die Zeit hat genau gereicht

Es war zu wenig Zeit

So viel habe ich dazu gelernt:

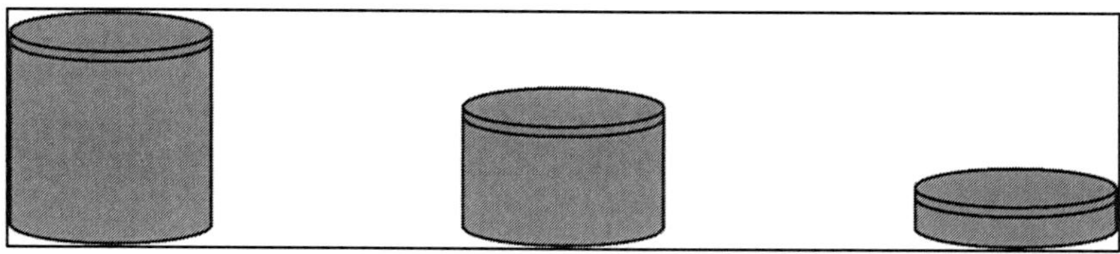

9.5 Rot-Gelb-Grün-Methode

Beschreibung der Methode:

Im Klassenzimmer wird ein Plakat mit Lerninhalten oder Themenkomplexen zu einem Thema an die Tafel oder an ein Flip Chart geheftet. Die Lernenden vergewissern sich, ob sie die Lerninhalte beherrschen, sie dazu noch Fragen haben oder auch mit diesen Inhalten und Themen nichts mehr oder noch nichts anfangen können. Sie erhalten pro Lerninhalt oder Themenkomplex drei farbige Punkte.

Die Farben stehen für:

Rot: habe ich nicht verstanden, kenne ich nicht

Grün: kann ich erklären

Gelb: ich habe noch gezielte Fragen dazu

Die Lernenden punkten entsprechend an. Diese Bepunktung wird individuell vorgenommen.

Die Lehrperson geht dann auf die einzelnen Lerninhalte noch einmal ein:

Bei vielen roten Punkten, sollte sie diesen Lerninhalt entsprechend selbst erklären.

Bei wenigen roten, vielen grünen Punkten sollten die „grünen" Lernenden den „roten" Lernenden den Sachverhalt nochmals erklären. Hierzu können die „grünen" aufstehen und die „roten" gesellen sich zu diesen und lassen sich den Sachverhalt erklären.

Bei vielen roten und wenigen grünen Punkten, kann die Lehrperson die „grünen" Lernenden bitten, sich zunächst zu äußern. Die Lehrperson ergänzt dann.

Die Lernenden, die gelb gepunktet haben, sollen ihre Fragen gezielt ins Plenum einbringen.

Pädagogische Leistung:

Die Methode hilft der Lehrperson schnell einen Überblick über den Wissensstand der Lernenden zu bekommen. Die Lernenden sind aktiv einbezogen und können quasi anonym mitteilen, dass sie etwas noch nicht verstanden haben. Bei der Auswertung der Methode, können die Lernenden – entsprechend ihrem Wissensstand – sich einbringen und die Sachverhalte erläutern, durch gezielte Rückfragen ihre Lücken schließen und durch das Erklären sich die Sachverhalte erneut verständlich machen.

Didaktischer Einsatzort:

Hier geben die Lernenden Feedbacks über das Verständnis von Lerninhalten. Diese Methode kann zum Abfragen des Vorwissens, als Zwischenergebnis oder am Ende einer Einheit sinnvoll eingesetzt werden.

Vorbereitung / Zeitaufwand:

Die Lehrperson muss die Lerninhalte oder Themenkomplexe auf den Flip Chart schreiben, über die sie eine Rückmeldung haben möchte.

Der Zeitaufwand gliedert sich in drei Teile:

1. Vergewisserungsphase: ca. 10 bis 15 Minuten (eventuell auch als Hausaufgabe)
2. Punkte vergeben: ca. 10 Minuten
3. Klären der noch unverstandenen Sachverhalte und Fragen: je nach Menge ca. 15 bis 30 Minuten.

Sozialform:

Einzel- und Partnerarbeit während der Vergewisserungsphase, das Ankleben der Punkte erfolgt in Einzelarbeit und das Klären der Inhalte im Plenum oder in Kleingruppen.

Lernstrategien:

Hier können alle Strategien zum Einsatz kommen, da die Lernenden sich zunächst überlegen müssen, was weiß ich und was nicht (alle kognitiven Strategien), dann müssen sie sich darüber Gedanken machen wie sie anpunkten und dazu ist eine Reflexion notwendig (metakognitive Strategien).

Differenzierungsmöglichkeiten:

Die Methode selbst stellt eine Differenzierungsform dar, weshalb nicht weiter differenziert werden muss.

Beispiele:

Grundschule: Märchen Deutsch (Silke Traub)

Thema: Hansel und Gretel:

Welche Inhalte kann ich gut erklären (grün)? Wo habe ich noch Fragen (gelb)? Worüber weiß ich nichts mehr (rot)?

Familie Wald Hexe Knusperhäusle Ofen Gretels Aufgaben Hansels Trick Ende des Märchens

Sekundarstufe: Nationalsozialismus (Geschichte, Silke Traub):

Thema: Nationalsozialismus

Welche Inhalte kann ich erklären (grün)? Wo habe ich noch Fragen (gelb)? Dazu kann ich nichts sagen (rot)!

Hitlers Machtergreifung   Propaganda   Widerstand

Propaganda   Gleichschaltung   Judenverfolgung

Teil III.: Methodenrucksack zur Unterstützung des selbstgesteuerten Lernens von Schülerinnen und Schülern

In diesem Teil wird den Lehrpersonen ein Methodenrucksack angeboten, den sie ihren Lernenden zur Verfügung stellen als Gesamtpaket oder in Form einzelner Methoden. Hier werden Methoden aus Teil II, die Lernende selbst anwenden und nutzen können, steckbriefartig für diese beschrieben. Wenn die Lernenden in die Lage versetzt werden sollen, sich eigenständig auf Lernniveau 3 Methoden zur Bearbeitung bestimmter Aufgaben und zur Erreichung bestimmter Lernziele auszuwählen, bedarf es der Unterstützung mit Hilfe von Arbeitsanweisungen. Diese werden in Form der Steckbriefe erteilt und durch den Methodenrucksack in ein schülergerechtes Ambiente „verpackt".

Gerade in den eher selbstgesteuerten Lehr-Lern-Konzepten wie Freiarbeit und Projektarbeit werden die Lernenden dazu angehalten, eine Methodenkompetenz aufzubauen, die sie in die Lage versetzen, selbst zu entscheiden, welche Methoden sie zur Bewältigung welcher Aufgaben und Problemstellungen auswählen. Nur so können sich allmählich Lernstrategien entwickeln, die sie zu selbstgesteuerten Lernenden werden lassen.

Im Methodenrucksack werden die Lernenden direkt angesprochen und es wird ihnen die Arbeit mit ihm erläutert. Lehrende können den Methodenrucksack entweder komplett als „Broschüre" den Lernenden anbieten, zum Beispiel in dem er als Material in die Freiarbeit aufgenommen wird oder in der Vorbereitung auf die Projektarbeit den Lernenden erklärt und dann im Klassenzimmer ständig präsent ausgelegt wird. Die Lernenden haben dann die Möglichkeit, nachzuschauen, wenn sie eine Methode auswählen möchten, um eine Aufgabe zu bearbeiten, sie aber nicht mehr genau wissen wie diese Methode anzuwenden ist und ob sie zur Lösung dieser Aufgabe überhaupt geeignet ist. Hierbei unterstützt sie der Methodenrucksack. Er ersetzt aber nicht die Einführung der Methoden. Dies muss über die Lehrperson im Klassenunterricht geschehen, die Schülerinnen und Schüler lernen hier die Methoden kennen und schrittweise anwenden. Erst allmählich werden sie in die Lage versetzt, die Methoden eigenständig auszuwählen und anzuwenden. Wenn sie auf diesem Niveau arbeiten können, ist der Methodenrucksack als weiterer Impulsgeber geeignet und unterstützt die selbstständige Nutzung der Methoden.

Es ist aber auch möglich, einzelne Methoden, die im Unterricht eingeführt wurden nochmals als Steckbrief den Lernenden zur Verfügung zu stellen, damit sie immer wieder nachschauen können wie diese Methode funktioniert. Hierfür eignen sich die Methodenkarten ebenfalls und es muss nicht der gesamte Methodenrucksack zur Verfügung gestellt werden.

Egal, ob nur einzelne Methoden den Lernenden angeboten werden oder der gesamte Methodenrucksack, das Lernen mit Methode wird dadurch unterstützt.

So geht das Lehren mit Methode allmählich in ein Lernen mit Methode über.

Methodenrucksack für erfolgreiches Lernen:

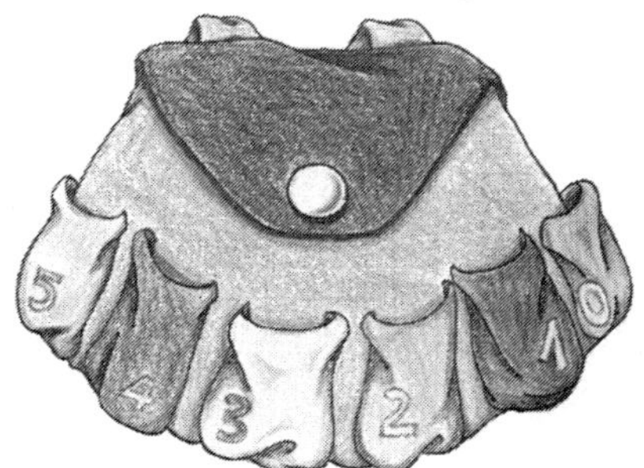

Liebe Schülerin, lieber Schüler,

„wer schnell einen Berg hinauf will, muss langsam gehen" (Luis Trenker)

Dieser Gedanke kann auch auf das Lernen übertragen werden: wer erfolgreich lernen möchte, muss dies Schritt für Schritt angehen und braucht dazu Methode.

Stell Dir Dein Lernziel als Berg vor, den Du besteigen möchtest. Dafür musst Du verschiedene Wege gehen und Steigungen überwinden. Du benötigst geeignetes Werkzeug (Seil und Haken, Proviant usw.), was Du in Deinen Rucksack packst und dann mit auf den Berg nimmst.

Ziel ist das Gipfelkreuz, wo Du dann nochmals über den Aufstieg nachdenken und die Aussicht genießen kannst.

So ist es auch mit dem Lernen: Du musst verschiedene Phasen durchlaufen und Du musst dafür geeignete Methoden in Deinen Rucksack packen. Am Gipfelkreuz hast Du das Ziel erreicht und kannst das Ergebnis genießen.

Der „Methodenrucksack" unterstützt Dich dabei.

Die Tiere und die Bilder des Methodenrucksacks wurden von Julia Kächele gemalt.

Viel Spaß beim Erstürmen des Gipfels wünscht Dir

Methoden zur Wiederholung und zum Einprägen

Das Eichhörnchen ist das Symboltier für Methoden zur Wiederholung und zum Einprägen. Du kannst zwischen allen Methoden auswählen, die sich im alphabetischen Methodenüberblick befinden, auf denen das Symbol „Eichhörnchen" zu sehen ist.

Das Eichhörnchen packt diese Methoden sozusagen in sein Rucksackfach:

Ampelmethode, Cluster, Drei-Schritt-Interview, Glückstopf, Gruppeninterview, Methode66, Partnerinterview, Sortieraufgabe

Methoden zum Verarbeiten und Vernetzen

Das Murmeltier ist das Symboltier für Methoden, mit deren Hilfe Du Inhalte vernetzen und verarbeiten kannst.

Du kannst zwischen allen Methoden auswählen, die sich im alphabetischen Methodenüberblick befinden, auf denen das Symbol „Murmeltier" zu sehen ist.

Das Murmeltier packt diese Methoden sozusagen in sein Rucksackfach:

Cluster, Drei-Schritt-Interview, Glückstopf, Gruppeninterview, Mindmap, Placemat, Partnerinterview, Struktur-Lege-Technik

Methoden zum Abrufen von Wissensinhalten

Das Hermelin ist das Symboltier für Methoden, die Dich dabei unterstützen, Inhalte wieder abzurufen und Dich an diese zu erinnern. Du kannst zwischen allen Methoden auswählen, die sich im alphabetischen Methodenüberblick befinden, auf denen das Symbol „Hermelin“ zu sehen ist.

Das Hermelin packt diese Methoden sozusagen in sein Rucksackfach:

Ampelmethode, Cluster, Drei-Schritt-Interview, Fotocollage, Foto-dokumentation, Glückstopf, Gruppeninterview, Ideensalat, Mindmap, Partnerinterview, Struktur-Lege-Technik

Methoden zur Verarbeitung von Texten

Der Schneehase ist das Symboltier für Methoden, die helfen, Texte leichter zu verarbeiten und die Inhalte zu behalten. Du kannst zwischen allen Methoden auswählen, die sich im alphabetischen Methodenüberblick befinden, auf denen das Symbol „Schneehase“ zu sehen ist.

Der Schneehase packt diese Methoden sozusagen in sein Rucksackfach:

Cluster, Drei-Schritt-Interview, 5-Schritt-Lese-methode, Gruppeninter-view, Gruppenpuzzle, Ideensalat, Mindmap, Partnerinterview

Methoden zum Lernen mit anderen

Die Gams ist das Symboltier für Methoden, die die Partner- und Gruppenarbeit unterstützen und koordinieren. Du kannst zwischen allen Methoden auswählen, die sich im alphabetischen Methodenüberblick befinden, auf denen das Symbol „Gams" zu sehen ist.

Die Gams packt diese Methoden sozusagen in ihr Rucksackfach.

Drei-Schritt-Interview, Glückstopf, Gruppeninterview, Gruppenpuzzle, Methode 66, Partnerpuzzle, Partnerinterview, Placemat, Strukturierte Kontroverse

Methoden fürs Feedback und zur Reflexion

Der Adler ist das Symboltier für Methoden, die helfen über das eigene Lernen nachzudenken. Du kannst zwischen allen Methoden auswählen, die sich im alphabetischen Methodenüberblick befinden, auf denen das Symbol „Adler" zu sehen ist.

Der Adler packt diese Methoden sozusagen in sein Rucksackfach:

Ampelmethode, 3x3 Feedback, Drei-Schritt-Interview, Glückstopf, Gruppeninterview, Ideen-salat, Methode 66, Partnerinterview

Methode	**Ampelmethode**
Diese Methode hilft Dir...	dein Wissen zu überprüfen und Inhalte zu wiederholen.
Wie funktioniert diese Methode/ Technik?	Du gehst alleine oder mit einem(r) Mitschüler(in) die zu wiederholenden Lerninhalte noch einmal durch. Danach formulierst du Fragen wie bei einer Klassenarbeit und schreibst drei Antwortmöglichkeiten zu jeder Frage auf. Es ist dir überlassen, ob eine oder mehrere Antworten richtig sind (mindestens eine ist richtig). 1. Du stellst deinem(r) Mitschüler(in) deine Frage und gibst die drei Antwortmöglichkeiten (Antwort 1= rot; 2=gelb; 3=grün) vor. 2. Nach kurzer Bedenkzeit entscheidet sich dein Gegenüber für eine Antwort und legt das passende Kärtchen vor sich hin. Du zeigst die richtige Antwort an und erläuterst sie kurz. 3. Danach tauscht ihr die Rollen. Ihr könnt dies so oft wiederholen, bis ihr eure Fragen gegenseitig beantwortet habt.
Du benötigst	Ampelkärtchen und die Fragen; ein Partner oder eine Gruppe.

Methode	**Cluster**
Diese Methode hilft Dir...	... Ideen zu finden, deine Gedanken zu ordnen und Zusammenhänge zu entdecken bzw. Informationen zu verarbeiten.
Wie funktioniert diese Methode/ Technik?	Schreibe in die Mitte eines leeren Blattes ein Wort oder einen Satz zu dem du Ideen und Einfälle sammeln möchtest. Zeichne einen Kreis darum. Beginne deine Einfälle zu notieren. Zeichne um den ersten Einfall einen Kreis und verbinde ihn mit dem Cluster-Kern. Einen weiteren Einfall verbindest du mit dem vorigen Kreis. Du kannst alle Ideen aufschreiben, egal ob es sich um Worte oder ganze Sätze handelt. Streiche nichts. Alles ist erlaubt. Es gibt kein richtig oder falsch. Neue Einfälle, die nicht in die Kette der vorigen Ideen passen, verbindest du wieder mit dem Cluster-Kern. Damit kannst du wieder eine neue Kette entwickeln. Wenn dir nichts mehr einfällt, dann betrachte dein bisheriges Cluster. Ergänze neue Einfälle an anderen Kreisen. Ziehe Verbindungslinien zwischen unverbundenen Kreisen. Verstärke wichtige Verbindungslinien.
Du benötigst...	... ein leeres Blatt und bunte Stifte

Methode	Dreischritt-Interview
Diese Methode hilft Dir...	...viele Meinungen zu einem Thema zu erfahren. ... Inhalte zu wiederholen und Wissen zu verarbeiten.
Wie funktioniert diese Methode/ Technik?	1. Überlege dir Fragen zu einem Thema, Problem, Sachverhalt oder dergleichen. 2. Finde einen Partner oder eine Partnerin mit dem du über die Fragen sprechen möchtest. 2. Legt bitte fest, wer zuerst die Fragen stellt. 3. Der Interviewer stellt dem anderen nun zwei Minuten lang Fragen zum Thema. 4. Tauscht dann die Rollen. 5. Findet ein anderes Paar und unterhaltet euch vier Minuten lang gemeinsam über das Thema.
Du benötigst...	Einen oder mehrere Partner(innen); ...einige Fragen zu einem Thema.

Methode	Fotocollage
Diese Methode hilft Dir...	gelernte Inhalte darzustellen, den Besuch eines außerschulischen Lernorts zu dokumentieren oder Werbung für bestimmte Veranstaltungen oder Themen zu machen.
Wie funktioniert diese Methode/ Technik?	Du brauchst passende Bilder oder Fotos zum Thema. Diese kannst du im Internet, in Katalogen, Zeitungen, Broschüren und Werbezetteln finden. Deine erste Stoffsammlung soll einen Gesamtüberblick über das Thema geben. Diese Stofffülle musst du anschließend auf das Wesentliche und Interessante reduzieren. Du kannst dich fragen, was für deine Mitschüler interessant sein könnte und ob die Bilder wirklich zum Thema passen. Anschließend musst du die Bilder nach bestimmten Aspekten sortieren. und sie sinnvoll auf deinem Papier anordnen (z.B. Gegensätze gegenüberstellen, Fotos zerschneiden und in anderer Weise zusammenkleben, Fotos verfremden (z. B. einen Apfel blau anmalen), die Größe von Figuren verändern usw.). Überlege dir, ob du kurze Texte oder Überschriften einbauen willst. Achte darauf, dass du in Druckschrift schreibst.
Du benötigst...	die gesammelten Fotos oder Bilder, ein großes Papier, evtl. bunte Papiere, eine Schere, verschiedene dicke Stifte und Farben.

Methode	**Fotodokumentation**
Diese Methode hilft Dir...	dabei, Information zu beschaffen, zu verarbeiten, zu reflektieren, zu strukturieren und zu präsentieren. Du kannst dich damit intensiv mit einem Thema auseinandersetzen oder auch darüber reflektieren. Die gesammelten Informationen werden in Form von Fotos und Beschreibungen präsentiert.
Wie funktioniert diese Methode/ Technik?	Thema und konkrete Aufgabenstellung werden festgelegt. Anschließend bildet ihr Gruppen von drei bis vier Personen. In den Gruppen werden Orte und Motive ausgewählt, die dokumentiert werden sollen. Die Gruppen suchen die Orte auf und fotografieren. Nach dem Aufnehmen werden die Fotos entwickelt; die Gruppen wählen die erforderliche Anzahl aus und sortieren die Fotos. Die einzelnen Aufnahmen erhalten eine kurze schriftliche Beschreibung und Infos zu Aufnahmeort, Fotograf und Datum.
Du benötigst...	Grundkenntnisse beim Fotografieren und eine Kamera.

Methode	**Fünf – Schritt – Lesetechnik**
Diese Methode hilft Dir...	um größere Textmengen zu erarbeiten mit dem Ziel, diese gut zu verstehen und wichtige Textinhalte speichern zu können. Sie dient auch der Verbesserung des Leseverständnisses.
Wie funktioniert diese Methode/ Technik?	Sie besteht aus insgesamt fünf Arbeitsschritten. Im ersten Schritt überfliegst du zunächst den Text, wodurch du einen groben Überblick über das Thema des Textes gewinnst. Dazu eignet sich auch das Lesen von Einleitungen, Inhaltsverzeichnissen oder Zusammenfassungen. Im nächsten Schritt formulierst du Fragen anhand der bereits gewonnenen Informationen und achtest dabei auf die wichtigsten Informationen des Textes. Schritt drei bedeutet gründliches, konzentriertes Lesen. Dazwischen macht man immer wieder eine Pause und überlegt, ob die an den Text gestellten Fragen hinreichend beantwortet sind. Schritt vier steht unter der Rubrik „Zusammenfassen". Zunächst sollen die wesentlichen Informationen markiert oder unterstrichen werden. Danach kannst du die Textpassagen in eigenen Worten schriftlich zusammenfassen. Im fünften und letzten Schritt wiederholst du den Text. Du liest die markierten Stellen oder die eigene Zusammenfassung und prüfst, ob alle Fragen beantwortet sind.
Du benötigst...	Einen Text und Stifte.

Methode	Glückstopf
Diese Methode hilft dir...	- herauszufinden, was du über ein Thema schon weißt - dein Wissen über ein Thema zu wiederholen und zu vertiefen
Wie funktioniert diese Methode/ Technik?	Ihr schreibt in eurer Gruppe zentrale Begriffe auf Kärtchen. Wenn ihr damit fertig seid, tauscht ihr die Kärtchen mit einer anderen Gruppe. Ihr legt die eingetauschten Kärtchen in einen Hut oder eine Schachtel oder verdeckt auf den Tisch. Reihum zieht jedes Gruppenmitglied ein Kärtchen und erzählt, was es über den Begriff, der auf dem Kärtchen steht, weiß. Im Anschluss daran können Gruppenmitglieder, die noch mehr über den Begriff wissen, dies ergänzen und die Antworten diskutieren.
Du benötigst...	- kleine Kärtchen, Stifte und eine Gruppe.

Methode	Gruppeninterview
Diese Methode hilft dir...	bereits behandelte Themen zu vertiefen, zu wiederholen und zu üben → Wissenslücken werden geschlossen über einen kompletten Themenbereich mit Hilfe deiner Mitschüler Bescheid zu wissen.
Wie funktioniert diese Methode/ Technik?	Ihr verteilt in der Gruppe Fragen und Aufgaben; jedes Gruppenmitglied macht sich über eine Frage oder Aufgabe zum Experten. Dazu nutzt ihr eure Unterlagen. Wichtig ist, dass du wirklicher Experte über dein Gebiet bist und die Frage gut beantworten kannst. Nutze dafür die erarbeiteten Informationen oder Hilfsmittel. Arbeite nun mit deinen Gruppenmitgliedern zusammen: Du stellst ihnen deine Frage oder Aufgabe und diese beantworten sie so gut es geht; Du als Experte kannst dann die Antworten ergänzen. Dann kommt das nächste Gruppenmitglied an die Reihe, das dann die Frage und Aufgabe stellt und euch somit interviewt. Dies macht ihr so lange, bis alle Gruppenmitglieder ihre Fragen gestellt haben. Unterstützt und helft euch gegenseitig. Ziel ist es, dass nachher alle in der Gruppe Experten über alle Fragen und Aufgaben sind.

Methode	**Gruppenpuzzle**
Diese Methode hilft Dir...	Informationen auszutauschen und dich zum Experten über ein Themengebiet zu machen.
Wie funktioniert diese Methode/ Technik?	Zunächst verteilt ihr das Themengebiet auf die Anzahl der Personen in der Gruppe. Gibt es drei Texte zu lesen, kann sich in einer Dreiergruppe jeder mit einem Text befassen. Dann berichtet ihr euch reihum über euren Text. Um den Textinhalt besser verstehen zu können, ist es sinnvoll, dazu eine Mindmap oder eine Zusammenfassung oder dergleichen anzufertigen. Jeder von euch muss den Text so gut erklären können, dass die anderen ihn auch verstehen.
Du benötigst...	eine Gruppe und ein Themengebiet, das sich in drei oder vier gleich sinnvolle Teile aufgliedern lässt, die sich ergänzen, aber unabhängig voneinander verstanden werden können.

Methode	**Ideensalat**
Diese Methode hilft dir...	...wenn du für eine Problemstellung eine Lösung suchst oder wenn du feststellen möchtest, was deine Mitschüler zu einem bestimmten Thema wissen oder meinen. Außerdem kann dir diese Methode auch helfen, schon Gelerntes zu überprüfen.
Wie funktioniert diese Methode/ Technik?	Der Ideensalat besteht aus drei Hauptphasen: In der ersten Phase bekommen alle ein Blatt, das in gleich große Abschnitte unterteilt ist. Jeder Abschnitt gehört zu einem bestimmten Thema, zu dem jeder seine Ideen aufschreibt. Am Ende der ersten Phase werden die Blätter in die einzelnen Abschnitte zerschnitten und in Stapel sortiert. Statt der Blätter könnt ihr auch verschiedenfarbige Kärtchen nehmen, wobei jede Farbe für ein bestimmtes Thema steht. Die Stapel werden auf die Mitglieder der Gruppe verteilt. Dieser wird geordnet und anschließend präsentiert jedes Mitglied seine Ergebnisse und es kann darüber diskutiert werden.
Zur Durchführung benötigst du....	...für jeden Teilnehmer ein in gleich große Abschnitte unterteiltes Blatt, wobei es so viele Abschnitte wie Themen geben muss. Außerdem brauchst du für jeden Teilnehmer einen Stift und einige Scheren, um die Blätter nach der ersten Phase auseinander zu schneiden.

Methode	Methode 66
Diese Methode hilft Dir...	schnell mit anderen Lernenden ins Gespräch zu kommen und deren Ansichten über Lerninhalte oder zum Unterricht besser kennen zu lernen. Auch zum Austausch von Informationen und Überlegungen geeignet.
Wie funktioniert diese Methode/ Technik?	Du triffst dich mit fünf anderen Lernenden an einem Ort im Klassenzimmer. Du hast nun sechs Minuten Zeit, um mit deiner Gruppe über die Fragestellung zu sprechen und Lösungsvorschläge zu erarbeiten. Ein Gruppenmitglied sollte das Ergebnis der Diskussion schriftlich festhalten und ins Plenum einbringen.
Du benötigst...	sechs Minuten Zeit, in der deine Spontaneität und deine Meinung zum Thema gefragt sind.

Methode	Mindmap
Diese Methode hilft Dir...	... verschiedene Ideen zu einem Thema zu finden und diese weiter zu entwickeln. ... Gelerntes zu speichern, so dass es jederzeit abrufbar ist. ... Dein Wissen/ Informationen zu vernetzen und zu strukturieren. ... Komplexe Sachverhalte darzustellen. ... Eine Präsentation vorzubereiten ... Mitschriften zu verfassen. ... Dich zu organisieren.
Wie funktioniert diese Methode/ Technik?	Lege ein großes Blatt bereit Bestimme das **Thema**!! Worum geht es?? Schreibe das Thema in die Mitte des Blattes und kreise es ein. Hänge **Hauptäste** an das Thema, ziehe dazu Linien ausgehend vom Thema in Richtung der Blattecken. Schreibe **Oberbegriffe** auf die Äste, die du wieder einkreist. Hänge **Nebenäste** an die Hauptäste auf die du Unterbegriffe schreibst, die zu den Oberbegriffen gehören. Du kannst weiter verzweigen. Erstelle **Zeichnungen** zu deinen Begriffen und färbe zusammenhängende Äste mit der jeweils gleichen **Farbe** ein.
Du benötigst...	ein großes weißes Blatt Papier (mind. DIN A4) Buntstifte in allen Formen und Farben

Methode	Partnerinterview
Diese Methode hilft Dir...	...Lerninhalte zu wiederholen und zuerst mit dem Partner und dann mit der Gruppe deine Ergebnisse auszutauschen. Außerdem ermöglicht dir die Methode dich sprachlich besser ausdrücken zu können und du lernst auf deinen Partner und seine Äußerungen einzugehen. Das Partnerinterview hilft dir des Weiteren genau zuzuhören und auftretende Probleme gemeinsam zu bearbeiten.
Wie funktioniert diese Methode/ Technik?	Das Partnerinterview besteht aus drei Phasen. Zuerst entscheidet ihr, wer die Rolle von Partner A und die Rolle von Partner B übernimmt. Danach beantwortet ihr abwechselnd Fragen, die von anderen Gruppenmitgliedern oder von anderen Gruppen kommen. Es ist vorgegeben dass z.B. Partner A die Fragen mit den geraden Zahlen stellt und Partner B die Fragen mit den ungeraden Zahlen übernimmt. Du und dein Partner stellt euch in der zweiten Phase die Fragen abwechselnd und beantwortet sie. Stellt Partner A die Frage ist es die Aufgabe von Partner B zu antworten. Ihr dürft die Antwort eures Partners ergänzen oder eure Unterlagen zur Hilfe nehmen. Danach werden die Rollen getauscht. Partner B stellt nun die Fragen und Partner A gibt die Antworten. Eure Antworten haltet ihr dann in Form von einem Thesenpapier oder auf einem Plakat fest. Dann tauscht ihr euch in der Gruppe darüber aus.
Du benötigst...	...einen Partner, ein Stift, ein Blatt Papier oder ein Plakat

Methode	Partnerpuzzle
Diese Methode hilft Dir...	um Informationen zu erwerben und dich darüber mit anderen auszutauschen und diese zu verarbeiten.
Wie funktioniert diese Methode/ Technik?	Teilt ein Themengebiet in zwei gleich große Teile auf. Eine Person bearbeitet das Themengebiet A, die andere B (Expertenphase). Nutze dazu die Möglichkeit wichtige Begriffe auf Kärtchen zu schreiben, Zusammenfassungen anzufertigen, Fragen zu formulieren und dergleichen mehr. Erläutert euch anschließend eure Themengebiete (Austauschphase) und nutzt dabei eure Unterlagen. Fertigt über beide Teile ein Mindmap oder eine Zusammenfassung an (Verarbeitungsphase).
Du benötigst...	ein Themengebiet, das in zwei gleich große Teile aufgegliedert werden kann. Jeder Teil muss für sich verständlich sein.

Methode	Placemat („Platzdeckchen“) 
Diese Methode hilft Dir...	... dir selbst Gedanken über eine Aufgabe zu machen ... andere Sichtweisen kennen zu lernen ... deine Gedanken zu erklären ... dich mit anderen auf gemeinsame Ergebnisse zu einigen ... eine Aufgabe mit Hilfe anderer bestmöglich zu lösen
Wie funktioniert diese Methode/ Technik?	Bilde mit 3 anderen eine Gruppe. Besorge dir einen Bogen Papier und teile es wie in der Zeichnung ein. Lass dabei in der Mitte genug Platz für das Gruppenergebnis, das vielleicht auf eine Folie oder ein Blatt Papier geschrieben werden soll. Schreibe eine Aufgabe in die Mitte. 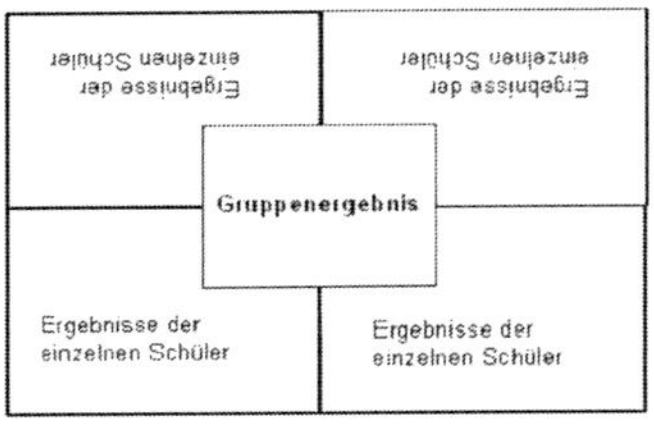 Ergebnisse der einzelnen Schüler / Ergebnisse der einzelnen Schüler Gruppenergebnis Ergebnisse der einzelnen Schüler / Ergebnisse der einzelnen Schüler Setzt euch um das Papier herum, so dass jeder ein eigenes Feld vor sich hat. Lies dir die Aufgabe nun sorgfältig durch und beantworte sie dann für dich alleine. Schreibe deine Ergebnisse auf dein Feld. Wenn alle fertig sind, dreht das Papier herum, so dass jeder die Ergebnisse von den anderen lesen kann. Erkläre den anderen deine Ergebnisse und lass dir ihre Ergebnisse erklären. Einigt euch dann auf das gemeinsame Gruppenergebnis und tragt es in der Mitte ein.
Du benötigst...	... einen großen Bogen Papier (DIN A2 oder DIN A0)

Methode	Sortieraufgabe
Diese Methode hilft Dir...	Diese Technik hilft dir herauszufinden, über welche Begriffe du schon einiges weißt und unter welchen du dir noch nicht viel vorstellen kannst. Indem du dir die Begriffe erarbeitest, erweiterst du dein Wissen.
Wie funktioniert diese Methode/ Technik?	Du hast einen Stapel Kärtchen. Auf jedem Kärtchen steht ein Begriff. Wenn du viel über den Begriff weißt und ihn erklären kannst, dann legst du das Kärtchen auf die linke Seite. Wenn du nicht sicher bist, was der Begriff bedeutet, dann legst du das Kärtchen auf die rechte Seite. So sortierst du alle Kärtchen. Wenn du damit fertig bist, dann beschäftigst du dich erneut mit den Kärtchen der rechten Seite. Kläre die Begriffe, indem du in deinem Heft oder in Büchern nachschlägst. Du kannst mit einem Mitschüler/einer Mitschülerin zusammenarbeiten, vielleicht kann er/sie dir den Begriff erklären. Wenn du den Begriff nun erklären kannst, dann legst du ihn auf die linke Seite. Liegen alle deine Kärtchen auf der linken Seite dann bist du mit der Aufgabe fertig.
Du benötigst...	Als Material brauchst du Kärtchen, auf denen die wichtigsten Begriffe eines Themengebietes stehen. Wenn du die Kärtchen selbst anfertigst, dann benötigst du zuerst einen Stapel Karteikärtchen oder du schneidest dir selbst Kärtchen aus einem Bogen Papier. Als zweites liest du dir das Thema durch. Dabei schreibst du jeden wichtigen Begriff und jeden, welcher dir unbekannt vorkommt, auf je ein Kärtchen.

Methode	Struktur-Lege-Technik
Diese Methode hilft Dir...	Dein bereits vorhandenes Wissen zu aktivieren und zu vernetzen. Damit kannst du Wissen besser abrufen und länger behalten.
Wie funktioniert diese Methode/ Technik?	Führe zunächst eine Sortieraufgabe durch. Du kannst auf die Rückseite der Kärtchen kurze Erklärungen der Begriffe schreiben, damit du dir besser behalten kannst, was diese Begriffe jeweils bedeuten. Nimm nun alle Begriffskärtchen zur Hand und lege sie vor dich in einer für dich sinnvollen Reihenfolge auf den Tisch (Struktur). Im nächsten Schritt solltest du deinem Partner oder deiner Gruppe deine Anordnung der Kärtchen erklären und begründen können.
Du benötigst...	die verschiedenen Kärtchen, die du selbst mit Begriffen beschriftet hast.

Unterrichtsbeispiele nach dem Sandwichprinzip Grundschule: Vera Hauser, Klasse 2, Sachunterricht

Klasse	**Schulart**	**Fach**	**Thema**
2	Grundschule	Sachunterricht	Der Igel – Lebensraum, Feinde und Fressgewohnheiten

Hauptintention: Die SuS sollen sich Wissen über den Igel an verschiedenen Stationen aneignen. Anschließend sollen sie das Wissen an ihre Klassen-kameraden weitergeben.

Phasen/Intentionen (Zeit)	**Lernarrangement (Inhalt, Arbeitsformen)**
Gelenkstelle A	Die Lehrkraft und die Klasse begrüßen sich.
Einstiegsritual (3min)	Die Lehrkraft fordert die SuS dazu auf mit ihrem Kissen in den Kreis zu kommen. SuS und Lehrkraft sprechen den Guten-Morgen-Rap mit den passenden Bewegungen.
Einen Überblick über die folgende Stunde geben. (5min)	Das Thema wird im Advance Organizer eingeordnet und kurz gemeinsam der Inhalt der folgenden Stunden besprochen.
Kollektive Lernphase In der Inputphase aktivieren die SuS ihr Vorwissen und erhalten erste Inputs von der Lehrkraft zum Thema. (8min)	Die Lehrerkraft hat eine Igel-Handpuppe. Der „Igel“ hat sein Gedächtnis verloren, die Schüler sollen ihm helfen und herausfinden, wo er lebt und was er frisst. Die Lehrkraft gibt hierzu einen Überblick anhand eines Schaubildes (z.B. ein Parkplatz o.ä.) , anhand der Frage: Ist dies ein guter Lebensplatz für einen Igel? Die Kinder dürfen schon spontan ihr Vorwissen einbringen und der Igelhandpuppe sagen, was sie schon wissen.
Gelenkstelle B Die SuS begeben sich auf Anweisung der Lehrkraft an Ihren Platz. (3min)	Die Lehrkraft erklärt die folgende Lernphase. Die Schülerinnen und Schüler sollen leise auf ihren Platz gehen und in Stillarbeit den Text zum Lebensraum des Igels durchlesen.

Subjektive Auseinander-setzungssphase Die SuS lesen allein den Text und arbeiten anschließend als Partner weiter. (7min)	Die Schülerinnen und Schüler erarbeiten sich den Text zunächst in Einzelarbeit. Wenn sie fertig sind, stehen sie auf und besprechen sich mit dem Partner des Lerntempoduetts. Gemeinsam klären sie Fragen und füllen die Fragen auf der Rückseite ihres Blattes aus. (Differenzierung: Wer fertig ist, formuliert schon einnmal drei Tipps für den Igel, wo er leben kann)
Gelenkstelle C (3min)	Die Lehrkraft gibt ein akustisches Signal und fordert die SuS dazu auf, wieder zurück in den Kreis um den Teppich herum zu kommen.
Kollektive Lernphase (8min)	Die Schülerinnen und Schüler sollen nun noch einmal anhand eines Netzwerks ordnen, was sie heute gelernt haben. Hierzu gebe ich Ihnen laminierte Begriffe, die zum Thema/ihrem Text passen. Gemeinsam wird auf dem Teppich eine Struktur erarbeitet.
Gelenkstelle B (2min)	Die Igelhandpuppe taucht auf und fragt die Schüler, ob diese ihr nun genau Tipps geben können. „Was machen meine Berater? Wo soll ich denn jetzt wohnen? Wo finde ich etwas zu fressen?
Subjektive Auseinander-setzungsphase (2min)	Die Lehrkraft fordert die Schüler dazu auf sich mit ihrem Sitznachbarn in einer kurzen Murmelphase auszutauschen und einen Tipp für den Igel zu formulieren.
Gelenkstelle D/ Abschluss (4min)	Die SuS geben dem Igel jeweils einen Tipp,den sie mit einem Partner erarbeitet haben. Die Tipps werden besprochen. Der Igel wiederholt die Tipps, die er beherzigen wird, bedankt sich bei den Kindern und geht auf die Suche nach dem richtigen Lebensraum.

Sekundarstufe: Maren Hofmann, Klasse 6, Mathematikunterricht

Klasse	**Schulart**	**Fach**	**Thema**
6	Sekundarstufe	Mathematik	Übungsstunde: Addition und Subtraktion ungleichnamiger Brüche
Hauptintention: Die SuS können ungleichnamige Brüche addieren und subtrahieren.			

Phasen/Intentionen (Zeit)	**Lernarrangement (Inhalt, Arbeitsformen)**
Gelenkstelle A Transparenz Motivation und Aktivierung des Vorwissens	Die Lehrerperson präsentiert die Agenda. Die Lehrerperson erzählt von der Adventsparty vor den Weihnachtsferien und aktiviert die SchülerInnen.
Kollektive Lernphase Problem- und Handlungs-orientierung	Die Lehrpseron leitet in die Problemlöseaufgabe durch die Zutaten des „Kibamalöscher“ ein.
Gelenkstelle B Organisation der folgenden Phase	*Einteilung in bekannte Arbeitsgruppen & Erteilung des Arbeitsauftrags*
Subjektive Auseinander-setzungsphase Auseinandersetzung in Kleingruppen	Die SuS erarbeiten kooperativ und handlungsorientiert die Problemlöseaufgabe und notieren schrittweise ihr Vorgehen. Bei der Problemlöseaufgabe aktivieren die SuS ihr bisheriges Wissen zu den Themen: • Brüche ordnen • Brüche und Größen • Ungleichnamige und gleichnamige Brüche addieren und subtrahieren.
Gelenkstelle C Überleitung in die nächste Phase	Klärung evlt. Fragen. Metareflexion der Arbeitsweise und Kohärenz während der letzten Phase. Rückkehr ins Plenum.
Kollektive Lernphase Sicherung	Das Ergebnis der Problemlöseaufgabe wird gemeinsam an der Tafel besprochen damit der Lösungsweg für alle SuS nachvollziehbar wird.

Gelenkstelle B Organisation der folgenden Phase	Überleitung in die Übungsphase: Erklären der Übungsblätter und der unterschiedlichen Niveaus. Außerdem: Bewegungspause
Individuelle Lernphase Übungen auf unterschiedlichen Niveaus	SuS üben das Addieren und Subtrahieren von ungleichnamigen Brüchen in EA. Selbstkontrolle und Tippkarten unterstützen den eigenverantwortlichen Lernprozess in dieser Phase. Zusätzliche Differenzierung : Die SuS können hierbei aus zwei verschiedenen Niveaustufen auswählen: 1. Orange: Addition und Subtraktion von ungleichnamigen Brüchen. 2. Grün: Addition und Subtraktion von ungleichnamigen Brüchen für „Profis“.
Gelenkstelle D Nichtwissen einbringen, Lernlücken schließen, Ausblick	Die Lehrperson klärt nochmal sich wiederholende Fehlkonzepte. SuS schließen Verständnislücken. Ausblick auf die nächste Stunde und Verabschiedung der SuS.

Sekundarstufe: Yannick Spohn, Klasse 7, Englisch

Klasse	**Schulart**	**Fach**	**Thema**
7	Sekundarstufe	Englisch	Leseverstehen und interkulturelle Kompetenz: Edinburgh, Glasgow, Highlands
Hauptintention: Die SuS können Sehenswürdigkeiten und grundlegende Informationen über Edinburgh, Glasgow und die Highlands wiedergeben (AFB I). Die SuS können sich über Edinburgh, Glasgow und die Highlands in der Zielsprache äußern (AFB II).			

Phasen/Intentionen (Zeit)	Lernarrangement (Inhalt, Arbeitsformen)
Gelenkstelle A Aktivierung Vorwissen Authentischer Sprechanlass	Die Lehrerperson begrüßt die SuS. LP erklärt kurz das Warm-up. SuS führen ein Partnerinterview durch. SuS korrigieren ihr Partnerinterview durch Selbstkontrolle.
Kollektive Lernphase Motivation und pre-reading	LP lässt SuS kurz drei Bilder beschreiben, welche sinnbildlich für die drei Orte stehen, welche die SuS in der Stunde näher kennenlernen sollen.
Gelenkstelle B Organisation der folgenden Phase	LP erklärt den Ablauf des Gruppenpuzzles /Jigsaw und teilt die Gruppen ein.
Subjektive Auseinander-setzungsphase Expertenphase des Gruppenpuzzles Auseinandersetzung in Kleingruppen,	Aneignungsphase: SuS lesen den Text und füllen die Tabelle aus. Differenzierung: qualitative Differenzierung in drei Niveaus Austauschphase: Experten tauschen sich in den Expertengruppen aus und vergleichen anschließend die Lösungen mit den aushängenden Lösungsblättern.
Gelenkstelle C Überleitung in die nächste Phase	"Today you learned a lot about different cities and places in Scotland. Now it is your turn to collect your solutions in one mind map."
Kollektive Lernphase Puzzlephase des Gruppenpuzzles Vermittlung und Zusammenführung	Vertiefungsphase : SuS tauschen sich in ihren Stammgruppen aus und vermitteln ihr Expertenwissen. SuS erarbeiten gemeinsam in ihren Stammgruppen eine Mindmap.
Gelenkstelle D Verabschiedung	Fragen werden geklärt; Ausblick auf die nächste Stunde; LP verschiedet die Klasse

Literaturverzeichnis

Ausubel, D.P. (1974). Psychologie des Unterrichts. Band 1 und 2.

Bloom, B. S. (1973). Individuelle Unterschiede in der Schulleistung: ein überholtes Problem? In Edelstein, W. & Hopf, D. (Hrsg.), Bedingungen des Bildungsprozesses. Psychologische und pädagogische Forschungen zum Lehren und Lernen in der Schule (S. 251–270). Stuttgart: Klett.

Bloom, B. S. (1972). Taxonomie von Lernzielen im kognitiven Bereich. Weinheim: Beltz.

Bauer, R. (1997). Lernen an Stationen in der Sekundarstufe I – Schülergerechtes Arbeiten in der Sekundarstufe I: Lernen an Stationen: Kopiervorlagen und Materialien. Berlin: Cornelsen.

Fraefel, U. & Zumsteg, B. (Hrsg) (2011). Didaktisch handeln und denken 1: Fokus angeleitetes Lernen. Hohengehren: Schneider-Verlag Baltmannsweiler.

Boeckaerts, M. (1999). Self-regulated learning: Where we are today. International Journal of Education Research, 31, pp. 445-447.

Bohl, T. & Kucharz, D. (2010). Offener Unterricht heute. Konzeptionelle und didaktische Weiterentwicklung heute. Weinheim und Basel: Beltz.

Bohl, T. (2000). Unterrichtsmethoden in der Realschule. Eine empirische Untersuchung zum Gebrauch ausgewählter Unterrichtsmethoden an staatlichen Realschulen in Baden-Württemberg. Ein Beitrag zur deskriptiven Unterrichtsmethodenforschung. Bad Heilbrunn: Klinkhardt forschung.

Bönsch, M. (2000). Unterrichtsmethoden konstruieren Lernwege. In: N. Seibert: Unterrichtsmethoden kontrovers. Bad Heilbrunn: Klinkhardt.

Bönsch, M. (2002). Unterrichtsmethoden – kreativ und vielfältig. Baltmannsweiler: Schneider-Verlag Hohengehren.

Brown, A.L. (1984). Metakognition, Handlungskontrolle, Selbststeuerung und andere noch geheimnisvollere Mechanismen. In: F. Weinert; R.H. Kluwe (Hrsg.): Metakognition, Motivation und Lernen. Stuttgart, S. 60-108.

Collins, A., Brown, J.S. & Newman, S.E. (1989). Cognitive apprenticeship. Teaching the crafts of reading, writing and mathematics. In: L.B. Resnick, (Ed.): Knowing, learning and instruction. Hillsdale, pp. 453-494.

Corno, L. (1989). Self-regulated learning: A volitional analysis. In B. J. Zimmerman & D. H. Schunk (Hrsg.), Self-regulated learning and academic achievement. New York: Springer, pp. 111 – 141.

Deci, E.L. & Ryan, R. M. (1993). Die Selbstbestimmungstheorie der Motivation und ihre Bedeutung für die Pädagogik. Zeitschrift für Pädagogik, 39, S. 223-238.

Ebbens, S. & Ettekoven, S. (2009). Unterricht entwickeln. Band 1: Effektiv lernen. Baltmannsweiler: Schneider-Verlag Hohengehren.

Ebbens, S. & Ettekoven, S. (2011). Unterricht entwickeln. Band 2: Kooperatives Lernen. Baltmannsweiler: Schneider-Verlag Hohengehren.

Flavell, J.H. (1979). Metacognition and cognitive monitoring. A new area of cognitive-developmental inquiry. American Psychologist, 34, S. 906-911.

Friedrich, H.F. & Mandl, H. (1992). Lern- und Denkstrategien: Ein Problemaufriss. In: H. Mandl & H.F. Friedrich (Hrsg.): Lern- und Denkstrategien. Analyse und Intervention. Göttingen, S. 3-54.

Gruehn, S. (2000). Unterricht und schulisches Lernen. Schüler als Quellen der Unterrichtsbeschreibung (Pädagogische Psychologie und Entwicklungspsychologie, Bd. 12). Münster: Waxmann.

Guldimann, T. (2012). Lernen verstehen und eigenständiges Lernen fördern. In Buholzer, A

Gudjons, H. (2001). Handlungsorientiert lehren und lernen. Bad Heilbrunn: Klinkhardt.

Gudjons, H. (2003, 8. Auflage). Pädagogisches Grundwissen. Überblick, Kompendium, Studienbuch. Bad Heilbrunn: Klinkhardt.

Gudjons, H. (2006). Neue Unterrichtskultur – veränderte Lehrerrolle. Bad Heilbrunn: Klinkhardt.

Gudjons, H. (2014, 8. Auflage). Handlungsorientiert lehren und lernen. Schüleraktivierung-Selbsttätigkeit-Projektarbeit. Bad Heilbrunn: Klinkhardt.

Guldimann, T. (2010). Lernen verstehen und eigenständig Lernen fördern. In: A. Buholzer, A. Kummer Wyss (Hrsg.). Alle gleich – alle unterschiedlich! Zum Umgang mit Heterogenität in Schule und Unterricht. Zug: Klett und Kallmeyer, S. 109-121.

Grumbine, R. & Alden, P. B. (2006). Teaching Science to Students with Learning Disabilities. Science Teacher, v73 n3 p26-31 Mar 2006. 6 pp.

Haag, L. (2011). Problemorientierung, Handlungsorientierung, Erfahrungsorientierung. In: E. Kiel & K. Zierer (Hrsg). (2011). Unterrichtsgestaltung als Gegenstand der Praxis. Baltmannsweiler: Schneider-Verlag Hohengehren, S. 31-48.

Haag, L., Fürst, C. & Dann, H.D. (2000). Lehrervariablen erfolgreichen Gruppenunterrichts. In: Psychologie in Erziehung und Unterricht, 47 Jg.(2000), 4. S. 266-279.

Hage, K. (1985). Das Methodenrepertoire von Lehrern. Eine Untersuchung zur Methodenfrage in der Sekundarstufe I: Opladen.

Hartinger, A. u.a. (2011). Situiertes Lernen. In: E. Kiel & K. Zierer (Hrsg). (2011). Unterrichtsgestaltung als Gegenstand der Wissenschaft. Baltmannsweiler: Schneider-Verlag Hohengehren, S. 77-86.

Hasselhorn, M. & Gold, A. (2009^2). Pädagogische Psychologie. Erfolgreiches Lernen und Lernen. Stuttgart: Kohlhammer.

Hasselhorn, M. & Gold, A. (2017). Pädagogische Psychologie. Erfolgreiches Lernen und Lernen. Stuttgart: Kohlhammer.

Hattie, J. (2013). Lernen sichtbar machen. Überarbeitete deutschsprachige Ausgabe von „Visible Learning" besorgt von Wolfgang Beywl und Klaus Zierer. Baltmannsweiler: Schneider-Verlag Hohengehren.

Hattie, J. (2014). Lernen sichtbar machen für Lehrpersonen. Überarbeitete deutschsprachige Ausgabe von „Visible Learning for Teachers" besorgt von Wolfgang Beywl und Klaus Zierer. Baltmannsweiler: Schneider-Verlag Hohengehren

Häcker, H. & Stapf, K.-H. (Hrsg.) (2004). Dorsch Psychologisches Wörterbuch (14., überarbeitete und erweiterte Auflage). Bern: Verlag Hans Huber.

Hegele, I. (2000). Stationenarbeit. Ein Einstieg in den offenen Unterricht. In: J. Wiechmann (2000²). Zwölf Unterrichtsmethoden. Vielfalt für die Praxis. Weinheim und Basel: Beltz.

Helmke, A. (2012³). Unterrichtsqualität- erfassen, bewerten, verbessern. Seelze: Kallmeyersche Verlagsbuchhandlung.

Hinrichs, T. (2003). Stationenarbeit oder direkte Instruktion – ein empirischer Vergleich zweier Lernarrangements in vierten Grundschulklassen am Beispiel der Unterrichtseinheit „Die Spinne". Unveröffentlichte Examensarbeit, Universität Lüneburg.

Huber, G.L., Rotering-Steinberg, S. & Wahl, D. (1992). Kooperatives Lernen. Weinheim: Beltz.

Huber, A. (1999). Bedingungen effektiven Lernens in Kleingruppen unter besonderer Berücksichtigung der Rolle von Lernskripten. Schwangau: Verlag Ingeborg Huber.

Huber, A., Konrad, K. & Wahl, D. (2001). Lernen durch wechselseitiges Lehren. In: Pädagogisches Handeln, 5. Jg., Heft 2, S. 33-46.

Huber, A.A. (2004). (Hrsg.). Kooperatives Lernen – kein Problem! Effektive Methoden der Partner- und Gruppenarbeit. Leipzig: Klett.

Johnson, D.W. & Johnson, R.T. (1992). Encouraging thinking through constructive controversy. In: N. Davidson & T. Worsham (Hrsg.). Enchancing thinking through cooperative learning. New York, pp. 120-127.

Jürgens, E. & Standop, J. (2010). Was ist „guter" Unterricht? Namhafte Expertinnen und Experten geben Auskunft. Bad Heilbrunn: Schneider.

Kiel, E. & Zierer, K. (Hrsg). (2011). Unterrichtsgestaltung als Gegenstand der Wissenschaft. Baltmannsweiler: Schneider-Verlag Hohengehren.

Kleinknecht, M. (2011). Unterrichtsqualität. In: E. Kiel & K. Zierer (Hrsg). (2011). Unterrichtsgestaltung als Gegenstand der Wissenschaft. Baltmannsweiler: Schneider-Verlag Hohengehren, S. 65-76.

Kliebisch, U. & Meloefski, R. (2013). LehrerSein. Erfolgreich handeln in der Praxis. Band 1. Baltmannsweiler: Schneider-Verlag Hohengehren.

Klippert, H. (2000, 11. Auflage). Methodentraining. Übungsbausteine für den Unterricht. Weinheim und Basel: Beltz.

Konrad, K. & Traub, S. (2012, 5. Auflage). Kooperatives Lernen. Theorie und Praxis in Schule, Hochschule und Erwachsenenbildung. Baltmannsweiler: Schneider- Verlag Hohengehren.

Konrad, K. & Traub, S. (2013³). Selbstgesteuertes Lernen. Grundwissen und Tipps. Baltmannsweiler: Schneider-Verlag Hohengehren.

Konrad, K. & Wosnitza, M. (1995). Neue Formen des Lernens in Schule, Aus- und Weiterbildung. Landau: Empirische Pädagogik.

Konrad, K. (2000). Selbstgesteuertes Lernen und das Lernen mit Texten. Psychologie in Erziehung und Unterricht.

Konrad, K. (2005). Förderung und Analyse von selbstgesteuertem Lernen in kooperativen Lernumgebungen. Lengerich: Pabst Science Publishers.

Konrad, K. (2005a). Selbstgesteuertes Lernen in kooperativen Lernumgebungen. Lengerich: Pabst Publishers.

Konrad, K. (2005b). Förderung und Analyse von selbstgesteuertem Lernen in kooperativen Lernumgebungen: Bedingungen, Prozesse und Bedeutung kognitiver sowie metakognitiver Strategien für den Erwerb und Transfer konzeptuellen Wissens. Lengerich: Pabst Science Publishers.

Konrad, K. (2008). Erfolgreich selbstgesteuert lernen. Theoretische Grundlagen, Forschungsergebnisse, Impulse für die Praxis. Bad Heilbrunn: Klinkhardt.

Konrad, K. (2009). Leseförderung für Schüler der Sekundarstufe I. Über den Wissenserwerb beim Lesen. Hamburg: Dr. Kovac.

Konrad, K. (2011). Wege zum erfolgreichen Lernen. Ansatzpunkte, Strategien, Beispiele. Weinheim und Basel: Beltz Juventa.

Konrad, K. (2014). Lernen lernen – allein und mit anderen. Konzepte, Lösungen, Beispiele. Wiesbaden: Springer.

Kremers, T. (2014). Wie lernwirksam ist das Kooperative Lernen? In: E. Terhart (2014). Die Hattie-Studie in der Diskussion. Probleme sichtbar machen. Seelze: Klett, S. 78-88.

Krieger, C.G. (1994). Mut zur Freiarbeit. Praxis und Theorie für die Sekundarstufe. Baltmannsweiler: Schneider-Verlag Hohengehren.

Kuhl, J. (1987). Motivation und Handlungskontrolle: Ohne guten Willen geht es nicht. In: H. Heckhausen, P.M. Gollwitzer & F.E. Weinert (Hrsg.). Jenseits des Rubikons. Der Wille in den Humanwissenschaften. Berlin, S.101-120.

Leinhardt, G. (1993). On teaching. Advances in instructional psychology, Vol. 4. Hillsdale, NJ: Erlbaum.

Mandl, H. (2010). Lernumgebungen problemorientiert gestalten – Zur Entwicklung einer neuen Lernkultur. In: E. Jürgens & J. Standop (2010). Was ist „guter“ Unterricht? Namhafte Expertinnen und Experten geben Auskunft. Baltmannsweiler: Schneider-Verlag Hohengehren, S. 19-38.

Meyer, H. (1997). Unterrichtsmethoden. Band 1. Frankfurt: Scriptor

Meyer, H. (2004). Was ist guter Unterricht? Berlin: Cornelsen.

Orth, P. (2000). Gesprächsformen im Unterricht. In: Zeitschrift Pädagogik, Heft 2, Februar 2000, S. 14-17.

Paradies, L. & Linser, H.J. (2013). Differenzieren im Unterricht. Berlin: Cornelsen.

Paradies, L., Wester, F. & Greving, J. (2010). Individualisieren im Unterricht. Erfolgreich Kompetenzen vermitteln. Berlin: Cornelsen.

Peschel, F. (2002). Offener Unterricht. Idee Realität Perspektive und ein praxiserprobtes Konzept zur Diskussion. Teil I. Baltmannsweiler: Schneider-Verlag Hohengehren.

Peschel, F. (2003). Offener Unterricht. Idee Realität Perspektive und ein praxiserprobtes Konzept in der Evaluation. Teil I und Teil II. Baltmannsweiler: Schneider-Verlag Hohengehren.

Pintrich, P.R. (1988). A process-oriented view of student motivation and cognition. In: R. Stark & L. Mets (Eds.). Improving teaching and learning through research. New directions for institutional research. San Francisco: Josey-Bass, pp. 65-79.

Pintrich, P.R. (2002). The role of metacognitive knowledge in learning, teaching and assessement. Theory into Practice 41 (4), pp19-25.

Pressley, M., Borkowski, J.G. & Schneider, W. (1987). Cognitive strategies: Good strategy users coordinate metacognition and knowledge. In: R. Vasta & G. Whitehurst (Hrsg). Annals of child development, Vol. 5. New York, pp. 89-129.

Reich, K. (2011). Konstruktion und Instruktion. Aus Sicht der konstruktivistischen Didaktik. In: E. Kiel & K. Zierer (Hrsg). (2011). Unterrichtsgestaltung als Gegenstand der Wissenschaft. Bad Heilbrunn: Schneider-Verlag Hohengehren, S. 231-245.

Reinmann-Rothmeier G. & Mandl, H. (1999). Unterrichten und Lernumgebungen gestalten. Forschungsbericht Nr. 60. München: Ludwig-Maximilians Universität, Lehrstuhl für Empirische Pädagogik und Pädagogische Psychologie.

Reinmann-Rothmeier, G. & Mandl, H. (2001). Unterrichten und Lernumgebungen gestalten. In: B. Weidenmann, A. Krapp, M. Hofer, G.L. Huber & H. Mandl (Hrsg.). Pädagogische Psychologie. Weinheim: Beltz, S. 603-648.

Renkl, A. (1996). Träges Wissen: Wenn Erlerntes nicht genutzt wird. Psychologische Rundschau, 47 (2), S. 78-92.

Renkl, A. (1997). Lernen durch Lehren. Zentrale Wirkmechanismen beim kooperativen Lernen. Wiesbaden: DUV.

Rolff, H.G. (2014). Sind schulische Strukturfaktoren wirklich nicht so wichtig? In: E. Terhart (2014). Die Hattie-Studie in der Diskussion. Probleme sichtbar machen. Seelze: Klett, S. 67-77.

Schiefele, U. & Pekrun, R. (1996). Psychologische Modelle des fremdgesteuerten und selbstgesteuerten Lernens. In F.E. Weinert (Hrsg.). Enzyklopädie der Psychologie (Themenbereich D: Praxisgebiete, Ser. I, Pädagogische Psychologie; Bd. 2: Psychologie des Lernens und der Instruktion). Göttingen: Hogrefe, S. 249 – 278.

Schräder-Nef, R. (1987, 3. Auflage). Schüler lernen Lernen: Vermittlung von Lern- und Arbeitstechniken in der Schule. Weinheim und Basel: Beltz.

Schunk, D.H. & Zimmerman, B.J. (1994). Self-regulation in education: Retrospect and prospect. In D.H. Schunk & B.J. Zimmerman (Hrsg.). Self-regulation of learning and performance: Issues and educational applications. Hillsdale, NJ: Erlbaum, pp. 305 – 314.

Seibert, N. (2000). Unterrichtsmethoden kontrovers. Bad Heilbrunn: Klinkhardt.

Siebert, H. (2006, 2. Auflage). Selbstgesteuertes Lernen und Lernberatung. Konstruktivistische Perspektiven. Augsburg: Ziel-Verlag.

Simons, P.R.J. (1992). Lernen selbständig zu lernen – ein Rahmenmodell. In: H. Mandl & H.F. Friedrich (Hrsg.). Lern und Denkstrategien. Analyse und Interventionen. Göttingen: Hogrefe, S. 251-264.

Slavin, R.E. (1995²). Cooperative learning: Theory, research, and practice. Englewood Cliffs, NJ: Prentice-Hall.

Spiro, R. & Jehng, J.C. (1990). Cognitive flexibility and hypertext: Theory and technology for the nonlinear and multidimensional traversal of complex subject matter. In: D. Nix & R.J. Spiro (Hrsg.). Cognition, education and mutimedia: Explorin ideas in high technology, Hillsdale. NJ: Erlbaum, S. 163-205.

Straka, G.A. (2005). Von der Klassifikation von Lernstrategien im Rahmen selbstgesteuerten Lernens zur mehrdimensionalen und regulierten Handlungsepisode. ITB Forschungsberichte 18 /2005 Februar 2005. Bremen: Institut Technik und Bildung, Universität Bremen.

Taylor, P. C., Dawson, V. & Fraser, B. J. (1995). Cles: An instrument for monitoring the development of constructivist learning environments. Paper presented at the annual meeting of the American Educational Research Association, New Orleans, LA.

Taylor, P. C., Fraser, B. J. & Fisher, D. L. (1997). Monitoring constructivist classroom learning environments. International Journal of Educational Research, 27, 293¬-302.

Terhart, E. (2014). Die Hattie-Studie in der Diskussion. Probleme sichtbar machen. Seelze: Klett.

Terhart, E. (2014a). Der Heilige Gral der Schul- und Unterrichtsforschung –gefunden? In: E. Terhart (2014). Die Hattie-Studie in der Diskussion. Probleme sichtbar machen. Seelze: Klett, S. 10-23.

Traub, S. (1997). Freiarbeit in der Realschule. Analyse eines Unterrichtsversuchs. Landau: Verlag Empirische Pädagogik.

Traub, S. (1999). Auf dem Weg zur Freiarbeit: Entwicklung und Analyse eines Lehrerfortbildungskonzepts zur Vermittlung von Handlungskompetenz für Freiarbeit in der Sekundarstufe. Weingarten: Pädagogische Hochschule, Fakultät Erziehungswissenschaft, unveröffentlichte Dissertation.

Traub, S. (2000). Schrittweise zur erfolgreichen Freiarbeit. Ein Arbeitsbuch für Lehrende und Studierende. Bad Heilbrunn: Klinkhardt.

Traub, S. (2003). Selbstgesteuertes Lernen in der Praxis. In: Zeitschrift Pädagogik, 55. Jahrgang, Heft 5, Mai 2003, S. 19-22.

Traub, S. (2004a). Unterricht kooperativ gestalten. Hinweise und Anregungen zum kooperativen Lernen in Schule, Hochschule und Lehrerbildung. Bad Heilbrunn: Klinkhardt.

Traub, S. (2004b). Offener Unterricht: ein Begriff mit vielen Facetten. In: Französisch heute. Heft 3, 35. Jahrgang, 2004, S. 232-241.

Traub, S. (2004c). Projektprüfung in der Hauptschule. Eine Chance für offenes Arbeiten?. In: Zeitschrift Pädagogik, 56. Jahrgang, Heft 12, Dezember 2004, S. 14-19.

Traub, S. (2004d). Freie Arbeit in der Unterrichtspraxis. Beispiele und Anregungen. In: Zeitschrift Pädagogik, 56. Jahrgang, Heft 12, Dezember 2004, S. 24-29.

Traub, S. (2010). Kooperatives Lernen. In: A. Buholzer & A. Kummer Wyss (Hrsg.). Alle gleich – alle unterschiedlich! Zum Umgang mit Heterogenität in Schule und Unterricht. Zug: Klett und Kallmeyer, S. 138-151.

Traub, S. (2011). Selbstgesteuert Lernen durch PROGRESS. Analyse, Evaluation und Reflexion der selbstgesteuerten Kleingruppenprojektarbeit auf der Basis der PROGRESS-Methode. Habilitation an der Universität Bayreuth.

Traub, S. (2011²). Gespräche führen – leicht gemacht. Gesprächserziehung in der Schule. Baltmannsweiler: Schneider-Verlag Hohengehren.

Traub, S. (2012a). Projektarbeit erfolgreich gestalten. Über individualisiertes, kooperatives Lernen zum selbstgesteuerten Kleingruppenprojekt. Bad Heilbrunn: Julius Klinkhardt, UTB Studienverlag.

Traub, S. (2012b). Projektarbeit – ein Unterrichtskonzept selbstgesteuerten Lernens? Eine vergleichende empirische Studie. Bad Heilbrunn: Klinkhardt forschung.

Tulodziecki, G., Herzig, B. & Blömeke, S. (2004). Gestaltung von Unterricht. Eine Einführung in die Didaktik. Bad Heilbrunn: Schneider-Verlag Hohengehren.

Vaupel, D. (2000). Wochenplanarbeit. In: J. Wiechmann (2000, 2. Auflage). Zwölf Unterrichtsmethoden. Vielfalt für die Praxis. Weinheim und Basel: Beltz, S. 72-82.

Von Olberg, H.J. (2014). Evidence-Based-Learning. In: E. Terhart (2014). Die Hattie-Studie in der Diskussion. Probleme sichtbar machen. Seelze: Klett, S. 51-66.

Vygotsky, L.S. (1986). Thought and language.2nd edition. Cambridge, MA.

Wagner, S. (2014). Die Implementierung des Kleingruppenprojektmodells und der PROGRESS-Methode. Eine vergleichende Evaluationsstudie. Unveröffentlichte Dissertation. PH Karlsruhe.

Wahl, D. (1991). Handeln unter Druck. Weinheim: Deutscher Studienverlag.

Wahl, D. (2006²). Lernumgebungen erfolgreich gestalten. Vom trägen Wissen zum kompetenten Handeln. Bad Heilbrunn: Klinkhardt.

Wahl, D. (2011). Der Advance Organizer: Einstieg in eine Lernumgebung. In: S. Brandt (2011). Lehren und Lernen im Unterricht. Band 2 der Reihe Professionswissen für Lehrerinnen und Lehrer. Baltmannsweiler: Schneider – Verlag Hohengehren, S. 185-202.

Wahl, D. (2013³). Lernumgebungen erfolgreich gestalten. Vom trägen Wissen zum kompetenten Handeln. Bad Heilbrunn: Klinkhardt.

Wahl, D., Weinert, F.E. & Huber, G.L. (2001, 7. Auflage). Psychologie für die Schulpraxis. München: Kösel.

Weinert, F.E. (1982). Selbstgesteuertes Lernen als Voraussetzung, Methode und Ziel des Unterrichts. Unterrichtswissenschaft, 2, S. 99-110.

Weinert, F.E. (1991). Weiß das Gedächtnis, daß, was und wie es lernt? Anmerkungen zu Definitionen und Deformationen des Begriffs Metagedächnis. In: K. Grawe, R. Hänni, N. Sommer & F. Tschan (Hrsg.). Über die richtige Art, Psychologie zu betreiben. Göttingen: Hogrefe, S. 271 – 281.

Weinert, F.E. (1994). Lernen lernen und das eigene Lernen verstehen. In: K. Reusser & M. Reusser-Weyeneth (Hrsg.). Verstehen. Psychologischer Prozess und didaktische Aufgabe. Bern: Huber, S.183 – 205.

Weinert, F.E. (1996). Lerntheorien und Instruktionsmodelle. In: F.E. Weinert (Hrsg.). Enzyklopädie der Psychologie: (Themenbereich D: Praxisgebiete: Ser. 1, Pädagogische Psychologie; Bd. 2: Psychologie des Lernens und der Instruktion). Göttingen: Hogrefe, S. 1 - 48).

Weinert, F. E. (1996a). Lerntheorien und Instruktionsmodelle. In F. E. Weinert (Hrsg.) Psychologie des Lernens und der Instruktion. (Enzyklopädie der Psychologie. Pädagogische Psychologie, Vol. 2, S. 1-48). Göttingen: Hogrefe.

Weinert, F.E. (1997). Notwendige Methodenvielfalt. Unterschiedliche Lernfähigkeiten erfordern variable Unterrichtsmethoden. In: M.A. Meyer, U. Rampillon, G. Otto & E. Terhart (Hrsg.). Lernmethoden, Lehrmethoden. Wege zur Selbständigkeit (Friedrich Jahresheft XV). Stuttgart: Klett, 50 – 52.

Weinert, F.E. (1999). Die fünf Irrtümer der Schulreformer. Psychologie Heute, Heft 7 S.29-34.

Weinstein, C.E. & Meyer, R.E. (1986). The teaching of learning strategies. In: M.C. Wittrock(Hrsg.). Handbook of research on teaching (3. Auflage), S. 315-327. New York: Macmillan.

Wellenreuther, M. (2009). Forschungsbasierte Schulpädagogik. Anleitungen zur Nutzung empirischer Forschung für die Schulpraxis. Baltmannsweiler: Schneider-Verlag Hohengehren.

Wiater, W. (2011). Fundierende Unterrichtsprinzipien. In: E. Kiel & K. Zierer (Hrsg). (2011). Unterrichtsgestaltung als Gegenstand der Praxis. Baltmannsweiler: Schneider-Verlag Hohengehren, S. 87-94.

Wiater, W. (2011). Regulierende Unterrichtsprinzipien. In: E. Kiel & K. Zierer (Hrsg). (2011). Unterrichtsgestaltung als Gegenstand der Praxis. Baltmannsweiler: Schneider-Verlag Hohengehren, S. 95-118.

Wiechmann, J. (2000, 2. Auflage). Zwölf Unterrichtsmethoden. Vielfalt für die Praxis. Weinheim und Basel: Beltz.

Zapf, A. (2015). Progressive Projektarbeit. Evaluation eines Modells zur Durchführung von selbstgesteuerter Projektarbeit. Bad Heilbrunn: Klinkhardt forschung.

Zimmerman, B.J. (1989). A social cognitive view of self-regulated academic learning. Journal of Educational Psychology, 81, pp. 329 – 339.

Abbildungsverzeichnis

Abbildung 1: Kapiteleinteilung 8
Abbildung 2: Überblick über die ausgewählten Lernansätze 12
Abbildung 3: Lernansätze aus der Perspektive der Lehrenden und Lernenden. 28
Abbildung 4: Lernumgebungen 31
Abbildung 5: Lernumgebungen aus Lehrer- und Lernendenperspektive 39
Abbildung 6: Lehr-Lern-Konzepte im Überblick 41
Abbildung 7: Lehrgang mit Lehrgespräch 42
Abbildung 8: Das Sandwich-Prinzip 47
Abbildung 9: Wechselseitiges Lehren und Lernen 51
Abbildung 10: Stationenarbeit 54
Abbildung 11: Wochenplanarbeit 56
Abbildung 12: Freiarbeit 61
Abbildung 13: Projektarbeit 64
Abbildung 14: Lehr-Lern-Konzepte mit entsprechender Lehr-Lernleistung 67
Abbildung 15: Lehr-Lernstrategien im Überblick 72
Abbildung 16: Lehr-Lernstrategien 87
Abbildung 17: Lehr-Lernmethoden im Überblick 90
Abbildung 18: Lehr-Lernmethoden mit den zugeordneten Lehr-Lernstrategien 104
Abbildung 19: Strategien auf unterschiedlichen Lernniveaus 114